交通设备与控制工程测试技术

主　编　杨　琨

武汉理工大学出版社
·武　汉·

图书在版编目(CIP)数据

交通设备与控制工程测试技术/杨琨主编.—武汉:武汉理工大学出版社,2024.1
ISBN 978-7-5629-6918-1

Ⅰ.①交… Ⅱ.①杨 Ⅲ.①交通工程学-测试技术 Ⅳ.①U491

中国国家版本馆 CIP 数据核字(2023)第 232966 号

武汉理工大学本科教材建设专项基金项目

项目负责人:王兆国　　**责任编辑**:雷红娟
责任校对:王兆国　　**版面设计**:正风图文
出版发行:武汉理工大学出版社(武汉市洪山区珞狮路 122 号　邮编:430070)
http://www.wutp.com.cn
经销者:各地新华书店
印刷者:武汉市洪林印务有限公司
开本:787×1092　1/16
印张:19.5
字数:499 千字
版次:2024 年 1 月第 1 版
印次:2024 年 1 月第 1 次印刷
定价:58.00 元
凡购本书,如有缺页、倒页、脱页等印装质量问题,请向出版社发行部调换。
本社购书热线电话:027-87515778　87515848　87785758　87165708(传真)

前　言

交通强国、制造强国已上升为国家战略。交通运输业是国民经济的支柱产业、基础产业和先导产业，在国民经济体系建设中发挥着重要的作用。水路运输具有运量大、占地少、成本低、污染轻等突出优点，全国水运货运量逐年稳定增长。我国"十四五"规划和2035年远景目标纲要明确提出："建设现代化综合交通运输体系，推进各种运输方式一体化融合发展，提高网络效应和运营效率"。交通装备在交通运输系统中占有十分重要的地位，随着新一代信息技术、人工智能、智能制造、新材料、新能源等高新技术发展，交通装备的智能化成为支撑国家战略和交通发展的重要要素。在此背景下，交通等相关行业对交通设备与控制方面的专业人才需求急剧上升。

交通设备与控制工程专业是在人工智能、大数据、互联网＋以及物联网等现代数据与通信技术蓬勃发展的背景下形成的，具有"交通＋新技术"这一交通与信息等多专业融合特色的，以培养满足我国当前和未来"交通强国"、"一带一路"和制造强国等重大国家战略所需的复合型交通人才为建设目标的，具有鲜明的交叉学科特点的本科专业。

现代信息技术已经渗透到交通体系的方方面面，交通领域内既懂交通又懂信息技术的人才缺口巨大，市场需求迫切，而在水路交通运输领域尤为突出。因而，培养在水路运输方向掌握交通设备信息领域相关的电子技术、测试技术、控制技术、计算机技术等方面专业知识，具备交通设备信息工程及机电技术方面专业基础知识与应用能力，能从事水路交通设备研究、设计制造、检测和监测系统开发、运行管理的复合型人才，成为当下时代赋予我们的迫切任务和使命。

测试技术与信号处理课程是交通设备与控制工程专业的主干课程，主要教授学生交通装备的机械系统运行过程中各状态参数的测量原理、测量方法、传感器技术、信号处理与分析技术以及对测量数据的误差分析等知识。这门课程的知识是建立交通装备的机械系统与电子控制系统之间联系的重要渠道，是交通设备实现信息化和智能化的基础，是交通设备运行过程中开展状态监测与故障诊断的必要前提。本书详尽介绍了该专业领域中交通设备的温度、压力、流速流量、物位、扭矩、振动噪声和气体排放的测试原理与传感器技术，还介绍了测试系统数据采集、信号处理和误差分析的基本方法，为这方面的教学提供了合适的教材。本书也将为该专业“卓越工程师教育培养计划”的实施发挥积极作用。除此之外，本书还适合相关专业的本科生和研究生教学使用，对学生自学亦能提供较好的帮助。

本书得到了武汉理工大学本科教材建设专项基金项目资助，感谢学校对本书编写工作的支持。在本书编写过程中，有大量繁杂的工作需要处理，包括收集整理每一章的背景资料和参考文献，绘制相关示意图，整理并分析实验数据等，课题组的李大扬、高宇童、张涛、刘栩岩、闫鹏程、郜慧敏、喻繁振、章恒等多名同学参与了相关工作，特向他们表示感谢。同时感谢本书出版过程中给予无私帮助的专家和同事。笔者深知本书尚存在疏漏和不足之处，还请各位读者不吝赐教，指出问题并反馈给笔者(邮箱:kunyangwhut@163.com)。

杨琨

2023 年 8 月 5 日

目　　录

第 1 章　交通装备及其测试系统概论

1.1　本章知识点

测试是通过对研究对象进行具有试验性质的测量以获取研究对象的有关信息的认识过程。要实现这一认识过程，通常需要用试验装置使被测对象处于某种预定的状态下，将被测对象的内在联系充分地暴露出来以便进行有效的测量。然后，拾取被测对象所输出的特征信号，使其通过传感器并转换成电信号，再经后续仪器进行变换、放大、运算等使之成为易于处理和记录的信号，这些变换器件和仪器，都称为测量装置。经测量装置输出的信号需要进一步进行数据处理，以排除干扰、估计数据的可靠性以及抽取信号中各种特征信息等，最后将测试分析处理的结果进行记录或显示，得到所需要的信息。

基于系统的观点，上述由被测对象、试验装置、测量装置、数据处理装置、显示记录装置组成的具有测试功能的整体是最基本的测试系统。图 1-1 所示为测试系统的基本构成。

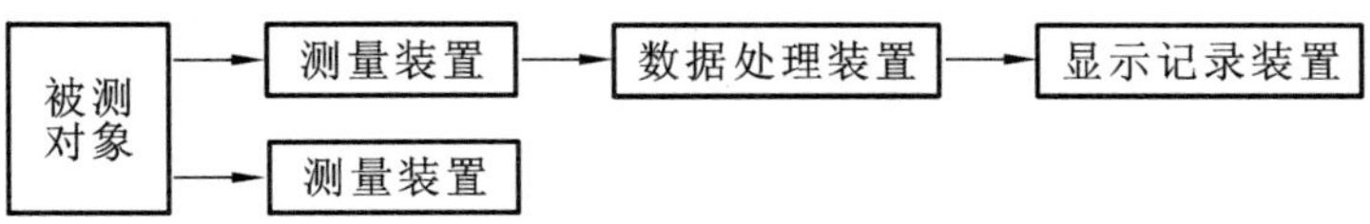

图 1-1　测试系统基本构成

实际的测试系统，根据测试目的和具体要求不同，可能是很简单的系统，也可能是一个复杂的系统。例如，温度测试系统可以仅由被测对象和一个液柱式温度计构成，也可以设计成复杂的自动测温系统。上述测试系统中的各装置，具有各自独立的功能，是构成测试系统的子系统。信号从发生到分析结果的显示，流经各子系统并受子系统特性的影响而发生改变。研究测试系统的基本特性，可以是测试系统中的某个子系统甚至是子系统中的某个组成环节的基本特性。例如，测量装置或测量装置的组成部分如传感器、放大器、中间变换器、电器元件、芯片、集成电路等，都可以被视为研究对象。因此，测试系统的概念是广义的，在信号流传输通道中，任意连接输入、输出并有特定功能的部分，均可视为测试系统。

1.2　交通装备及其测试技术

交通装备是指运输和交通领域用于运输、处理、存储、维护和保护货物和人员的各种设备和工具，是包括各种交通工具、设施和管理设备的大类别。交通装备的种类各异，包括汽车、飞机、船舶、列车、电动车、单车等交通工具，而交通设施则包括道路标记、交通信号灯、交通告示牌、收费站系统、隧道道路照明设备等。交通管理设备则包括停车场智能管理系统、飞行员辅助设备、航空交通管制设备等。这些交通装备的生产和应用，的确为人类的文明进步和经济发展做出了重要贡献，对保障人们出行和提高经济效益的作用也是显而易见的。

在保证公众的交通安全方面，交通装备的测试技术显得尤为重要。交通装备需要经过一系列的测试和精密测量才能获得质量控制和质量保证。其中一个重要的测试技术是非破坏性测试，它允许对交通装备的完整性进行评估，同时不影响其完整性。其他测试技术则包括信号分析、噪声测试、气密性测试、紫外线照射等。

近年来，随着技术的不断创新，科技与数据的结合也使得交通装备测试技术不断向智能化和自动化方向发展。以汽车为例，新车开发过程中的仿真技术已经不断发展完善，并且数字化、模拟化的测试平台让汽车的测试过程更具高效性和重要性，以达到更好的性能和可靠性。此外，一些发达国家已经开发出拥有高智能化的自动驾驶技术，这些自动驾驶技术基于更高精度的测试和测量系统，进一步提高了交通装备的安全性。

综上所述，随着技术和相关标准的不断完善，交通装备的测试技术也应该不断发展，以更好地应对复杂的交通环境。测试和检测标准的优化，以及科技创新和智能化技术的应用都促进了交通装备更加高效和安全地运作。

1.2.1　交通装备特点

交通装备具有多元化、大量化、技术化、高成本、复杂化、长寿命和高安全性等特点。

第一，交通装备的多元化是其最显著的特点之一。交通装备包括各种类型的交通工具、交通安全设施、交通管理设备等。其中，交通工具的种类繁多，包括汽车、火车、飞机、船舶等。交通安全设施和交通管理设备也有许多种类，比如红绿灯、路标、收费站系统、车辆跟踪系统等。这些设备的多元化，为运输和交通领域的各种活动提供了关键支持。

第二，交通装备的大量化是其另一个重要特点。随着经济的快速发展和人口的增长，交通装备需求量不断增加。特别是在物流行业中，运输与交通的需求量是相当可观的。加之人们出行、旅游等活动的增加，需求量更是不容小觑。这就需要交通装备供应商花费大量的时间和资金进行制造、维修、保养和更新。

第三，随着科技的不断发展，交通装备的智能化和自动化水平也不断提高。如今，交通装备的技术越来越先进，包括自动驾驶、传感器、物联网技术、智能控制等。这些技术的发展为交通装备的效率和安全性带来了很大的提升，也使得交通装备向着更加智能、高效和普及化的方向发展。

第四，交通装备的成本通常较高。这主要是因为交通装备的制造过程需要大量的资金投入。特别是最新的高科技交通装备的研发和生产，需要更多的投资和技术人才。此外，维修和保养的费用也相对较高。这些成本的抑制，对于交通装备的生产和销售商来说，是一个不小的考验。

第五，交通装备通常具有复杂的机械和电子系统，需要专业人员进行维修和维护。这些交通装备的复杂性，使得普通人很难对其进行自行维护。在生产和制造方面，需要具有相关制造技能和专业知识的高级技术人员。

第六，交通装备通常需要长时间的使用，因此需要耐用、可靠的制造和设计。这些装备一旦退役或失效，都会造成负面影响，例如，旅游车抛锚可能会造成安全事故、飞机出现故障可能会影响航空公司的商誉。做好交通装备的生产、维护和管理，确保其使用寿命，对保障人民交通安全、提高经济效益具有十分重要的意义。

第七，交通装备的安全性是至关重要的。交通装备在运输过程中，需要经过严格的测试和认证才能投入使用。如今，我们已有成熟的技术和标准来对交通装备的安全性进行评估和保证。为保障公众的安全，必须把交通装备的安全放在首位。

1.2.2　交通装备中的测试和控制问题

交通装备是现代社会中不可或缺的重要部分，其安全性、有效性和可靠性对于人们的生活和工作都有着至关重要的影响。测试和控制是确保交通装备安全可靠的关键步骤。

在测试交通装备时，我们需要选择合适的测试方法和设备，并确保测试过程符合相关标准和规范。例如，对于汽车的刹车性能测试，需要使用制动力测试机和制动距离测试仪等设备，以确保测试结果的准确性和可靠性。同时，测试过程中还需要进行数据分析和解释，以便更好地理解测试结果，发现问题并提出改进建议。

在控制交通装备时，我们需要考虑不同类型的控制系统，如机械、电气和计算机控制系统等。每种控制系统都有其优缺点和适用范围，需要根据交通装备的特性和使用环境进行选择。例如，对于飞机的控制系统，需要选择高精度的计算机控制系统，以确保飞机在高空飞行时的稳定性和安全性。

除了测试和控制外，耐久性测试也是确保交通装备安全可靠的重要步骤。耐久性测试需要考虑多种因素，如温度、湿度、振动和冲击等，以确保交通装备能够在不同的使用环境下长时间运行。测试过程中需要使用合适的测试设备，并确保测试结果符合相关标准和规范。

总之，测试和控制是确保交通装备安全可靠的关键步骤，需要使用合适的测试和控制方法，并确保测试和控制过程符合相关标准和规范。同时，耐久性测试也是确保交通装备安全可靠的重要手段，需要考虑多种因素，以确保交通装备能够在不同的使用环境下长时间运行。

1.2.3　交通装备常用测试系统

交通装备常用测试系统包括制动性能测试系统、发动机性能测试系统、噪声测试系统、振动测试系统、耐久性测试系统等。

制动性能测试系统主要用于测试汽车、火车等交通装备的制动性能。该系统包括制动力测试机、制动距离测试仪等测试设备。制动力测试机可以测量制动力的大小，制动距离测试仪可以测量制动距离的长度。通过对制动性能进行测试，可以评估交通装备的安全性能和制动系统的可靠性。

发动机性能测试系统主要用于测试交通装备的发动机性能。该系统包括发动机测试台、燃油经济性测试仪等测试设备。发动机测试台可以测量发动机的功率、扭矩、燃油消耗量等指标，燃油经济性测试仪可以测量汽车的燃油经济性。通过对发动机性能进行测试，可以评估交通装备的动力性能和燃油经济性。

噪声测试系统主要用于测试交通装备的噪声水平。该系统包括声级计、噪声分析仪等测试设备。声级计可以测量噪声的声级大小，噪声分析仪可以分析噪声的频谱和特征。通过对交通装备的噪声进行测试，可以评估其对周围环境和人的影响，并提出改进建议。

振动测试系统主要用于测试交通装备的振动水平。该系统包括振动测试仪、加速度计等测试设备。振动测试仪可以测量交通装备的振动加速度和振幅，加速度计可以测量加速度的大小。通过对交通装备的振动进行测试，可以评估其对乘客和设备的影响，并提出改进建议。

耐久性测试系统主要用于测试交通装备在不同使用环境下的耐久性能。该系统包括环境测试箱、振动台、冲击测试机等测试设备。环境测试箱可以模拟不同的温度、湿度和气压等环境条件，振动台和冲击测试机可以模拟不同的振动和冲击环境。通过对交通装备在不同环境下的耐久性进行测试，可以评估其在实际使用中的可靠性和安全性。

总之，交通装备常用测试系统包括制动性能测试系统、发动机性能测试系统、噪声测试系统、振动测试系统、耐久性测试系统等。这些测试系统可以评估交通装备的安全性、可靠性等性能，并提出改进建议，为交通装备的设计和生产提供有力支持。

1.3　测试系统基础

1.3.1　测试系统概论

测量过程中所使用的一切量具、仪器仪表及各种辅助设备统称测量系统。有些测量只需用一种简单仪表就能完成测量任务，有些则需要多种仪器仪表及辅助设备，才能完成测量任务。因此，测量系统有简单测量系统与复杂测量系统之分。

(1) 简单测量系统

例如，水银温度计中，装水银的小球感受到温度变化后，在玻璃体的毛细管内水银体积随之变化，这时有刻度的玻璃管就将水银的体积变化转换成温度变化。又如，半导体点温计中，装有热敏电阻的感温元件感受到温度变化后，热敏电阻值就会随温度的变化而变化，通过桥式电路的电流值也跟着变化，这反映在表盘上相应的值就是温度变化。上述两种都是简单测量系统。

(2) 复杂测量系统

用声级计测量噪声的系统是一种复杂测量系统，如图 1-2 所示。声音信号经电容式(或压电式)传声器变成电信号，此信号经信号调节器放大或衰减，再经信号处理器中计权网络滤波，最后在显示器的表盘上显示出噪声值的大小。在精密声级计中有频谱分析仪。频谱分析仪能将不同频率段的噪声分检出来，然后在显示器的表盘上显示出来或由自动记录仪记录下来。

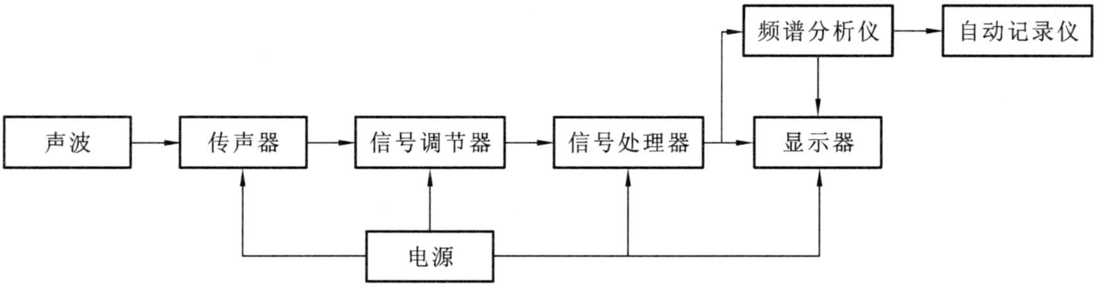

图 1-2　用声级计测量噪声的系统

1.3.2　测试系统基本结构

1.3.2.1　测试系统的组成

测试工作的具体任务是获取有关研究对象的工作状态、运动和特性等方面的信息。例如：弹簧在外力作用下产生变形的测量；一个回转圆盘不平衡量的大小及其分布信息的测量；机械系统动态特性的测试等。

不同测试系统的具体形式及组成不一样，但从功能及目的来说其基本环节都是一样的。一般来说，测试系统由传感器、中间变换装置和显示记录装置三部分组成，测试系统的组成框图如图 1-3 所示。

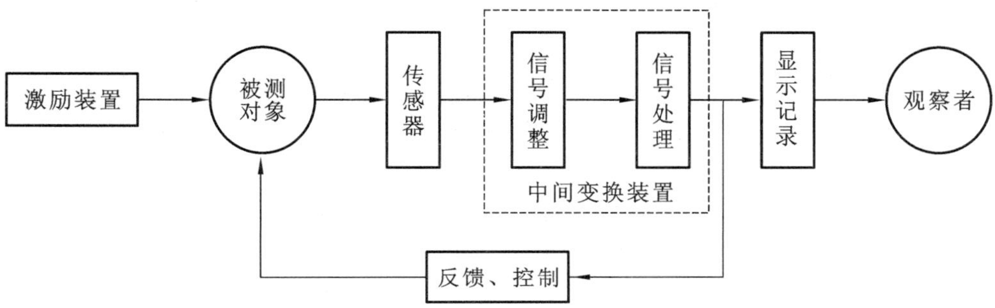

图 1-3　测试系统的组成框图

测试过程中，传感器将反映被测对象特性的物理量（如压力、加速度、温度等）检出并转换为电量，然后传输给中间变换装置；中间变换装置对接收到的电信号用硬件电路进行分析处理或经 A/D 转换后用软件进行计算，再将处理结果以电信号或数字信号的方式传输给显示记录装置；最后由显示记录装置将测量结果显示出来，提供给观察者或其他自动控制装置。测试系统中的元件如图 1-4 所示。

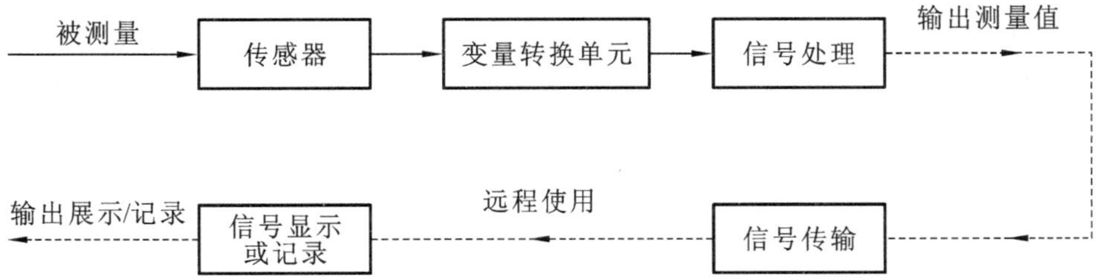

图 1-4　测试系统中的元件

从大的框架上来看，测试系统由如下元素构成：被测变量（被测量）、传感器、变量转换单元、信号处理单元、信号输出与信号传输单元、信号的显示或记录单元，以及输出的显示或记录单元。下面会详细地介绍传感器、变量转换单元和信号处理单元等，并分别就测试系统中各个元件的作用进行分析，帮助大家了解由这些元件共同构成的测试系统的功能。

首先介绍传感器。传感器是能够按照一定的物理规律感知被测物理量变化的一种元件。现代传感器设计的理念中，加上了变量转换单元，从而能够将传感器感受到的被测量变化而输出的物理量转变为电信号，或者是能够导致电信号发生变化的物理量的变化。之所以强调能够导致电信号发生变化的量，因为很多时候传感器直接输出的并不是电压、电流或电荷这样的信号，而是随着被测量的变化导致的传感器自身的电阻、电容或电感发生的相应变化。这个时候，要把这些量变成电信号，就需要在这些物理量上加上一定的电压或者电流，只有这样才能够实现将传感器感受到的物理量的变化变成电信号。

接下来我们讨论关于信号处理单元的问题。首先考虑一个问题，传感器输出的信号有可能会很小，比如只有几个 mV，甚至几个 μV，对于常规的数据采集系统来说，这样的电信号是非常小的。为了能够采集这些信号，就必须经过信号处理单元（也称信号调理单元）处理。信号处理单元主要有放大和滤波两个功能，放大的作用就是将微小的信号放大成数据采集系统能够采集到的范围，而滤波是对信号的频率范围进行限定的一种手段和方法。由于信号波动的电压范围通常是不断在变化的，所以很多放大系统都不是固定增益的，而是增益可调的，即放大系统的增益可以根据我们所需要的放大倍数来灵活地进行调整。还有一种更高级的放大系统，这种系统能够自适应地来实现增益匹配。滤波的目的是限制信号的频率范围。常用的滤波器的设计可以分为高通、低通、带通、带阻四种形式。滤波器的频率上限和下限可以根据它的阻容网络的参数进行灵活的设计。从信号质量的角度来讲，滤波能够限制高频噪声进入数据采集系统，而放大能够提高有效信号的增益，或者说有效信号的幅值，这意味着通过放大和滤波的搭配能够有效提高传感器输出信号的信噪比。

信号经过调理后就能够进行输出了。信号的输出有两种方式可以选择。第一种方式是直接将模拟信号输出，模拟信号可以通过有线或无线电波的方式发射出去，然后直接在阴极射线管上显示。这样就不需要数字化环节。这也是早期示波器的测量原理。第二种方式是直接将模拟信号输入 A/D 转换器，转换成数字信号再输出。数字信号的输出具有两种方式：一种是有线；一种是无线。有线方式就是通过现有的一些计算机接口进行数据传输，比如 USB 接口、RS232 接口（也就是我们说的串口）等。而无线的接口包括各种无线通信协议，比如，WiFi 接口、Zigbee 接口等。

数据传输是把数据从传感器和信号处理单元输出传送到计算机。接下来就引出了后面的一个单元，信号的显示和记录单元。这个单元，顾名思义就是用来显示和记录信号的。现在计算机技术发展非常快，那么我们可以在计算机上面实现数据显示。我们收到了信号，同时还能将收到的信号记录在计算机的硬盘里面，储存成文件，以后还可以将这个数据的文件打开在电脑上重新显示出来。在过去还没有计算机的时候数据是怎样来显示和记录的呢？早期的示波器就是用阴极射线管来实时显示收到的信号。更早的时候，是用笔在记录纸上记录所获取的信号的时间序列，比如早期的地震仪。不管用哪种方式，信号显示和记录这个模块的作用，就是将我们接收到的信号进行展示和储存。现在把计算机作为显示和记录信息的模块，它还能够将这些信息输出到其他的显示和存储设备上。

以上对测试系统中为什么需要这些元件，以及这些元件的作用进行了简单介绍。这些元件组合在一起构成一个完整测试系统的功能，才能够开展测试。

1.3.2.2　物理量感知单元

测试系统的第一个环节是传感器。传感器是能感受被测对象并按照一定规律将其转换成可用以输出的信号的器件或装置。现今常用的传感器是将被测信号转换成某种电信号的器件。它包括敏感器和转换器两部分。敏感器一般是将被测量（如温度、压力、位移、振动、噪声、流量等）转换成某种容易检测的信号，而转换器则是将这种信号变成某种易于传输、记录和处理的电信号。

1.3.2.3　变量转换单元

变量的转换是测试系统的重要环节，作用是将来自传感器的信号转换成更适合于进一步传输和处理的形式。这种信号的转换，多数是电信号之间的转换、放大和滤波，如幅值放大，将阻抗的变化转换成电压的变化或频率的变化等。被测物理量经传感器输出的信号通常是很微弱的信号，或者是非电压信号，如电阻、电感、电容或电荷、电流等参量，这些微弱信号或非电压信号往往不能直接用于仪表显示或数据传输和处理，而且有些信号本身还携带噪声。因此，经传感器输出的信号一般要根据具体要求进行信号幅值、传输特性及抗干扰能力等特性的调理，将信号转换成更便于处理、接收和显示的形式，方便后续环节的处理。

1.3.2.4　信号处理单元

信号处理环节是对来自信号调理环节的信号进行各种运算和分析。为了某些特定的目的，将需研究的信息以各种技术手段表达出来，这种对信息的表达形式称为信号。因此，信号是某一特定信息的载体，在测试过程中，需要对测试信号进行分析及处理，才能获得信息。

信号分析常用的方法是将复杂信号分解为若干简单信号分量的叠加，并根据这些分量的组成情况去考察信号的特性，从而使复杂问题简单化。

信号分析的最基本方法：把频率作为信号的自变量，在频域里进行信号的频谱分析，研究信号的幅频特性和相频特性。如在动态测试过程中，需对被测信号进行频谱分析，以确定所选传感器的频率响应范围。

信号处理是指对信号进行某种加工变换或运算（如滤波、变换、增强、压缩、估计、识别等），来获取信息或将之转换成人们希望的另一种信号形式。信号处理包括时域处理和频域处理两部分。如采用模拟低通滤波器对加速度传感器输出的振动信号进行滤波，可以避免信号混叠现象的发生。

1.3.2.5　信号传输单元

信号传输单元的作用是将感受元件发出的信号，经过加工或转换传递给显示元件。例如，电阻应变片在工作时发出的信号是电阻变化值，它通过电桥变成电压信号，再由直流电压表来显示。当元件发出的信号过小（或过大）时，传递元件应将信号进行放大（或衰减），使之成为能被显示元件接收的信号。

1.3.2.6　显示和记录单元

信号的显示与记录装置是测试系统的最终环节。信号的显示、记录是将来自信号处理环节的信号，以观察者易于观察和分析的形式来显示或存储。

信号的显示记录仪器可以记录被测信号幅值随时间变化的历程，也可以记录两个物理量之间的函数关系。根据被记录信号的类型，显示记录仪可分为模拟信号记录仪和数字信号记录仪；根据记录介质，可分为显示记录仪（如光线示波器等）和隐式记录仪（如磁带机等）；根据被记录信号的频率变化范围，又可分为低速记录仪（如笔式记录仪等）、中速记录仪（如光线示波器等）和高速记录仪（如磁带机等）。

1.3.3 测试系统分类

根据不同的应用领域和功能需求，测试系统可分为不同的类别。而交通装备是指用于运输和移动的各种机械设备和工具，包括汽车、火车、飞机、船舶等。为了确保交通装备的安全和性能符合标准，需要了解这些装备的各个零部件运转的状态，因此，需要进行各种测试。我们把对于交通机械装备的测试也称为状态监测。

从测试系统的测试功能角度，交通装备的测试系统可被分为动力性能测试、能耗测试、安全性测试、声音测试、环保测试、舒适性测试。见表 1-1。这里列出的不一定全面，只是结合该分类方法给出的分类案例。

表 1-1　按测试功能分类

功能名称	测试内容
动力性能测试	包括加速度、最高速度、刹车距离等测试
能耗测试	测量交通装备行驶一定距离时的油耗或能耗
安全性测试	包括碰撞测试、漏水测试、翻车测试等
声音测试	测量交通装备行驶时的噪声级别
环保测试	测量交通装备排放的废气、废水等环境指标
舒适性测试	测量交通装备行驶时的震动、噪声、温度等指标，以评估乘坐舒适性

交通装备的在线测试和离线测试是确保交通系统安全、有效运行的关键组成部分。这两种测试方法旨在检查交通设备的性能，确保设备在各种应用场景下的稳定运行。在线测试和离线测试的主要区别在于数据收集和分析的时间点以及所需的设备和技术不同。见表 1-2。

表 1-2　按测试类型分类

测试类型	测试内容及目的
在线测试	在交通装备运行过程中对其性能和状态进行实时监测的方法。主要目的是捕捉运行中的异常，以便尽早采取纠正措施，避免事故发生
离线测试	在交通装备停止运行时，通过专业人员和设备对其性能和状态进行检查。目的是定期检查交通设施和运输工具的状况，预防潜在问题

1.3.4 测试系统的特性

测试系统的特性通常是指在设备或软件测试过程中的各种属性或特征。测试系统的设计和实施需要考虑这些特性，以便更有效地评估目标系统的性能、可靠性和安全性。以下是一些常见的测试系统特性。

可靠性：测试系统应当具有高可靠性，以确保测试结果的准确性和一致性。

灵活性：测试系统应具有足够的灵活性，能够适应不同类型的设备和测试场景。

可扩展性：测试系统应当具有良好的可扩展性，以便根据需要增加新的功能或适应不断变化的需求。

可重复性：测试系统应当提供可重复的测试条件，以确保在相同条件下可以获得一致的测试结果。

自动化程度：测试系统应当具备一定程度的自动化能力，以提高测试效率和减少人为干预造成的误差。

易用性：测试系统应当具备良好的用户界面和简单的操作流程，以便测试人员轻松上手。

具有监控和诊断功能：测试系统应当能够实时监控测试过程并提供诊断功能，以便快速定位问题和采取相应措施。

数据管理与分析：测试系统应当具备数据收集、存储、管理和分析的功能，以支持对测试结果进行深入的分析和评估。

安全性：测试系统应当具备良好的安全措施，防止未经授权的访问和操作，以确保测试数据的安全和完整性。

与目标系统的兼容性：测试系统应当能够兼容不同的目标系统，以确保测试的广泛适用性。

1.3.4.1　测试系统的静态特性

传递特性是测试系统的输入与输出之间存在的某些联系，掌握测试系统的传递特性，对于提高测量的准确性和正确选用、校准测试系统十分重要。在测量过程中，如果被测量不随时间的改变而发生变化，或者虽随时间变化但变化缓慢以致可以忽略的测量，称为静态测量。描述测试系统静态测量时的输入与输出关系的方程、图形、参数等称为测试系统的静态传递特性，测试系统的准确度在很大程度上与静态传递特性有关，我们也将其简称为静态特性。最为常用的静态特性的主要参数有静态传递方程、定度曲线、灵敏度、线性度、回程误差、灵敏度阈、漂移等。根据定度曲线便可以进一步研究测试系统的静态特性参数。

测试系统处于静态测量时，输入量和输出量不随时间变化，因而输入和输出的各阶导数均为零，式(1-1)是常系数线性微分方程的特例，称为测试系统的静态传递方程，简称静态方程。

$$y(t)=\frac{b_0}{a_0}x(t) \tag{1-1}$$

描述静态方程的曲线称为测试系统的静态特性曲线或定度曲线。在工程测试应用中，习惯上是通过静态标定来确定定度曲线：以比被标定系统准确度高的标准信号源或已知量加载于被标定系统，测得系统的激励-响应的量值关系，并在直角坐标系中描绘其图形。一般应在全量程范围内，均匀地取 5 个以上的标定点，从“零点”开始由低到高，再由高到低逐次输入预定的标定值，记录被标定系统响应并绘出激励-响应的关系图，重复以上操作若干次并以其均值关系确定定度曲线。

通过标定，可以赋予测试系统分度值并消除测试系统的系统误差，改善测试系统的精确度，进一步确定测试系统的静态特性指标，只有经过检测和标定过的测试系统的测量结果，才具有普遍的科学意义。

(1) 准确度

准确度是反映测量过程中的不准确度的范围值。实际测量过程中，测量值不断接近真实值，但这一过程存在不确定性，测量结果一定是不准确的，这种不确定性的范围称为误差。测量误差越小，测量值准确度越高，越接近真实值，反之误差越大，准确度越低。

$$准确度=\frac{最大测量误差}{测量值}$$

准确度是最大测量误差除以测量值。在测试系统中，一旦全部要素确定，测量误差范围也就基本确定。在测量误差相同的情况下，只有用量程尽可能接近被测量的测量工具才能得到相对高的测量准确度。现实中，由于仪器特性在整个量程范围中不一定是完全线性的，通过使测量值尽可能接近量程来实现提高测量准确度的办法可能会遭遇非线性误差的干扰。所以，通常的做法是使被测量的变化范围位于测量系统输入范围$\frac{1}{3}\sim\frac{2}{3}$的区域，相对满足提高测量准确度的同时保持较好的线性度。

准确度可以定义为相对于绝对标准的测量的不确定度的量。准确度指标通常包含增益和偏移参数造成的误差的影响。偏置误差可以用伏特或欧姆等测量单位表示，与被测输入信号的大小无关。相反，增益误差取决于输入信号的幅度，并以读数的百分比表示，例如±0.1%。因此，总的准确度等于两者之和：±(输入的 0.1%+1.0mV)。表 1-3 给出了一个例子。

条件：输入电压分别为 0、5V、10V，准确度=±(0.1%输入值+1mV)

表 1-3　读数与准确度的关系

输入电压	测试内容
0V	−1mV～+1mV
5V	4.994V～5.006V(±6mV)
10V	9.989V～10.011V(±11mV)

(2) 精密度

精密度也称为精度、重复性或者重现性。这个参数是用来描述测量系统随机误差大小的。通过图 1-5 的靶图来描述精密度这一概念，同时还与准确度进行区分和对比。在靶图中，假设靶心是要测量的真值。而每个黑点是落在靶子上的弹孔，每个孔意味着一次测量值。

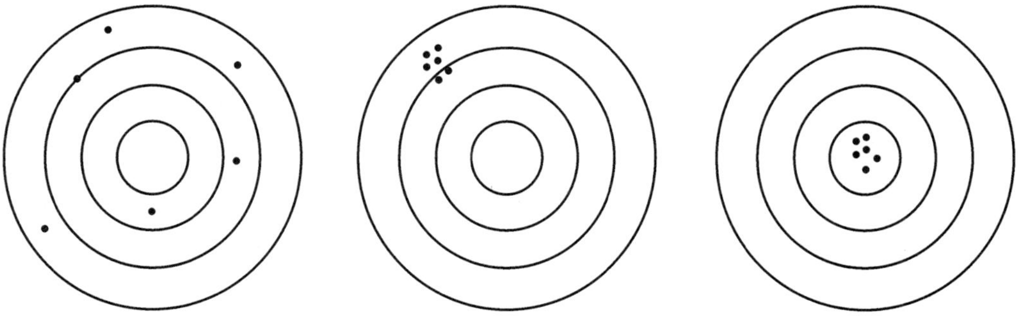

(a)　　(b)　　(c)

图 1-5　精密度和准确度靶图

(a)低精密度低准确度；(b)高精密度低准确度；(c)高精密度高准确度

图 1-5(a)，落在靶子上的点围绕靶心很分散地随机排列，这种情况每个点到靶心的距离都很大，所以这个测试系统测量结果的随机误差很大。

图 1-5(b),落在靶子上的点聚集在一个很小的区域里面,彼此之间的距离都很近,但这些点聚集的区域的中心偏离靶心有一段距离。这说明,经过多次测量,测量结果随机落在一个区域,彼此之间的误差很小,说明随机误差很小。但是测量结果都远离真值,说明测量系统存在一个比较恒定的误差,称为系统误差。这种情况下,测量的精密度高,但是准确度不高。

图 1-5(c),落在靶子上的点不但聚集在一个很小区域里面,而且这个区域离靶心也很近,落点区域的中心几乎与靶心重合,这种情况是期望的最理想情况,测量系统精密度高,准确度也高,是性能非常优秀的测量系统。

(3) 误差容限

误差容限与准确度有非常紧密的联系,一般可以定义为测量系统中预期的最大误差值。因此,这个概念或参数反映了测量系统的误差极限,不可能再有比这个限度更大的误差出现。

误差容限可以通过两种方式获得:一种是理论计算;另一种是实验。理论计算通过建立测量系统的理论模型,根据输入的最大范围推演出其输出信号的误差可能会在哪个范围内变动,其变动的上下限是多少,根据其误差的上限确定误差容限的理论值,然后待测试系统建立以后再通过实验进一步验证和修正理论模型的计算结果,最后获取该测量系统实际的测量误差值。

(4) 灵敏度

灵敏度是指测试系统在静态测量时,输出量的增量与输入量的增量之比的极限值,即:

$$S=\lim_{\Delta x\to 0}\frac{\Delta y}{\Delta x}=\frac{\mathrm{d}y}{\mathrm{d}x} \tag{1-2}$$

一般情况下,灵敏度 S 将随输入量 x 的变化而改变,是系统输入-输出特性曲线的斜率。灵敏度反映测试系统对输入信号变化的反应能力。

对于线性系统来说,有:

$$S=\frac{y}{x}=\frac{b_0}{a_0}=\tan\theta=\text{常数} \tag{1-3}$$

灵敏度的量纲是输出的量纲与输入的量纲之比。例如,某位移传感器在输入位移变化 0.1mm时,输出电压的变化为 9mV,则灵敏度 $S=90\mathrm{mV/mm}$,灵敏度的量纲是 mV/mm。当测试系统的输出与输入的量纲相同时,灵敏度将呈现无量纲的形式,这种情况下常用增益或放大倍数来替代灵敏度。

在技术数据中,经常出现“灵敏度阈值”这一技术参数,它是指最小单位输出量所对应的输入量,与灵敏度有密切的关系,是灵敏度的倒数,表示测试系统对引起输出的有可察觉变化的输入量的最小变化值,也称为测试系统的分辨率。

(5) 量程

量程的定义是测量系统或仪器被设计能够测量的最小值与最大值之间的差值,也称测量跨度。比如一把直尺被设计用来测量长度,那么它可以测量的最大值是整个尺子的最大刻度,而最小值是 0,即零刻度。因此,该把尺子的量程就是尺子上的最大刻度。图 1-6 为量程示意图。

(6) 线性度

实际的测试系统输出与输入之间,并非严格的线性关系。为了使用简便,约定用直线关系代替实际关系,即用某种拟合直线代替定度曲线(校准曲线或标定曲线)作为测试系统的静态特性曲线。定度曲线接近拟合直线的程度称为测试系统的线性度。如图 1-7 所示,线性度是

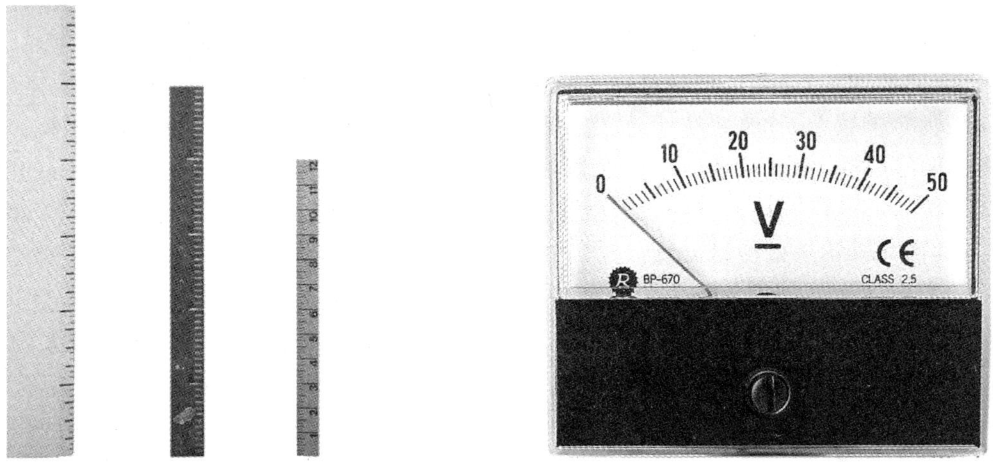

(a)　　　　　　　　　　(b)

图 1-6　量程示意图

(a)直尺量程；(b)电压表量程

以系统标称输出范围内，实际输出对拟合直线的最大偏差 ΔL_{max} 与满量程输出 A 的比值的百分率为线性度的指标，即：

$$线性度=\pm\frac{\Delta L_{max}}{A}\times 100\% \tag{1-4}$$

确定拟合直线的方法较多，目前国内尚无统一的标准，较为常用的方法有两种：端基直线和最小二乘拟合直线。端基直线是一条通过测量范围的上下极-限点的直线。这种拟合直线的方法简单易行，但因与数据的分布无关，其拟合精度很低。最小二乘拟合直线是以测试系统校准数据与拟合直线的偏差的平方和为最小的条件下所确定的直线。这种方法能保证所有测量值最接近拟合直线，因而有很高的拟合精度。

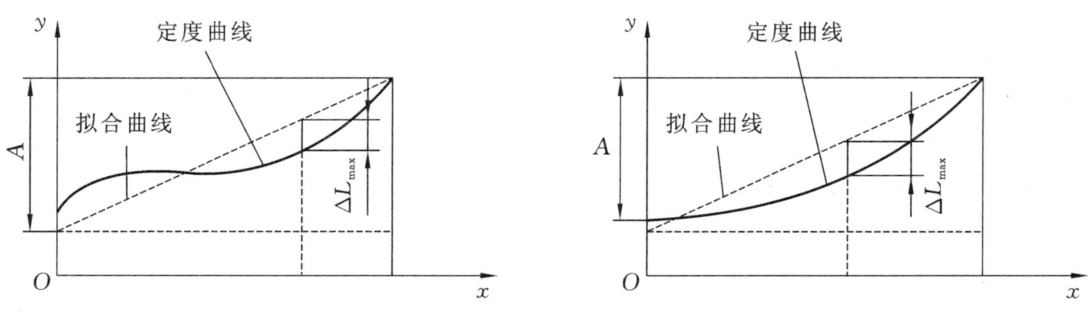

图 1-7　线性度

(a)测量范围最小二乘法；(b)端基直线

(7) 回程误差

实际的测试系统，由于内部的弹性元件的弹性滞后，磁性元件的磁滞现象和机械摩擦，材料受力变形、出现间隙等原因，使得相同的测试条件下，在输入量由小增大和由大减小的测试过程中，对应于同一输入量所得到的输出量往往存在差值，这种现象称为迟滞。测试系统的迟滞程度，用回程误差来描述。测试系统的回程误差是指在相同的测试条件下，全量程范围内的

最大迟滞差值 h_{max} 与标称满量程输出 A 的比值的百分率，即：

$$回程误差=\frac{h_{max}}{A}\times 100\% \tag{1-5}$$

(8) 稳定性

稳定性是指在一定的工作条件下，保持输入信号不变时，输出信号随时间或温度的变化而出现的缓慢变化程度。测试系统的稳定性有两种指标：一是时间上的稳定性，以稳定度表示；二是测试仪器外部环境和工作条件变化所引起的示值的不稳定性，以各种影响系数表示。

① 稳定度

稳定度是指在规定的工作条件下，测试系统的某些性能随时间变化的程度。它是由测试系统内部存在的随机性变动、周期性变动和漂移等原因所引起的示值变化，一般用示值的波动范围与时间之比来表示。例如，示值的电压在 8h 内的波动幅度为 1.3mV，则系统的稳定度 $\delta_s=1.3mV/8h$。

② 环境影响

室温、大气压等外界环境的状态变化，以及电源电压、频率等工作条件的变化对测试系统示值的影响，用影响系数表示。例如，周围介质温度变化所引起的示值的变化，可以用温度系数表示；电源电压变化所引起的示值变化，可以用电源电压系数(示值变化/电压变化率)表示。

在正常使用的条件下，输入量不发生任何变化，而测试系统的输出量在经过一段时间后却发生了改变，这种现象称为漂移，以输出量的变化表示。输入量为零时，测试系统也会有一定的输出，习惯上称其为零漂。零漂中既含有直流成分，也含有交流成分。环境条件对零漂的影响较为突出，特别是湿度和温度的影响，其变化趋势较为缓慢。工程上常在零输入时，对漂移进行观测和度量。测量时，只需将输入端对地短接，再测量其输出，即可得到零漂值，并以此修正测试系统的输出零点，减小漂移对测试精度的影响。

(9) 敏感性

仪器对环境扰动的敏感性的定义是，当环境发生变化的时候，仪器的某个或某几个静态特性参数会随之发生变化，如图 1-8 所示，这种变化主要反映在三个方面：第一，零点漂移(偏置)，也就是反映整个测试系统的输入和输出的线性关系的直线函数的纵坐标，会整体在 y 轴方向平移；第二，灵敏度漂移，测量系统的灵敏度实际上就是仪器的线性度直线的斜率，一般来说，斜率越大灵敏度越高，斜率越小灵敏度越低，测试系统因为使用时间的推移以及环境因素的影响，灵敏度会降低，也就是斜率会变小，称为灵敏度漂移；第三，零点和灵敏度同时发生漂移，这是在现实中最真实的表现，不可能有绝对的无零漂和无灵敏度漂移的测试系统，或多或少都会发生，这就需要我们把前面两种情况的影响综合起来，就得到了第三种情况的结果。

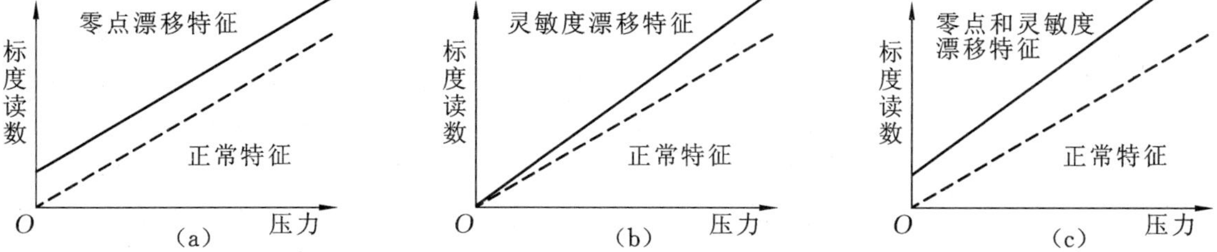

图 1-8　零点漂移和灵敏度漂移

(10) 门限值

门限值是指当测量系统输入的被测量从测量的零点开始不断增加，直到被测量达到某一值时测量系统的输出才出现一个足以被检测到的读数，此时对应的被测量的大小就代表了测量系统的门限值。因为这是能够导致测量系统产生能够被检测到的最小输出信号，因此，这也被称为测量系统的最小驱动信号。图 1-9 有不同程度的门限值存在，都是随着横坐标数值从零增加的过程中，在很长一段范围内纵坐标都没有输出，直到横坐标增加超过某一值时，纵坐标才出现输出的读数。

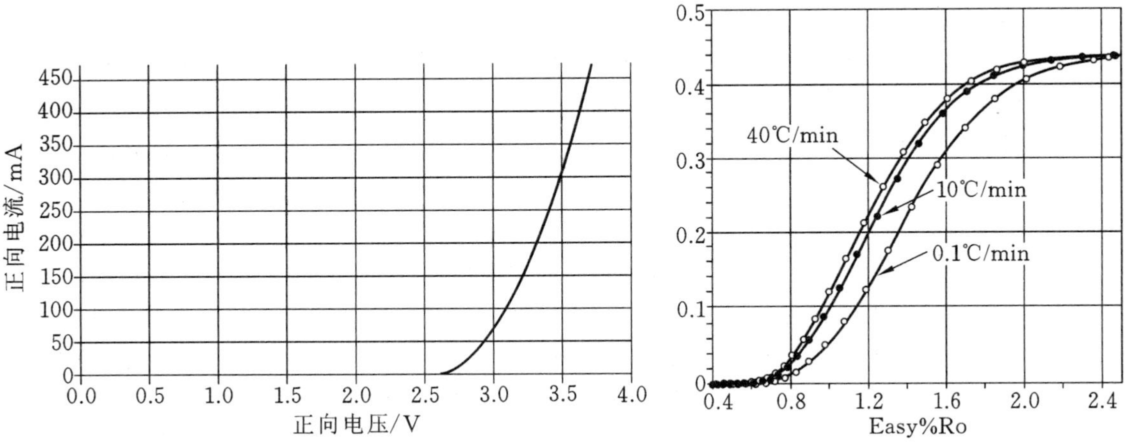

(a)　　　　(b)

图 1-9　门限值

(a)电压门限值；(b)温度门限值

(11) 分辨率

仪器的分辨率是让仪器出现能够观察到的读数所需要的最小的输入被测量的变化值。见图 1-10。这里也有一个最小量的问题，正好和前面的最小量形成对应关系。和前面提到的门限值相比，分辨率是在有读数以后，在继续测量的时候，要从测量系统观察到最小的输出变化所需要提供的输入量的变化量，而门限值是仪器在开始测量时，从没有读数到有能观察到的读数出现时所需要的最小的输入量。也就是说，门限值是让整个仪器能够有输出的最小值，而分辨率是让仪器输出有能观察到的变化出现所需的最小输入值。

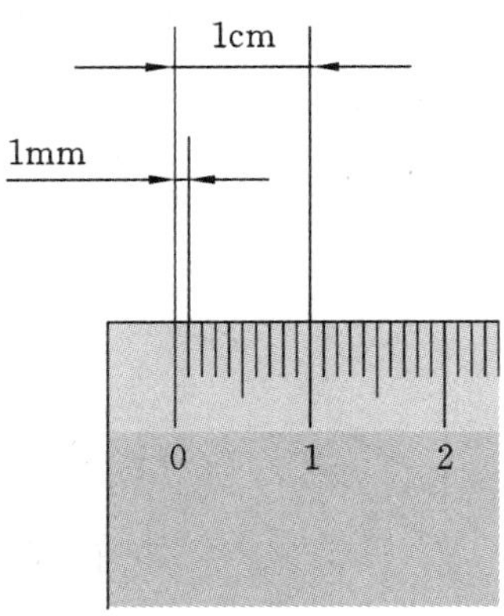

图 1-10　分辨率

这两个量的物理意义在于：于门限值而言，它代表仪器开始启动测量时，仪器自身的机械结构存在的一系列接触误差，比如机械结构中的齿轮啮合之间的间隙。还有电子系统的放大器中存在的偏置电流和偏置电压引起的，在还没有输入信号时放大器就已经存在一个负电平的输出。所以需要有一定的输入量平衡偏置电压或电流以后，才能使输出变为零值之后再不断增大。而对于分辨率，它代表了仪器结构能够响应的输入信号的最小变化量，由仪器本身输出信号的噪声以及仪器机械结构的精密性决定，比如仪器的刻度盘的精细度将决定分辨率高低。分辨率反映了仪表能够检测到被测量最小变化量的能力。一般模拟式仪表的分辨率规定为最小刻度分格数值的一半。数字式仪表的分辨率规定为最后一位数字。

为了确定系统在电压方面的分辨率，我们必须进行一些计算。首先，假设一个测量系统能够使用 16 位 A/D 转换器进行±10V 量程的测量。接下来，确定我们可以检测到的最小增量，也就是 $2^{16}=65536$ 中的一份，故每个 A/D 计数 $20V/65536=305\mu V$。因此，我们可以检测到的最小变化的理论值是 $305\mu V$。

（12）死区

死区的定义是，在测试系统中存在一段很小的输入信号值的范围，当输入信号在这范围内输入测试系统中时，测试系统没有任何输出的变化。这段输入信号的范围就称之为死区。见图 1-11。那么相对应的有这样两条规律：第一，任何存在迟滞效应的测量系统也都存在死区现象；第二，一些不存在明显迟滞效应的测量系统的输出特性也同样存在死区现象。

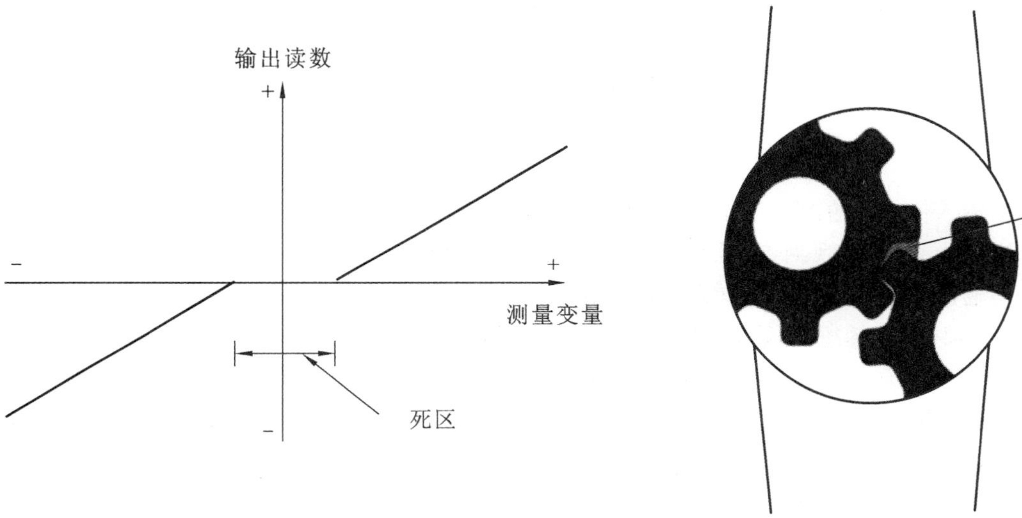

（a）　　（b）

图 1-11　死区

（a）死区线形图；（b）齿轮啮合间隙死区

常见的死区的实例，如手表的调表系统。手表内部是通过一系列不同大小的齿轮驱动指针旋转走时的，我们在对表时，当顺时针方向旋转旋钮时，指针开始转动，但是，这时我们逆时针旋转旋钮时会发现，在旋钮转过一个很小的角度以后指针才开始反向旋转，这个很小的角度范围内，旋转旋钮是不会驱动指针旋转的，这就是手表调表系统的死区。同样的道理，在测量系统中，存在这种齿轮传递的情况时，就会有死区存在，它是由齿轮之间的啮合间隙不断传递产生的。

1.3.4.2　测试系统的动态特性

被测物理量随时间变化的测量称为动态测量。与此相应，描述测试系统动态测量时输入与输出之间函数关系的方程、图形、参数称为测试系统的动态传递特性。在进行动态测量时，掌握测试系统的动态传递特性非常必要，尤其是测试系统工作的频率范围。众所周知，用水银体温计测体温时，必须与人体有足够长的接触时间，它的读数才能反映人体的温度，其原因是体温计的示值输出滞后于温度输入，这种现象称为时间响应。又比如，当我们用千分表测量振动物体的振幅时，如果振动体的振幅一定，当振动体的振动频率很小时，千分表的指针将随其摆动，指示出各个时刻的幅值，随着振动频率的增加，指针摆动的幅度逐渐减小，直至不动，表明指针的示值在随振动频率的变化而改变，这种现象称为测试系统对输入的频率响应。时间响应和频率响应是动态测试过程中表现出的重要特征，是我们研究测试系统动态特性的主要内容。

(1) 线性系统及其微分方程

系统是连接输入、输出的某个功能块，尽管测试系统的组成各不相同，但我们可以将其抽象和简化。如果把该功能块简化为一个方框表示测试系统，并用 $x(t)$ 表示输入量，用 $y(t)$ 表示输出量，用 $h(t)$ 表示系统的传递特性，则输入、输出和测试系统之间的关系可用图 1-12 系统的输出表示。$x(t)$、$y(t)$ 和 $h(t)$ 是 3 个彼此具有确定关系的量，当已知其中任意两个量，就可以推断或估计第 3 个量，这便构成了工程测试中需要解决的 3 个方面的实际问题。

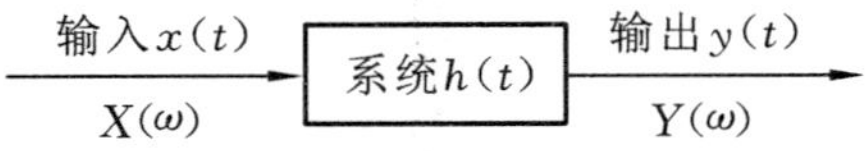

图 1-12　系统的输出

① 当输入 $x(t)$、输出 $y(t)$ 能观测到时，推断系统的传递特性 $h(t)$。

② 当输入 $x(t)$ 能观测到，且系统的传递特性 $h(t)$ 已知时，估计输出 $y(t)$。

③ 当输出 $y(t)$ 能观测到，且系统的传递特性 $h(t)$ 已知时，推断输入 $x(t)$。

从输入到输出，系统对输入信号进行传输和变换，系统的特性将对输入信号产生影响，因此，要使输出信号真实地反映输入的状态，测试系统必须满足一定的性能要求。一个理想的测试系统应该具有单一的、确定的输入输出关系，而且，系统的特性不应随时间的推移发生改变。当系统的输入与输出之间成线性关系时，分析处理最为简便，满足上述要求的系统，是线性时不变系统，具有线性时不变特性的测试系统是最佳测试系统。

在工程测试实践和科学实验活动中，经常遇到的测试系统大多属于线性时不变系统。一些非线性系统或时变系统，在限定的范围与指定的条件下，也遵从线性时不变的规律。线性时不变系统的分析方法已经形成了完整的、严密的体系，而非线性系统与时变系统的研究还未能总结出令人满意的、具有普遍意义的分析方法。在动态测试中，要作非线性校正还存在一定的困难。基于以上几点原因，我们将讨论的重点和范围限定在线性时不变系统。

描述测试系统通常是通过对测试系统的数学建模，利用测试系统的物理特性建立系统输入输出的运动微分方程以实现系统的描述。较复杂的系统，其数学模型可能是一个高阶微分方程，规定微分方程的阶数就是系统的阶数。下面，我们通过对几个简单的测试系统进行分析，说明测试系统的描述和系统输入与输出之间的联系。

图 1-13 所示，RC 低通滤波系统是一个简单的 RC 低通滤波系统，其输入电压为 $x(t)$，输出电压为 $y(t)$，根据电路电压平衡关系，有：

$$x(t)=R\cdot i(t)+y(t) \tag{1-6}$$

这个系统中，流经电阻和电容的电流为 $i(t)$，则有：

$$i(t)=C\frac{\mathrm{d}y}{\mathrm{d}t} \tag{1-7}$$

据此，可以建立 $x(t)$ 和 $y(t)$ 之间的运动微分方程：

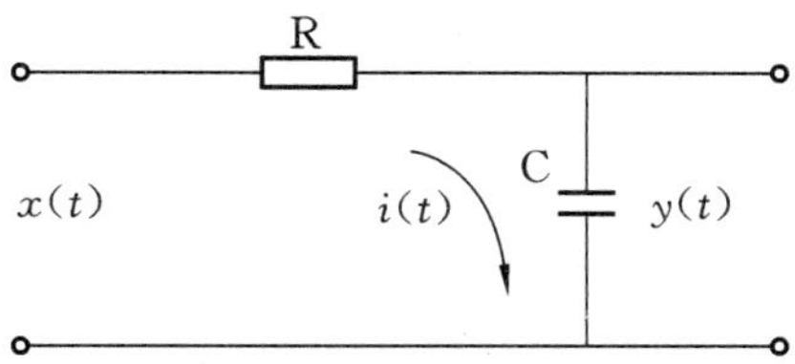

图 1-13　RC 低通滤波系统

$$RC \cdot \frac{\mathrm{d}y(t)}{\mathrm{d}t} + y(t) = x(t) \tag{1-8}$$

这是一个一阶常系数线性微分方程，描述的系统是一阶线性时不变系统。

图 1-14 所示为一个有阻尼的弹簧质量系统，输入 $x(t)$ 为施加于质量块的力，输出 $y(t)$ 为质量块的位移，根据系统的动力学特性，可以建立系统的运动微分方程：

$$m \frac{\mathrm{d}^2 y(t)}{\mathrm{d}t^2} + C \frac{\mathrm{d}y(t)}{\mathrm{d}t} + Ky(t) = x(t) \tag{1-9}$$

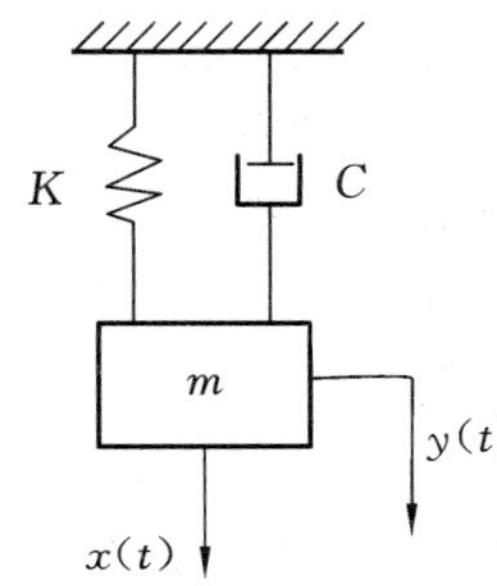

图 1-14　有阻尼的弹簧质量系统

这是一个二阶常系数线性微分方程，描述的系统是二阶线性时不变系统。

更一般地讲，对于线性时不变系统，可以用输入 $x(t)$、输出 $y(t)$ 之间的常系数线性微分方程来描述，其微分方程的一般形式为：

$$\begin{aligned} & a_n \frac{\mathrm{d}^n y(t)}{\mathrm{d}t^n} + a_{n-1} \frac{\mathrm{d}^{n-1} y(t)}{\mathrm{d}t^{n-1}} + \cdots + a_1 \frac{\mathrm{d}y(t)}{\mathrm{d}t} + a_0 y(t) \\ & = b_m \frac{\mathrm{d}^m x(t)}{\mathrm{d}t^m} + b_{m-1} \frac{\mathrm{d}^{m-1} x(t)}{\mathrm{d}t^{m-1}} + \cdots + b_1 \frac{\mathrm{d}x(t)}{\mathrm{d}t} + b_0 x(t) \end{aligned} \tag{1-10}$$

其中，$a_n, a_{n-1}, a_{n-2} \cdots, a_0$ 和 $b_m, b_{m-1}, b_{m-2}, \cdots, b_0$ 是与测试系统的物理特性、结构参数和输入状态有关的常数；n 和 m 为正整数，表示微分方程的阶，一般 $n \geqslant m$，并称 n 值为线性系统的阶数。式(1-10)中，只有 $x(t)$、$y(t)$ 或它们对时间的各阶导数的一次幂，而没有它们的高次幂以及它们的乘积。

(2) 测试系统动态传递特性的频域描述

① 测试系统的频率响应函数

当某一单一频率的简谐激励 $x(t) = X_0 \mathrm{e}^{j(\omega t + \phi_x)}$ 作为输入作用于测试系统时，根据线性系统的频率保持特性，输出应该只有与输入频率相同的频率成分，而幅值和相位却可能存在差别。因此，输出信号一定有以下函数形式：

$$y(t) = Y_0 \mathrm{e}^{j(\omega t + \phi_y)} \tag{1-11}$$

显然，如果我们以选定的频率为参变量，对特定条件下的输入、输出的频域描述分别为：

$$X(\omega) = X_0(\omega) \mathrm{e}^{j(\omega t + \phi_x)} \tag{1-12}$$

$$Y(\omega) = Y_0(\omega) \mathrm{e}^{j(\omega t + \phi_y)} \tag{1-13}$$

所以，频率响应函数可定义为：

$$H(\omega) = \frac{F[y(t)]}{F[x(t)]} = \frac{Y(\omega)}{X(\omega)} = \frac{Y_0(\omega)}{X_0(\omega)} \mathrm{e}^{j(\phi_y - \phi_x)} \tag{1-14}$$

如前所述，线性时不变系统可以用式(1-1)所给出的常系数线性微分方程来描述。注意到

对于形如 $x(t)=X_0e^{j(\omega t+\phi_x)}$ 的函数，其 n 阶微分为 $\frac{d^n x(t)}{dt^n}=(j\omega)^n x(t)$，其傅里叶变换为 $(j\omega)^n X(\omega)$。所以，当输入信号为 $x(t)=X_0e^{j(\omega t+\varphi_x)}$ 并达到稳态输出时，式(1-10)有如下形式的方程：

$$H(\omega)=\frac{Y(\omega)}{X(\omega)}=\frac{b_m(j\omega)^m+b_{m-1}(j\omega)^{m-1}+\cdots+b_0}{a_n(j\omega)^n+\cdots+a_0} \tag{1-15}$$

由此可见，频率响应函数也是等于输出和输入的傅里叶变换之比的。测试系统的阶数可以由其中分母的幂的次数 n 确定。从式(1-15)还可以看到，决定 $H(\omega)$ 的是由系统结构参数和测试系统的布置情况所确定的微分方程的常系数，与输入输出本身没有关系，因此，$H(\omega)$ 反映系统本身所具备的特性；对于任一具体的输入 $x(t)$，由于 $Y(\omega)=X(\omega)H(\omega)$，都可以由系统的频率响应函数确定相应的输出 $y(t)$，它反映测试系统的传输特性。另外，对于完全不同的物理系统，由于描述系统的微分方程的形式不外乎一阶微分方程、二阶微分方程等，因此可能有传递特性和形式完全相同的频率响应函数，这为我们分类研究 $H(\omega)$ 的传递特性带来了方便。由于微分方程的各系数具有不同的量纲，对于确定的各物理系统，有各自特定的输入与输出。

控制工程技术中，常采用传递函数来描述系统的传递特性，它是在系统的初始条件为零的前提下，输出量的拉普拉斯变换与输入量的拉普拉斯变换之比，记为 $H(s)$。根据拉普拉斯变换的微分性质，如果以下拉普拉斯变换存在：

$$L[f(t)]=\int_0^{\infty} f(t)e^{-st}dt=F(s),\ s=a+j\omega \tag{1-16}$$

则当系统的初始条件为零时，有：

$$L[f^n(t)]=s^n F(s) \tag{1-17}$$

利用这一性质，我们对式(1-10)两边作拉普拉斯变换，得：

$$(a_n s^n+a_{n-1}s^{n-1}+\cdots+a_0)Y(s)=(b_m s^m+b_{m-1}s^{m-1}+\cdots+b_0)X(s) \tag{1-18}$$

可得：

$$H(s)=\frac{Y(s)}{X(s)}=\frac{b_m s^m+b_{m-1}s^{m-1}+\cdots+b_0}{a_n s^n+a_{n-1}s^{n-1}+\cdots+a_0} \tag{1-19}$$

比较式(1-15)可见，频率响应函数只不过是传递函数的一种特例，是 $s=j\omega$ 时的传递函数，因此，频率响应函数可以通过传递函数求解后，取 $s=j\omega$ 即可。

② 幅频特性与相频特性

一般情况下 $H(\omega)$ 是复函数，可以将其写成如下形式：

$$H(\omega)=A(\omega)e^{j\phi(\omega)} \tag{1-20}$$

其中：

$$A(\omega)=|H(\omega)|=\frac{|Y(\omega)|}{|X(\omega)|}=\frac{Y_0(\omega)}{X_0(\omega)}$$

$$\phi(\omega)=\phi_y(\omega)-\phi_x(\omega)$$

可见，$A(\omega)$ 是 $H(\omega)$ 的模，是给定频率输出信号幅值与输入信号幅值之比。换句话说，给定频率输出信号的幅值可以由该频率输入信号的幅值 $X(\omega)A(\omega)$ 求得。因此，$A(\omega)$ 相当于一个比例系数，反映测试系统对输入信号 ω 频率分量的幅值的缩放能力，称 $A(\omega)$ 为系统的幅频特性。

$\phi(\omega)$是给定频率的输出信号与该频率输入信号的相位差，反映出测试系统对输入信号ω频率分量的初相位的移动程度，称为测试系统的相频特性。

一般的信号多数情况下都是由多个频率成分构成的，当其通过测试系统时，受系统幅频特性的影响，各频率成分的幅值将会被相应频率点的系统幅频特性缩放；受系统相频特性的影响，各频率成分的相位将发生相应的移动。测试系统幅频特性和相频特性对输入信号的影响如图 1-15 所示。

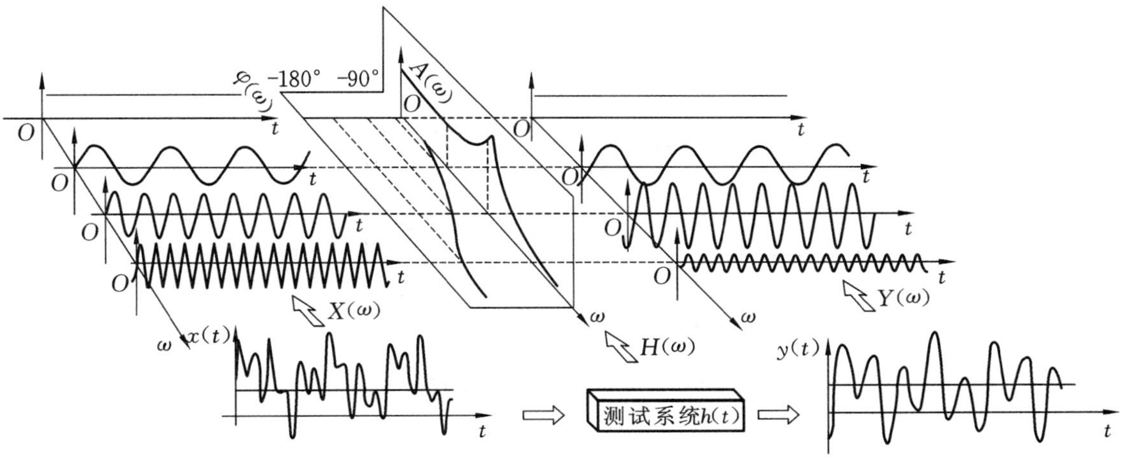

图 1-15　测试系统幅频特性、相频特性对输入信号的影响

如果将 $H(\omega)$表示为实部 $P(\omega)$与虚部 $Q(\omega)$之和的形式，则 $H(\omega)$又可以表示为：

$$H(\omega)=P(\omega)+\mathrm{j}Q(\omega) \tag{1-21}$$

其幅频特性和相频特性分别为：

$$A(\omega)=\sqrt{P^2(\omega)+Q^2(\omega)} \tag{1-22}$$

$$\phi(\omega)=\arctan\frac{Q(\omega)}{P(\omega)} \tag{1-23}$$

以 $A(\omega)$、$\phi(\omega)$、$P(\omega)$和 $Q(\omega)$为纵坐标，以ω为横坐标，绘出的 $A(\omega)$-ω、$\phi(\omega)$-ω、$P(\omega)$-ω、$Q(\omega)$-ω 曲线，分别称为幅频特性曲线、相频特性曲线，实频特性曲线、虚频特性曲线。

在工程应用技术中，对于幅频特性曲线和相频特性曲线的纵坐标、横坐标除了取线性标尺外，还常对自变量ω取对数标尺，幅值取分贝数，$20\lg A(\omega)$-$\lg\omega$ 曲线和 $\phi(\omega)$-$\lg\omega$ 曲线分别称为对数幅频特性曲线和对数相频特性曲线，两种曲线总称为伯德(Bode)图，如图 1-16 所示。

如果以 $H(\omega)$的实部和虚部分别作为横坐标和纵坐标，在此复平面画出$Q(\omega)$-$P(\omega)$曲线，并在曲线对应点上标注相应的频率，则所得曲线图称为奈魁斯特(Nyquist)图。图 1-17 中自原点到 $Q(\omega)$-$P(\omega)$曲线的矢量的矢径，即为$A(\omega)$，该矢量与实轴的夹角即为 $\phi(\omega)$。

③ 一阶系统和二阶系统的传递函数及频率响应特性

对于前面所列举的一阶系统，如无质量的弹簧质量系统、RC 滤波变换电路等，其微分方程的一般形式为：

$$a_1\frac{\mathrm{d}y(t)}{\mathrm{d}t}+a_0y(t)=b_0x(t) \tag{1-24}$$

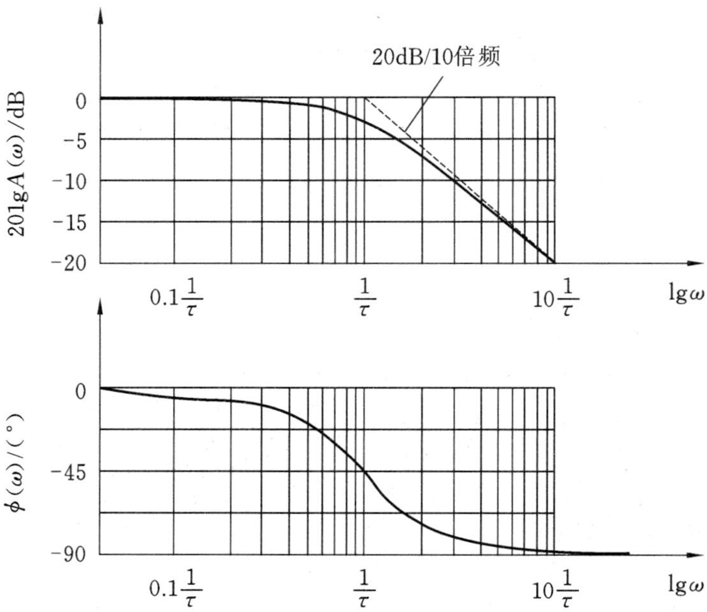

图 1-16　一阶系统的伯德图

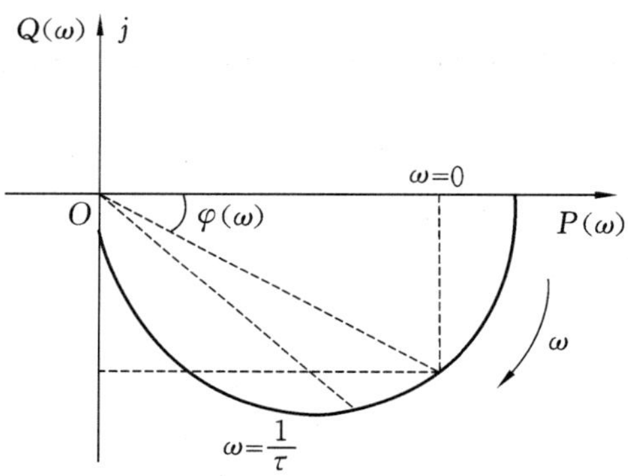

图 1-17　一阶系统的奈魁斯特图

对于以上微分方程，我们总可以将其改写成标准归一化的形式，即：

$$\tau \frac{\mathrm{d}y(t)}{\mathrm{d}t}+y(t)=Sx(t) \tag{1-25}$$

其中，$\tau=a_1/a_0$ 具有时间量纲，称为时间常数。$S=b_0/a_0$，S 是一阶系统的静态灵敏度系数，由具体的系统参数决定。在线性系统中 S 为常数，在对系统的特性作动态分析时，它仅仅使系统的传递特性放大 S 倍，而不会改变特性曲线的变化规律。因此，为了讨论和分析方便，突出系统的特性，约定 $S=1$，则式(1-25)可写成：

$$\tau \frac{\mathrm{d}y(t)}{\mathrm{d}t}+y(t)=x(t) \tag{1-26}$$

对上式作拉普拉斯变换得：

$$\tau sY(s)+Y(s)=X(s) \tag{1-27}$$

一阶系统的传递函数为：

$$H(s)=\frac{Y(s)}{X(s)}=\frac{1}{\tau s+1} \tag{1-28}$$

令 $s=\mathrm{j}\omega$，其频率响应函数为：

$$H(\omega)=\frac{1}{1+\mathrm{j}\omega}=\frac{1}{1+(\tau\omega)^2}-\mathrm{j}\frac{\tau\omega}{1+(\tau\omega)^2} \tag{1-29}$$

则其幅频特性和相频特性函数分别为：

$$A(\omega)=|H(\omega)|=\frac{1}{\sqrt{1+(\tau\omega)^2}} \tag{1-30}$$

$$\phi(\omega)=\angle H(\omega)=-\arctan\omega\tau \tag{1-31}$$

根据式(1-30)和式(1-31)绘出幅频曲线和相频曲线，如图 1-18 所示。

从频率响应特性图上可以看出，一阶系统有以下几个特点：

(1) 一阶系统是一个低通环节，只有 ω 远小于 $1/\tau$ 时，幅频特性 $A(\omega)$ 才近似为 1，且相差沿近似斜直线趋近于 0。信号通过系统后，各频率成分的幅值基本保持不变。在高频段，幅频特性与 ω 成反比，其水平渐近线为 $A(\omega)=0$，此时的一阶系统演变成为积分环节。从图 1-18 可以看出，当 $\omega>4/\tau$ 时，$A(\omega)<0.25$，且存在较大的相差。信号通过系统，各频率成分的幅值将有很大的衰减。所以，一阶装置只适用于测量缓变或低频信号。

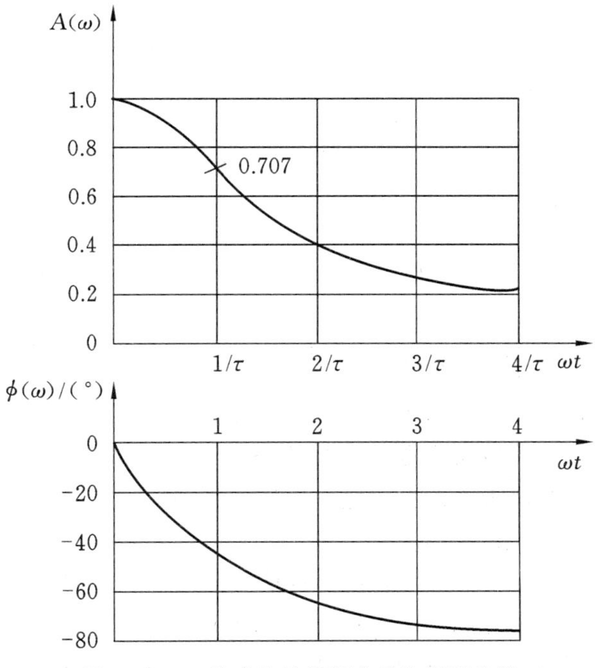

图 1-18　一阶系统的幅频曲线和相频曲线

(2) 时间常数 τ 决定了一阶系统适用的频率范围，从幅频特性曲线和相频特性曲线可以看到，当 $\omega=1/\tau$ 时，输出与输入的幅值比 $A(\omega)$ 降为 0.707，此点对应输出信号的功率衰减到输入信号的半功率的频率点，此点被视为系统信号通过的截止点。因此，τ 是反映一阶系统动态特性的重要参数。

(3) 伯德图中的幅频特性曲线，可以用一条折线近似描述：以 $\omega=1/\tau$ 为转折频率，左侧以

$A(\omega)=0$ 的直线代替，其右侧的特性曲线用“$-20\text{dB}/10$ 倍频”的斜直线代替。经简化后的幅频特性曲线与实际幅频特性曲线之间的最大误差出现在转折频率点，其误差为 -3dB。

（4）一阶系统的奈魁斯特图是一个单位直径的半圆。当 $\omega=0$ 时，只有实部且 $P(\omega)=1$，对应着某一频率成分的 $A(\omega)$，频率坐标在半圆上非均匀分布。

对于一般的二阶系统，有：

$$a_2\frac{\mathrm{d}^2y(t)}{\mathrm{d}t^2}+a_1\frac{\mathrm{d}y(t)}{\mathrm{d}t}+a_0y(t)=b_0x(t) \tag{1-32}$$

同样可以通过数学处理使其变为以下标准化归一的形式：

$$\frac{\mathrm{d}^2y(t)}{\mathrm{d}t^2}+2\zeta\omega_n\frac{\mathrm{d}y(t)}{\mathrm{d}t}+\omega_n^2y(t)=S\omega_n^2x(t) \tag{1-33}$$

其中，$\omega_n=\sqrt{a_0/a_2}$，为系统的固有频率；$\zeta=\dfrac{a_1}{2\sqrt{a_0a_2}}$，为系统的阻尼比；$S=b_0/a_0$，为系统的灵敏度系数。

S 是取决于输出与输入量纲和比值的常数因子，不同的 S 对动态特性的影响不同，对于幅频特性而言，只不过是乘了一个比例因子，不会改变特性曲线的变化规律，对相频特性没有影响，因此，约定取 $S=1$，则二阶系统的频率响应函数为：

$$H(\omega)=\frac{\omega_n^2}{(\omega j)^2+2\zeta\omega_n\omega j+\omega_n^2} \tag{1-34}$$

分子和分母同除以 ω_n^2，并令 $\eta=\omega/\omega_n$，则：

$$H(\omega)=H(\eta)=\frac{1}{1-\eta^2+2\zeta\eta j} \tag{1-35}$$

其幅频特性和相频特性分别为：

$$A(\omega)=A(\eta)=|H(\eta)|=\frac{1}{\sqrt{(1-\eta^2)^2+4\zeta^2\eta^2}} \tag{1-36}$$

$$\phi(\omega)=\phi(\eta)=\angle H(\eta)=-\arctan\frac{2\zeta\eta}{1-\eta^2} \tag{1-37}$$

相应的幅频、相频特性曲线如图 1-19 所示。

从幅频特性曲线、相频特性曲线可以看到，当 $\eta\ll1$ 时，$A(\omega)\approx1$，而 $\phi(\omega)\approx0$，表明该频率段的信号通过系统后，其幅值将会以 1 的比率输出，相位基本上不受影响；当 $\eta\gg1$ 时，$A(\omega)\approx0$，系统将仅有微弱的信号输出，输出信号与输入信号的相差约为 180°。所以，二阶系统也是一个低通环节。当 $\eta=1$，也即 $\omega=\omega_n$ 时，幅频特性曲线出现了一个很大的峰值，$A(\omega)\approx1/2\zeta$，随 ζ 的减小而增大。该频率成分的信号通过系统后，其输出信号将可能成倍放大，此即共振现象。测试系统是不宜在共振区域工作的，但可以短时快速越过共振区，因为要形成共振，也需要一定的时间才能积聚共振能量。

综上所述，一阶系统的参数 S、τ，二阶系统的参数 S、ω_n、ζ 是由系统的结构参数决定的，当测试系统的制造、调试完毕后，以上参数也就随之确定，它们决定了测试系统的动态传递特性。

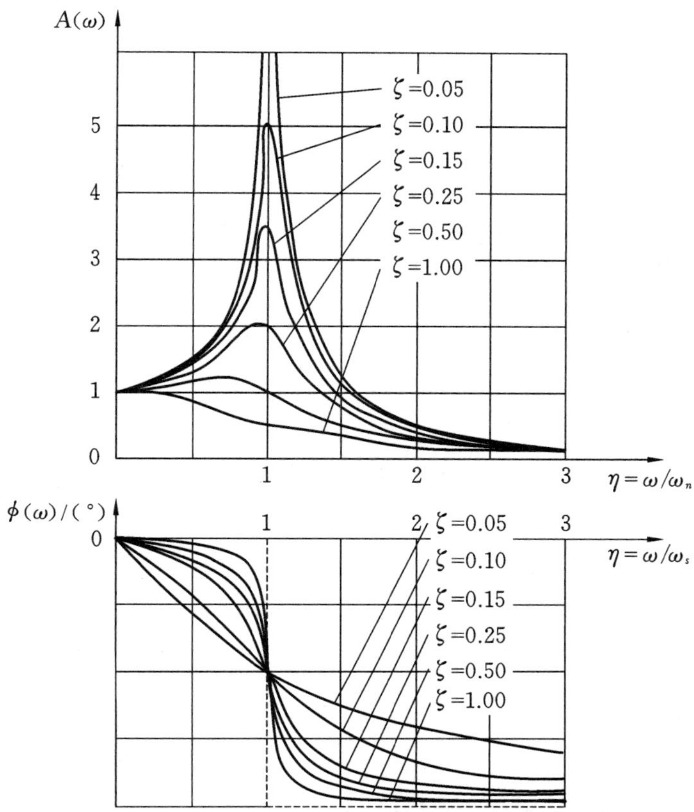

图 1-19　二阶系统的幅频特性曲线和相频特性曲线

第 2 章　信号采集系统

2.1　本章知识点

本章所涉及的名词及含义汇总见表 2-1。

表 2-1　名词及含义汇总

名词	含义
离散信号	离散信号是在连续信号上采样得到的信号
频率	单位时间内完成周期性变化的次数，是描述周期运动频繁程度的量
幅值	一个周期内，交流电瞬时出现的最大绝对值，也是一个正弦波的波峰到波谷的距离的一半
信号采样	将连续时间信号还原为离散时间信号
周期信号	周期信号瞬时幅值随时间重复变化的信号
调频波	利用波的传播特性来传递信息，将所需传递的信息对波的频率进行调制
脉冲宽度	指电子领域中，脉冲所能达到最大值所持续的周期
占空比	一个脉冲循环内，通电时间相对于总时间所占的比例
逻辑电平	一种可以产生信号的状态，通常由信号与地线之间的电位差来体现
恒流源	一种宽频谱，高精度交流稳流电源
偏置电压	晶体管放大电路中使晶体管处于放大状态时，基极-射极之间、集电极-基极之间应该设置的电压
截止频率	当保持输入信号的幅度不变，改变频率使输出信号降至最大值的 0.707 倍即为截止频率
参考电压	电路中与负载、功率供给、温度漂移、时间等无关，能保持始终恒定的一个电压
响应时间	当输入控制信号后，分级式可控并联电抗器瞬时无功电流达到目标值的 90%所用的时间
移位寄存器	是一种数字电路，通过级联多个触发器来配置，以便数据在电路中移动（移位）
电源纹波	电源中存在大量可以很轻松地与探针耦合的高速、大信号电压和电流波形
共模抑制	共模抑制指的是对相同信号的抑制
共模抑制比	放大电路对差模信号的电压增益与对共模信号的电压增益之比的绝对值

2.2　信号的分类及其特性

信号是信息传递的载体,是信息的物理表现形式。信号可以表现为多种形式,如电信号、磁信号、声信号、光信号、热信号等。信号在数学上可表示为一个或多个自变量的函数,或表示成一个或几个独立变量的函数。

数字信号可以表示为时间上离散的信号,通过电压脉冲的变化来表示要传输的数据。可以通过计算机进行处理的信号通常为数字信号。

模拟信号指用连续变化的物理量表示的信息,其信号的幅度,或频率,或相位随时间做连续变化,或在一段连续的时间间隔内,其代表信息的特征量可以在任意瞬间呈现为任意数值的信号。

信号可以从不同角度进行分类,下面列举几种不同的分类方式。

(1) 按照自变量个数进行区分:可以分为一维信号、二维信号、多维信号。信号的自变量可以是时间、频率、空间位置,或者其他物理量。

(2) 按照信号取值是否确定进行区分:若信号满足 $f(t)=f(t+mT)$, $m=0,\pm1,\pm2,\pm3$,或者 $f(k)=f(k+mN)$, $m=0,\pm1,\pm2,\pm3$,则信号为周期信号,否则为非周期信号。

(3) 按照信号取值是否确定不变进行区分:可以分为确定信号和不确定信号。确定信号在任意时刻的取值都是精确不变的,而不确定信号在任意时刻的取值都是不能确定的,是随机变化的。

(4) 按照信号的能量是否有限进行区分:可以分为能量信号、功率信号。

(5) 按照自变量和幅度连续或离散进行区分:可以分为模拟信号、离散时间信号、数字信号。

2.2.1　模拟信号

模拟信号是指用连续变化的物理量所表达的信息,如温度、湿度、压力、长度、电流、电压等等,我们通常又把模拟信号称为连续信号,它在一定的时间范围内可以有无限多个不同的取值。数字信号是指在取值上是离散的、不连续的信号。

实际生产生活中的各种物理量,如摄像机拍下的图像、车间控制室所记录的压力、流速、转速、湿度等都是模拟信号。数字信号是在模拟信号的基础上经过采样、量化和编码而形成的[1]。具体地说,采样就是把输入的模拟信号按适当的时间间隔得到各个时刻的样本值,量化是把经采样测得的各个时刻的值用二进制码来表示,编码则是把量化生成的二进制数排列在一起形成顺序脉冲序列[2]。模拟信号传输过程中,先把信息信号转换成几乎“一模一样”的波动电信号(因此叫“模拟”),再通过有线或无线的方式传输出去,电信号被接收后,通过接收设备还原成信息信号。

近百年以来,无论是有线电话,还是无线广播电视,很长的时间内都是用模拟信号来传递信息的。模拟信号同原来的信号在波形上几乎“一模一样”,似乎应该达到很好的传播效果,然而事实恰恰相反,过去我们打电话时常常遇到听不清的现象,广播电台效果总有较大的欠缺,电视图像上也时有雪花点闪烁。这是因为信号在传输过程中要经过许多处理和传送,这些设备难免要产生一些干扰。此外,如果是有线传输,线路附近的电气设备也会产生电磁干扰,如果是无线传送，则更加“开放”，空中的各种干扰根本无法抗拒。这些干扰很容易引起信号失真，也会带来一些噪声。这些失真和附加的噪声，还会随着传送距离的增加积累起来，严重影响通信质量[3]。对此，人们想了许多办法。一种是采取各种措施来抗干扰，如提高信息处理设备的质量，尽量减少它的干扰；又如给传输线加上屏蔽；再如采用调频载波来代替调幅载波等。但是，这些办法都不能从根本上解决干扰的问题。另一种办法是设法除去信号中的噪声，把失真的信号恢复过来，但是，对于模拟信号来说，由于无法从已失真的信号较准确地推知出原来不失真的信号，因此这种办法很难有效。

模拟信号主要是与离散的数字信号相对的连续的信号，模拟信号分布于自然界的各个角落，如气温的变化，而数字信号是人为地抽象出来的在幅度取值上不连续的信号。电学上的模拟信号主要是指幅度和相位都连续的电信号，此信号可以被模拟电路进行各种运算，如放大、相加、相乘等。

常见的模拟信号波形如图 2-1 所示。

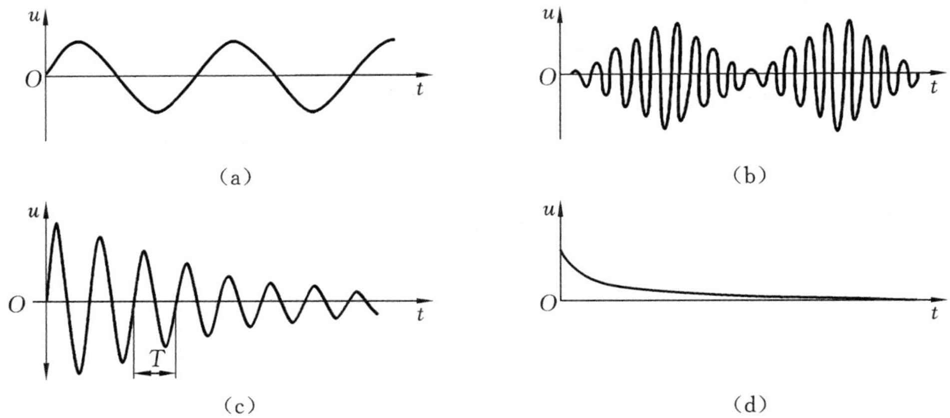

图 2-1　常见的模拟信号波形

(a)正弦波；(b)调幅波；(c)阻尼震荡波；(d)指数衰减波

正弦波：例如我们最经常接触到的声波。如果你用一台示波器观察一个真实的声音波形，你将发现示波器上所展示的声音波形相比图 2-1(a)所展示的正弦波形更加杂乱，这是因为真实的声音波形中包含了多种频率的正弦波。另一个例子是由发条驱动的钟摆，将钟摆的运动轨迹沿时间轴展开，得到的连续波形正好就是一个正弦波形调幅波。

自从发明收音机以来，普通百姓就开始与调幅波打交道了，这种波形以一种频率很高的正弦波作为载波，在此基础上叠加一个频率较低的信号波就形成了如图 2-1(c)所示的波形阻尼振荡波[4]。凡是自然界中可以看到的振荡运动，都可以观察到这种波形，比如弹簧的自由振动、钟摆的自由运动(不同于由发条驱动的钟摆运动)等。

指数衰减波：许多发光物质都具有这种波形，也就是荧光寿命。我们平时使用的日光灯就是一个例子，当我们将一个点亮的日光灯的电源切断时，可以观察到日光灯不是一下就熄灭，而是有一个短暂的熄灭过程，也就是通常所说的日光灯的余辉。在电子技术中通常采用一些传感器将这些信号转换为电流、电压或电阻等电学量。周期性电压波形如图 2-2 所示。

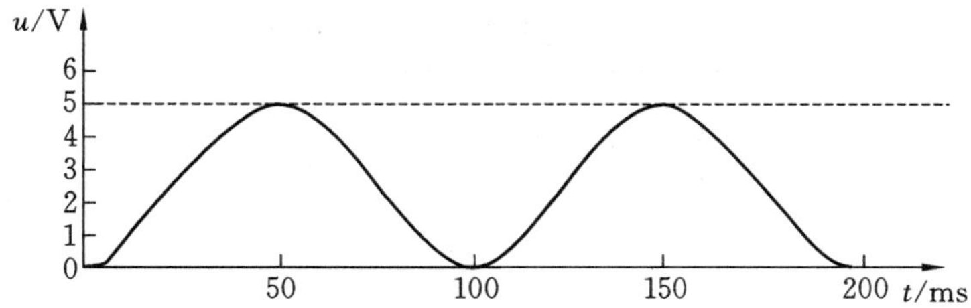

图 2-2　周期性电压波形

图中电压的幅值按照正弦波形周期性地变化，图中显示了两个完整周期的波形，起始相位为零，其值的个数为无穷多个，周期性模拟信号的基本参数之一是频率，也可以用周期表示[5]。通常频率用 f 表示，单位为赫兹(Hz)；周期用 T 表示，单位为秒(s)。二者之间的关系是互为倒数，即有 $f=1/T$。

2.2.2　数字信号

(1) 二值数字逻辑和逻辑电平

电子系统中一般含有模拟和数字两种构件，通常使用的收音机等的电路结构主要是模拟电路，比如功率放大器产品，不过现在有许多音响系统中不仅包含模拟电路，而且还包含数字模块，比如 CD 机的主要部件就是数字模块。而像电脑这一类的电子系统，则主要是建立在数字技术上的。但即使是纯数字系统，仍然离不开模拟电路，因为数字电路事实上是模拟电路的一种特例。比如在模拟电路中我们采用晶体管的线性工作区间，而数字电路则采用晶体管的非线性工作区间，因此模拟电路是电子系统中必需的组成部分[6]。人们发现在对信号的存储、分析和传输中，数字电路更具优越性。为了能够处理、存储连续变化的模拟信号，数字电路采用二进制数。首先对其进行量化处理，再使用复杂的数字系统来实现信号的存储、分析和传输。

不同于在十进制中 0 和 1 有大小之分，这里的 0 和 1 指的是逻辑 0 和逻辑 1，因此我们可以将其称之为二值数字逻辑或简称为数字逻辑。二值数字的产生是基于客观世界中存在许多可以用彼此相关又互相对立的两种状态来描述的事物，比如人的性别，不是男的就是女的，开关的开与关等，就是这样一种关系。很显然，这些都具有明显的二值特性，因此完全可以用电子器件的开关特性来表示。比如，利用晶体管的非线性特性制作成的开关三极管，工作时仅有两种状态，不是导通就是关断，也是一个二值特性，因此可以用其来表示人的性别等。

当开关器件起作用时，电路中只可能出现两种电压值。当开关器件导通时，电路中将有电流流过(比如串联于三极管发射极的负载)，因而将可得到一个较高的电压值；而当开关器件关断时，电路中将没有电流流过，因而将只能得到一个较低的电压值，从而在电路中将形成离散的电压信号，也叫数字电压，通常称之为逻辑电平。应该注意的是逻辑电平不是一个具体的物理量，而是物理量的相对表示[7]。比如，当使用示波器测量一个音响设备的输出时，我们可观察到一个输出电压幅值连续变化的波形，但是将该输出信号量化成二值信号后，我们观察到的只是一系列电压值，不是 5V 就是 0V 的离散电压值，很显然我们不能因此就说该设备的输出就是 5V。逻辑电平与电压值的关系见表 2-2。

表 2-2　逻辑电平与电压值的关系

电压/V	二值逻辑		逻辑电平
	正逻辑	负逻辑	
+5	1	0	H(高电平)
0	0	1	L(低电平)

从表 2-2 中可以看到,+5V 和 0V 的电压值可以用二值逻辑中的 1 或 0 来表示,二者对于正逻辑与负逻辑的表示方法相反。在逻辑电平中使用高电平来表示。事实上高电平并非就只等于+5V,也可以是+3.3V,还可以是其他任何值。

图 2-3 表示逻辑电平描述的数字波形,其中图 2-3(a)的逻辑 0 表示 0V,逻辑 1 表示 5V;图 2-3(b)的逻辑 0 表示 5V,逻辑 1 表示 0V;图 2-3(c)则是一个 16 位长数据的波形图。

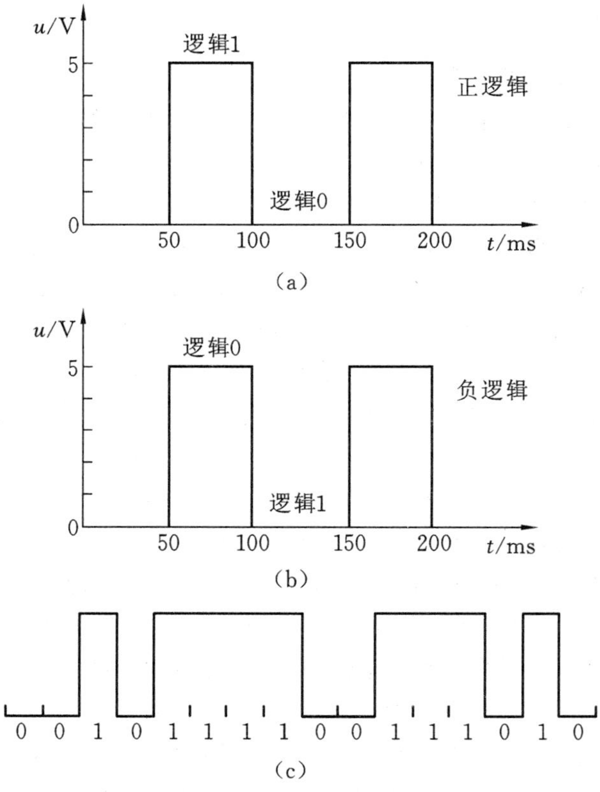

图 2-3　逻辑电平描述的数字波形

(a)用正逻辑电平表示数字波形;(b)用负逻辑电平表示数字波形;(c)16 位数据的图形表示

(2) 数字波形

数字波形是逻辑电平对时间的图形表示。通常我们将只有两个离散值的波形称为脉冲波形,在这一点上脉冲波形与数字波形是一致的,只不过数字波形用逻辑电平表示,而脉冲波形用电压值表示而已[8]。与模拟波形的定义相同,数字波形也有周期性和非周期性之分。图 2-4 表示了这两类数字波形。

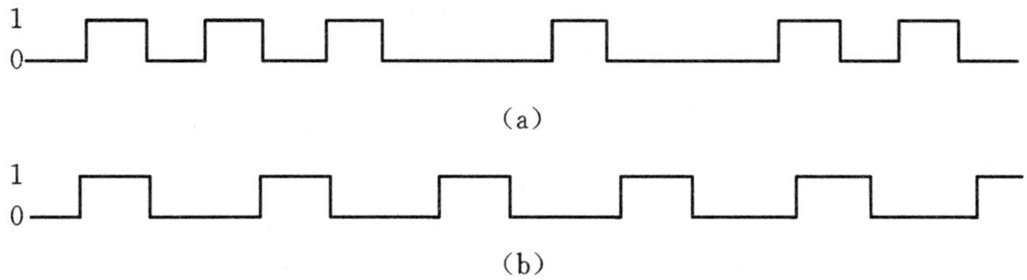

图 2-4　数字波形

(a)非周期性数字波形;(b)周期性数字波形

周期性数字波形同样用周期 T 或频率 f 来描述,而脉冲波形的频率常称为脉冲重复率(pulse repetition rate,PRR),脉冲波形的脉冲宽度用 t_w表示,表示脉冲作用的时间;占空比 q 表示脉冲宽度 t_w占整个周期 T 的百分数,占空比是一个重要参数,其定义同样适用于数字波形[9]。

图 2-5 表示两种周期性数字波形及其周期、频率、脉冲宽度和占空比。

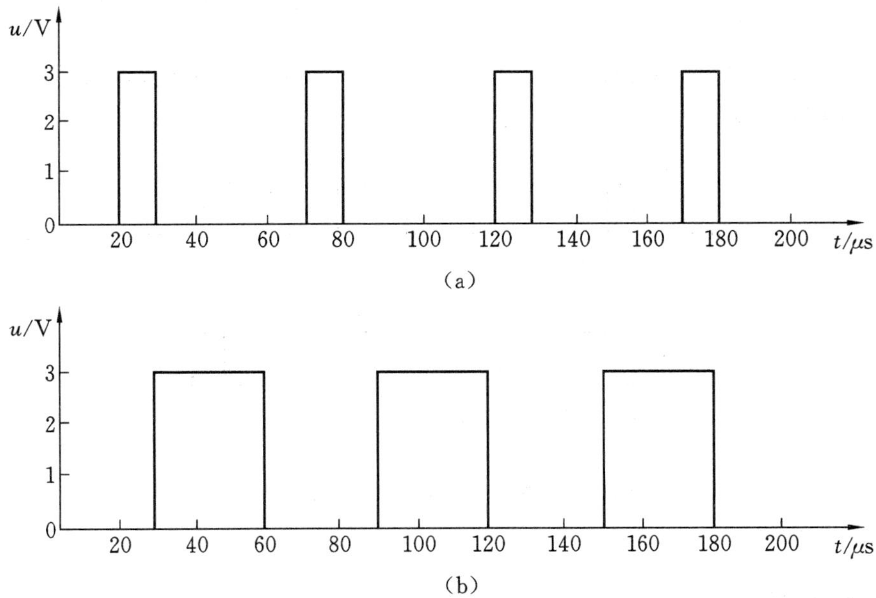

图 2-5　周期性数字波形

(a)幅值 3V,$t_w=10\mu s$,$T=50\mu s$,$q=20\%$,$f=PRR=20MHz$;

(b)幅值 3V,$t_w=30\mu s$,$T=60\mu s$,$q=50\%$,$f=PRR=16.67MHz$

到目前为止,我们所讨论的数字波形都是理想波形,然而实际的数字系统中,数字波形的升降都要经历一段时间,也就是说波形存在上升时间 t_r 和下降时间 t_f。上升时间 t_r的定义为从脉冲幅值的 10%到 90%所经历的时间;下降时间 t_f的定义刚好相反,表示从脉冲幅值的 90%到 10%所经历的时间[10]。t_r和 t_f的典型值约为几个纳秒(ns),因不同类型的器件和电路而异。脉冲宽度的定义是脉冲幅值为 50%时前后两个时间点所跨越的时间。非理想脉冲波形如图 2-6 所示。

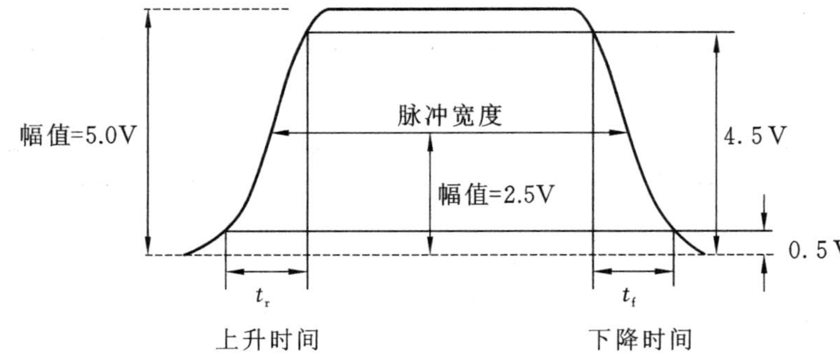

图 2-6 非理想脉冲波形

一般情况下波形的上升或下降时间均比高电平或低电平的持续时间少很多，画波形的目的主要是了解高、低电平所经历的时间。因此，在理想波形中就只有高、低电平，而忽略了上升和下降时间，本书中的数字波形将采用理想波形。实际工程中的波形，不管从示波器上看到其上升沿和下降沿是多么陡直，t_r 和 t_f 都不可能为零，在数字电路中，只需关注逻辑电平的高低[11]。

图 2-7 为一个二值位形图，其中 0 或 1 占用的最小时间称为位时间，也就是 1 位数据所占用的时间。我们将每秒钟所传输的位数称为数据率或比特率。

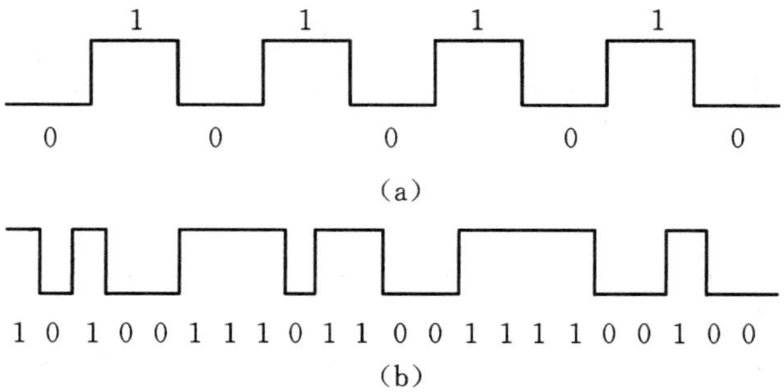

图 2-7 用逻辑 1 和 0 表示的二值位形图

(a)对称方波；(b)二值数据

(3) 模拟量的数字表示

为便于存储、分析和传输，常常需要将模拟信号转换为数字信号。在数字电路中用数字0、1 的编码来表示一个模拟量，这里的编码指的是数字 0、1 的字符串，图 2-3 和图 2-7 所示的数字波形即这种编码的图形。这种编码实际上就是二进制编码。

在设计数字集成电路时，有时为了分析各种信号之间的逻辑关系需要将多个数字波形按时间排列在一起，用来表明相互间的时间关系，我们将这种关系图称为时序图(timing diagram)[12]。

时序图中的每一个波形都被称为时间信号。时序图被广泛运用于设计数字集成电路，在设计存储器、微处理器等数字应用电路时均须附时序图，以便数字系统的分析、应用和设计。

2.3　信号转换单元

2.3.1　转换

转换模块主要分为电压/电流转换电路以及电压/频率转换电路。这里主要介绍电压/电流转换电路。

电压/电流转换即 V/I 转换，是将输入的电压信号转换成满足一定关系的电流信号，转换后的电流相当于一个输出可调的恒流源，其输出电流应能够保持稳定而不会随负载的变化而变化[13]。一般来说，电压/电流转换电路是通过负反馈的形式来实现的，可以是电流串联负反馈，也可以是电流并联负反馈，主要用于工业控制和许多传感器的应用。V/I 转换原理如图 2-8 所示。

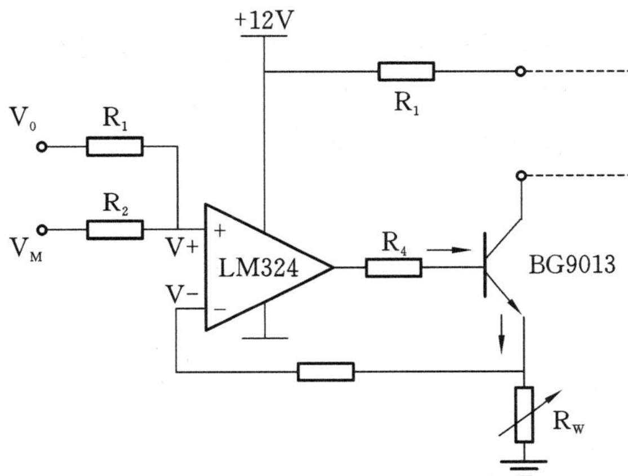

图 2-8　V/I 转换电路原理

由图 2-8 可见，电路中的主要元件由一个运算放大器 LM324 和三极管 BG9013 及其他辅助元件构成，V_0 为偏置电压，V_i 为输入电压即待转换电压，R 为负载电阻。其中运算放大器起比较器作用，将正相端电压输入信号与反相端电压 V 进行比较，经运算放大器放大后再经三极管放大，BG9013 的射极电流 I_e 作用在电位器 R_w 上，由运放性质可知：

$$V=I_e\times R_w=(1+k)Ib\times R_w \tag{2-1}$$

其中，k 为 BG9013 的放大倍数。

流经负荷 R 的电流 I_o 即 BG9013 的集电极电流，为 $k\cdot Ib$。令 $R_1=R_2$，则有：

$$V_0+V_m=V_+=V_-=(1+k)Ib\times R_w=(1+1/k)I_o\times R_w \tag{2-2}$$

其中 $k\geqslant 1$，所以 $I_o\approx(V_0+V_i)/R_w$。

由上述分析可见，输出电流 I_o 的大小在偏置电压和反馈电阻 R_w 为定值时，与输入电压 V_i 成正比，而与负载电阻 R 的大小无关，说明了电路良好的恒流性能。改变 V_0 的大小，可在 $V_i=0$ 时改变 I_o 的输出。在 V_0 一定时改变 R_w 的大小，可以改变 V_i 与 I_o 的比例关系。由 $I_o\approx(V_0+V_i)/R_w$ 也可以看出，当确定了 V_i 和 I_o 之间的比例关系后，即可方便地确定偏置电压 V_0 和反馈电阻 R_w。例如，将 0～5V 电压转换成 0～5mA 的电流信号，可令 $V_0=0$，$R_w=$

1kΩ,其中 $V_0=0$ 相当于将其直接接地。若将 0～5V 电压信号转换成 1～5mA 电流信号,则可确定 $V_0=1.25\text{V}$,$R_w=1.25\text{k}\Omega$。同样,若将 4～20mA 电流信号转换成1～5mA电流信号,只需先将 4～20mA 转换成电压,即可按上述关系确定 V_0 和 R_w 的参数大小,其他转换可依此类推。

2.3.2 放大

放大电路的功能是将微弱的电信号不失真地放大到所需要的数值,一方面使电子设备的终端执行器件(如继电器、仪表、扬声器)工作。另一方面,将信号放大到能够被采集设备采集的大小。图 2-9 所示为放大器的工作原理图。放大器是由集成电路组件或晶体管、场效应管等组成的双口网络,即一个信号输入口,一个信号输出口。放大器应能够提供足够的放大能力,而且应尽可能地减小信号失真[14]。

信号源是待放大的输入信号,这些电信号通常是由传感器将非电量(如温度、声音、压力等)转换成的电量,它们一般很弱,不足以驱动负载,因而需要放大器将其放大。

经过放大后的较强信号输出到终端执行器件,终端执行器件通常被称为负载。放大器不可能产生能量,输出信号的能量增加实际上是由直流电源提供的。放大器只是在输入信号的控制下,由晶体管起能量转化作用,将直流电源的能量转化为负载所需要的信号能量。因此,放大作用实质上是一种能量控制作用。

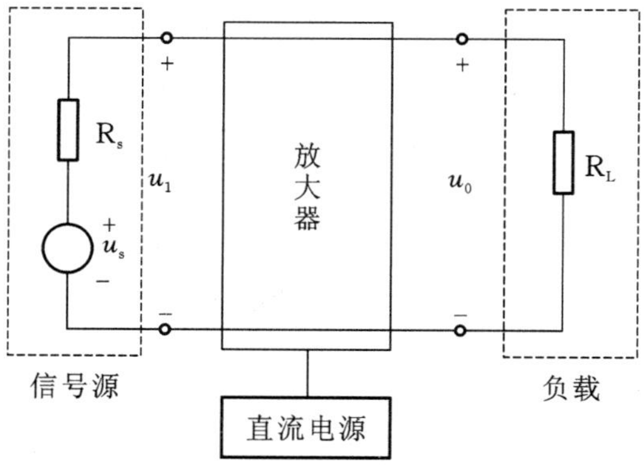

图 2-9　放大器工作原理图

放大电路尽管种类繁多,但任何一个放大电路都可以用双口网络来表示,如图 2-10 所示。图中 u_s为信号源电压;R_s 为信号源内阻,u_i和 i_i分别为输入电压和输入电流,R_L为负载电阻,u_o和 i_o分别为输出电压和输出电流。

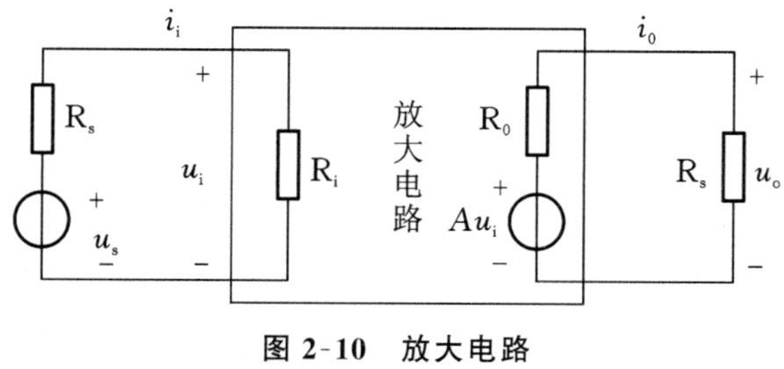

图 2-10　放大电路

放大电路放大信号性能的优劣是用它的性能指标衡量的。性能指标是在规定条件下，按照规定程序和测试方法所获得的。放大电路的性能指标很多，这里主要讨论放大电路的放大倍数、输入电阻、输出电阻、通频带等几项主要性能指标[15]。

由于任何稳态信号都可以分解为正弦信号的叠加，所以放大电路通常用正弦信号作为测试信号。

(1) 放大倍数 A

放大倍数又称为增益，是衡量放大电路放大能力的重要指标，根据输入、输出量的不同，可以分为电压放大倍数 A_u、电流放大倍数 A_i、互阻放大倍数 A_r 和互导放大倍数 A_g，定义为输出量与输入量之比。

(2) 输入电阻 R_i

输入电阻 R_i 是从放大电路输入端看进去的等效电阻，定义为输入电压 $\dot{U}_i$ 和输入电流 $\dot{I}_i$ 之比，即：

$$\dot{R}_i=\frac{\dot{U}_i}{\dot{I}_i} \tag{2-4}$$

输入电阻的大小决定了放大电路从信号源获取信号能力的大小，对于电压放大和互导放大电路，R_i 越大越好；对于电流放大和互阻放大电路，R_i 越小越好。

通常测定输入电阻的办法是在输入端加正弦波信号 u_s 和电阻 R_s，测出输入端的电压有效值 U_i，如图 2-11 所示。则：

$$R_i=\left(\frac{U_i}{U_s-U_i}\right)R_s \tag{2-5}$$

(3) 输出电阻 R_o

任何放大电路的输出都可以等效为一个带内阻的电压源或一个带内阻的电流源，从放大电路输出端看进去的等效电阻称为输出电阻 R_o，放大电路输出电阻的大小决定了它的带负载能力。带负载能力是指当负载变化时，放大电路的输出量随负载变化的程度。对于电压放大和互阻放大电路，R_o 越小越好；对于电流放大和互导放大电路，R_o 越大越好。

通常测定输出电阻的办法是在输入端加正弦波信号，测出负载开路时的输出电压有效值 U_0'，再测出接入负载 R_L 时的输出电压有效值 U_o，如图 2-12 所示。则：

$$R_o=\left(\frac{U_0'}{U_0}-1\right)R_L \tag{2-6}$$

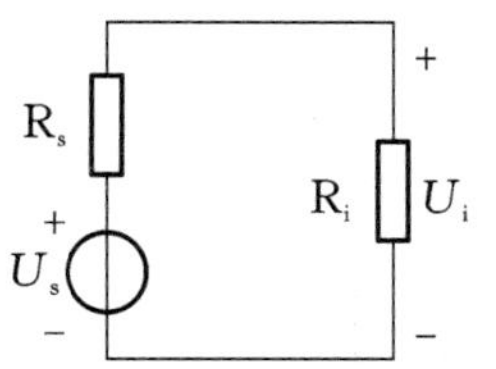

图 2-11　输入电阻 R_i 的测量电路

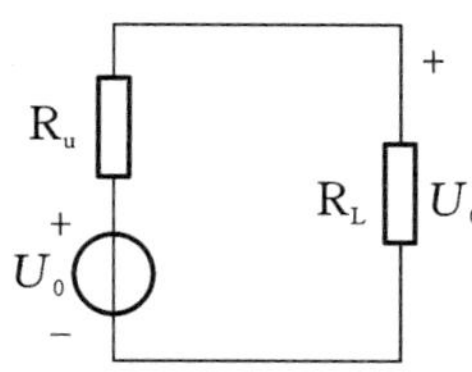

图 2-12　输出电阻 R_o 的测量电路

(4) 通频带 f_{BW}

当改变输入信号的频率时，放大电路的放大倍数是随之变化的，输出波形的相位也发生变化，用通频带来反映放大电路对不同频率信号的适应能力[15]。一般情况下，放大电路只适用于一个特定频率范围的信号，当信号频率太高或太低时，放大倍数都有大幅度下降，如图 2-13 所示。

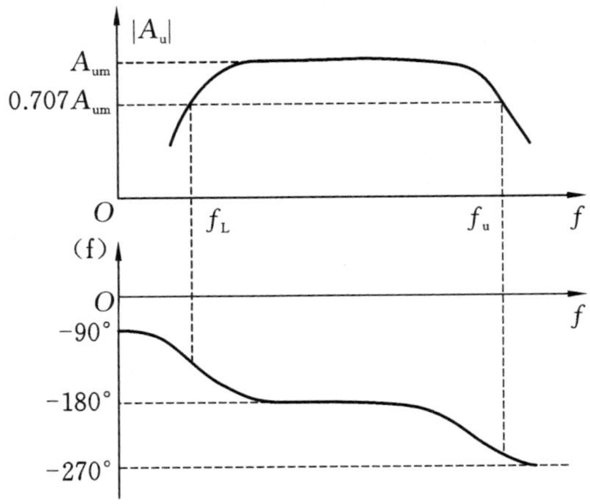

图 2-13　放大电路的频率响应

当信号频率升高而使放大倍数下降为中频放大倍数 A_{um} 的 0.707 倍时，这个频率称为上限截止频率，记作 f_H；同样，使放大倍数下降为 A_{um} 的 0.707 倍时的低频信号频率称为下限截止频率，记作 f_L。f_L 与 f_H 和之间形成的频带差称为通频带，记作 f_{BW}，有：

$$f_{BW}=f_H-f_L \tag{2-7}$$

通频带 f_{BW} 越宽，表明放大电路对信号频率的适应能力越强。

因受放大电路通频带的限制，输出信号产生的失真称为频率失真，也称为线性失真，包括幅度失真和相位失真。显然，当放大单一频率的正弦波时，不会出现频率失真。

单管放大电路是构成各种复杂放大电路的基础。本节以单管共发射极放大电路为例，介绍放大电路的组成和放大的基本原理。图 2-14 所示为一个由 NPN 三极管组成的单管共发射极放大电路（通常简称为单管共射放大电路）的电路原理图。由图可见，电路中只有一个三极管作为放大元件，而且，输入回路和输出回路的公共端是三极管的发射极，故称为单管共射放大电路。

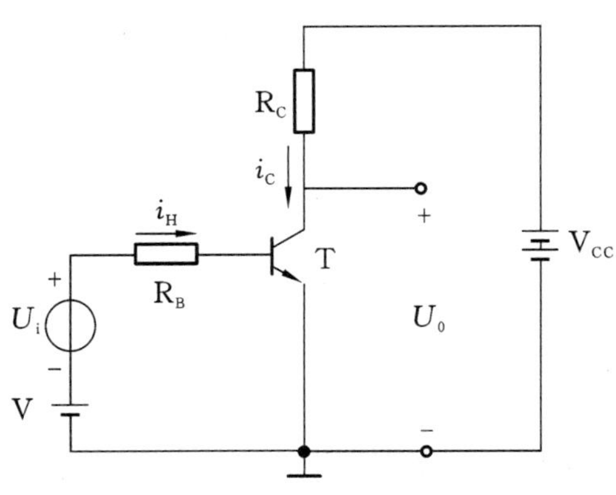

图 2-14　单管共射放大电路的原理图

放大电路中各元件的作用为：三极管 T 作为放大元件，是放大电路的核心；集电极电源 V_{cc} 是一个直流电源，输出端负载上得到的较大能量由 V_{cc} 提供；集电极负载电阻 R_C 的作用是，

将集电极电流 i_c 的变化转换为集电极电压的变化，再传送到放大电路的输出端；基极电源 V_{bb} 的极性应使三极管的发射结正向偏置，而且 V_{bb} 与基极电阻 R_B 共同决定了当输入信号等于零时放大电路的基极电流，这个电流称为静态基极电流。在以后的分析中将会看到，静态基极电流的大小对三极管能否工作在放大区，以及对放大电路的其他性能具有重要的影响。

当放大电路的输入电压有一个变化量 Δu_i 时，在电路中将产生一系列电压或电流的变化量，当电路参数满足一定条件时，有可能使输出电压的变化量 Δu_o 比输入电压的变化量 Δu_i 大得多，也就是说，当放大电路的输入电压有一个微小的变化量 Δu_i 时，在输出端将得到一个放大了的变化量 Δu_o，从而实现放大作用。

从以上分析可知，组成放大电路时必须遵循以下几个原则：

首先，外加直流电源的极性必须使三极管的发射结正向偏置，而集电结反向偏置，以保证三极管工作在放大区。此时，若基极电流有一个微小的变化量 Δi_B，集电极电流将产生一个较大的变化量 Δi_C，二者之间的关系为 $\Delta i_C=\beta\Delta i_B$。其次，输入回路的接法应该使输入电压的变化量 Δu_i 能够传送到三极管的基极回路，并使基极电流产生相应的变化量 Δi_B。最后，输出回路的接法应使集电极电流的变化量 Δi_C 能够转化为集电极电压的变化量 Δu_{CE}，并传送到放大电路的输出端。

只要符合上述几项原则，即使电路的形式有所变化，仍然能够实现放大。

2.3.3　滤波

滤波器作为一门学科发展到现在已有六十多年的历史，它除在通信领域里被大量应用外，还在自动控制、雷达、声呐、人造卫星、仪器仪表测量及计算技术等领域中有着广泛的应用，有关滤波器的理论和设计方法也日趋完善。滤波器是以某种规定的方式将输入信号变换成所要求的输出信号[16]的一种装置。由于信号可以在时域上分析，也可以在频域上分析，因此对滤波器的输出要求也可通过时域或频域来描述。

滤波器从功能上可以分为 4 类，即低通滤波器、高通滤波器、带通滤波器和带阻滤波器，图 2-15 为这 4 种滤波器的幅频特性。图 2-15(a)是低通波器，它可以使信号中低于 f_2 的频率成分几乎不受衰减地通过，而高于 f_2 的频率成分受到极大衰减；图 2-15(b)为高通滤波器，与低通滤波器相反，它使信号中高于 f_1 的频率成分几乎不受衰减地通过，而低于 f_1 的频率成分将受到极大衰减；图 2-15(c)表示带通滤波器，它使 $f_1 \sim f_2$ 的频率成分几乎不受衰减地通过，而其他成分受到衰减；图 2-15(d)表示带阻滤波器，与带通滤波器相反，它使信号中高于 f_1 和低于 f_2 的频率成分受到衰减，其余频率成分几乎不受衰减地通过。

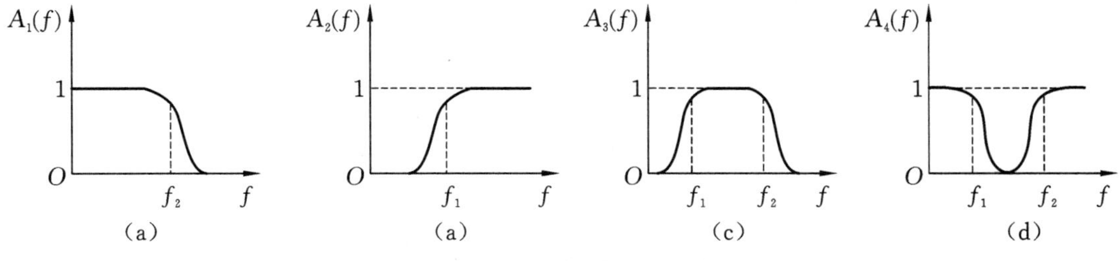

图 2-15　滤波器的幅频特性

(a)低通滤波器；(b)高通滤波器；(c)带通滤波器；(d)带阻滤波器

上述 4 种滤波器中，在通带与阻带之间存在一个过渡带，在此带内，信号受到不同程度的衰减。这个过渡带是滤波器所不希望存在的，但也是不可避免的。

（1）理想滤波器

理想滤波器是一个理想化的模型，是一种物理上不可实现的系统。对它的研究有助于理解滤波器的传输特性，并且由此导出的一些结论可作为实际滤波器传输特性分析的基础。理想滤波器是指能使通带内信号的幅值和相位都不失真，阻带内的频率成分都衰减为零的滤波器。因此，理想滤波器具有矩形幅值特性和线性相频特性，如图 2-16 所示。理想滤波器的频率响应函数为：

$$H(f)=A_0\exp(-j2\pi f\tau_0) \tag{2-8}$$

其幅值特性为：

$$A(f)=A_0=\text{常数}(-f_c<f<f_c) \tag{2-9}$$

相频特性为：

$$\varphi(f)=-2\pi f\tau_0 \tag{2-10}$$

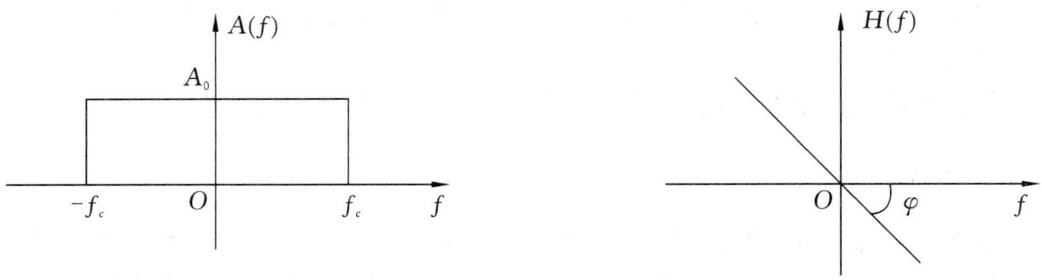

图 2-16　理想低通滤波器的幅频特性和相频特性

显然，理想滤波器在通频带内满足不失真传递的条件，通带与阻带之间没有过渡带。这种理想滤波器可以使信号中特定的频率成分完全通过，无任何失真，而其他频率成分被完全衰减。因此理想滤波器的选频效果最佳。

（2）实际滤波器

如图 2-17 所示的实际滤波器，由于它的特性曲线没有明显的转折点，通频带中幅频特性也非常数。因此，需要用更多的参数来描述实际滤波器的性能，主要参数有纹波幅度、截止频率、带宽、品质因数、倍频程选择性及滤波器因数等。

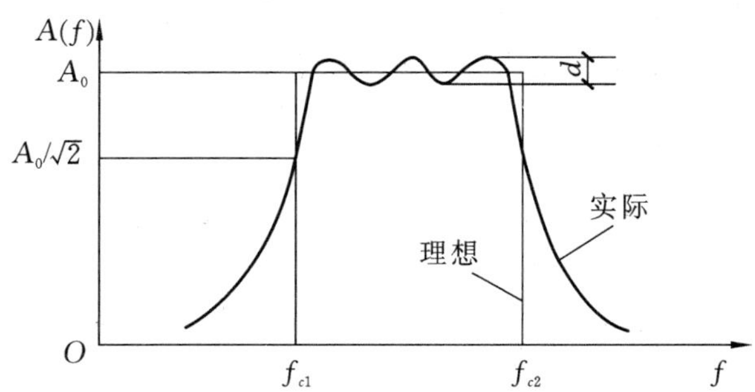

图 2-17　理想与实际带通滤波器

① 波纹幅度 d

在一定频率范围内，实际滤波器的幅频特性可能呈波纹变化。其波动幅度 d 与幅频特性的平均值A_0 相比，越小越好，一般应远小于－3dB，即$d \ll A_0 \ll \sqrt{2}$。

② 截止频率 f_c

幅频特性值等于$A_0/\sqrt{2}$所对应的频率称为滤波器的截止频率。以A_0 为参考值，$A_0/\sqrt{2}$对应于－3dB 点，即相对于A_0 衰减 3dB。若以信号的幅值平方表示信号功率，则所对应的点正好是半功率点。

③ 带宽 B

上下两截止频率之间的频率范围称为滤波器带宽，或－3dB 带宽，单位为 Hz。带宽决定了滤波器分离信号中相邻频率成分的能力——频率分辨力。

④ 品质因数 Q

对于带通滤波器，通常把中心频率$f_0\left(f_0=\sqrt{f_{c1} \cdot f_{c2}}\right)$和带宽 B 之比称为滤波器的品质因数Q。例如，一个中心频率为 500Hz 的滤波器，若其中－3dB 带宽为 10Hz，则称其 Q 值为 50。Q 值越大，表明滤波器分辨力越高。

⑤ 倍频程选择性 W

在两截止频率外侧，实际滤波器有一个过渡带，而这个过渡带的幅频曲线倾斜程度表明了幅频特性衰减的快慢[17]。它决定了滤波器对带宽外频率成分衰阻的能力，它通常用倍频程选择性来表征。倍频程选择性，是指在上截止频率f_{c1}与$f_{c1}/2$ 之间，或者在下截止频率 f_{c2}与$2f_{c2}$之间幅频特性的衰减值，即频率变化一个倍频程时的衰减量。

$$W=-20\lg\frac{A(2f_{c2})}{A(f_{c2})} \tag{2-11}$$

$$W=-20\lg\frac{A(f_{c1}/2)}{A(f_{c1})} \tag{2-12}$$

⑥ 滤波器因数 λ

滤波器选择性的另一种表示方法就是用滤波器幅频特性的－60dB 带宽与－3dB 带宽的比值来表示，即：

$$\lambda=\frac{B_{-60\mathrm{dB}}}{B_{-3\mathrm{dB}}} \tag{2-13}$$

理想滤波器 $\lambda=1$，通常使用的滤波器 λ 为 1～5。有些滤波器因器件影响（如电容漏阻等），阻滞衰减倍数达不到－60dB，则以标明的减倍数（如－40dB 或－30dB）带宽与－3dB 带宽之比来表示其选择性。

(3) 无源滤波器

凡是只由电阻、电容、电感等无源元件组成的滤波器称为无源滤波器。在测试系统中，常用 RC 滤波器。RC 滤波器电路简单，抗干扰能力强，有较好的低频性能，并且选用标准阻容元件。若检测系统中对滤波要求不太高，可以采用无源滤波器，但这种滤波器电路带负载能力差。

① 一阶 RC 低通滤波器

RC 低通滤波器的典型电路及其特性如图 2-18 所示。设滤波器的输入电压信号为 $x(t)$，输出电压信号为 $y(t)$，电路的微分方程式为：

$$RC\frac{\mathrm{d}y(t)}{\mathrm{d}t}+y(t)=x(t) \tag{2-14}$$

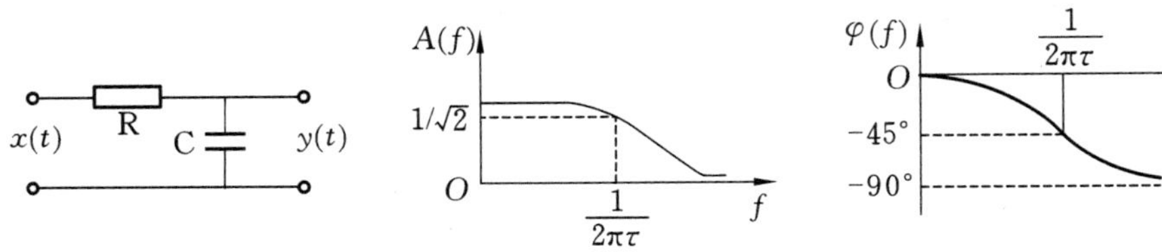

图 2-18 RC 低通滤波器及其特性

幅频特性为：

$$A(f)=\frac{1}{\sqrt{1+(\tau 2\pi f)^2}} \tag{2-15}$$

相频特性为：

$$\varphi(f)=-\arctan(2\pi f\tau) \tag{2-16}$$

当 $f\ll\frac{1}{2\pi\tau}$ 时，$A(f)=1$，此时信号几乎不受衰减地通过，并且相频特性也近似于线性关系。因此，可认为在此情况下，RC 低通滤波器近似为一个不失真传输系统。当 $f=\frac{1}{2\pi\tau}$ 时，$A(f)=1/\sqrt{2}$，即为滤波器的 -3dB 点，此时对应的频率即为上截止频率。因此，RC 值决定着上截止频率，适当改变 RC 时，就可以改变滤波器截止频率。

② 一阶 RC 高通滤波器

如图 2-19 所示为 RC 高通滤波器及其特性。设输入电压信号为 $x(t)$，输出电压信号为 $y(t)$，则电路微分方程式为：

$$y(t)+\frac{1}{RC}\int y(t)\mathrm{d}t=x(t) \tag{2-17}$$

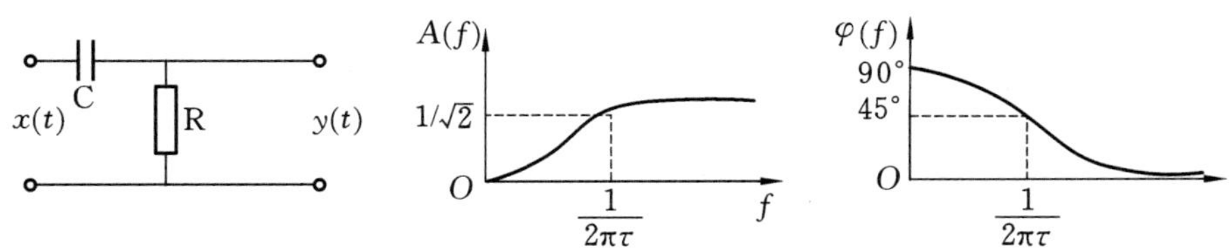

图 2-19 RC 高通滤波器及其特性

同理，令 $RC=\lambda$，则 RC 高通滤波器的幅频特性和相频特性为：

$$A(f)=\frac{2\pi f\tau}{\sqrt{1+(2\pi f\tau)^2}} \tag{2-18}$$

$$\varphi(f)=\arctan\frac{1}{2\pi f\tau} \tag{2-19}$$

当 $f=\frac{1}{2\pi}$ 时，$A(f)=1/\sqrt{2}$，滤波器的 -3dB 截止频率为 $f=\frac{1}{2\pi\tau}$；当 $f\gg\frac{1}{2\pi\tau}$ 时，$A(f)\approx 1$，$\varphi(f)\approx 0$，即当 f 相当大时，幅频特性接近 1，相移趋于零，此时 RC 高通滤波器可视为不失真传输系统。

③ RC 带通滤波器

RC 带通滤波器可以看成一阶 RC 低通滤波器和一阶 RC 高通滤波的串联组合，如图 2-20

所示。

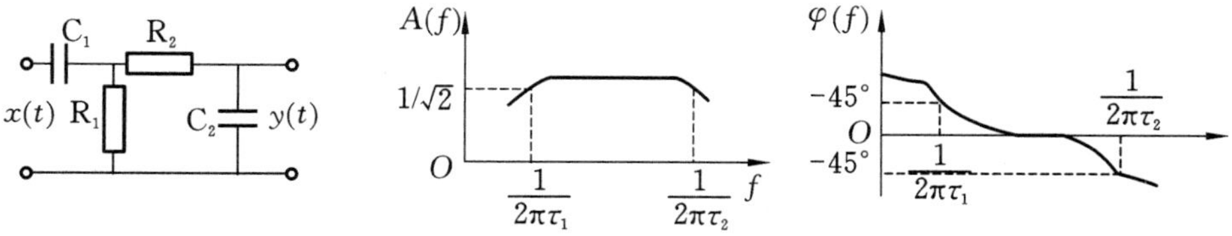

图 2-20　RC 带通滤波器及其幅频特性、相频特性

令 $R_1C_1=\tau_1$，$R_2C_2=\tau_2$，$\tau_1\gg\tau_2$，则串联后的幅频特性、相频特性为：

$$A(f)=\frac{2\pi f\tau_1}{\sqrt{1+(2\pi f\tau_1)^2}}\cdot\frac{1}{\sqrt{1+(2\pi f\tau_2)^2}} \tag{2-20}$$

$$\varphi(f)=\varphi_1(f)+\varphi_2(f)=\arctan\frac{1}{2\pi f\tau_1}-\arctan(2\pi f\tau_2) \tag{2-21}$$

当 $f=\dfrac{1}{2\pi\tau_1}$时，$A(f)=1/\sqrt{2}$，此时对应的频率$f_{c1}=\dfrac{1}{2\pi\tau_1}$，即原高通滤波器的截止频率，此时为带通滤波器的下截止频率；$f=\dfrac{1}{2\pi\tau_2}$时，$A(f)\approx1/\sqrt{2}$，对应于原低通滤波器的截止频率，此时为带通滤波器的上截止频率。分别调节高、低通滤波器的时间常数 τ_1、τ_2，就可以得到不同的上、下截止频率和带宽的带通滤波器。

(4) 有源滤波器

凡是由放大器等有源元件和无源元件组成的滤波器称为有源滤波器。由运算放大器和电阻、电容(不含电感)组成的滤波器称为 RC 有源滤波器。

有源滤波器具有如下优点：不用电感线圈，故体积、重量、价格、线性度等方面有明显的优越性，便于集成化，且由于运算放大器输入阻抗高，输出阻抗低，可以提供良好的隔离性能，并可提供所需的增益。最后也可以使低频截止频率达到很低的范围。

① 一阶有源低通滤波器

图 2-21 是一阶有源低通滤波器电路和幅频特性，其输出幅频特性和相频特性为：

$$A(\omega)=\frac{R}{R_1}\frac{1}{\sqrt{1+(\omega RC)^2}} \tag{2-22}$$

$$\varphi(\omega)=-\pi-\arctan\omega RC \tag{2-23}$$

在截止频率 $\omega=\omega_0=1/RC$ 处，$A(\omega)=0.707R/R_1$，$\varphi(\omega)=-5\pi/4$。由幅频特性可知，这种电路具有使低频信号容易通过并抑制高频信号的作用。同时，这种电路与 RC 无源低通滤波器相比，具有很强的带负载能力。但这种电路的缺点是对截止频率以外的信号衰减较慢，因此选择性差。

② 一阶有源高通滤波器

图 2-22 是一阶有源高通滤波器电路和幅频特性，其幅频特性和相频特性为：

$$A(\omega_0)=\frac{R}{R_1}\frac{1}{\sqrt{1+(\omega_0RC)^2}} \tag{2-24}$$

$$\varphi(\omega_0)=-\frac{\pi}{2}-\arctan(\omega_0RC) \tag{2-25}$$

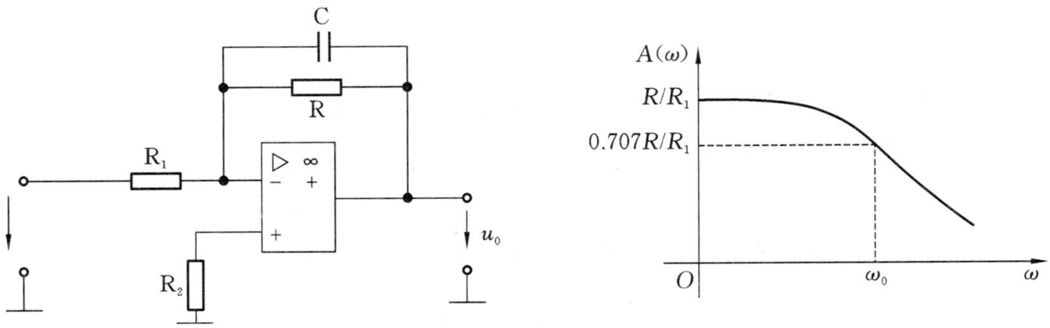

图 2-21　一阶有源低通滤波器电路和幅频特性

其中，ω_0 为截止频率，其值为 $\omega_0=1/R_1C$。

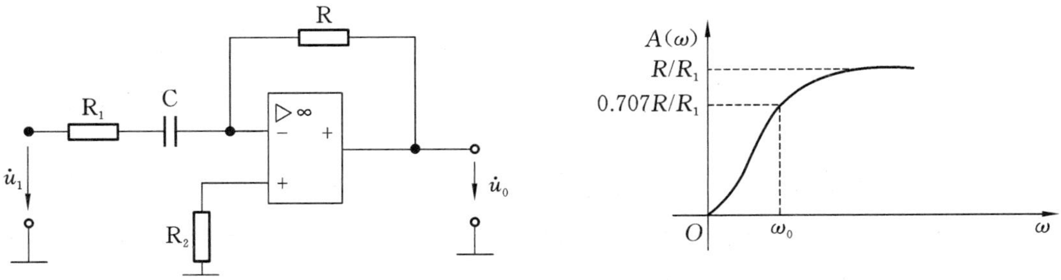

图 2-22　一阶有源高通滤波器及其幅频特性

2.4　模数转换单元

2.4.1　采样定律

要对被控对象进行控制，通常要把采样信号恢复成连续信号，此工作一般是由低通滤波器来完成的。但是信号能否恢复到原来的形状，主要取决于采样信号是否包含反映原信号的全部信息。实际上这又与采样频率有关，因为连续信号经采样后，只能给出采样时刻的数值，不能给出采样时刻之间的数值，亦即损失掉了 $e(t)$的部分信息。由图 2-23 可以直观地看出，连续信号变化越缓慢，采样频率越高，则采样信号 $e^*(t)$就越能反映原信号 $e(t)$的变化规律，即越多地包含原信号的信息。采样定理则定量地给出采样频率与被采样的连续信号的"变化快慢"的关系[18]。

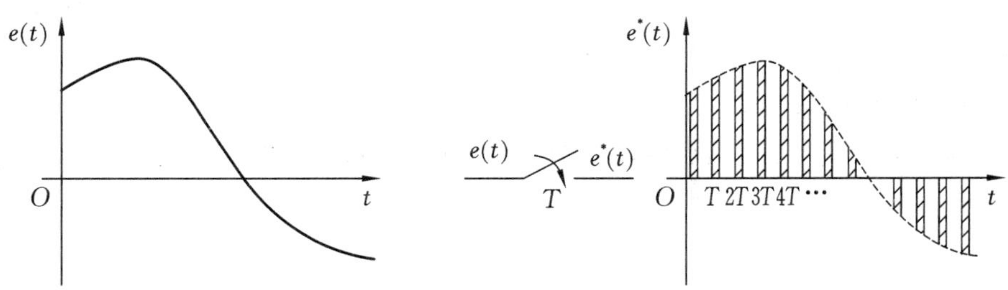

图 2-23　实际采样过程

(1) 奎斯特采样定理

奎斯特采样定理(QST)是信号处理领域的一个重要定理。它指出在频率域内,通过对信号进行奎斯特采样,可以得到该信号的完全信息。奎斯特采样定理表明,如果一个连续时间信号 $f(t)$,其采样频率为 f_s,那么该信号的奎斯特采样值组成的序列 $f[n]=f(t[n])$,其中 $t[n]$ 是采样时刻,满足以下条件:

① 采样间隔 $T=1/f_s$是信号 $f(t)$的周期。

② 采样序列 $f[n]$ 是连续时间信号 $f(t)$ 的线性组合。

③ 对于任意一个非零函数 $g(t)$,采样序列 $f[n]$可以表示为:

$$f[n]=\sum\infty[g(k)]\times f[n-k] \tag{2-26}$$

其中,∞表示采样序列的长度,k 表示采样点的整数编号。

奎斯特采样定理的意义在于,如果我们能够对信号进行奎斯特采样,那么就可以完全恢复原始信号 $f(t)$的详细信息。奎斯特采样定理的应用非常广泛,包括信号处理、图像处理、音频处理等领域。

在实际信号处理中,奎斯特采样定理通常被用来对信号进行数字化处理。例如,在音频处理中,奎斯特采样定理被用来对音频信号进行采样,从而将模拟信号转换为数字信号,方便进行数字信号处理。在图像处理中,奎斯特采样定理被用来对图像进行采样,从而将图像转换为数字图像,方便进行数字图像处理。

奎斯特采样定理的实现需要使用采样定理,采样定理指出,在采样过程中,采样频率必须大于信号带宽的 2 倍。如果采样频率不足,那么采样序列将会出现混叠现象,导致信号失真。

实际中,信号往往是无线带宽的。若要保证带宽有限,我们必须在模拟信号输入端加一个低通滤波器,使信号变成带宽有限,再使用 2.5～3 倍的最高信号频率进行采样。一般来说,采样频率不能小于或等于 2 倍,理论上,选择的采样频率越高,越能无失真地恢复原信号,但采样频率越高,对后端数字系统的处理速度和存储要求也就越高,因此,要选择一个折中的值。如果后端数字信号处理中的窗口选择过窄,采样率太高,在一个窗口内甚至很难容纳信号的一个周期,这将使得信号无法辨识。比如,假设数字信号处理的窗口大小为 1024 个点,而采样率为 50kHz,则窗口最多容纳 1024 * (1/50kHz) = 20.48ms 的信号长度,若信号的一个周期为 30ms,这就使得数字信号的处理窗口没法容纳一个周期信号,解决办法就是在满足要求的前提下减小采样率或增加窗口长度。

因此,在实际应用中,我们需要根据信号的特性选择合适的采样频率,以确保符合采样定理。

(2) 采样信号的频谱与香农采样定理

香农(Shannon)采样定理一般通过 δ 函数来对连续信号 $e(t)$进行采样,其中 δ 函数的定义为:

$$\delta(t)=\begin{cases}+\infty & t=0\\ 0 & t\neq 0\end{cases} \tag{2-27}$$

$$\int_{-\infty}^{+\infty}\delta(t)\mathrm{d}t=1 \tag{2-28}$$

其中,只有在 $t=0$ 处 δ 函数的值为无穷大,t 取其他值时 δ 函数均为 0,函数在整个时间区间上的积分等于 1。

$$e^*(t)=e(t)\,\delta_T(t)=e(t)\sum_{k=0}^{+\infty}\delta(t-kT) \tag{2-29}$$

将$\delta_T(t)$展开成傅里叶级数：

$$\delta_T(t)=\sum_{k=-\infty}^{+\infty}\delta(t-kT)=\sum_{k=-\infty}^{+\infty}C_k\,e^{jk\omega_s t} \tag{2-30}$$

其中，$\omega_s=2\pi/T=2\pi f_s$，为采样角频率；f_s为采样频率；T 为采样周期；C_k为傅里叶级数的系数，由下式决定：

$$C_k=\frac{1}{T}\int_{-T/2}^{+T/2}\delta_T(t)\,e^{jk\omega_s t}\,dt \tag{2-31}$$

由于$\delta_T(t)$在$-T/2$ 到$+T/2$ 之间仅在 $t=0$ 时有值，所以：

$$C_k=\frac{1}{T}\int_{0-}^{0+}\delta(t)\,dt=\frac{1}{T} \tag{2-32}$$

故有：

$$\delta_T(t)=\frac{1}{T}\sum_{k=-\infty}^{+\infty}e^{jk\omega_s t} \tag{2-33}$$

得到采样信号的频率特性为：

$$E^*(j\omega)=\frac{1}{T}\sum_{k=-\infty}^{+\infty}E(j\omega-jk\omega_s) \tag{2-34}$$

其中，$E(j\omega)$为原输入信号 $e(t)$的频率特性；$E^*(j\omega)$为采样信号 $e^*(t)$的频率特性。一般来说，连续信号 $e(t)$的频谱为$|E(j\omega)|$，是单一的连续频谱，如图 2-24(a)所示，它的最高频率 ω_h。采样信号 $e^*(t)$的频谱$|E^*(j\omega)|$，是无限多个以采样频率 ω_s为周期的原信号 $e(t)$的频谱$|E(j\omega)|$之和，如图 2-24(b)所示。

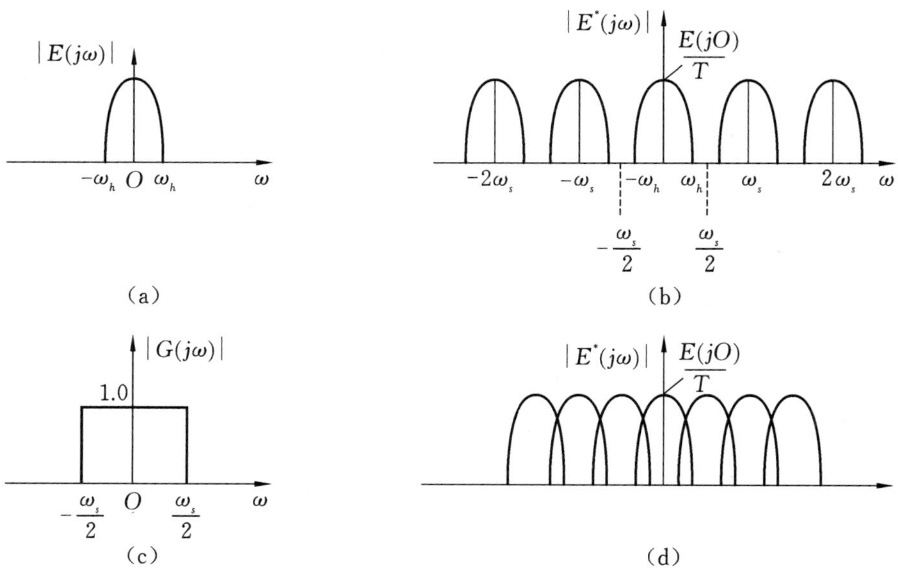

图 2-24　信号的频谱

其中 $k=0$ 时，就是原信号的频谱，只是幅值为原来的 $1/T$；而其余的是由于采样产生的

高频频谱。如果 $|E^*(j\omega)|$ 中各个波形不重复搭接，相互间有一定的距离（频率），即若：

$$\omega_s/2 \geqslant \omega_h \tag{2-35}$$

则可以用理想低通滤波器[其频率特性如图 2-24(c)所示]把 $\omega > \omega_h$ 的高频分量滤掉，只留下 $1/T|E(j\omega)|$ 部分，就能把原连续信号复现出来。否则，如果 $\omega_s/2 < \omega_h$，就会使 $|E^*(j\omega)|$ 中各个波形互相搭接，如图 2-24(d)所示，无法通过滤波器滤除 $E^*(j\omega)$ 中的高频部分，也就不能将 $e^*(t)$ 恢复为 $e(t)$。

(3) 采样周期的选取

香农采样定理只是给出了采样周期选择的基本原则，并未给出选择采样周期的具体计算公式。显然，采样周期 T 选得越小，即采样频率 ω_s 选得越高，对采样过程的信息获得越多，采样效果越好。但是，采样周期选得过小，将增加不必要的计算负担[19]。而且采样周期 T 小到一定的程度后，再减小就没有多大实际意义了。反之，采样周期 T 选得过大，又会给采样过程带来较大的误差，导致无法还原 $e(t)$。

采样频率的选择依赖于系统的带宽，一般而言，采样频率应该是 20 倍的系统带宽，即 $\omega_s = 20\omega_b$[20]。如果系统可以容忍因采样频率降低而导致的性能下降，那么也可以降低采样速率。一般当 $\omega_s \geqslant 25\omega_b$ 时，性能是比较好的。

Astrom 和 Wittenmark(1984)给出了采样周期 T 的选择方法，即 T 的数值应该在 $0.15/\omega_c$ 到 $0.5/\omega_c$ 之间，其中 ω_c 是已校正系统的穿越频率。

根据经验，也可按照系统响应时间确定采样周期，即 $T = 0.1\,T_{min}$，T_{min} 是系统中反应最快的子系统的最小时间常数。

2.4.2　A/D 转换器原理及参数

A/D 转换器是一种编码电路，是将模拟信号变成数字信号的装置。即它能将连续的模拟信号变成若干个离散的数字信号。

A/D 转换器流程图如图 2-25 所示。

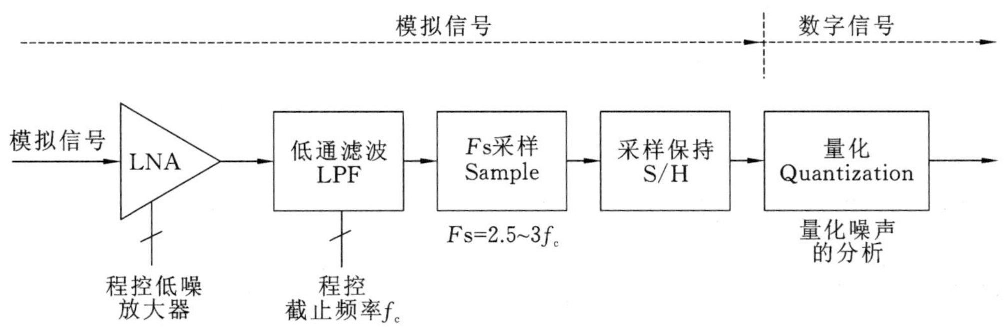

图 2-25　A/D 转换器流程图

A/D 转换器的转换关系可以表示为：

$$D = A_i / A_R \tag{2-36}$$

其中，D 为数字输出信号；A_i 为模拟输入信号；A_R 为参考模拟量。在实际中经常把 D 换成二进制的数学表达式，上式变为：

$$A_i = A_R D = A_R(a_1 2^{-1} + a_2 2^{-2} + \cdots + a_n 2^{-n}) \tag{2-37}$$

可转换为：

$$A_i = A_R \sum_{i-1}^{n} a_i \, 2^{-i} \tag{2-38}$$

其中，a_i为第 i 位的数字码；n 是位数。式(2-33)和式(2-35)是 A/D 转换器的基本函数。

能够实现上述传递函数的 A/D 转换器的种类很多，因为所采用的方法不同，使用元件不同，所以它们的工作过程也各不相同，下面以几个不同类型 A/D 转换器的基本工作原理为例做简单介绍。

(1) 逐次比较型 A/D 转换器

逐次比较型 A/D 转换器是目前使用最多的类型之一，它的基本思想是将输入模拟量同反馈电压V_i做 n 次比较，使量化的数字量逐次逼近于输入模拟量[21]。

常用集成逐次比较型 A/D 转换器有 ADC0808/0809 系列(8 位)、A/D575(10 位)、A/D574(12 位)等。其中，ADC0808 电路图如图 2-26 所示。

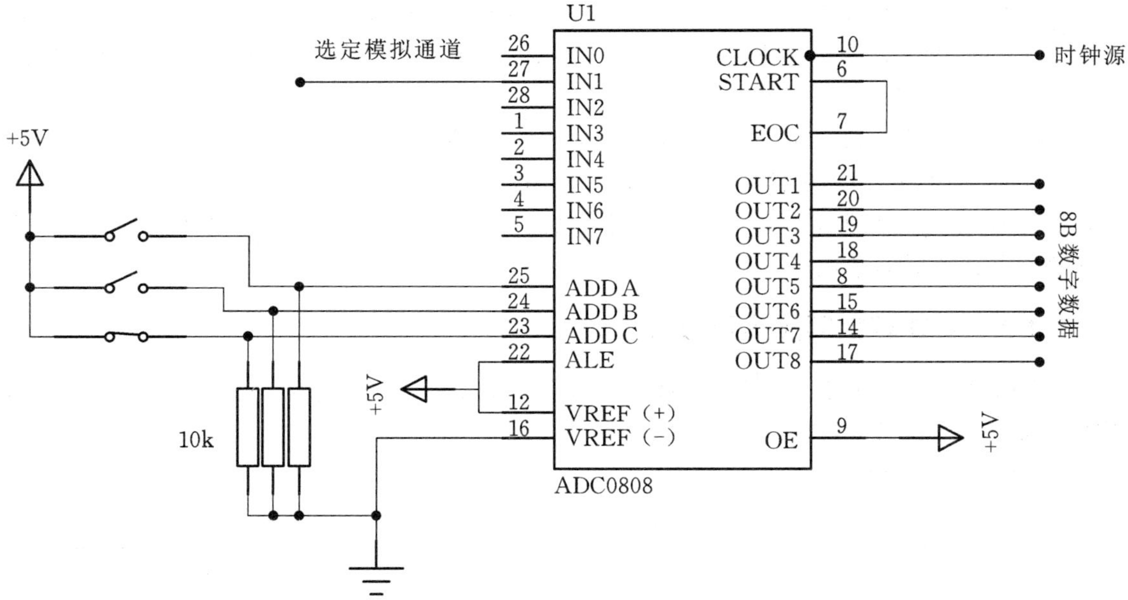

图 2-26　ADC0808 电路图

输入信号V_i首先同最高位(MSB)置 1 时所代表的电压量相比较，判断取舍，$V_i \geqslant \frac{1}{2}V_R$，最高位输出是 1，否则是 0；如 MSB 是 1，则V_i继续同$\frac{3}{4}V_R$相比较，判断第二位是 1 还是 0；如 MSB 是 0，则继续与$\frac{1}{4}V_R$相比较，判断取舍，依此类推。即可得出各位的数字量。

逐次比较型 A/D 转换器包含比较器电路、D/A 转换器、时钟电路、移位寄存器、逻辑控制电路、节拍发生器等，其电路如图 2-27 所示。其工作过程如下：启动脉冲到来后，移位寄存器的最高位置于“1”，其他各位置于“0”，即为 1000…00，这时 D/A 转换器的输出V_i是与最高位对应的电压值，等于$\frac{1}{2}V_R$，因而输入信号首先与$\frac{1}{2}V_R$进行比较，若$V_R \geqslant \frac{1}{2}V_R$，则最高位的“1”

保留，若$V_R < \frac{1}{2}V_R$，则最高位的“1”舍去并被置于“0”，然后移位寄存器所产生的第二个节拍脉冲又将第二位置于“1”，其他各位仍是“0”，因而 D/A 转换器的输出信号V_i的值等于第一位和第二位之和的电压值，输入信号V_i再与之相比较，判定取舍；如$V_i > \frac{1}{2}V_R + \frac{1}{4}V_R$，则第二位的“1”保留，否则舍去。第三个节拍脉冲再把第三位置于“1”，依此类推，即可判定出各位的数字量。

逐次比较型 A/D 转换器具有转换时间快、精度高的特点，精度可以达到 0.005%，甚至更高，误差主要来源于 D/A 转换器、比较器和参考电压的精度。

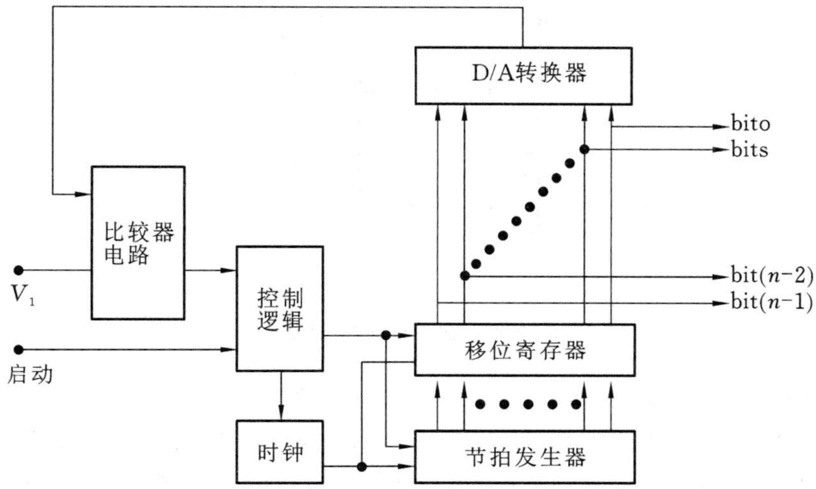

图 2-27　逐次比较型 A/D 转换器

(2) 全并行 A/D 转换器

全并行 A/D 转换器从原理上讲比较简单，只要将参考电压分成相等的2^{n-1}份，再用2^n-1个比较器一一与之比较，得到与二进制相对应的2^n-1个状态，进行编码，即完成了模拟到数字的转换。图 2-28 为全并行 A/D 转换器的原理图。

图中具有 n 位分辨率的 A/D 转换器，利用2^n-1个比较器将参考电压V_R用电阻网络(2^n-1个电阻)进行分压分成2^n-1等份，使每份都等于 1LSB 的电压值。输入信号进来后，转换是同时进行的。输入为 0 时，全部比较器关闭；输入为 1LSB 的电压值时，最低位的比较器翻转，输入电压继续增加会有越来越多的比较器改变状态。比较器的输出送给一组编码电路，编成二进制代码输出。

这种转换器的突出优点是速度快，高速和超高速 A/D 转换器多数都采用全并行[22]。转换速度只受比较器和门延迟时间的限制。其缺点是成本高、功耗大，随着分辨率的增加，元件数目以几何级数增加，例如，12 位 A/D 转换器将要用 4095 个比较器。

(3) 串并行 A/D 转换器

为了克服全并行 A/D 转换器使用元件数量大的缺点，而又要使速度损失不大，出现了串并行 A/D 转换器。它在速度上虽然比全并行转换器慢了一半，但在元件数量上却减少了许多，这样既能实现高速度又降低了成本。

图 2-29 中可以看出，串并行 A/D 转换器是由两组并行 A/D 转换器加上 D/A 转换器和 1

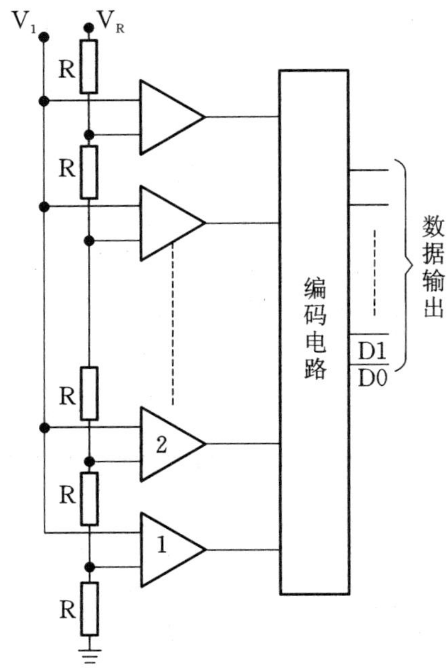

图 2-28　全并行 A/D 转换器

个求和元件组成，所用比较器的数目比全并行少得多。第一组全并行 A/D 转换器与输入信号比较并编码后，得到 $n/2$ 位的数字代码，这些代码除了直接送给输出寄存器做高 $n/2$ 位代码外，还要送给 D/A 转换器（$n/2$ 位）将其恢复成模拟信号，通过求和器与原输入信号相减，然后再送给下一组全并行 A/D 转换器，转换后得到低 $n/2$ 的数字代码，即完成了全部转换[23]。

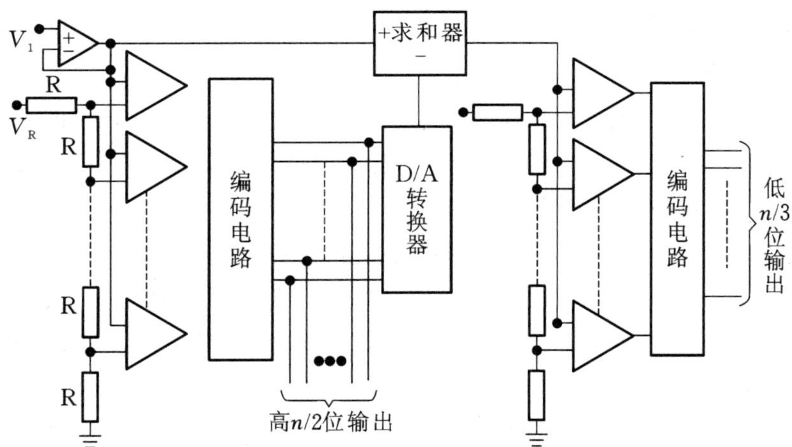

图 2-29　串并行 A/D 转换器

这里介绍了两级串并行 A/D 转换器，尚有三级、四级串并行 A/D 转换器，其原理是一样的，限于篇幅就不做介绍了。

2.4.3　A/D 转换器参数

在应用 D/A 和 A/D 转换器时，往往我们首先接触的是一张参数特性表。一种典型

ADC0808 主要参数配置如表 2-3 所示。

表 2-3　ADC0808 主要参数配置表

名称	参数
精度	±1LSB
分辨率/位	8
最大采样率/kS/s	10
输入通道数	8
线性误差	0.02%
微分线性误差	$\pm\frac{1}{4}$LSB
转换时间/μs	100
最大输入电压范围/V	6
最小输入电压范围/V	0
工作温度范围/℃	−40°～85°
典型功耗值/mW	15

工程师们就是通过参数配置表来选择适宜的转换器，转换器各项参数反映了转换器不同的运行特性，下面针对 A/D 转换器主要应用参数进行简要介绍。

(1) 精度

精度是转换器实际转换特性曲线与理想转换特性曲线之间的最大偏差。一般用符号 E_A 表示，其单位通常用满量程范围 FSR 的百分数(%FSR)或 LSB 表示。

对于 D/A 转换器来说，理想转换特性曲线就是连接理想转换特性上正、负最大输出点的直线。对于单极性输出，其中一点为零点。对于 A/D 转换器来说，理想转换特性曲线是连接理想转换特性上正、负最大输入码宽中心点的直线[24]。对于单极性 A/D 转换器，其中一点也是零点。

精度包括量化误差、梯形网络和驱动电路的线性误差、调整误差、噪声和短时间的漂移。精度分为相对精度和绝对精度。在零点和满量程值校正以后测得的精度为相对精度，否则为绝对精度。参数表中给出的精度规范，一般都指相对精度。绝对精度受时间和温度的影响较大，所以很难给出特定的数值。实际上，当用户想要精确地通过 A/D 转换器把一个输入模拟变量转换成数字量时，更关心绝对精度。但是对于内部不带精密参考电压源的转换器，绝对精度是无意义的，因为外部参考源是用户给的。

影响精度的每一个因素都是随着温度的变化而变化的，因此一般厂家还要给出精度温度系数的参数。精度温度系数定义为：在规定的温度范围内，单位温度变化所引起的转换器 D/A 或 A/D 的精度的变化。一般用符号 αE_A 表示，其单位通常用每度满量程范围 FSR 的 ppm 值表示。

(2) 分辨率和量化误差

D/A 转换器的分辨率被定义为 D/A 转换器模拟输出电平可能被分离的数目[25]。A/D 转换器的分辨率定义为 A/D 转换器满量程输入量可能被分离的数目。例如，一个二进制转换器,数字输入或输出位数为 N 时其分辨率为2^N。通常用转换器输入或输出的位数表示。如12 位转换器的分辨率为 12bits。

由于噪声、温度和时漂等因素的影响,转换器的分辨率有时小于理论值。例如,12 位转换器在某一温度范围内可以只有 10 位的实际分辨率。D/A 转换器的实际分辨率受到它的相对精度的限制,但是分辨率并不限制精度。例如,用于可编程电源的 4 位 D/A 转换器,虽然只有16 个量化电平,但是它可以有 0.01%的精度(大约相当于 13 位 D/A 转换器的精度)。

严格地说,分辨率和精度是彼此独立的。10 位转换器具有 0.05%的精度,也可以具有 0.5%的精度。分辨率能够反映转换器的动态特性,信号的动态范围要求较严格,其分辨率也要求较高。如信号要求 96dB 的动态范围时,就必须选用 16 位以上的转换器。

量化误差是由 A/D 转换器的有限分辨率引进的数字输出量与等效模拟输入量之间的偏差。对于一个 N 位的 A/D 转换器,连续的模拟信号被量化为2^N个模拟量,量化误差描写了该范围的模拟量与状态的标称值(通常取代码中心值)之差。它具有$\pm\frac{1}{2}$LSB 的不确定性,并将叠加到实际转换误差上去。量化误差与系统分辨率有关,是转换器位数的函数。由于量化误差的存在,A/D 转换器的误差分析比 D/A 转换器更加复杂。

(3) 线性误差

线性误差是转换器实际转换特性曲线对于其最佳拟合直线的最大偏差。最佳拟合直线是指对实际转换特性曲线具有最小极大偏差的直线,适当调整零点误差(或失调)和增益误差可以使最佳拟合直线与理想转换特性曲线重合[26]。

分辨率和线性误差既有一致性,又有差异,这点从定义上已经可以看出。对于性能良好的转换器,二者应该是统一的,即具有 N 位分辨率的转换器,其线性误差应该不大于$\frac{1}{2^N}$(或$\pm\frac{1}{2^{N+1}}$)。如具有 12 位分辨率的 D/A 转换器,其线性误差不大于 0.024%。但是在某些场合,线性误差有时不大于 0.05%或更大。明确这二者的一致和差异,就可以在不同的应用中恰到好处地选用转换器。

(4) 微分线性误差

A/D 转换器的微分线性误差被定义为 A/D 转换器实际转换特性的码宽与理想码宽(1LSB)的相对偏差之最大绝对值[27]。在理想的情况下,输入/输出转移特性的任何地方,数字变化一位引起的模拟信号的变化增量为定值(一个 LSB 的模拟电平)。然而在实际转换中这个变化增量往往大于或小于 1LSB 的值。当微分线性误差大于 1LSB 时,D/A 转换器将出现非单调性,A/D 转换器将会出现失码,通常在 25℃时,规定最大微分线性误差为$\pm\frac{1}{2}$LSB,而最大的微分线性误差在数值发生最高进位跃变的时候,加权网络的增益系数切换的数值较大。

通常,线性误差对微分线性误差的影响可以不必过多考虑。例如,具有$\pm\frac{1}{2}$LSB 的 12 位转换器,若假定线性误差在整个量程内都是均匀分布的,那么这样的线性误差对任何代码所造成的微分线性误差都不会大于$\pm\frac{1}{2}$LSB。例如,3 位逐次比较型 A/D 转换器对数字输出的影响，若该转换器的工作状态是理想的，量化误差保持在$\pm\frac{1}{2}$LSB 以内，那么其输出的 000～111 中每一个代码都与理想的模拟值相对应。如果 D/A 转换器加权网络的第 1 位权值相对于第 2 位第 3 位低$\frac{1}{2}$LSB，则输出就比原定时间早$\frac{1}{2}$LSB 跳到代码 100 上去。当第 1 位导通，第 2 位和第 3 位截止时，对输出的影响将使得与代码 100 之前的代码 011 对应的码宽变窄。因此微分线性误差可以使 A/D 转换器传递函数中输出阶梯的宽度发生变化，而在 D/A 转换器的传递函数中输出阶梯的高度发生变化。

(5) A/D 转换器的转换时间

转换时间被定义为 A/D 转换器完成一次完整的测量所需要的时间。即从输入端加入信号的时刻到输出端出现相应数码的时刻为转换时间。

对于 15 位逐次比较型 A/D 转换器，如果开始建立时间(包括输入运算放大器和采样保持器的建立时间)是 20μs，每一位转换要花费 2μs 的时间，那么总的转换时间是 50μs。有时把转换时间的倒数称为转换速度或通过速率。在某些应用中，如快速变化的数据采集系统、脉冲幅度测量阶梯波发生器和两个以上的模拟数据通道通过 A/D 转换器进行实时多路转换等系统，转换时间(包括其中的响应时间和捕获时间)非常重要。

当转换数字化高速视频数据时，A/D 转换器的转换速度是非常重要的。根据乃奎斯特采样定理，采样速度至少要达到两倍以上的输入信号的最高有效频率。PAL 制的彩色副载频为 4.43MHz，因此 A/D 转换器至少要有 9MHz 的转换速度。为了提高采样图像的质量，抑制不必要的谐波分量，转换器的速度须达到 3～4 倍的彩色负载频，也就是说要采用 13.3～17.74MHz的转换器，在这样的应用中一般用 6～8 位的转换器[28]。

集成 A/D 转换器按速度分类可分为：转换时间少于 20μs(或频率大于 50kHz)的为高速型；转换时间为 20～300μs(或频率为 3.3～50kHz)的为中速型；转换时间大于 300μs(或频率小于 3.3Hz)的为低速型。当然，这种分类经常要同转换器的分辨率相联系，分辨率高的区限可以放宽，如 50μs12 位以上的 A/D 转换器有时也称为高速高精度型，而对于 8 位以下的 A/D 转换器又经常把转换时间少于 1μs 的称为高速型。

(6) 噪声

噪声是转换器输出信号(对于 A/D 转换器应折合到输入)中的随机成分。通常以噪声电压的均方根值(RMS)表示。

噪声是随机信号，其波形也是随意的、无规律的，它由振幅和相位的随机频率分量组成，由于噪声具有随机性，所以很难预见噪声的瞬时幅度，一般用统计方法进行描述[29]。在转换器系统中所存在的噪声，如热噪声和散粒噪声等，由于其功率密度(V^2/Hz)对频率曲线是平坦的，所以通常称为白噪声。白噪声的电压瞬时值的分布规律是符合正态分布的，所以白噪声也称为高斯噪声。

转换器系统元器件和电路的噪声往往是不可避免的，而噪声的存在必然会影响转换器的性能，特别是高精度转换器，其性能经常被噪声所限制。例如，对于 14 位 D/A 转换器，如果噪声的峰值超过了满量程的 0.006%，即超过了 1LSB 的模拟量，那么转换器已达不到 14 位的精度了。对于 A/D 转换器，噪声无论是在输入信号中(输入电路)还是在转换器内部产生的，都将有效地增加代码宽度，并且会把统计特性反映到输出数码上。下面对 A/D 转换器的噪声进行分析。

构成 A/D 转换器的主要单元有：比较器、参考电压源、D/A 转换器(或计数器)、积分器、逻辑控制电路和编码电路等，可以说各部分都可能产生噪声或都可能存在噪声的干扰[30]，比如地线和电源线引进的噪声、数字电路对模拟信号的干扰、电阻的热噪声和比较器噪声等。对于干扰和外界的噪声，一般在电路设计时要认真考虑，采取必要的措施使其减到最小。这里主要讨论影响转换精度的固有噪声，即比较器噪声和电阻的热噪声。

高性能 A/D 转换器对比较器的要求是很高的，通常要求比较器具有较高的增益，比较器输入电路的失调电压变化必须保持在允许的电平上，具有足够快的速度(即有足够的带宽)。我们知道一个快速、高增益、高灵敏度的装置是特别易受噪声影响的，因此，比较器的选择和应用决定了可能得到的转换精度的极限。

在高性能转换器中，比较器经常是主要的噪声源。除了宽频带失调电压源和在比较器内部所产生的输入电流噪声以外，还有其他噪声源影响比较器的判定过程[31]。这些噪声源包括电阻的热噪声、参考电压内部产生的噪声、开关电路的恒流源和恒压源的噪声，从其他电路耦合进来的电磁场噪声和电源噪声。此外随机的温度和时间变化的影响都可以作为低频噪声考虑。这些噪声成分并不起源于比较器电路本身，但是它可以影响比较器的判定作用，与比较器内的两种噪声相混合，叠加到比较器失调电压噪声或流入比较器源阻抗的输入噪声电流上。总之，比较器中的噪声是由多种因素造成的，它是转换器中噪声的主要成分。

综上所述，选择 A/D 转换器通常需要考虑的方面有：

① A/D 转换器用于怎样的系统，输出的位数(分辨率)是多少？系统应该达到多高的精度和线性度？

② 提供给 A/D 转换器的输入信号范围是多少？是单极性还是双极性？信号的驱动能力怎样？是否经过采样保持和滤波？

③ 对转换器输出的数字代码及其逻辑电平有何要求？是否需要带有数据缓冲器或三态门？

④ 系统是在静态条件还是在动态条件下工作，其带宽要求如何？要求 A/D 转换器的转换时间为多少？采样速率是多少？孔径时间有何要求？是高速应用还是低速应用？

⑤ 要求参考电压是内部的还是外加的？是固定的还是可调的(或可变的)？

⑥ 转换器的工作环境如何？输入信号引进的噪声以及其他外部引进的噪声干扰有多大？环境温度变化范围有多大？湿度、振动冲击等条件如何？

⑦ 其他应该考虑的因素，如共模抑制、电源电压度(包括电源纹波)、功耗、输入阻抗和外形尺寸等。对于某些特殊系统有时还要考虑转换方式(如全并行、逐次比较型和串并行等)。

2.5 数据采集硬件系统及其选型

2.5.1 NI 采集卡

数据采集系统是结合基于计算机的测量软硬件产品来实现灵活的、用户自定义的测量系统。采集卡从传感器和其他待测设备等模拟和数字被测单元中自动采集信息的过程称为数据采集。作为基于 PC 的数据采集产品和虚拟仪器领导者，NI 为用户提供了最为广泛的数据采集设备选择：从台式、便携式到插入式。根据总线类型可分为：USB、PCI、PCMCIA、PXI、CompactDAQ 等接口的数据采集产品。具体参数和实物图如表 2-4 和图 2-30 所示。

表 2-4　NI 采集卡型号举例

采集卡类型	采集卡型号	模拟输入	模拟输出	采样率	分辨率	输入范围	计时器
USB 总线	USB6008	8	2	10k/s	12	±20V	1
	USB9201	8	—	12k/s	12	±10V	—
PCI 总线	PCI6220	16	—	250k/s	16	—	2
	PCI6250	16	—	1.25M/s	16	—	2
PCMCIA 总线	DAOCard-6024E	16	2	200k/s	12	±10V	2
	DAOCard-6062E	16	2	500k/s	12	±10V	2

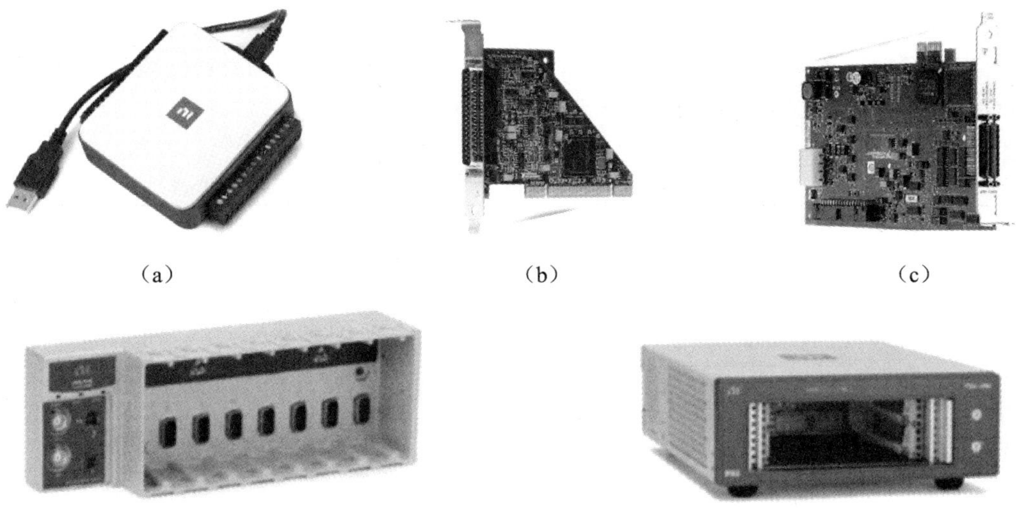

(a)　(b)　(c)　(d)　(e)

图 2-30　采集设备实物图

(a)USB 采集设备；(b)PCI 采集设备；(c)PCMCIA 采集设备；
(d)CompactDAQ 采集设备；(e)PXI 采集设备

USB 数据采集设备应用广泛，从简单的数据记录到大型的嵌入式 OEM 系统，适用性好。因此，NI 提供符合各种应用的 USB 数据采集设备。从低价位、单功能到高性能、16-bit 多功能。因为 USB 接口的广泛普及，无论是台式 PC 机，还是笔记本，均可作为 USB 数据采集设备的使用平台。USB 设备支持热插拔，USB 2.0(NI 提供的所有 USB 产品都与 USB 2.0 兼容)的吞吐率更是高达 480 Mb/s。USB 数据采集设备提供了一种低廉、便携的使用和操作连接方案。

PCI 总线是当今使用最为广泛的内部计算机总线之一。PCI 总线提供了高速的数据传输，为高速数据流采集应用提供了便利。NI 针对 PCI 总线提供了多功能的数据采集设备，M 系列 DAQ 产品是 NI 新一代的多功能数据采集设备。由于 M 系列 DAQ 设备引进多种新技术和特性，可广泛适用于测试、控制和设计应用中，包括自动化测试、过程控制、原型验证以及传感器测量等。

PCMCIA（PC 卡）的小巧体积和较轻的质量使得它们十分适合应用于便携式笔记本。并且，PCMCIA（PC 卡）支持热插拔，安装十分简单，传输速率高达 20Mb/s。NI 提供各种应用于高速模拟和数字 I/O、精度 16 位以及低价位测量的 PCMCIA 总线数据采集卡。经由 NI ASIC 创新设计，NI PCMCIA DAQCard 数据采集产品能以更轻巧的工具包提供全面的 DAQ 高级功能和技术。大量 DAQCard 产品由于其出色的便携性，可与 LabVIEW PDA 模块一起运用于掌上计算机。由于 PCMCIA 接口被淘汰，目前这种采集卡已非主流。

PXI 系统提供了高性能的模块化仪器和丰富的 I/O，这些 I/O 具有专用的同步功能和主要的软件功能，适用于从设备检验到自动化生产测试等测试测量应用。PXI 系统由三个主要硬件组成：机箱、控制器和模块。系统软件可重新配置且可定制。PXI 机箱容纳 PXI 模块，是可连接至提供定时和同步功能的高性能背板。PXI 机箱可与 PXI、PXI Express 和 PXI 混合模块兼容，满足大多数高功耗 PXI 模块的散热要求。还可以选择相应的机箱选项来最小化整个系统声音辐射。机箱可以提供多达 18 个插槽，兼容 PXI 和 PXI Express 模块，同时提供交流和直流电源选项。其可适配的采集卡型号如表 2-5 所示。

表 2-5　PXI 采集卡型号

类型	采集卡型号	模拟输入	采样率	分辨率	输入范围	备注
PXI	NI 6289	16	625k/s	18bits	10V	M 系列
	NI 6220	8	250k/s	16bits	10V	
	NI 6143	8	250k/s	16bits	5V	S 系列
	NI 6120	4	800k/s	16bits	42V	
	NI 4204	8	200k/s	16bits	10V	SC 系列
	NI 4220	2	200k/s	16bits	10V	

NI Compact DAQ 作为简单、完备的数据采集系统，在小巧而坚固的封装中结合了高带宽的 NI 信号读写和混合测量采集。NI Compact DAQ 是为软硬件的简单易用性所设计的。只要将模组安装至机箱内，系统随即可侦测到所有模组，即系统可正确辨识所安装的模组类型。各模组均具有热插拔功能，可在机箱通电时插入或移除模组。NI Compact DAQ 通过 LabVIEW 软件进行程序设计，可轻松将资料从外部硬件传输至电脑中；内置频率生成器生成 10MHz、20MHz、100kHz 基准时钟；16 个分频因子通过安装的硬件定时数字模块或内置 BNC 触发线（内置触发线带宽限为 1MHz）输出信号；机箱达到 IEC-60068-2-27/64 标准，机箱工作温度范围从 −20～55℃；支持标准电源供应，电池 9～30V 直流输入供电，最大功率为 15W。其可适配的采集卡型号如表 2-6 所示。

表 2-6　Compact DAQ 采集卡型号

类型	采集卡型号	通道数量	分辨率	采样率	输入范围	同步采样
Compact DAQ	NI 9225	3	24bits	50k/s	300V	是
	NI 9227	4	24bits	50k/s	5A	是
	NI 9221	8	12bits	800k/s	60V	否

2.5.2　LabVIEW 虚拟仪器设计

LabVIEW 是 Laboratory Virtual Instrument Engineering Workbench 的缩写，是一个使用图形符号来编写程序的编程环境。在这方面，它不同于传统的编程语言，如 VisualBasic、C、C++或 Java，这些语言使用文本方式编程。而 LabVIEW 不仅仅是一款编程语言，它还是为科学家和工程师等设计的一种编程开发环境和运行系统，编程只是这些人员工作的一部分。LabVIEW 开发环境可以运行在 Windows、Mac 或 Linux 系统的计算机上，用 LabVIEW 编写的应用程序可以运行在上述系统中，还可以运行在 Microsoft Pocket PC、Microsoft Windows CE、Palm OS 以及多种嵌入式平台上，以及 FPGA、DSP、ARM 等微处理器上。

本书旨在向读者介绍基于计算机的数据采集的概念以及 LabVIEW（NI 开发的软件包）。LabVIEW 本身是一个广泛的编程平台。它包含多种功能，从基本代数运算符到可以集成到相当复杂的程序中的高级信号处理组件。

在研究机械系统时，通常需要使用电子传感器来测量某些变量，例如温度（使用热电偶或 RTD）、压力（使用压电传感器）、应变（使用应变仪）等。虽然可以使用示波器或万用表来监视这些变量，但通常最好使用 PC 通过 DAQ 卡查看和记录数据。这样做的一个优点是可以存储数据并将其转换为电子表格（例如 Microsoft Excel）或其他软件包（例如 Matlab）可以使用的格式，以进行更广泛的分析。另一个优点是可以通过用于获取数据的同一平台实时执行重要的数据处理。这可以使实时数据对进一步处理更有用，从而改进执行实验的过程。

实验都需要进行数据采集，这正是 LabVIEW 擅长的功能。数据采集过程中的一个重要步骤是将传感器接收到的模拟信号转换为计算机可以处理的数字形式。由于数据必须以二进制数形式存储在计算机内存中，因此必须以离散时间间隔对传入的模拟数据进行采样，并将其量化为一组预定义值中的一个。

2.5.2.1　LabVIEW 的基本结构

（1）虚拟仪器

虚拟仪器 VI 是在 LabVIEW 编程环境中创建的程序，用于模拟物理或硬件仪器，例如示波器或函数发生器。图 2-31 描绘了一个用于温度测量的简单 VI。前面板（图 2-31）充当用户界面，而数据采集（在本例中为生成过程）则由 PC 和 DAQ 卡的组合执行。VI 的前面板通常还包含显示数据或与实验相关的其他重要信息的指示器。在这种情况下，使用图表来描绘波形。VI 框图（未显示，但稍后讨论）类似于真实仪器的接线和内部组件。VI 框图的配置决定了前面板控件和指示器的关联方式。它还包含与 DAQ 卡通信以及将数据以电子表格格式导出到磁盘文件等功能。

（2）VI 的构成

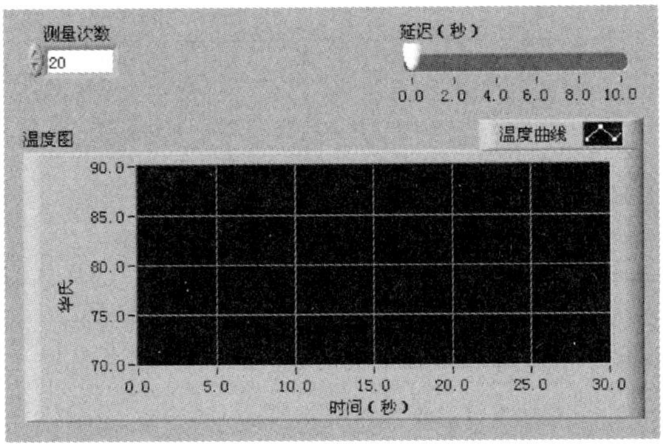

图 2-31 一个温度测量虚拟仪器

LabVIEW 使用图形化编程语言来确定每个 VI 的工作方式。本节讨论用于两个数字相加和相减的简单 LabVIEW VI 的内部工作原理。LabVIEW VI 主要包含三个部分:前面板、程序框图、图标/连线板。

图 2-32 显示了 VI 的前面板和框图,它由两个简单的数字控件收受用户输入的两个数字(a 和 b),并通过两个简单的数字指示器,生成前面移位的数字的和与差(a+b 和 a−b)面板通过两个简单的数字指示器显示。

VI 框图是一个图形,或更准确地说是一个数据流程序,它定义了前面板上的控件和指示器如何相互关联。VI 前面板上的控件显示用户可以在 VI 运行时修改的值,指示器显示 VI 输出的值。前面板窗口中的每个控件和指示器都与程序框图窗口中的一个端子相关联。程序框图窗口中的连线代表 VI 内的数据流。节点是附加的编程元素,可以对变量执行操作,通过 DAQ 卡执行输入或输出功能,并提供各种其他功能。

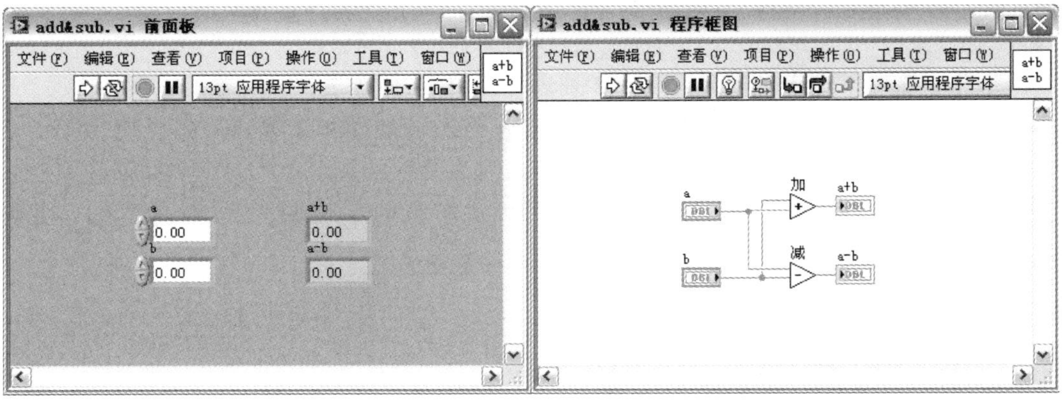

图 2-32 VI 的前面板和框图

由于 LabVIEW 图表是数据流驱动的,因此 VI 中各种操作的执行顺序并不由一组命令的顺序决定。相反,当数据出现在框图节点的所有输入端子上时,框图节点就会执行。因此,在图 2-32 的框图中,我们不知道是先执行加节点还是先执行减节点。这个问题对更复杂的应用程序有影响,但在当前情况下并不是特别重要。然而,不能仅根据计算节点的位置(从上到下或从左到右)来假设执行顺序。如果需要或期望某种执行顺序,则必须在 VI 中构建程序流控制机制,这在实践中并不总是可能的,也不符合 LabVIEW 最初设计的精神。

(3) LabVIEW 中的工具面板

鼠标指针可以在 LabVIEW 环境中执行多种不同的功能，具体取决于所选的指针工具。我们可以通过从图 2-33 所示的工具选项板中选择所需的工具来更改鼠标指针工具。

图 2-33　工具面板

通过从图 2-34 所示的控件面板中拖放控件和指示器，可以将控件和指示器添加到 VI 的前面板，该控件仅在前面板窗口处于活动状态时可见。

如果由于某种原因，控件面板不可见，则可以通过右键单击前面板窗口中的任意位置来访问它。一旦控件或指示器添加到 VI 的前面板，相应的接线端就会在程序框图窗口中自动创建。向程序框图添加其他节点需要使用功能选项板，一旦程序框图窗口可见，就可以访问该功能面板。通过从函数选项板中拖放算术和逻辑元素，可以将这些元素添加到程序框图窗口中。加、减等函数可以在函数选项板的编程部分的数字子选项板中找到(如图 2-35)。还可以使用框图中数字子面板中的常量，并将这些常量连接到各个节点。

图 2-34　控件面板

图 2-35　函数面板

2.5.2.2　LabVIEW 的运行结构

LabVIEW 包含多种类型的运行结构。这些可以在函数选项板的编程部分的结构子选项板中找到。在这里，用户可以找到 While 循环、For 循环、条件结构和多个其他重要的运行结构。

(1) While 循环

图 2-36 描述了两种 While 循环的框图。使用循环有几个重要事项需要注意。循环内包含的所有内容都将重复，直到满足循环的结束条件。对于 While 循环，第一种循环是满足条件停止，第二种循环是满足条件继续循环。

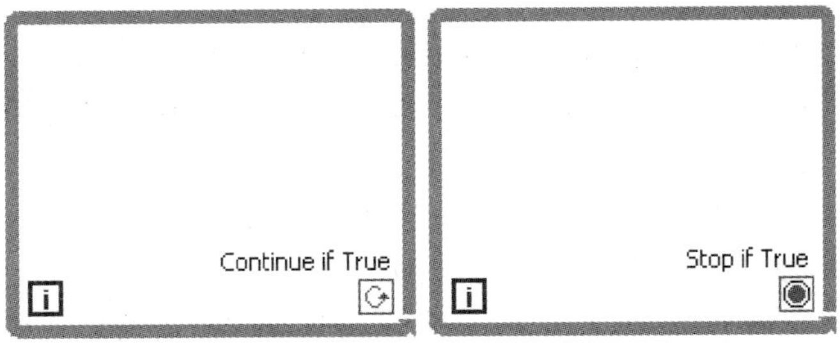

图 2-36　While 循环框图

(2) For 循环

For 循环框图如图 2-37 所示，其与 While 循环类似，都是循环结构，不同的是 For 循环左上角有一个计数器 N，这意味着 For 循环具有一定的循环次数，也就是说，For 循环在满足停止条件或者最大循环次数时就会停止循环，可以用于特殊情况。

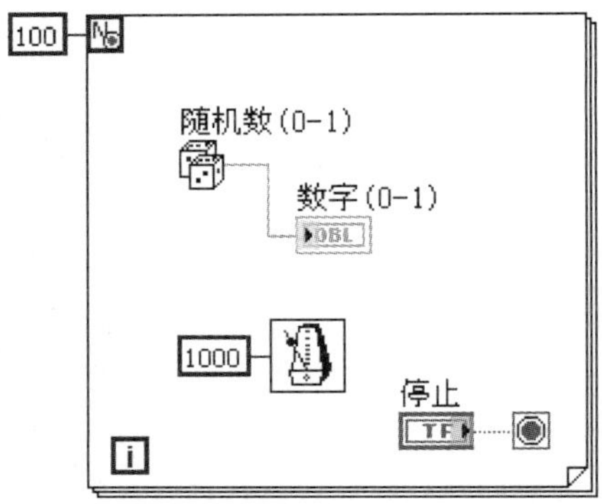

图 2-37　For 循环框图

(3) 条件结构

条件结构是一种编程结构，可用于模拟开关，类似于仪器前面板上显示的内容，允许用户选择多个可用任务之一。条件结构框图如图 2-38 所示，它可以根据输入的布尔值判断真或假，并根据事先做好的逻辑程序分情况进行运算，可以满足多样化的需求。

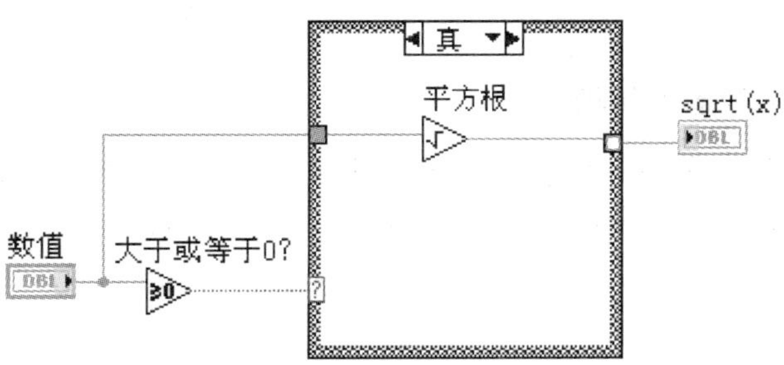

图 2-38　条件结构框图

2.5.3　虚拟仪器应用案例

本节介绍基于 LabVIEW 的空气压缩机试验台数据采集系统，该系统以数据采集卡和软件开发环境——LabVIEW 为平台，以个人电脑为基础，可以实现数据的采集、传送、处理、存储和生成报告等多种功能，节省了测试人员工作量，并保证了测试数据的准确性和可追溯性。同时本软件平台实现了测试系统的远程控制，可以方便技术人员随时检查样品的运行状态。本项目所设计的空气压缩机性能测试平台与原有仪器相比，更多地采用软件算法代替硬件电路，降低了硬件干扰，提高了测量精度；基于 DAQ 数据采集结构的仪器平台方便灵活，更加适合空压机试验台测试应用；计算机强大的数据管理和数据处理功能，解决了用分离仪器测量存在的劳动强度大、数据孤立、信息量小、综合评判能力差等问题。

2.5.3.1　测试系统结构方案

图 2-39 是空压机性能测试仪器的程序结构图。从图中可以看出共分 3 个层次，下级为上级提供高级的抽象服务，屏蔽了底层的具体细节。当需要修改某一模块时，只要不改变接口就不会影响其他模块，极大减轻了软件维护的工作量。

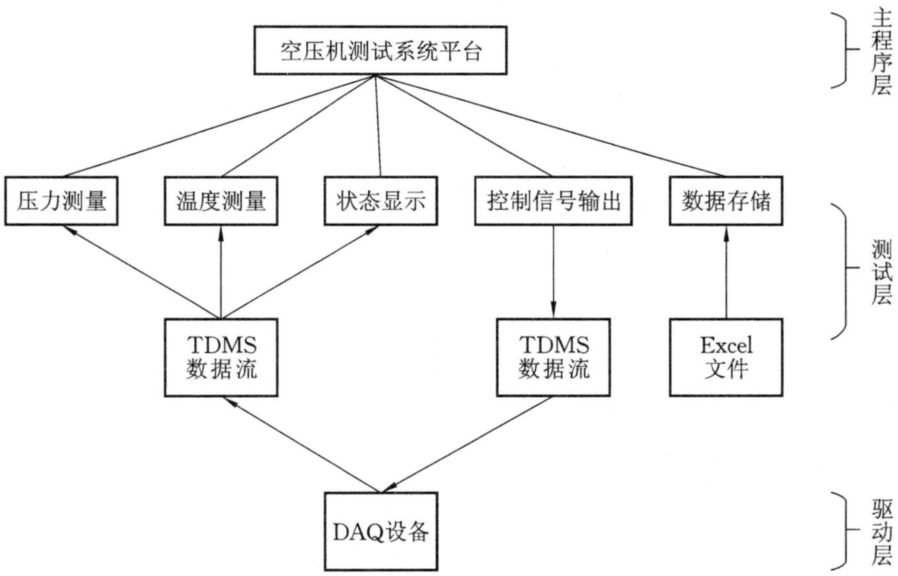

图 2-39　空压机测试系统程序结构图

2.5.3.2　空压机测试系统平台概述

空压机测试系统从本质上来说是一种数据采集系统。当前在数据采集领域一种较为流行的技术是虚拟仪器技术。虚拟仪器数据技术的采集架构如图 2-40 所示。

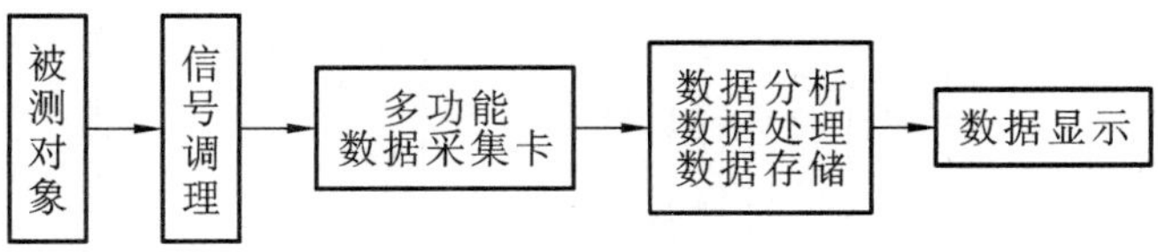

图 2-40　虚拟仪器数据技术的采集架构

空压机性能测试仪软件部分采用 LabVIEW 语言进行编程。NI MAX 升级到 20.0，精简了应用程序并提高了系统管理的效率。

为了实现对评估装置的 7 路压力传感器(5 路空气压力、2 路油压)、2 路振动传感器、1 路声音传感器信号的精确采集，能够实时显示振动和声音传感器的运行状态数据的时域分析和频谱分析，并且能够评估当前的环境噪声分贝等级。硬件主要由 DAQmax 采集机箱和 NI 采集卡组成。NI 9232 有三个通道，采集速率 102.4k/s，输入电压±30V。C 系列声音与振动输入模块可以测量来自集成电子压电(IEPE)和非 IEPE 传感器的信号，例如加速度计、转速计和接近式探针，因此用来测量振动和声音信号。NI 9203 具有八个通道，采集速率 200k/s，输入电流±20mA，可以测量大部分信号，具有高精度、低价格的特点，能满足系统的油压和气压测量。具体型号和测量情况如表 2-7 所示。

表 2-7　采集卡型号和测点设置

采集卡	采集卡物理通道	被测物理量
NI 9232	cDAQ2Mod4/ai0	振动 1
	cDAQ2Mod4/ai1	振动 2
	cDAQ2Mod4/ai2	声音
NI 9203	cDAQ2Mod1/ai0	气压 1
	cDAQ2Mod1/ai1	气压 2
	cDAQ2Mod1/ai2	气压 3
	cDAQ2Mod1/ai3	气压 4
	cDAQ2Mod1/ai4	气压 5
	cDAQ2Mod1/ai5	油压 1
	cDAQ2Mod1/ai6	油压 2

2.5.3.3　空压机测试系统的功能

如图 2-41，空压机测试系统平台由主界面和六个功能模块组成，六个功能模块分别是温度测试模块、振动测试模块、压力测试模块、声音测试模块、控制信号输出模块、数据存储模块。

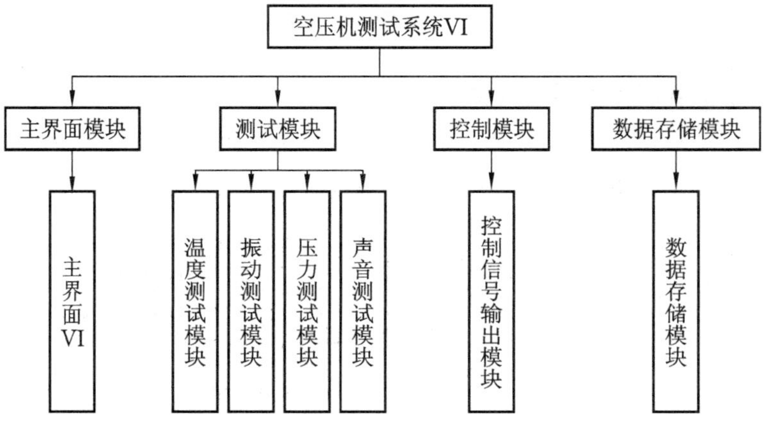

图 2-41　功能模块划分

2.5.3.4　空压机测试系统界面设计

（1）测试系统主界面

空压机测试软件由前面板主界面面板和后面板逻辑面板组成，主界面面板包括软件名称显示模块、波形图显示模块、数值参数显示模块、状态显示和控制模块、系统时间显示模块。波形图显示模块中的四个波形图控件用于显示四种测试类型的实时波形数据；数值参数显示模块中分为 13 个参数的数值显示控件，用于读取并显示各个参数的瞬态值；状态显示模块可以提醒操作人员软件的运行状态；控制模块主要控制 NI 采集卡的工作状态，系统时间显示模块用于显示系统时间，也用作保存数据时时间戳的设置。

点击运行程序左上角的右箭头图标，程序开始运行，自动进入测试系统的主界面。主界面主要用于显示和控制，具体如图 2-42 所示。

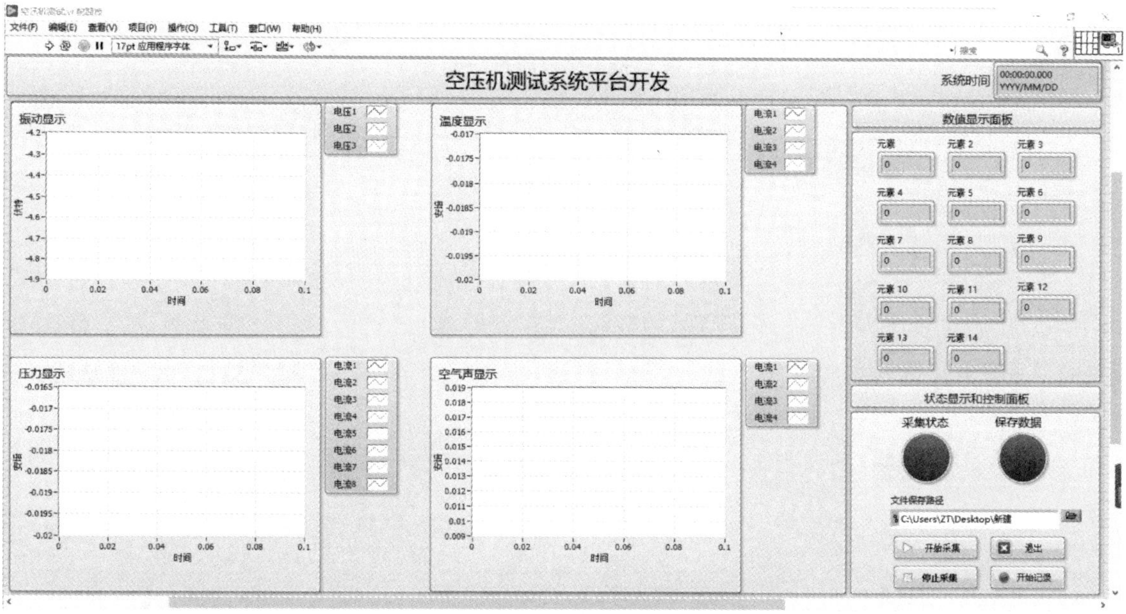

图 2-42　主界面

（2）压力测量界面

压力测量界面主要显示压力显示波形图控件。波形图横坐标代表时间，根据采集率和采样率的设计，以 0.1s 为一个测量周期，压力曲线同时显示在一张图上，图例用于表示曲线颜色与曲线名称的对应关系；纵坐标为压力幅值，纵坐标设置为自动调整，可以根据信号大小自动调整取值范围，避免了信号波形显示不全或显示过小的问题。具体效果如图 2-43 所示。

（3）振动测量界面

振动测量界面主要有振动显示波形图控件。波形图横坐标代表时间，根据采集率和采样率的设计，以 0.1s 为一个测量周期，压力曲线同时显示在一张图上，图例用于表示曲线颜色与曲线名称的对应关系；纵坐标为振动幅值，纵坐标设置为自动调整，可以根据信号大小自动调整取值范围，避免了信号波形显示不全或显示过小的问题。界面如图 2-44 所示。

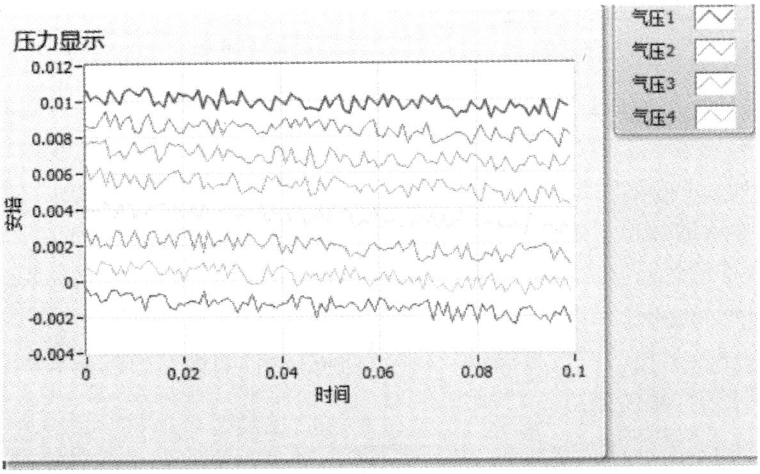

图 2-43　压力测量模块

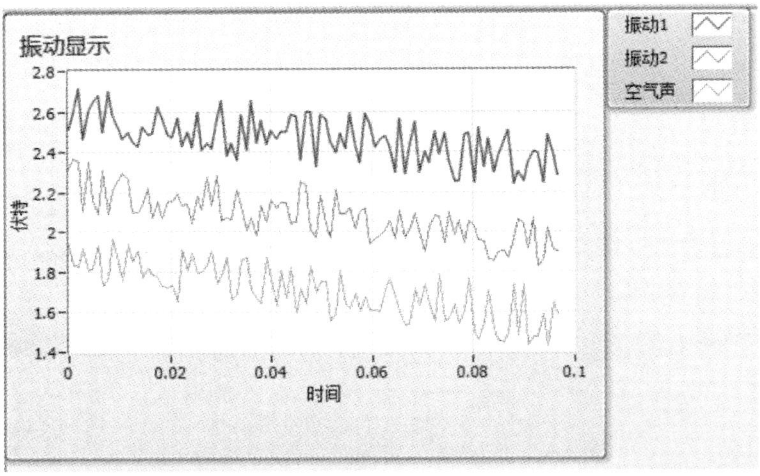

图 2-44　振动测量界面

(4) 状态显示和控制界面

该面板主要功能是实现软件和硬件运行状态的显示、文件路径的设置和采集系统的控制。见图 2-45。采集状态指示灯用于显示软件的采集状态，保存数据指示灯用于显示数据保存状态，文件路径选择框选择任意路径，以桌面的新建文件夹为保存路径和名称。

程序运行时，点击开始采集按钮，采集状态指示灯亮，后面板的 DAQ 采集功能开始工作，此时数据显示面板会不断地刷新采集到的数据。点击停止采集按钮，系统会关闭 NI 采集卡采集任务，节约运行空间。采集任务必须先停止才能退出程序，错误操作会引起程序弹窗提醒(图 2-46)。点击开始采集按钮，程序会自动把实时数据保存为 Excel 报表，生成带有时间戳的表格文件，具体效果见图 2-47。

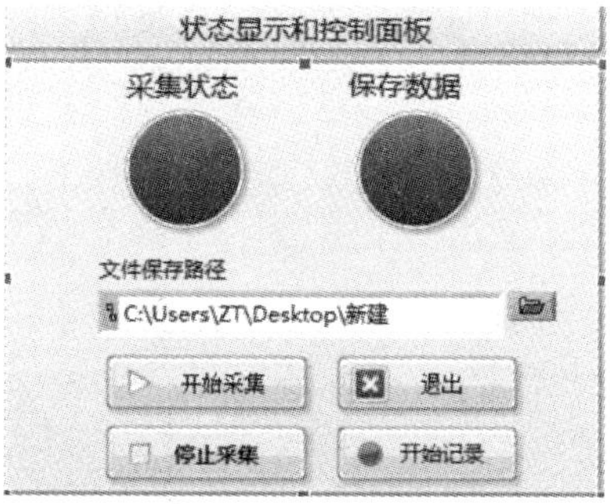

图 2-45　状态显示和控制界面

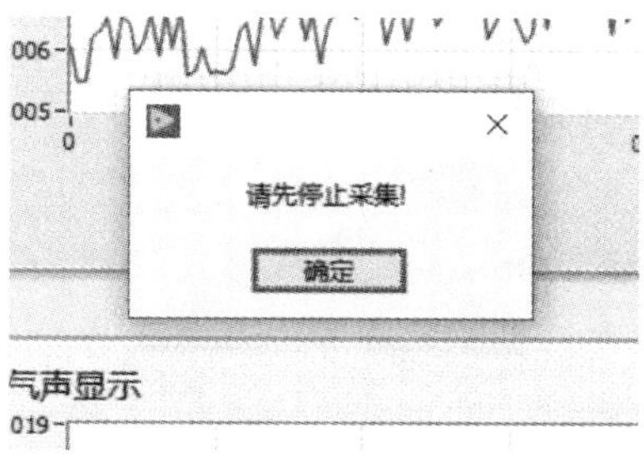

图 2-46　错误操作警告弹窗

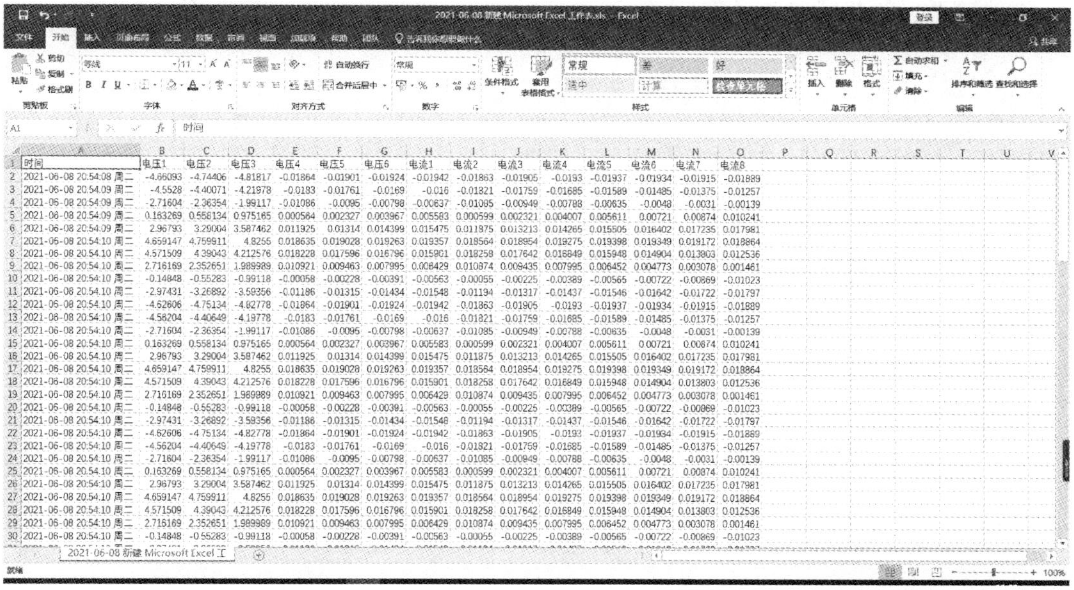

图 2-47　报表图

课后习题

一、判断题

1. 非周期信号的频谱是连续的。　（　　）

2. 调幅波是载波与调制信号的叠加。　（　　）

3. 周期信号频谱具有发散性、谐波性、离散性。　（　　）

4. 周期信号的频谱由无限多条离散谱线组成，每一条谱线代表一个谐波分量。　（　　）

5. 滤波器中，一般规定幅频特性值等于 1.414A 时所对应的频率称为截止频率。　（　　）

6. 信噪比越大那么有用信号的成分越大，噪声影响也大。　（　　）

7. 对于电压放大器来说，当改变电缆的型号尺寸，输出电压将不改变。　（　　）

8. 前置放大器在电路中起到了放大传感器微弱信号和将传感器的低阻抗输出变换为高阻抗输出的作用。　（　　）

9. 随机信号是确定性信号。 ( )

10. 调制是指利用被测缓变信号来控制或改变高频振荡波的某个参数，使其按被测信号的规律变化，以利于信号的放大与传输。 ( )

二、选择题

1. 描述周期信号的数学工具是( )。

A.相关函数　　B.傅氏级数　　C.傅氏变换　　D.拉氏变换

2. 傅氏级数中的各项系数表示各谐波分量的( )。

A.相位　　B.周期　　C.振幅　　D.频率

3. 复杂的信号的周期频谱是( )。

A.离散的　　B.连续的　　C.δ 函数　　D.sinc 函数

4. 连续非周期信号的频谱是( )。

A.离散、周期的　　B.离散、非周期的　　C.连续非周期的　　D.连续周期的

5. 将时域信号进行时移，则频域信号将会( )。

A.扩展　　B.压缩　　C.不变　　D.仅有移项

6. 多种信号之和的频谱是( )。

A.离散的　　B.连续的　　C.随机性的　　D.周期性的

7. 时域信号的时间尺度压缩时，其频谱的变化为( )。

A.频带变窄、幅值增高　　B.频带变宽、幅值压低

C.频带变窄、幅值压低　　D.频带变宽、幅值增高

8. 不能用确定的数学公式表达的信号是( )信号。

A.复周期　　B.非周期　　C.瞬态　　D.随机

9. 为使电缆的长短不影响压电式传感器的灵敏度，应选用( )放大器。

A.电压　　B.电荷　　C.微分　　D.积分

三、简答题

1. 什么是调制？调制的目的是什么？如实现对信号进行调幅和解调？

2. 什么是信号的中间变换装置？具体有哪些？

3. 简述 A/D 转换的主要过程。

4. 试述滤波器的种类及主要性能参数。

参考文献

[1] 李倜，宁金辉.数字分量图像信号系统的检测(上)[J].世界广播电视，2003，17(9)：64-67.

[2] 蔡皖东.计算机网络技术[M].北京：科学出版社，2003.

[3] 石东海，扈啸.单片机数据通信技术从入门到精通[M].西安：西安电子科技大学出版社，2002.

[4] 李金刚，钟彦儒，马鑫.基于 DSP 中频逆变器复合控制的实现研究[J].电力电子技术，2010，44(1)：71-73.

[5] 程佩青.数字信号处理教程[M].北京：清华大学出版社，2001.

[6] 朱正涌.半导体集成电路[M].北京：清华大学出版社，2001.

[7] 雷浩东，郝瑞祥，游小杰，等.基于开关电容和三绕组耦合电感的高电压增益 DC-DC 变换

器[J].电工技术学报,2020,35(17):3666-3677.
[8] JOHNSON H W,GRAHAM M.High-speed digital design:a handbook of black magic [M].Englewood Cliffs,NJ:Prentice Hall,1993.
[9] 程佩青.数字信号处理教程[M].北京:清华大学出版社,2001.
[10] 罗学科,赵玉侠.典型数控系统及其应用[M].北京:化学工业出版社,2006.
[11] 雷慧杰.电力电子应用技术[M].重庆:重庆大学出版社,2015.
[12] 杨文霞,孙青林.数字逻辑电路[M].北京:科学出版社,2007.
[13] 周严.测控系统电子技术[M].北京:科学出版社,2007.
[14] 丁炜.放大器的核心放大电路[J].中国有线电视,2003 (1):65-68.
[15] 李建民.模拟电子技术基础[M].北京:清华大学出版社,2006.
[16] 万永革.数字信号处理的 MATLAB 实现[M].北京:科学出版社,2007.
[17] 郭阳宽,王正林.过程控制工程及仿真[M].北京:电子工业出版社,2009.
[18] 李贤伟,高会军.有限频域分析与设计的广义 KYP 引理方法综述[J].自动化学报,2016,42(11):1605-1619.
[19] 姜学军.计算机控制技术[M].北京:清华大学出版社,2005.
[20] 乔勇,楼旭阳.线性离散控制系统的频域分析与控制[J].信息与控制,2015,44(6):667-672.
[21] 黄蕴霞.单片微型计算机在电光源测试和工控中的应用(2)[J].光电技术,1992,33(3):229-235.
[22] 高春甫,艾学忠.微机测控技术[M].北京:科学出版社,2005.
[23] 李文海,邓忠礼.数字通信基础及光数字传输技术[M].北京:清华大学出版社,2004.
[24] 高钟毓.机电控制工程[M].北京:清华大学出版社,2002.
[25] 陈忠平.基于 Proteus 的 51 系列单片机设计与仿真[M].北京:电子工业出版社,2015.
[26] 何道清,张禾,谌海云.传感器与传感器技术[M].北京:科学出版社,2004.
[27] 王昌长,李福祺,高胜友.电力设备的在线监测与故障诊断[M].北京:清华大学出版社,2006.
[28] 吴家平,沈建华.基于 STM32 微控制器的过采样技术研究与实现[J].计算机技术,2010,20(2):5-7.
[29] 郭银景.电磁兼容原理及应用教程[M].北京:清华大学出版社,2004.
[30] 权莲姬,高希权.一种基于 DDS 产生噪声调频干扰的方法[J].宇航计测技术,2015,35(5):17-20.
[31] 朱定华.电子电路测试与实验[M].北京:清华大学出版社,2004.
[32] 朱定华,吴建新,饶志强.模拟电子技术[M].北京:清华大学出版社,2005.

第 3 章 信号处理系统与信号处理方法

3.1 本章知识点

本章名词的含义汇总见表 3-1。

表 3-1 名词及含义汇总

名词	含义
周期信号	瞬时幅值随时间重复变化的信号
正弦信号	波形是数学上的正弦曲线的信号
多谐复合信号	由多个具有谐波频率的信号组成的信号
伪随机信号	由周期性数字序列经过滤波等处理后得到的信号
非周期信号	不具有周期性的信号
随机信号	无法预测变化趋势，也无法预先知道其变化规律的信号
混合信号	多种信号混合在一起的信号
校准	指利用精度高一级的标准器具对仪器设备的各项性能进行检测，通过试验建立仪器设备的输出量与输入量之间的关系，并根据试验结果确定不同使用条件下的对应关系，使其达到规定的技术性能指标

3.2 信号及其分类

信号是信号本身传输的起点到终点的过程中所携带的信息的物理表现。例如，在研究一个质量-弹簧系统在收到一个激励后的运动状况时，便可以通过系统质量块的位移-时间关系来描述。反映质量块位移的时间变化过程的信号则包含了该系统的固有频率和阻尼比的信息。

根据信号的表象分类法，信号可分为：确定信号和随机信号，其中确定信号可分为周期信号和非周期信号。基于这两种信号，可延伸出混合信号。

3.2.1　周期信号

周期信号是瞬时幅值随时间重复变化的信号，满足式(3-1)。常见的周期信号有正余弦信号、多谐复合信号、伪随机信号以及它们的整流、微分、积分等。

$$x(t)=x(t+kT) \tag{3-1}$$

(1) 正弦信号

正弦信号是频率成分最为单一的一种信号，因这种信号的波形是数学上的正弦曲线而得名。工业及照明用电就是正弦信号。振荡电路[1]输出的正弦波一般都含有谐波分量，方波就是由一系列的谐波分量叠加而成的。以上这些优点给运算带来了许多方便，因而正弦信号在实际测试中作为典型信号或测试信号而获得广泛应用。正弦信号的表达式为：

$$f(t)=A\cos(\omega t+j) \tag{3-2}$$

式中　A——振幅；

j——初相角；

ω——角频率。

正弦信号的周期 $T=\frac{2\pi}{\omega}$。其波形图如图 3-1 所示。

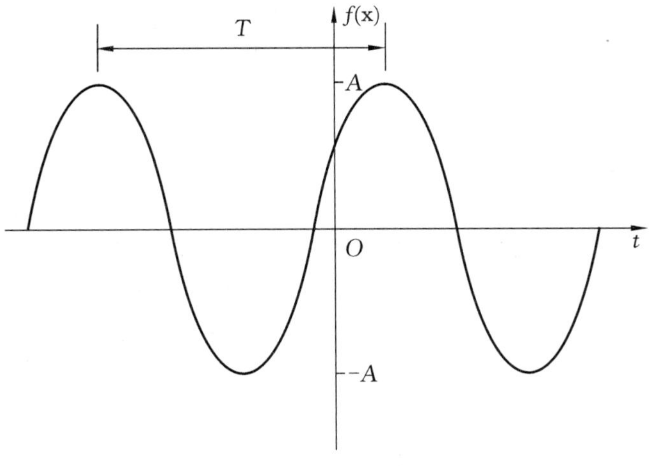

图 3-1　正弦信号波形图

(2) 多谐复合信号

多谐复合信号由多个具有谐波频率的信号组成，其基本特性与正余弦信号相同(图 3-2)。

(3) 伪随机信号

伪随机信号，又称伪随机序列或伪随机码，由周期性数字序列经过滤波等处理后得出，是周期信号的一个特殊范畴。它具有准随机的特性，既具有类似于随机噪声的某些统计特性，同时又能够重复产生。如图 3-3 所示。

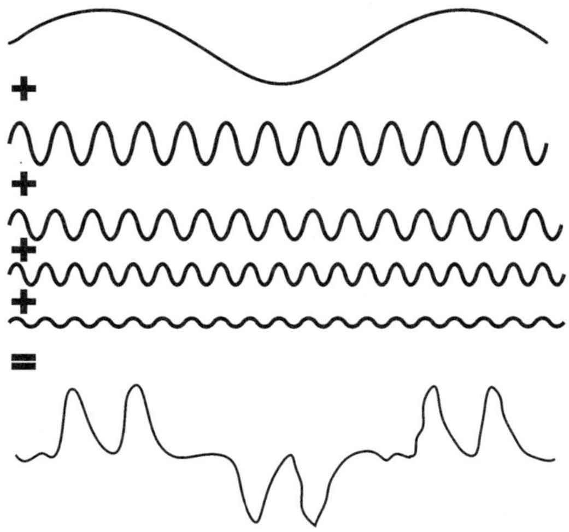

图 3-2　多谱复合信号波形图

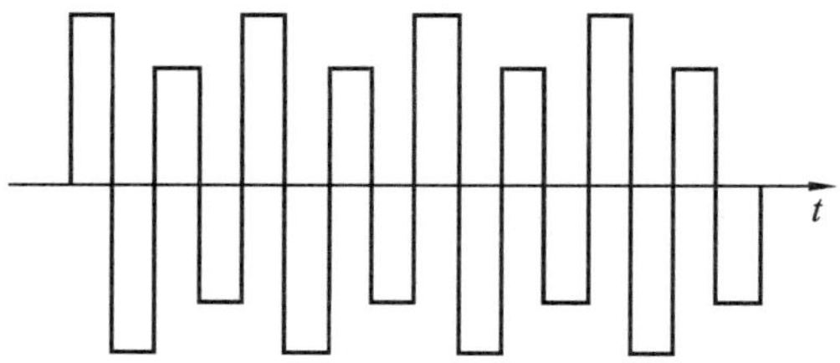

图 3-3　伪随机信号

3.2.2　非周期信号

非周期信号指不具有周期性的信号，可分为准周期信号和瞬态信号，分别见图 3-4 和图 3-5。其中准周期信号由多个具有周期不成比例的正弦波之和形成，或者称组成信号的正（余）弦信号的频率比不是有理数。瞬态信号是指时间历程短的信号。

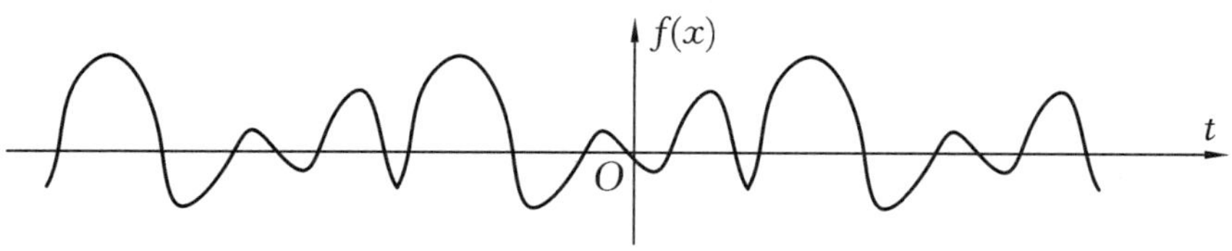

图 3-4　准周期信号

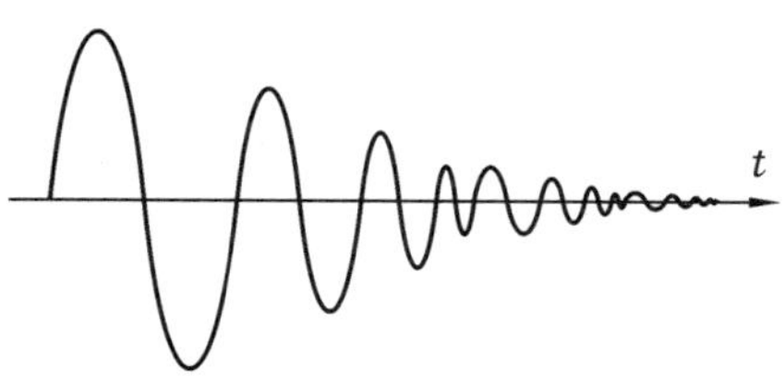

图 3-5　瞬态信号

3.2.3　随机信号

如果一个信号事先无法预测它的变化趋势,也无法预先知道其变化规律,则该信号称为随机信号。随机信号可分为两类:平稳随机信号和非平稳随机信号。

平稳随机信号的特征是信号的统计特征不随时间变化(图 3-6)。非平稳随机信号则不具有上述特征(图 3-7)。

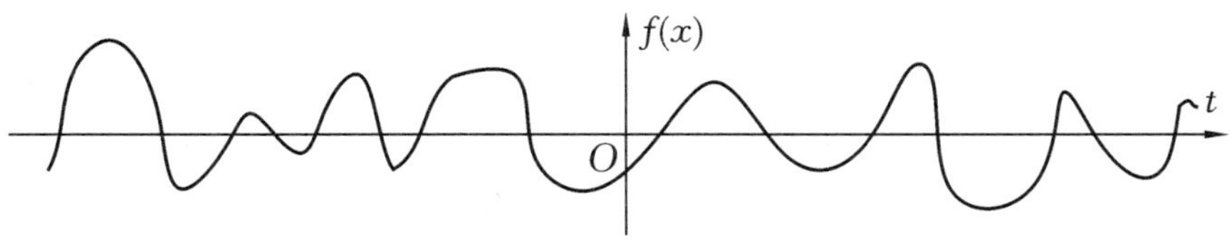

图 3-6　平稳随机信号

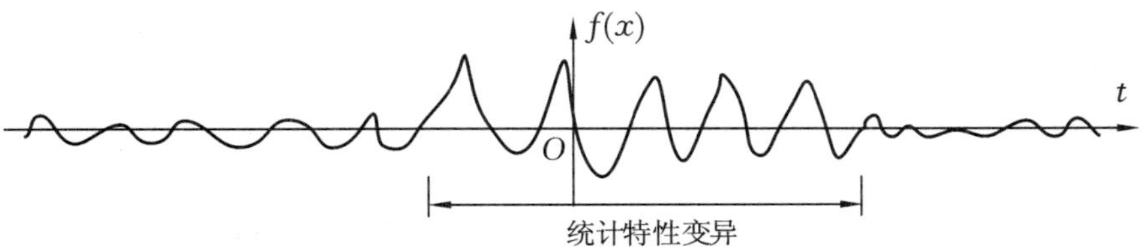

图 3-7　非平稳随机信号

在实际工作中,系统总会受到各种干扰信号的影响,这些干扰信号不仅在不同时刻的信号值是互不相关的,而且在任意时刻信号的幅值和相位都是在不断变化的[2]。因此,从严格意义上讲,绝大多数信号都是随机信号。只不过在研究信号与系统时,常常忽略一些次要的干扰信号,主要研究占统治地位的信号的性质和变化趋势。图 3-8 所示为确定信号和随机信号。

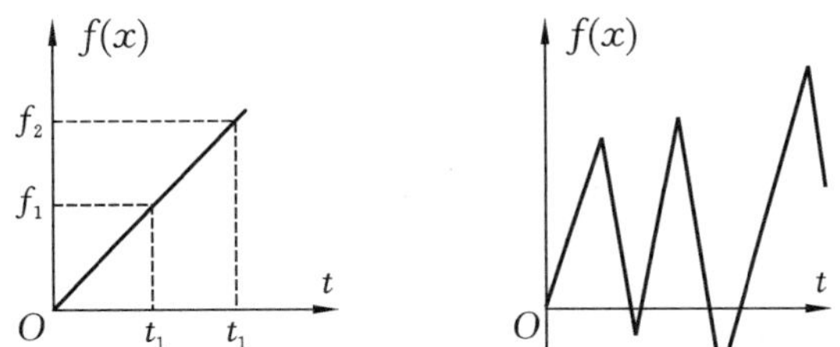

图 3-8　确定信号与随机信号

3.2.4　混合信号

混合信号是指将多种信号混合在一起的信号,它可以是数字信号、模拟信号或混合信号。它可以用于传输信息,也可以用于处理信号,以提高信号的质量。混合信号测试的原理是通过测量混合信号的频率、相位、幅度和噪声等参数,来确定信号的质量。通常,混合信号测试可以使用专用仪器,如频谱分析仪、示波器、信号发生器和信号检测器等,来测量混合信号的参数,以确定信号的质量。混合信号测试还可以使用计算机软件来测量混合信号的参数,以确定信号的质量。此外,混合信号测试还可以使用模拟和数字信号处理技术,以提高信号的质量。

此外，混合信号还可以用于检测和诊断信号，以确定信号的质量。混合信号测试可以帮助确定信号的质量，以便更好地传输和处理信号。

混合信号设计结合了模拟与数字电路的强大功能和优点。常用的混合信号架构是由其中每个模块通过数字逻辑电路来控制的。这种设计利用数字逻辑电路的可靠性和运算能力控制传统模拟电路。

由于便于在整个设计过程中修改，数字逻辑电路特别适合保持数字逻辑控制环路的"智能"功能[3]。模拟电路应该尽可能简单和直接。可能的情况下，解码、延迟及其他功能应采用数字方式实施。

与模拟电路不一样，数字逻辑电路不受偏差或工艺变量的影响，更便于控制且完全避免抖动等现象。某些功能在逻辑电路中配置非常容易，如保持特定不确定值的控制环路。这种电路基板占用面积小、抗噪声性能强并易于部署。

输入信号进入某种类型的模拟信号处理电路后，数字逻辑电路对输出信号进行分析，数字控制运算电路更新模拟电路的行为。增益、偏置、钳位电流及滤波器中心频率是这种方式控制的典型物理量。

得益于数字信号处理(digital signal processing，DSP)技术的发展，现代混合信号测试系统比传统混合信号测试系统有了更多的优点：

(1) 高度并行地进行参数测试，缩短了测试时间，从而降低了测试成本。

(2) 区分各个频率的信号分量，即把噪声和谐波分量从测试频率中分离出来，提高了产品的可测试性。

(3) 使用不同的函数处理数据，可满足不同需求。

现实中的许多信号，如声波、光束、温度、压力等都是模拟信号。现今基于信号处理的电子系统都必须先把这些模拟信号转换为能进行数字存储、数字传输和数学处理兼容的离散数字信号。然后把这些离散数字信号存储在计算机阵列之中，用数字信号处理函数进行必要的数学处理。

3.3 信号的特性

3.3.1 时域特性参数

在时域描述中，信号的自变量为时间，信号的历程随时间而展开。信号的时域描述主要反映信号的幅值随时间变化的特征。与之相对应，对一个测试系统的时域分析法也是直接分析时间变量函数或序列，研究系统的时间响应特征。在分析一个系统时，除了采用经典的微分或差分方程外，还可借助卷积积分的方法，引入单位脉冲响应和单位序列响应的概念。一个线性系统对于一个输入 $x(t)$(激励)所引起的零状态响应是输入 $x(t)$与该系统单位序列响应的卷积和(离散系统)。

时域特征值是衡量信号特征的重要指标，时域特征值通常分为有量纲参数与无量纲参数[4]。

3.3.1.1 有量纲参数

有量纲的特征值往往具有直观的物理含义，是最为常用的特征指标。有量纲特征值主要包括：峰值、均值、方差、标准差、均方值、均方根值(RMS)、均方误差(MSE)、均方根误差(RMSE)、方根幅值等。

设离散振动信号为$\{x_i\}$($i=1\sim N$，N 为采样点数)。

(1) 峰值 X_P

把$\{x_i\}$的 N 个采样点分成 n 段，在每段中找出一个峰值形成 n 个峰值序列$\{x_{pj}\}$($j=1\sim n$)，则峰值为：

$$X_p=\frac{1}{n}\sum_{j=1}^{n}x_{pj} \tag{3-3}$$

峰值反映的是某时刻振幅的最大值，因而适用于具有瞬时冲击的故障诊断，如表面点蚀损伤。另外，对于转速较低的情况，如 300r/min 以下，也常采用峰值进行诊断。

(2) 均值

均值、方差、均方值、均方根值之间有内在的联系。均值是信号的平均，是一阶矩，可以表示为：

$$\mu_x(t)=\lim_{N\to\infty}\frac{1}{N}x_i(t)=E[X(t)] \tag{3-4}$$

(3) 均方值

均方值是信号的平方的平均，代表了信号的能量，是二阶矩，可以表示为：

$$\Psi_X^2(t)=\lim_{N\to\infty}\frac{1}{N}\sum_{i=1}^{N}X_i^2(t)=E[X^2(t)] \tag{3-5}$$

(4) 方差

方差是每个样本值与全体样本值的平均数之差的平方值的平均数，代表了信号能量的动态分量(均值的平方是静态分量)，反映数据间的离散程度，是二阶中心矩，可以表示为：

$$\begin{aligned}\sigma_x^2(t)&=\lim_{N\to\infty}\frac{1}{N}\sum_{i=1}^{N}[X_i(t)-\mu_x(t)]^2\\&=E[X^2(t)]-(E[X(t)])^2=\Psi_x^2(t)-\mu_x^2(t)\end{aligned} \tag{3-6}$$

从方差的不同表达方式，可以看出方差的几种理解方式：

$$\sigma_{x(t)}^2=\lim_{N\to\infty}\frac{1}{N}\sum_{i=1}^{N}[X_i(t)-\mu_x(t)]^2 \tag{3-7}$$

$$\sigma_{x(t)}^2=E[X^2(t)]-(E[X(t)])^2 \tag{3-8}$$

从式(3-7)中可以看出：方差描述的是信号的离散程度，也就是变量离其期望值的距离。从式(3-8)可以看出：方差即平方的期望(均方值)减掉期望的平方。从物理含义上讲，均方值代表信号的能量，期望的平方代表信号的直流分量，而方差代表信号的交流分量。

(5) 标准差

标准差又叫均方差，是方差的算数平方根。标准差反映的是数据的离散程度，可以和原始信号统一量纲。

举个例子，假设北京一年的平均气温是 20℃，气温标准差是 10℃；乌鲁木齐一年的平均气温是 20℃，气温标准差是 15℃。这样可以直观理解气温的离散程度。但如果说北京的气温方差是 100，乌鲁木齐是 225，就不方便理解。

(6) 均方根值

均方根值又称有效值。将所有值平方求和,求其均值,再开平方,就得到均方根值。或者说均方根值等于均方值的算术平方根。其物理含义:让交流电与直流电分别通过同一电阻,若两者在相同的时间内所消耗的电能相等(或产生的焦耳热相同),那么该直流电的数值就叫作交流电的有效值。

$$RMS=\sqrt{\frac{1}{N}\sum_{i=1}^{N}X_i^2(t)} \tag{3-9}$$

(7) 均方误差

均方误差(MSE)是某种意义上的方差,是指参数估计值(predicted)与参数真值(observed)之差平方的数学期望值。如果把随机变量的数学期望 E 认为是参数估计值(未来的),把随机变量本身作为参数真值,那么均方误差就是普通方差。均方误差 MSE 可以评价数据的变化(偏离)程度,MSE 的值越小(相互之间的比较,而不是跟参数真值相比),说明预测模型描述实验数据具有更好的精确度。

$$MSE=\frac{1}{N}\sum_{t=1}^{N}(\text{observed}-\text{predicted})^2 \tag{3-10}$$

(8) 均方根误差

均方根误差(RMSE)就是均方误差的算术平方根。均方误差与均方根误差的区别,正如方差与标准差一样,是量纲上的区别,应用于不同场合。

$$RMSE=\sqrt{MSE} \tag{3-11}$$

3.3.1.2 无量纲参数

(1) 峰值因子(波峰因子)C_f

$$C_f=\frac{X_p}{X_{\mathrm{rms}}} \tag{3-12}$$

轴承元件上的局部剥落、擦伤、刻痕和凹痕等一类离散型缺陷,产生的脉冲波形总能量并不大,但是波形的尖峰度明显。因此,峰值因子适用于这类故障的诊断。

波峰因子 C_f 能恰当地反映尖峰的相对大小。评判轴承合不合格的 C_f 界限值约为 1.5。C_f 值大于 1.5,则认为轴承元件上存在局部缺陷[5]。缺陷愈大,C_f 值也愈大。

轴承发生剥落等局部缺陷时,C_f 值相对较大;当发生润滑不良和磨损等异常情况时,C_f 值相对较小。

需要指出的是在轴承出现故障的整个过程中,波峰因数值并不是一直增大,而是先增大再减小。这是因为故障初期,振动幅值会明显增大,而均方根值变化尚不明显,随故障不断扩展,峰值达到极限值,均方根值开始明显增大。

波峰因子是一个相对值的比率,它不受振动信号绝对电平值大小的影响,与传感器的灵敏度和放大器的放大率无关,同时也不受轴承尺寸和转速的影响,因而测定数据很方便。

(2) 峭度 K(Kurtosisvalue)

离散序列的峭度指标定义为归一化的四阶中心矩:

$$K=\frac{1}{N}\frac{\sum_{i=1}^{N}x_i^4}{X_{\mathrm{rms}}^4} \tag{3-13}$$

振幅满足正态分布的无故障轴承其峭度值约为 3,轴承振动信号的峭度值一般在 3～45,当峭度值大于 4 时,即预示着轴承有一定程度的损伤。采用该特征参数的优点在于其与轴承的转速、尺寸和载荷无关,主要适用于点蚀类故障的诊断。峭度值具有与波峰因子类似的变化趋势,轴承良好状态和严重故障状态下的裕度指标几乎是相同的。对早期故障有较高的敏感性,但稳定性不好,可同时与有效值一起进行故障监测[6]。

(3) 波形因数 W_S

波形因数定义为均方根值与绝对均值之比:

$$W_S=\frac{X_{\text{rms}}}{\overline{X}} \tag{3-14}$$

当 W_S 值过大时,表明滚动轴承可能有点蚀;W_S 值过小时,表明有可能发生了磨损。

(4) 脉冲指标 I

$$I=\frac{\text{峰值}}{\text{平均幅值}}=\frac{X_p}{\overline{X}} \tag{3-15}$$

(5) 裕度系数 L

$$L=\frac{\text{峰值}}{\text{方根幅值}}=\frac{X_p}{X_r}=\frac{X_p}{\left|\frac{1}{N}\sum_{i=1}^{N}\sqrt{|x_i|}\right|^2} \tag{3-16}$$

注意:方根幅值和均方根值不同。

当时间信号中包含的信息不是来自一个零件或部件,而是属于多个元件时,如在多级齿轮的振动信号中往往包含来自高速齿轮、低速齿轮以及轴承等部件的信息,在这种情况下可利用波形因子(波形指标 W_S、脉冲指标、裕度系数 L)进行故障诊断或分析。

3.3.2　频域特征参数

在信号分析中,频域特征参数是用于描述信号频域特征的参数,下面将介绍几种常用的频域特征参数。

(1) 平均功率谱密度

平均功率谱密度(power spectral density,PSD)是一种用于描述信号能量分布情况的参数,它表示单位频带内的平均功率。在信号分析中,PSD 是一种重要的分析工具,可以通过快速傅里叶变换(FFT)来进行计算。

(2) 频率中心、频率带宽

频率中心和频率带宽是用于描述信号频率分布情况的参数。频率中心表示信号的主要频率,频率带宽表示信号的频率范围。在信号处理中,这两个参数常用于信号的滤波和调制等相关应用。

(3) 谱线峰值

谱线峰值是指信号频谱中最强的峰值,它代表了信号的主要频率。在信号分析中,谱线峰值可以用来检测信号的频率、调制方式等特性。

(4) 谱线宽度

谱线宽度是指信号谱线的宽度,它反映了信号频率变化的速度。在信号处理中,谱线宽度可以用来进行信号调制和滤波等操作。

(5) 特征频率

特征频率是指信号中的某个重要频率点,如信号的截止频率或极限频率等。在信号处理中,特征频率可以用于频段分析和谐波检测等应用。

总之,频域特征参数在信号分析中具有重要作用,可以帮助我们深入了解信号的频域特性。

3.4 信号预处理方法

3.4.1 基于硬件的信号预处理

(1) 直流抑制

在信号采集的过程中会夹杂着少量的直流分量,这些直流分量会影响对信号的分析。以基准正弦波中含有的直流分量为例,正弦波产生电路一般由放大电路、正反馈网络、选频网络和稳幅电路四部分组成,由于模拟元器件自身特性存在差异,以及其中运算放大器自身的零点漂移都会令产生的正弦波存在一定量的直流分量。采用电流闭环控制,逆变器输出的电流波形与给定正弦信号波形基本一致,在器件都理想的情况下,电流内环可以等效为受控比例放大器,这样即使基准正弦波中存在很小的直流分量,输出交流电流中也会形成较大的直流分量。直流抑制即通过带通滤波器抑制中频 IQ 信号的直流偏置量[7]。具体要求如下:

① 功能要求:对中频信号做直流抑制处理。

② 输入通道:每个通道包含 IQ 两路。

③ 滤波器系数选择:加载相应的滤波器系数。

(2) 数字下变频

数字下变频完成高速中频 IQ 信号到低速基带 IQ 信号的变换。具体要求如下[8]:

① 功能要求:对中频信号做数字下变频处理。

② 输入通道:每个通道包含 IQ 两路。

③ 输入信号中心频率:18MHz 或 0MHz。

④ 输出信号中心频率:0MHz。

数字正交上变频:图 3-9 中 $I(t)$为信号同相部分,$Q(t)$为信号正交部分。$S(t)=I(t)\cos(2\pi f_0 t)-Q(t)\cos(2\pi f_0 t)$,该信号就是发射机的发射信号(实际过程中发射信号还会再进行一次混频,将信号混频至高频信号进行发射,以减少信号在传输过程中的衰减)。

数字正交上变频系统的输出包含了信号的同相部分和正交部分,即包含了信号的幅度信息和相位信息,便于后续的信号处理[9]。

将信号处理成这种形式发射的原因是在信号处理的过程中,一般采用的是复数解析信号,该方法可以了解信号的相位关系,消除频域负半轴上镜频的影响,便于信号处理。而实际发射的波形只可能是实时信号,故才会有这种形式。

数字正交下变频:数字正交下变频系统的任务是去除接收信号中的中频载波,无损地提取出信号的同相部分和正交部分。数字正交下变频包括三种方式,分别为低通滤波法[10]、插值

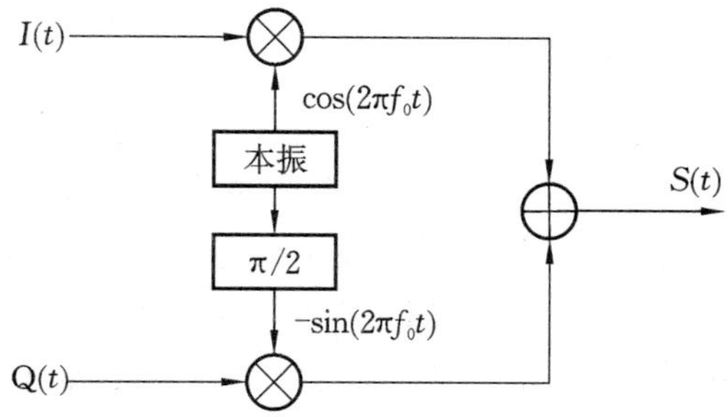

图 3-9　数字正交上变频

法和多相滤波法。低通滤波法原理如图 3-10 所示。

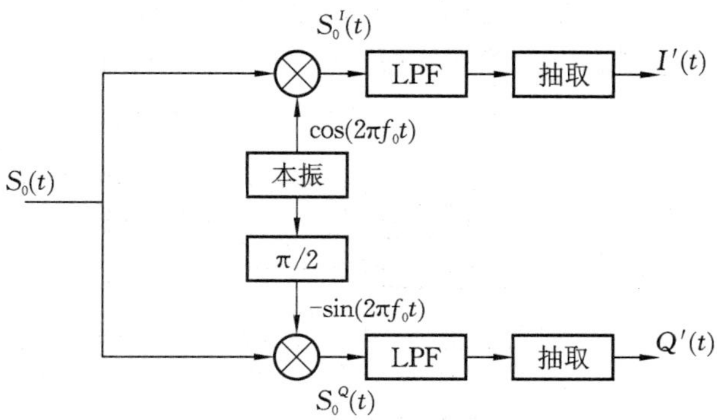

图 3-10　低通滤波法原理

带通采样定理：在数字下变频系统中，由于输入信号包含一个中频载波，信号会根据载波频率进行频移，得到一个带限信号。如果此时仍然采用奈奎斯特采样定理，采样频率为信号最高频率的两倍，那么此时所需的采样频率将会很高，增加接收机设计的复杂度。

采样过程中需要注意的是采样之后，信号的频谱不能混叠，这样通过一定的滤波手段可以无损地恢复原始信号。

（3）抽取滤波

抽取滤波的作用是完成对通道基带 IQ 信号的下采样及抗混叠滤波。

① 功能要求：同时完成多路信号的下采样及抗混叠滤波；

② 输入通道数：每个通道包含 IQ 两路；

③ 滤波器系数选择：响应主控命令，加载相应的滤波器系数；

④ 下采样：具有下采样抽取功能，抽取倍数由主控制器控制。

（4）阻抗变换

阻抗变换的目的完成阻抗匹配，实现最大功率的传输。一般情况下，负载电阻阻值的大小是无法改变的，常用的办法是利用变压器实现阻抗变化，变压器的等效阻抗公式为：

$$|Z'_L|=\frac{U_1}{I_1}=\frac{\left(\frac{N_1}{N_2}\right)U_2}{\left(\frac{N_2}{N_1}\right)I_2}=\left(\frac{N_1}{N_2}\right)^2|Z_L|=K^2|Z_L| \tag{3-17}$$

改变匝数比 K，使得负载的等效阻抗与输出阻抗的模值相等，即可实现阻抗匹配。

(5) 有源滤波器

无源滤波器仅由无源元件（电阻、电容、电感）组成，若滤波电路由无源元件和有源元件（双极型管、单极型管、集成运放）共同组成则称为有源滤波器。无源滤波器对信号的频率具有选择性，通过特定频率范围内的信号，阻止其他频率信号通过。常见的滤波器有低通滤波器（LPF）、高通滤波器（HPF）、带通滤波器（BPF）、带阻滤波器（BEF）、全通滤波器（APF）等。

为了使负载不影响滤波特性，可在无源滤波电路和负载之间加一个高输入电阻、低输出电阻的隔离电路，最简单的就是加入一个电压跟随器。

(6) 隔离放大器

将电路的输入和输出侧在电气上完全隔离的放大电路称隔离放大器。见图 3-11。目前集成隔离放大器有变压器耦合方式、光电耦合方式、电容耦合方式[11]。变压器耦合通过调制和解调的方法传递信号，并不能放大变换缓慢的直流信号和频率很低的交流信号。

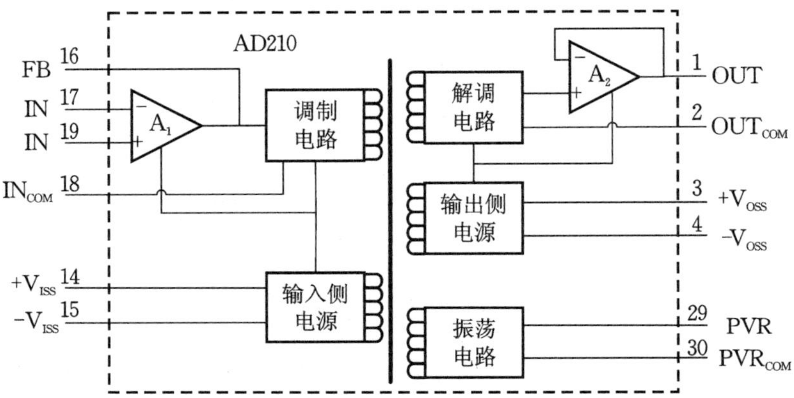

图 3-11　隔离放大器

3.4.2　基于软件的信号预处理

(1) 数据清洗

数据清洗是指发现并纠正数据中可识别的错误，包括检查数据一致性，处理无效值和缺失值等。

数据清理是指由于调查、编码和录入误差，数据中可能存在一些无效值和缺失值，需要给予适当的处理。该过程一般是由计算机而不是人工完成。常用的处理方法有估算、整例删除、变量删除和成对删除。

① 估算。最简单的办法就是用某个变量的样本均值、中位数或众数代替无效值和缺失值。这种办法简单，但没有充分考虑数据中已有的信息，误差可能较大。另一种办法就是根据调查结果，通过变量之间的相关分析或逻辑推论进行估计。例如，某一产品的拥有情况可能与家庭收入有关，可以根据调查对象的家庭收入推算拥有这一产品的可能性。

② 整例删除。整例删除是剔除含有缺失值的样本。由于很多监测数据都可能存在缺失，这种做法的结果可能导致有效样本量大大减少，无法充分利用已经收集到的数据。因此，只适合非关键变量缺失，或者含有无效值或缺失值的样本比重很小的情况。

③ 变量删除。如果某一变量的无效值和缺失值很多，而且该变量对于所研究的问题不是特别重要，则可以考虑将该变量删除。这种做法减少了供分析用的变量数目，但没有改变样本量。

④ 成对删除。成对删除是用一个特殊码(通常是 9、99、999 等)代表无效值和缺失值，同时保留数据集中的全部变量和样本。但是，在具体计算时只采用有完整答案的样本，由于不同的分析涉及的变量不同，其有效样本量也会有所不同。这是一种保守的处理方法，最大限度地保留了数据集中的可用信息。

采用不同的处理方法可能对分析结果产生不同影响，尤其是当缺失值的出现并非随机且变量之间明显相关时。因此，在数据采集中应当尽量避免出现无效值和缺失值，保证数据的完整性。

(2) 信道对齐

信道对齐是指在无线通信系统中，接收端通过对接收到的信号进行处理，将多个路径上的接收信号中的时延和相位差异等参数进行调整，使其在时域和频域上尽量重叠，从而降低接收误差并提高信号质量。根据查询电子网显示，在无线通信信道中，由于多径效应、散射等因素的影响，信号经过不同的传输路径到达接收端，形成了多路传输的现象，导致接收信号存在时延和相位差异等问题，为了解决这些问题，信道对齐技术被广泛应用于无线通信中。该技术可以通过对接收信号进行延迟补偿、相位校正等处理，使接收信号的时域和频域特性一致，降低误差和干扰，并提高通信系统的可靠性。

(3) 归一化

归一化是将一列数据变化到某个固定区间(范围)中，通常，这个区间是[0,1]，从广义上来讲，可以是各种区间，比如映射到[0,1]，一样可以继续映射到其他范围，图像中可能会映射到[0,255]，其他情况可能映射到[−1,1]。

$$X_{\text{normalization}}=\frac{X_i-X_{\min}}{X_{\max}-X_i} \tag{3-18}$$

(4) 标准化

标准化是将数据变换为均值 μ 为 0，标准差 σ 为 1 的分布。

$$X_{\text{Standardization}}=\frac{X_i-\mu}{\sigma} \tag{3-19}$$

如果某个特征的取值范围比其他特征大很多，那么数值计算(比如说计算欧式距离)就主要受该特征支配。但实际上并不一定是这个特征最重要，通常每个特征都同等重要，即去除特征数据的量纲。归一化和标准化数据可以将不同维度的特征放在一起进行比较，可以大大提高模型的准确性。此外，在使用梯度下降法求解最优化问题时，归一化或标准化数据后可以加快梯度下降的求解速度。

3.5　时域信号分析

在信号处理领域中，时域分析是一种基本的分析方法。时域分析是指对信号在时间轴上的特性进行分析，它是从时域角度，对信号本身进行的分析和处理。时域分析方法包括时域波形分析、自相关分析、互相关分析、谱分析等。

3.5.1 时域波形分析

时域波形分析指的是对信号波形形态的分析。通过时域波形分析，利用时域特征参数，如振动、周期、幅值、偏移等特征，对信号进行分析和处理。时域波形分析适用于振动信号、声音信号等领域。

时域波形分析的方法有很多种，其中最常见的方法是傅里叶级数展开。傅里叶级数展开是利用正弦函数和余弦函数的线性组合来表示周期函数的方法。通过傅里叶级数展开，可以将不规则的波形化为一系列正弦信号的叠加，从而分析信号的频率成分和幅度。另外，还可通过小波变换、离散余弦变换等方法进行时域波形分析。

3.5.2 自相关分析

自相关分析是指将同一信号在时间上进行平移，再进行相关分析的一种方法。通过自相关分析，可以得到信号的自相关函数，从而得到信号的时间延迟、周期、相关性等信息。

假如 $x(t)$是某各态历经随机过程的一个样本记录，$x(t+\tau)$是 $x(t)$时移 τ 后的样本。定义各态历经随机信号自相关函数 $R_x(\tau)$为

$$R_x(\tau)=\lim_{T\to\infty}\frac{1}{T}\int_0^T x(t)x(t+\tau)\mathrm{d}t \tag{3-20}$$

通过自相关函数分析，可以得到信号的自相似性和周期。同时，自相关分析在极化信号、超声检测、遥感图像的分析中也有广泛的应用。

3.5.3 互相关分析

互相关分析是指对两个不同信号进行相关分析的方法。通过互相关分析，可以计算出两个信号之间的相似度。对于两个信号之间具有强相关性的情况，可以使用互相关分析来分析它们之间的关系。令 $f_1(t)$、$f_2(t)$为两个功率信号，则互相关函数 $R_{1,2}(\tau)$为

$$R_{1,2}(\tau)=\lim_{T\to\infty}\frac{1}{T}\int_0^T f_1(t)f_2(t+\tau)\mathrm{d}t \tag{3-21}$$

互相关分析在工业自动化、图像处理、语音信号等领域中有广泛的应用。例如，在医学领域中，可以利用互相关分析方法来分析脑电信号，从而判断两个脑区之间的同步性。

3.5.4 谱分析

谱分析是指对信号在频域上的特性进行分析的方法。通过谱分析，可以得到信号的频率、幅度、相位等信息。谱分析在振动分析、语音信号、声音信号、图像等领域中都有应用。

谱分析主要有两种方法，即傅里叶变换和小波变换。傅里叶变换是一种将信号在时域和频域之间相互转换的方法，可以将时域信号转换成频域信号，从而得到信号在频域上的分布情况。小波变换是一种时频分析方法，可以对信号进行多尺度、多分辨率分析，从而得到信号在时域和频域上的特性。

3.6 频域信号分析

3.6.1 快速傅里叶变换

为了节省电脑的计算时间，实现数字信号的实时处理，科学家们千方百计地减少离散傅里叶变换(DFT)的计算量。1965年，库利(T.W.Cooley)和图基(J.W.Tukey)发表论文《一个复数傅里叶级数之机械计算算法》，首次提出了一种DFT运算的快速算法。此后科学界创造出了各种各样的DFT快速算法，逐渐发展完善并形成了一整套行之有效的算法设计思想和方法。这就是快速傅里叶变换(FFT)。

FFT是根据DFT的奇、偶、虚、实等特性，对DFT的算法进行改进获得的，是利用计算机计算DFT的高效、快速计算方法的统称。FFT能使计算机计算离散傅里叶变换所需要的乘法次数大为减少，特别是被变换的抽样点数 N 越多，FFT算法计算量的节省就越显著。

可见FFT并不是一种新的傅里叶分析理论，而是减少DFT计算量的算法设计思想和各种DFT快速算法的统称。

DFT的计算量与点数 N 的平方成正比。DFT的变换因子(也叫旋转因子)为：

$$W_N^{nk}=e^{-j\frac{2\pi}{N}nk} \tag{3-22}$$

旋转因子具有周期性和对称性。

(1) 以 N 为周期，即

$$W_N^{N-n}=W_N^{N+nm}(n,m\text{ 为整数}) \tag{3-23}$$

(2) 复共轭对称性(关于实轴对称)，即

$$W_N^{N-n}=W_N^{-n}=(W_N^n)\quad(n\text{ 为整数}) \tag{3-24}$$

证明：因为 $W_N^{N-n}=e^{-j\frac{2\pi}{N}(N-m)}=e^{j\frac{2\pi}{N}m}$，$W_N^{-n}=e^{-j\frac{2\pi}{N}(-m)}=e^{j\frac{2\pi}{N}m}$，所以 $W_N^{N-n}=W_N^{-n}$ (n 为整数)。

(3) 中心对称性(关于原点对称)，$W_N^{n+\frac{N}{2}}=e^{-j\frac{2\pi}{N}\left(n+\frac{N}{2}\right)}=e^{-j\pi}e^{j\frac{2\pi}{N}n}=e^{-j\frac{2\pi}{N}n}$，即

$$W_N^{n+\frac{N}{2}}=-W_N^n(n\text{ 为整数}) \tag{3-25}$$

证明：因为 $-W_N^n=-e^{-j\frac{2\pi}{N}(-n)}=-e^{-j\frac{2\pi}{N}m}$

所以：

$$W_N^{n+\frac{N}{2}}=-W_N^n(n\text{ 为整数}) \tag{3-26}$$

(4) 特殊常量：$W_N^{\frac{N}{2}}=-1,W_N^N=1,W_N^0=1$

FFT算法设计的基本思想就是充分利用DFT的周期性和对称性，减少重复的计算量，并把 N 点长序列分成几个短序列，减小每个序列长度，从而大大减少计算量。

实践中最常用的FFT是“基2”算法。所谓“基2”，就是令DFT的点数 N 满足 $N=2^M$，M 为自然数(如果不满足可在尾部添加0)[12]。

FFT基2算法分为时域抽取法(decimation in time)和频域抽取法(decimation infrequency)两大类。本书重点介绍时域抽取法快速傅里叶变换(DIT-FFT)，算法步骤如下：

步骤1：序列分组，并各自进行DFT计算。

把长度为 N 的时域序列：$x(n)$按序号 n 的奇偶分组成两个序列[偶数组 $x_1(r)$及奇数组 $x_2(r)$]，长度均为$\frac{N}{2}$，然后奇、偶两组分别计算 DFT，即

$$x(n)=x(2r)+x(2r+1)=x_1(r)+x_2(r)\quad \left(r=0,1,2,\cdots,\frac{N}{2}-1\right) \tag{3-27}$$

其中一个$\frac{N}{2}$点的 DET 为：

$$X_1(k)=\text{DET}[X_1(r)]=\sum_{r=0}^{\frac{N}{2}-1}x_1(r)W_{\frac{N}{2}}^{rk}\left(k=0,1,2,\cdots,\frac{N}{2}-1\right) \tag{3-28}$$

另一个$\frac{N}{2}$点的 DET 为：

$$X_2(k)=\text{DET}[X_2(r)]=\sum_{r=0}^{\frac{N}{2}-1}x_2(r)W_{\frac{N}{2}}^{rk}\left(k=0,1,2,\cdots,\frac{N}{2}-1\right) \tag{3-29}$$

步骤 2：计算原序列 $x(n)$的 DET 的前$\frac{N}{2}$点。

计算出偶组序列 $x_1(r)$的 DFT 为 $X_1(k)$及奇组序列 $x_2(r)$的 DFT 为 $X_2(k)$后，通过蝶形运算组合得到原序列 $x(n)$的 DFT 的前点：

$$X(k)=X_1(k)+W_N^kX_2(k)\quad \left(k=0,1,2,\cdots,\frac{N}{2}-1\right) \tag{3-30}$$

证明：

$$\begin{aligned}
X(k)&=\sum_{n=0}^{N-1}x(n)W_N^{nk}=\sum_{n=0}^{N-1}[x(2r)+x(2r+1)]W_N^{nk}\\
&=\sum_{n=0}^{N-1}x(2r)W_N^{nk}=\sum_{n=0}^{N-1}x(2r+1)W_N^{nk}\\
&=\sum_{n=0}^{\frac{N}{2}-1}x(2r)W_{\frac{N}{2}}^{rk}=\sum_{n=0}^{\frac{N}{2}-1}x(2r+1)W_{\frac{N}{2}}^{k}\\
&=\sum_{n=0}^{\frac{N}{2}-1}x(2r)W_{\frac{N}{2}}^{rk}=W_N^{nk}\sum_{n=0}^{\frac{N}{2}-1}x(2r+1)W_{\frac{N}{2}}^{k}\\
&=X_1(k)+W_N^kX_2(k)\ \left(k=0,1,2,\cdots,\frac{N}{2}-1\right)
\end{aligned} \tag{3-31}$$

注意：上式仅是 $X(k)$的前一半，即$\frac{N}{2}$点运算，整个 N 点 DFT 结果还要加上后一半计算。如果按部就班地计算后一半$\frac{N}{2}$点 DFT，则并没有减少任何计算量。

步骤 3：计算原序列 $x(n)$的 DFT 的后$\frac{N}{2}$点。

利用 DFT 及其变换因子的周期性和对称性，并利用前一半计算结果，则后一半计算可表示为：

$$X\left(K+\frac{N}{2}\right)=X_1(k)-W_N^k X_2(k)\quad\left(k=0,1,2,\cdots,\frac{N}{2}-1\right)\tag{3-32}$$

证明：因为 $X_1\left(K+\frac{N}{2}\right)=X_1(k)$，$X_2\left(K+\frac{N}{2}\right)=X_2(k)$

所以：

$$\begin{aligned}X\left(K+\frac{N}{2}\right)&=X_1\left(K+\frac{N}{2}\right)+W_N^{k+\frac{N}{2}}X_2\left(K+\frac{N}{2}\right)\\&=X_1(k)-W_N^k X_2(k)\quad\left(k=0,1,2,\cdots,\frac{N}{2}-1\right)\end{aligned}\tag{3-33}$$

由此得出结论：一个 N 点的 DFT 运算任务 $X(k)$ 被分解为两个 $\frac{N}{2}$ 点的 DFT 运算，这两个较少点的 $X_1(k)$ 和 $X_2(k)$ 可以再进一步通过蝶形运算组合，获得一个 N 点的 $X(k)$。

当然，随后的这个组合运算也是要花时间的，不过这个计算量很小，因此，基本上可以认为，这个按奇偶分组的方法，其计算效率提高了将近一倍。

DFT 的前 $\frac{N}{2}$ 点及后 $\frac{N}{2}$ 点的组合运算过程可以用蝶形信号流程图表达，如图 3-12 所示，其中图 3-12(b)省了 1 次旋转因子运算。这种“一分为二”的 DFT 算法叫作蝶形运算。

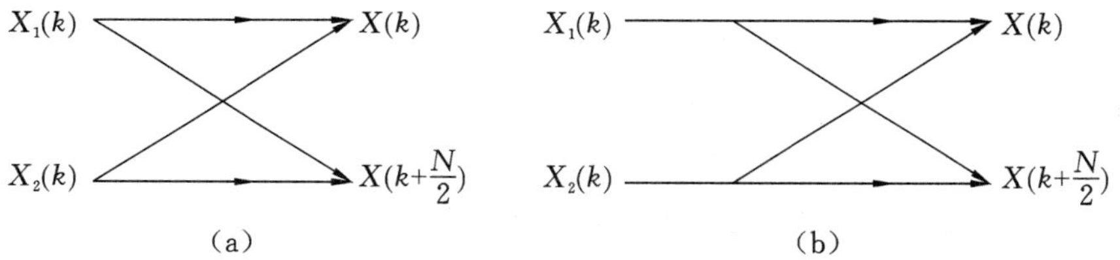

图 3-12　蝶形信号流程图

从蝶形信号流程图可以看出其计算量为：

复数乘法次数：

$$C=2\left(\frac{N}{2}\right)^2+\frac{N}{2}=\frac{N(N+1)}{2}\approx\frac{N^2}{2}\tag{3-34}$$

复数加法次数：

$$J=2\times\frac{N}{2}\times\left(\frac{N}{2}-1\right)+\frac{N}{2}\times 2\approx\frac{N^2}{2}\tag{3-35}$$

与普通的 DFT 相比，计算量减少了一半。

步骤 4：$x_1(r)$、$x_2(r)$ 继续按序号 r 的奇偶分组。

同理，如果把 $x_1(r)$ 按奇偶分组为 $x_3(r)$、$x_4(r)$，把 $x_2(r)$ 按奇偶分组为 $x_5(r)$、$x_6(r)$，“二分为四”，长度均为 $\frac{N}{4}$，同时把式(3-26)、式(3-28)中的 $\frac{N}{2}$ 点 DFT 分解为 $\frac{N}{4}$ 点的 DFT，反复使用蝶形运算的方法，即：

$$X_1(k)=X_3(k)+W_{\frac{N}{2}}^k X_4(k)\quad\left(k=0,1,2,\cdots,\frac{N}{4}-1\right)\tag{3-36}$$

后一半的 DFT 为：

$$X_1\left(k+\frac{N}{4}\right)=X_3(k)-W_{\frac{N}{2}}^{k}X_4(k)\quad\left(k=0,1,2,\cdots,\frac{N}{4}-1\right)\tag{3-37}$$

又有：

$$X_2(k)=X_5(k)+W_{\frac{N}{2}}^{k}X_6(k)\quad\left(k=0,1,2,\cdots,\frac{N}{4}-1\right)\tag{3-38}$$

后一半 DFT 为：

$$X_2\left(k+\frac{N}{4}\right)=X_5(k)-W_{\frac{N}{2}}^{k}X_6(k)\quad\left(k=0,1,2,\cdots,\frac{N}{4}-1\right)\tag{3-39}$$

计算量可在式(3-30)和式(3-31)的基础上再减少一半。

步骤 5:继续分组，直到把长度为 N 的序列细分成$\frac{N}{2}$个 2 点序列为止。

依步骤 4 类推，直到把长度为 N 的序列细分成$\frac{N}{2}$个 2 点序列为止，循环使用蝶形运算的方法，即把 N 点 DFT 分解成$\frac{N}{2}$个 2 点 DFT 运算。这样，计算量可大大减少。

因为要求信号数据点数为 $N=2^M$，即 $M=\log_2 N$，所以复数乘法总次数从原来的 N^2 减少至：

$$C=\frac{N}{2}\times M=\frac{N}{2}\log_2 N\tag{3-40}$$

复数加法总次数从原来的约 N^2 减少至：

$$J=N\times M=N\log_2 N\tag{3-41}$$

假设 $N=1024$，复数乘法从原来直接 DFT 计算的 104 万次，减少至 5120 次，计算速度提高约 200 倍。

综上所述，FFT 大大降低了数字信号处理中的运算量，它的价值在于节省了 CPU 的处理时间，使得更多更复杂的数字信号得以快速处理，为实现信息的实时处理开辟了广阔的发展前景。因此，FFT 的出现是数字信号处理技术发展史上的一个重要里程碑。

3.6.2 数字滤波

信号在它的产生、转换、传输的每一个环节都可能由于环境和干扰的存在而畸变，在大多数情况下，这种畸变甚至还很严重，以致信号及其所携带的信息被深深地埋在噪声当中，即：

$$f'(t)=a(t)f(t)+\beta(t)\tag{3-42}$$

$$x'(n)=a(n)x(n)+b(n)\tag{3-43}$$

滤波本质上是从被噪声畸变和污染了的信号中提取原始信号所携带的信息的过程。如果滤波处理是针对模拟信号进行的，也就是说是以模拟信号通过用模拟元器件构造的网络，或者对模拟信号进行模拟量的计算，可以称之为模拟滤波。模拟器件网络往往称为模拟滤波器。前面已经介绍，此处不再重复。

数字系统要比模拟系统有更加强大的功能，可以实现那些十分复杂的处理，且精度高，稳定性好，信号可传输性强，功能灵活，系统集成性、拓展性强等。虽然其处理速度不及模拟系统快(后者除了电路延迟，处理时间趋于零)，但发展很快，越来越好地满足了众多信息处理领域的要求。数字滤波器与模拟滤波器相比有类似的优点和特长，但为什么还要花大气力研究模拟滤波器呢？为什么数字滤波器并不能完全取代模拟滤波器呢？其主要原因有如下三点：

（1）所有数字系统的前端，一般需要一个对微弱信号进行预处理的部分；在抽样量化之前，还需要一个对信号最高频率进行限制的处理。这些都只能使用模拟滤波器。

（2）数字处理系统结构复杂、代价高，并且不是万能的。在那些只需要或只能够使用模拟系统的情况下，模拟滤波器依然是电路的重要组成部分。总之，模拟滤波器是模拟电子设备的基础性电路，到目前为止，仍有着广泛的应用。

（3）模拟滤波器作为一个二端或四端网络，有着悠久的历史，完整的理论和方法是学习和研究数字滤波器的基础；数字滤波器的网络特性、一些设计方法都源自模拟滤波器，并借用模拟滤波器的方法。

滤波器最原始和最基本的含义是基于信号所含有的"频率成分"，即滤波器的作用是让信号在通频带内的频率分量通过，在截止频带内的频率分量不能通过，或受到尽可能大的衰减。也就是说滤波器是按信号的频率参数进行处理的，可以简单称之为频域滤波。在这一节里，除了所说的频域滤波之外，滤波还有更广泛的含义。

首先，傅里叶变换把信号的时域波形和频域的频率特性联系在一起，拉普拉斯变换则在复信号和广义频域上建立这种联系，为叙述简明，这里只涉及傅里叶变换：

$$F(w)=\int_{-\infty}^{\infty} f(t)\mathrm{e}^{-jwt}\,\mathrm{d}t \tag{3-44}$$

信号的时域波形和参数与频域参数是一个事物的两个方面。因此，与频域滤波相对应，首先提出"时域滤波"的概念，或者说形式上是对时间波形的直接处理，以区分一些人们熟知的频率选择性网络，如积分网络、微分网络、串联谐振网络、并联谐振网络等（图 3-13）。

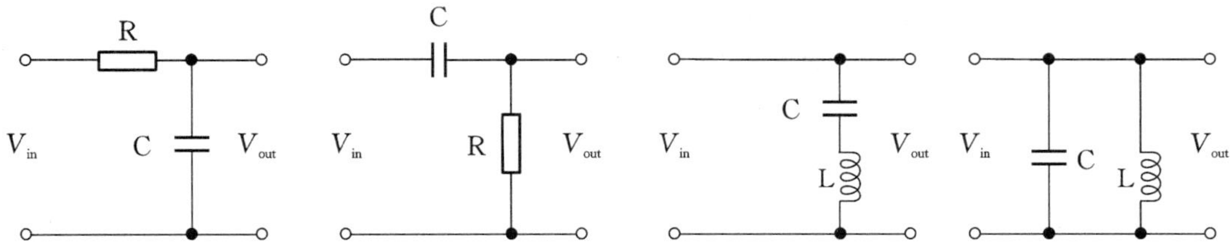

图 3-13 频率选择性网络

频域滤波就是频率选择性网络的频率特性 $H(w)$ 对信号频率特性的限制：

$$F_{\mathrm{out}}(w)=F_{\mathrm{in}}(w)H(w) \tag{3-45}$$

其中，$F_{\mathrm{in}}(w)$ 和 $F_{\mathrm{out}}(w)$ 分别为信号通过滤波器前后的频率特性。

常规滤波或者简单滤波可以理解为传统意义下对波形或其频谱直接作用、处理的方法，这里包括为了改善滤波性能所进行的滤波器参数最优化处理。见图 3-14。

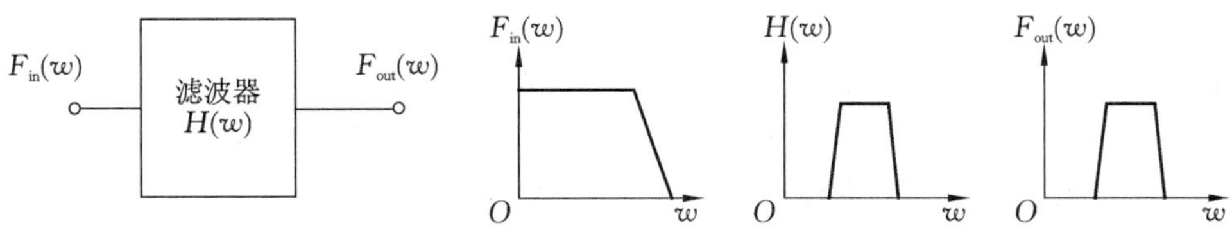

图 3-14 频域滤波

最佳滤波与常规滤波最本质的差异在于前者的“统计性处理”特征，也就是说，它要求掌握和使用被处理对象“系统的”或“序列的”统计特性，给出的是在某一最佳准则下“统计的”最佳滤波结果，或者说最佳估计。当然为了得到好的估计，人们总结了许多估计方法。然而不论采用何种方法，也不可能得到绝对真值，误差总是存在的。采用的估计方法不同，估计的效果也不同，因此，一方面要对估计结果与真值的“偏差”建立统一标准以评价估计质量；另一方面，估计需要按照一定的准则进行。采用不同准则，就得出不同的估计方法，不同的估计方法也只在某些特定条件下适用，因此“最佳”是有条件的和相对的[13]。

常用的“最佳”滤波有以下几种：

(1) 维纳滤波

维纳滤波器是由美国数学家 Wiener 于 1946 年首先提出并陆续发展的最佳滤波理论，也是最经典的最佳滤波理论。维纳滤波器是在最小均方误差准则下，白色噪声背景中平稳随机过程的最佳滤波器。其核心内容包括：

① 在连续时间域中，测量信号 $z(t)$、期望信号 $d(t)$ 都是平稳随机过程。

② 维纳滤波器的冲击响应 $h(t)$ 应满足

$$E\{[y(t)-d(t)]^2\}\rightarrow \min \tag{3-46}$$

式中 $y(t)$——输出过程；

$d(t)$——真实过程或期望过程。

③ $h(t)$ 是下列维纳-霍夫方程的解。

$$\varphi_{dx}(\eta)=\int_0^{\infty} h(\lambda)\varphi_{xx}(\eta-\lambda)\mathrm{d}\lambda \tag{3-47}$$

式中 φ_{xx}——输入过程的自相关函数；

φ_{dx}——输入过程与期望过程的互相关函数。

可以证明，当 $z(t)$ 为白色过程时

$$h(t)=\begin{cases}\varphi_{dx}(t), t\geqslant 0\\ 0, t<0\end{cases} \tag{3-48}$$

因此，维纳滤波器是一种符合因果律的物理可实现系统，它的准则、条件和要求如下：

准则：最小均方误差。读者应注意引用准则时对自己面临问题的适用性。例如，对通信等波形估计问题，最小均方误差准则是非常合适的；但对于雷达、声呐等首先要进行有(无)信号的判断，信噪比最大准则才是更重要的。

条件：$z(t)$ 的白色平稳性和 $d(t)$ 的平稳性；$z(t)$ 的非白色性可以通过预白化处理。而 $z(t)$ 和 $d(t)$ 的平稳性是维纳滤波器的适用范围，也是它的局限性。

要求：要求 $\varphi_{dx}(t)$ 可求。在许多情况下，$\varphi_{dx}(t)$ 的可求性与 $z(t)$、$d(t)$ 的平稳性要求是一致的。

尽管维纳滤波器对过程统计平稳性有较严格的要求，但是，一方面这种过程是广泛存在或近似存在的；另一方面，当条件不能严格满足要求时，构成的准最佳滤波器也是必要和有意义的；再者，维纳滤波理论是具有重要基础性和指导性的滤波理论。

(2) 卡尔曼滤波

维纳滤波只对平稳过程有效，而实际广泛存在着大量实际和实用的非平稳过程，于是卡尔曼滤波应运而生。

概括地说，卡尔曼滤波指的是具有下列特征的一种滤波器，一种离散时间过程的递归滤波器。

① 对于递归滤波器，简单地说就是具有对输出量进行反馈的滤波器。也就是说输出量不但与当前的输入量有关，而且与过去一段时间内曾经发生的输入量有关。另外，既然是递归系统，我们当然是指稳定的反馈系统。

② 使用“线性无偏最小方差准则”得到过程的最优估计

请读者注意“线性”“无偏”和“方差”三点，无偏估计是估计质量评价指标的一种，是指估计的均值与期望值相等。设估计值为 $\hat{x}$，期望值是 $\bar{x}$，无偏估计是说人们可以通过大量估计，无偏差地得到期望值：

$$E[\hat{x}]=\bar{x} \tag{3-49}$$

③ 使用线性信号模型和状态分析求解估计量

为了适应对非平稳过程的描述，卡尔曼滤波理论中使用状态变量和状态方程来描述信号过程的变化规律，同时引用测量方程描述对系统的观测结果。如果系统的状态及其噪声满足下列线性方程组，则称系统具有线性信号模型。

$$\begin{cases}\boldsymbol{X}_{k+1}=\boldsymbol{\phi}_{k+1,k}\boldsymbol{X}_k+\boldsymbol{B}_k\boldsymbol{U}_k+\boldsymbol{\Gamma}_k\boldsymbol{W}_k\\ \boldsymbol{Z}_{k+1}=\boldsymbol{H}_{k+1}\boldsymbol{X}_{k+1}+\boldsymbol{V}_{k+1}\end{cases} \tag{3-50}$$

式中　$\boldsymbol{X}_k$——系统在 k 时刻(下同)的状态；

$\boldsymbol{Z}_{k+1}$——系统观测量；

$\boldsymbol{\varphi}_{k+1,k}$——$k$ 时刻至 $k+1$ 时刻的状态转移矩阵；

$\boldsymbol{B}_k$——系统的转移控制矩阵；

$\boldsymbol{U}_k$——外加控制量；

$\boldsymbol{W}_k$——状态噪声；

$\boldsymbol{\Gamma}_k$——噪声转移矩阵；

$\boldsymbol{H}_{k+1}$——测量矩阵；

$\boldsymbol{V}_{k+1}$——测量噪声。

上述量的关系可以用图 3-15 表示。

④ 要求的先验知识和限定条件

限定 W_k 和 V_k 为零均值白噪声，且互不相关，即：

$$E[\boldsymbol{W}_k]=0 \tag{3-51}$$

$$E[\boldsymbol{V}_k]=0 \tag{3-52}$$

$$E[W_k\boldsymbol{V}_k^T]=0 \tag{3-53}$$

要求精确已知噪声的协方差矩阵，即：

$$\boldsymbol{Q}_k=\boldsymbol{W}_k\boldsymbol{W}_k^{\mathrm{T}} \tag{3-54}$$

$$\boldsymbol{R}_k=\boldsymbol{V}_k\boldsymbol{V}_k^{\mathrm{T}} \tag{3-55}$$

希望给出较好的初值，以减小迭代收敛时间：

$$\hat{\boldsymbol{X}}_0=E[\boldsymbol{X}_0]=\overline{\boldsymbol{X}_0} \tag{3-56}$$

$$P_0=E[(\boldsymbol{X}_0-\overline{\boldsymbol{X}_0})(\boldsymbol{X}_0-\overline{\boldsymbol{X}_0})^T]=\mathrm{Var}(\boldsymbol{X}_0) \tag{3-57}$$

当上述条件不满足时，估计质量将降低，即方差增大，无偏性变差。

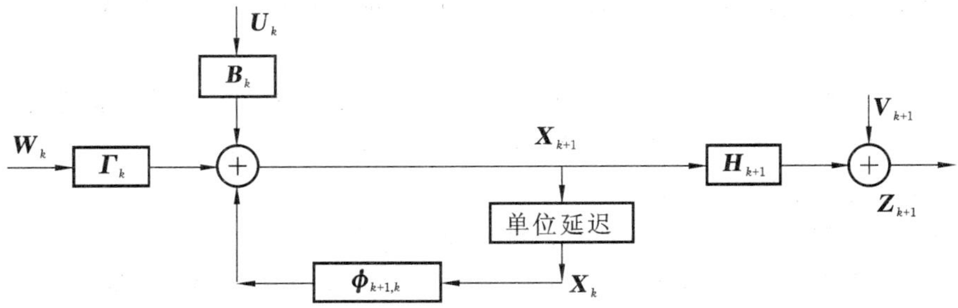

图 3-15　矢量线性信号模型

⑤ 卡尔曼滤波允许系统有多个输入和(或)多个输出的情况

卡尔曼滤波是近代滤波理论的一个重大突破,解决了非平稳过程、时变过程的滤波和估计问题。对于类似于那些具有多参数的运动过程并伴有各种复杂扰动的情况,卡尔曼过滤和跟踪是必不可少的。卡尔曼滤波在国防、工业以及社会发展的各方面都得到了广泛应用[14]。

(3) 匹配滤波

匹配滤波器也是大家经常遇到、有很多机会用到的一种最佳滤波器。它选用的最佳准则是"输出信噪比(SNR)最大准则"。这与维纳滤波和卡尔曼滤波有很大的差异。如前所述,后者追求滤波输出与真值的误差要小;而匹配滤波只追求滤波输出的 SNR 最大,而对于输出"波形"是否与原始信号一样,以及误差大小并不关心。这对于雷达、声呐等需要判别信号波形"有或无"的情况来说是特别适用的。重要的是能以尽可能高的正确概率判断有信号到达(有目标)或者是没有信号到达(无目标),而让错误判断的概率尽可能低,就是说不要把根本没有目标(因为噪声)而判断为有目标(虚警),也不要把明明有目标(因为信号掩蔽在噪声中)而判断为无目标(漏报)。二者的代价可能都是很大的。

匹配滤波器,顾名思义是滤波器的性能与信号相匹配,才能在输出端获得比其他滤波器更高的 SNR,因此是最佳的。那么什么样的滤波器具有这种匹配特性呢?与信号的什么参数匹配呢?可以证明,当滤波器的传递函数 $H(jw)$ 恰好具有信号频谱 $S(jw)$ 的复共轭形式时,即:

$$H(jw)=S^{w}(jw) \tag{3-58}$$

或者等价地,当滤波器的冲击响应 $h(t)$ 恰好是信号波形的镜像时,即:

$$h(t)=S(-w) \tag{3-59}$$

该滤波器即是匹配滤波器,对于能量有限型信号,如对于脉冲宽度 τ 一定的雷达、声呐信号,可以证明,匹配滤波器的输出信噪比在 $t=\tau$ 时刻达到最大,即:

$$\mathrm{SNR}_{\max}=\left.\frac{2E}{N_0}\right|_{t=\tau} \tag{3-60}$$

式中　E——信号能量,在 τ 一定时正比于幅度平方,反之幅度一定时正比于脉宽 τ;

　　　N_0——输入端的噪声谱密度,并假定它是高斯白噪声。

因此如果雷达和声呐能在回波信号脉冲结束时刻进行判决,将具有最大的正确检测概率和最低的虚警概率。

进一步分析指出,匹配滤波器与自相关器是等价的,这就为匹配滤波器的实现提供了方便。特别是,当相关器的参考信号取输入信号的延迟信号时,系统结构简单,可方便地表示为如图 3-16 所示。

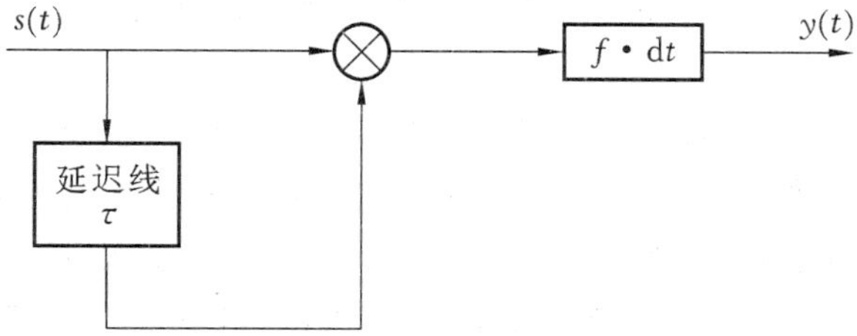

图 3-16　延迟自相关器

3.7　时频域信号分析

3.7.1　短时傅里叶变换

传统的信号分析与处理的数学工具是傅里叶变换，它的正变换和逆变换分别用下面两式表示：

$$X(e^{jw})=\sum_{n}x(n)e^{-jwn} \tag{3-61}$$

$$x(n)=\frac{1}{2\pi}\int_{-\pi}^{\pi}X(e^{jw})e^{jwn}dw \tag{3-62}$$

其中，w 为一个连续变量，限制了计算机在频域的信号分析与处理，而离散傅里叶变换(DFT)将频域离散化，使之借助计算机可以在时域也可以在频域对信号进行分析与处理。由于傅里叶变换物理概念清晰，同时也是正交变换，因此长期以来科技界及各工程领域广泛使用傅里叶变换和离散傅里叶变换。

$X(e^{jw})$称为信号 $x(n)$的频谱，表示信号在频域的分布规律。也可以用下式表示：

$$e(w)=|X(e^{jw})|^{2} \tag{3-63}$$

$e(w)$称为信号 $x(n)$的能量谱，它仅包含信号的幅值信息。但对于能量无线信号，如周期信号、平稳信号、随机信号等，傅里叶变换不存在，可以用功率谱密度（简称功率谱）$P(e^{jw})$表示：

$$P(e^{jw})=\sum_{m=-\infty}^{\infty}r_{xx}(m)e^{-jwm} \tag{3-64}$$

其中，$r_{xx}(m)$为 $x(n)$的自相关函数。能量谱以及功率谱都是信号变换到频域的一种表示方法，对于频谱不随时间变化的确定信号以及平稳随机信号都可以用它们进行分析和处理。

非平稳随机信号的频谱是随时间变化的，它的一些统计平均量也是时间的函数。例如语音信号，它具有很强的时变性，在一段时间内呈现出周期性信号的特点，而在另一段时间内呈现出随机信号的特点，或者呈现出两者混合的特性；又例如通过时变频道传输的信号等，它们都是一种非平稳随机信号。对于频谱随时间变化的确定性信号以及非平稳随机信号，用上面的分析方法，显然会有很大的局限性，或者说是不合适的。分析式(3-57)、式(3-58)，傅里叶变换的时间变换域为$(-\infty,\infty)$，频率变换域为$(-\pi,\pi)$，考虑到时域离散信号的傅里叶变换以 2π 为周期，因此，频域变换域也包含了所有的频率。这样，信号的任意时刻变化都反映到频率域的变化，反过来只能从整个频率域表示获得信号的时域表示。或者说傅里叶变换是一种信号的整体变换，要么完全在时域，要么完全在频域进行分析处理，无法给出信号的频谱随时间的变化规律。

针对非平稳随机信号，近年来发展了信号的时频分析方法，这种方法使用时间和频率的联合分析方法，形成一个二维域(n,w)，在该二维域中能够表示信号能量随时间变化的规律。一般将时频分析方法分为线性和非线性两种，典型的线性分析方法有：短时傅里叶变换（short time fourier transforme，STFT）、小波变换和戈勃（Gabor）变换[15]。非线性分析方法是一种二次（也称双线性）时频表示方法，它表示的是信号的能量密度分布。

从历史上看，信号的时频分析用得最多的是短时傅里叶变换，这种变换的基本思想是用一个窗函数乘时间信号，该窗函数的时宽足够窄，取出的信号可以被看成是平稳的，进行的傅里叶变换可以反映该时宽中的频谱变化规律，如果让窗函数沿时间轴移动，可以得到信号频谱随时间变化的规律。

(1) 短时傅里叶变换的定义

短时傅里叶变换的定义有两种形式，下面分别叙述。

① 定义一

$$STFT_X(n,w)=\sum_{m=-\infty}^{\infty}x(m)w(n-m)e^{-jwm} \tag{3-65}$$

$$X(n,w)=\sum_{m=-\infty}^{\infty}x(m)w(n-m)e^{-jwm} \tag{3-66}$$

其中，$w(n)$为一个窗函数，其作用是取出$x(n)$在n时刻附近的一小段信号进行傅里叶变换，当n变化时，窗函数随n移动，从而得到信号频谱随时间n变化的规律。此时的傅里叶变换是一个二维域(n,w)的函数。窗函数沿时间轴移动情况如图3-17所示。

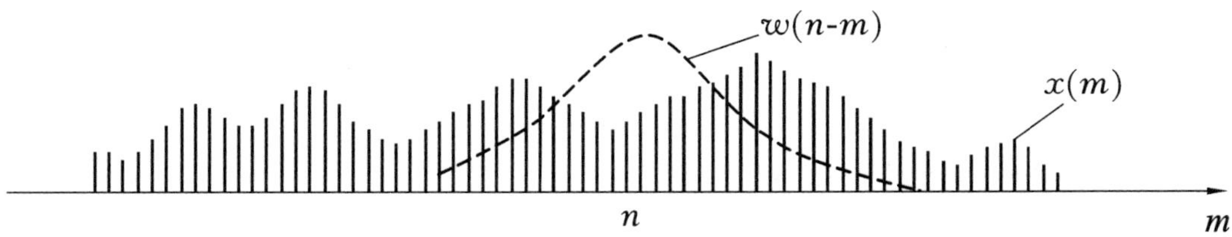

图3-17 窗函数的移动

令$n'=n-m$，将n'代入定义中，再将n'用m代替，可以得到第二种定义形式。

② 定义二

$$\begin{aligned}STFT_X(n,w)&=\sum_{m=-\infty}^{\infty}w(m)x(n-m)e^{-jw(n-m)}\\&=e^{-jwn}\sum_{m=-\infty}^{\infty}w(m)x(n-m)e^{jwm}\end{aligned} \tag{3-67}$$

(2) 短时傅里叶变换的物理解释

对以上STFT的定义形式，从傅里叶变换和线性滤波两个角度，可以有两种不同的物理解释。

① 从傅里叶变换角度解释。按照式(3-61)，STFT可以看作以n为参变量，$x(m)w(n-$

m)对 m 的傅里叶变换,因此它是(n,w)的函数。因为 STFT 是$x(m)w(n-m)$的傅里叶变换,可以用 $x(m)$和 $w(n-m)$的傅里叶变换的卷积表示。设:

$$X(e^{jw})=\text{FT}[x(m)],W(e^{jw})=\text{FT}[w(m)] \tag{3-68}$$

$$W(e^{-jw})=\text{FT}[w(-m)],e^{jwm}W(e^{-jw})=\text{FT}[w(n-m)] \tag{3-69}$$

那么有:

$$\text{STFT}_{xx}(n,w)=\frac{1}{2\pi}\int_{-\pi}^{\pi}W(e^{-j\theta})e^{j\theta n}X(e^{-j(w-\theta)})d\theta \tag{3-70}$$

上式是 STFT 定义的一种频域表示形式。如果 $x(n)$是时变信号,其中用了它的傅里叶变换,是不合适的,但可以理解为信号在时间窗外变为 0 以后,取信号的傅里叶变换,或者说是时间窗内的信号傅里叶变换的平滑形式。之所以说是平滑形式,是因为如果简单地用一个矩形窗从信号中截取一段,会产生不良的截断效应,采用具有平滑作用的如哈明窗作为时间窗是合适的。时间窗 $w(n)$及其谱窗 $W(e^{jw})$的特性是很重要的,它直接影响时频分析的时间和频率的分辨率。另外,它们的形状还影响时频的真实性,很明显,如果谱窗 $W(e^{jw})$是一个冲击函数 $\delta(w)$,则一定能真实地反映信号的频谱。

② 由线性滤波角度解释。将定义一重写为:

$$\text{STFT}_X(n,w)=\sum_{m=-\infty}^{\infty}x(m)e^{-jwm}w(n-m) \tag{3-71}$$

上式表明,短时傅里叶变换可以看成是 $x(n)e^{jwm}$ 与 $w(n)$的线性卷积,如将 $w(n)$看成一个低通滤波器的单位脉冲响应。短时傅里叶变换首先将信号 $x(n)$调制到 $-w$,然后通过低通滤波器 $w(n)$,其输出就是短时傅里叶变换。

利用定义二可以得到线性滤波的另一种物理解释,将定义二重写为:

$$\text{STFT}_X(n,w)=e^{-jwn}\sum_{m}w(m)e^{jwm}x(n-m) \tag{3-72}$$

定义一和定义二都说明 STFT 作为 n 的函数,对任意给定的频率 w 都是一个低通函数。定义一采用单位脉冲响应为 $w(n)$低通滤波器,定义二采用单位脉冲响应为 $w(n)e^{jwn}$ 的带通滤波器。对于两种物理解释,采用哪一种在很大程度上取决于应用情况[16]。

3.7.2 小波变换

小波变换的思想来源于伸缩平移方法,小波概念的提出最早可追溯到 20 世纪初。1910 年,Haar 提出规范正交基的概念。1938 年,Littlewood-Paley 对 Fourier 级数建立 L-P 理论,即按二进制频率成分分组。1965 年,Galderon 发现了再生公式,其离散形式已接近小波展开,只是无法得到组成一个正交系的结论。1981 年,Stormberg 对 Haar 系进行改进,证明了小波函数的存在。1982 年,Battle 在构造量子场论中采用了类似于 Galderon 再生公式的展开式[17]。

小波的概念真正出现于 1984 年,法国地球物理学家在分析地震数据时,提出将地震波按一个函数的伸缩平移系:

$$\left\{|a|^{-1/2}\varphi\left(\frac{x-b}{a}\right)\Big|\, a,b\in\mathbb{R},a\neq 0\right\} \tag{3-73}$$

随后,他和 A.Grossmann 共同提出连续小波变换,从而将信号分解成不同的空间和尺度分量。1985 年,Y.Meyer、A.Grossmann 和 I.Daubechies 通过对连续小波变换的离散化提出了小波框架(frame)的概念,但通过小波框架的离散化却得不到一组正交基。1986 年,Y. Meyer 在寻找同时在时频域都具有一定正则性的正交小波基时,意外地发现具有一定衰减性的光滑函数 φ,使得:

$$\{\varphi_{j,k}(t)=2^{-j/2}\varphi(2^{-j}x-k)\mid j,k\in\mathbb{Z}\} \tag{3-74}$$

构成 $L^2(R)$ 的规范正交基,从而证明了小波正交系的存在。随后,Lemarie 和 Battle 分别独立地构造出具有指数衰减的小波函数。1987 年,S.Mallat 将计算机视觉中的多分辨率的概念引入小波变换中,形成了小波变换的多分辨率分析的思想,在此基础上产生 Mallat 快速小波变换算法,同时,多分辨率分析也为正交小波基的构造提供了一个统一的框架。1988 年,I. Daubechies 提出了紧支集正交小波基的构造方法,并于 NSF/CBMS 主办的小波专题研讨会上,作了 10 次演讲,将小波的理论发展和实际应用推向一个高潮[18]。

通过十多年的发展,小波变换的理论日臻完善,先后提出了小波包、第二代小波变换和多小波变换等小波变换理论。同时,小波变换的应用也深入科学研究的各个领域,有效地解决了困扰人们多年的许多疑难问题。另外,小波变换还被引入一些国际标准算法中(如 JPEG2000)。近几年来,基于小波变换的数字产品也不断出现(如指纹识别产品等)。可见,小波变换的出现,给科学研究乃至人们的生活带来了深远的影响。从某种程度上来说,它继 Fourier 变换之后,为人们开辟了一个信号处理的新时代。

小波变换具有如此“神奇”的力量,那么,小波变换究竟是什么呢?从数学上来看,小波变换和 Fourier 变换一样,就是一种数学变换。它之所以“神奇”,就是由于它特殊的变换核,这种变换核就是小波函数。小波函数是由一个小波母函数经过伸缩和平移而得到的一簇函数。图 3-18 (a)为墨西哥草帽小波母函数,图 3-18(b)和图 3-18(c)分别是对图 3-18(a)的缩和伸的结果。若 $\varphi(t)$ 为小波母函数,则由其派生出的小波函数为:

$$\varphi_{a,b}(t)=|a|^{-1/2}\varphi\left(\frac{t-b}{a}\right),(a,b\in\mathbb{R},a\neq 0) \tag{3-75}$$

图 3-18(a)中,$|a|=1$;图 3-18(b)中,$|a|>1$;图 3-18(c)中,$|a|<1$。值得一提的是,并非任何函数都可以称为小波母函数,小波母函数必须满足一定的条件。令:

$$C_\varphi=\int_{-\infty}^{+\infty}|\hat{\varphi}(w)|^2\,|w|^{-1}\mathrm{d}w \tag{3-76}$$

其中 $\hat{\varphi}(\omega)$ 为函数 $\varphi(t)$ 的 Fourier 变换,则 $\varphi(t)$ 为小波母函数的必要条件为 $C_\varphi<+\infty$,$C_\varphi<+\infty$ 又叫作可容许条件。可容许条件说明,当 $\omega=0$ 时,$\hat{\varphi}(\omega)$ 一定为 0,即:

$$\begin{aligned}\hat{\varphi}(0)&=\int_{t\in\mathbb{R}}\varphi(t)\mathrm{e}^{-i\omega t}\mathrm{d}t\ \Big|_{\omega=0}\\&=\int_{t\in\mathbb{R}}\varphi(t)\mathrm{d}t=0\end{aligned}$$

这说明函数 $\varphi(t)$ 必须要有一定的波动性。

小波变换的性质如下:

(1) 具有多尺度(multi-scale)[或称多分辨率(multi-resolution)]的特点,即通过尺度因子 a 的变化,可以由粗到精地观察信号。

(2) 如果 $\varphi(t)$ 是小波母函数,它的傅里叶变换为 $\psi(w)$,则小波变换也可以看成用基本频率特性为 $\psi(w)$ 的带通滤波器在不同尺度 a 下对信号作滤波,如图 3-19 所示。

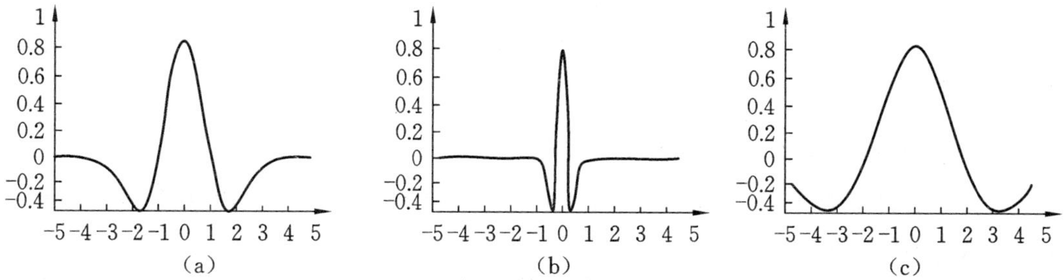

图 3-18　对小波母函数的伸缩变换

假设 $\varphi(t)$ 的时间窗口中心为 b_0，窗口宽度是 Δb，则相对应的连续小波基函数 $\varphi_{a,b}(t)=\frac{1}{a}\varphi\left(\frac{t-b}{a}\right)$ 的窗口中心为：

$$\frac{t-b}{a}=b_0 \tag{3-77}$$

$$t=ab_0+b \tag{3-78}$$

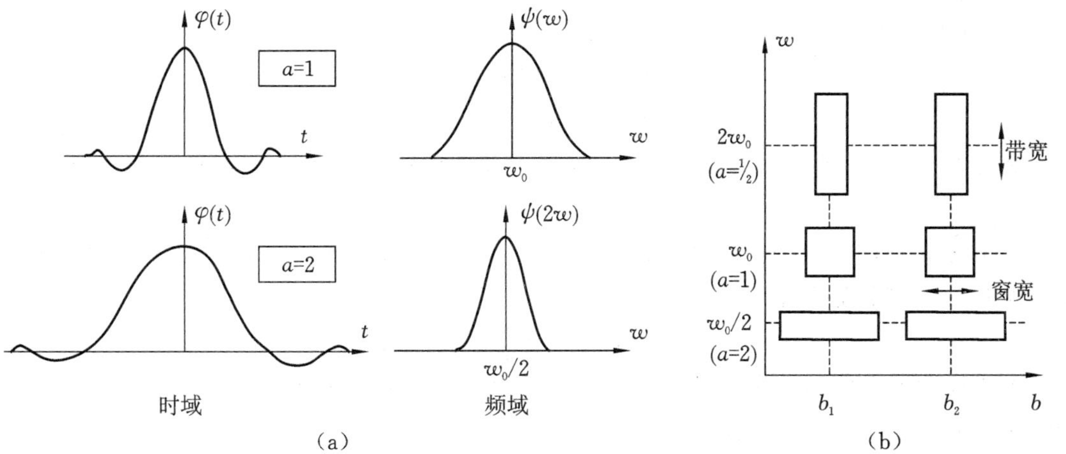

图 3-19　典型小波函数的分析特点

(a)尺寸变化的影响；(b)基本分析单元的特点

随着尺度因子 a 的变化，时域窗口的小波函数的波形会被拉伸或压缩，窗口宽度为母小波宽度的 a 倍，即 $\Delta b_\varphi=a\Delta b_0$。

$\varphi(t)$ 的傅里叶变换为 $\varphi(w)$，$\varphi(t/a)$ 的傅里叶变换为 $|a|\psi(aw)$。设 $\varphi(w)$ 的频域窗口中心是 w_0，窗口宽度是 Δw，则 $\varphi_{a,b}(w)$ 的频域窗口中心是 $\frac{w_0}{a}$，窗口宽度是 $\frac{\Delta w}{a}$。通常，将相对带宽即带宽与中心频率之比称为带宽滤波器的品质因数，则 $\varphi(w)$ 的品质因数为：

$$Q=\frac{\Delta w}{w_0} \tag{3-79}$$

同理可以计算出由小波母函数 $\varphi(w)$ 经伸缩或平移构成的小波基函数的 $\varphi_{a,b}(w)$ 品质因数，即：

$$Q_{\varphi}=\frac{\frac{\Delta w}{a}}{\frac{w_0}{a}}=\frac{\Delta w}{w_0}=Q \tag{3-80}$$

与 $\varphi(t)$ 品质因数相同，是恒定的。

以上的分析计算说明，$\varphi_{a,b}(w)$ 的品质因素不随尺度因子 a 发生变化，可以作为一组频率特性等于 Q 的带通滤波器。

(3) 在某种意义上，使 $\varphi(t)$ 在时域上为有限支撑，$\varphi(w)$ 在频域上也比较集中，就可以使小波变换在时、频两域都具有表征信号局部特性的能力，有利于检测信号的瞬态或奇异点。

3.8 数据拟合

3.8.1 线性拟合

线性拟合即处理自变量和因变量之间的线性关系。只有一个自变量的线性回归称为一元线性回归。

(1) 回归系数 b_0 和 b 的计算

若 $y=\beta_0+\beta x$，经 N 次测量后存在如下结构：

$$y_i=\beta_0+\beta x_i+\varepsilon_i, i=1,2,\cdots,N \tag{3-81}$$

假设 b_0 和 b 分别是 β_0 和 β 用最小二乘原理求得的最佳值，则一元线性回归方程为：

$$\hat{y}=b_0+bx \tag{3-82}$$

b_0 和 b 称回归方程的回归系数，每一个 x_i 都可求其回归值 $\hat{y}_i$，直接测量值 y_i 与 $\hat{y}_i$ 存在一定的误差——剩余误差，即：

$$y_i-\hat{y}_i-=y_i-(b_0+bx_i) \tag{3-83}$$

上式描述了全部测量值 y_i 与回归值 $\hat{y}_i$ 之间的偏离程度，令全部 y_i 与 $\hat{y}_i$ 偏离程度的平方和称作差方和或剩余误差差方和，用 $Q(b_0,b)$ 表示，即：

$$Q(b_0,b)=\sum_{i=1}^{N}(y_i-\hat{y}_i)^2=\sum_{i=1}^{N}(y_i-b_0-bx_i)^2 \tag{3-84}$$

回归系数 b_0 和 b 应这样选择：使 $Q(b_0,b)$ 为最小时所求得之值，即：

$$\frac{\partial Q}{\partial b_0}=-2\sum_{i=1}^{N}(y_i-b_0-bx_i)=-2\sum_{i=1}^{N}(y_i-\hat{y}_i)=0 \tag{3-85}$$

$$\frac{\partial Q}{\partial b}=-2\sum_{i=1}^{N}(y_i-b_0-bx_i)x_i=-2\sum_{i=1}^{N}(y_i-\hat{y}_i)x_i=0 \tag{3-86}$$

由 $\frac{\partial Q}{\partial b_0}=0$ 可以得到：

$$\sum_{i=1}^{N}(y_i-b_0-bx_i)=\sum_{i=1}^{N}y_i-Nb_0-b\sum_{i=1}^{N}x_i=0 \tag{3-87}$$

$$b_0=\frac{1}{N}\sum_{i=1}^{N}y_i-b\frac{1}{N}\sum_{i=1}^{N}x_i=\bar{y}-b\bar{x}，或\ \bar{y}=b_0+b\bar{x} \tag{3-88}$$

由$\dfrac{\partial Q}{\partial b}=0$可以得到：

$$\sum_{i=1}^{N}(y_i-b_0-bx_i)x_i=\sum_{i=1}^{N}x_iy_i-b_0\sum_{i=1}^{N}x_i-b\sum_{i=1}^{N}x_i^2 \tag{3-89}$$

将b_0代入上式后，可得到：

$$\sum_{i=1}^{N}x_iy_i-\left(\frac{1}{N}\sum_{i=1}^{N}y_i-b\frac{1}{N}\sum_{i=1}^{N}x_i\right)\sum_{i=1}^{N}x_i-b\sum_{i=1}^{N}x_i^2=0 \tag{3-90}$$

则：

$$b=\frac{\sum_{i=1}^{N}x_iy_i-\frac{1}{N}\sum_{i=1}^{N}x_iy_i}{\sum_{i=1}^{N}x_i^2-\frac{1}{N}(\sum_{i=1}^{N}x_i)^2}=\frac{\sum_{i=1}^{N}x_iy_i-N\cdot\bar{x}\cdot\bar{y}}{\sum_{i=1}^{N}x_i^2-N\cdot\bar{x}^2} \tag{3-91}$$

由上述讨论可以得出结论：回归系数b_0和b的计算，可由样本统计量$\bar{x}$、$\bar{y}$及测量值x_i、y_i求得。

(2) 回归系数规格化计算表

回归系数的计算是二乘运算规律的计算，为使其有序进行且易于检查，可制作规格化表，该表也是二乘运算的另外一种计算方式。令：

$$\begin{cases}l_{xx}=\sum_{i=1}^{N}(x_i-\bar{x})^2=\sum_{i=1}^{N}x_i^2-\frac{1}{N}(\sum_{i=1}^{N}x_i)2=\sum_{i=1}^{N}x_i^2-N\cdot\bar{x}^2\\ l_{yy}=\sum_{i=1}^{N}(y_i-\bar{y})^2=\sum_{i=1}^{N}y_i^2-\frac{1}{N}(\sum_{i=1}^{N}y_i)2=\sum_{i=1}^{N}y_i^2-N\cdot\bar{y}^2\\ l_{xy}=\sum_{i=1}^{N}(x_i-\bar{x})(y_i-\bar{y})=\sum_{i=1}^{N}x_iy_i-\frac{1}{N}(\sum_{i=1}^{N}x_i)(\sum_{i=1}^{N}y_i)=\sum_{i=1}^{N}x_iy_i-N\bar{x}\bar{y}\end{cases} \tag{3-92}$$

于是，回归系数又可写成：

$$b_0=\bar{y}-b\bar{x},b=\frac{l_{xy}}{l_{xx}} \tag{3-93}$$

可以看出，当$x_i=\bar{x}$时，$\hat{y}_i=b_0+b\bar{x}=\bar{y}$，说明$\hat{y}_i$一定通过$(\bar{x},\bar{y})$点，这个结论很重要，因为再取任一对点$(x_0,y_0)$或$(x_N,y_N)$，回归直线的配制便完成了。

最小二乘的运算也就是最小差方和的运算，运算程序方面与系数列表法不同，但计算结果是完全相同的，回归分析时若采用本章中的规格化计算方法，对回归系数的计算、精度分析、显著性检验等方面，都具有灵活、方便的优点[19]。

3.8.2　非线性拟合

在生产实践中，两个变量之间的回归关系大多是非线性的，这时选择恰当的曲线比配制直线更符合实际情况。在许多情况下，非线性回归可以通过某些简单的变量置换，转化为线性模型来求解。

举例：用感光板记录发射光谱分析中，黑度差$\frac{\Delta S}{\gamma}$与被测组含硅量C的成非线性关系，可表示为：

$$\frac{\Delta S}{\gamma}=\lg K+b\lg C \tag{3-94}$$

其中，γ为与感光板性质有关的常数，ΔS为黑度差，这种对数关系可使用对数坐标纸作图进行曲线改直，即令：

$$\frac{\Delta S}{\gamma}=y,\lg K=a,\lg C=x \tag{3-95}$$

转换成$y=a+bx$形式，可以方便进行回归分析。

举例：场地上有一堆脱壳后的小麦，如图3-20所示，这堆麦子大概有多少斤是农民们常常提出来的问题，一个简单的想法是，用圆锥的体积公式计算其体积：

$$V=\frac{1}{3}\pi R^2 h \tag{3-96}$$

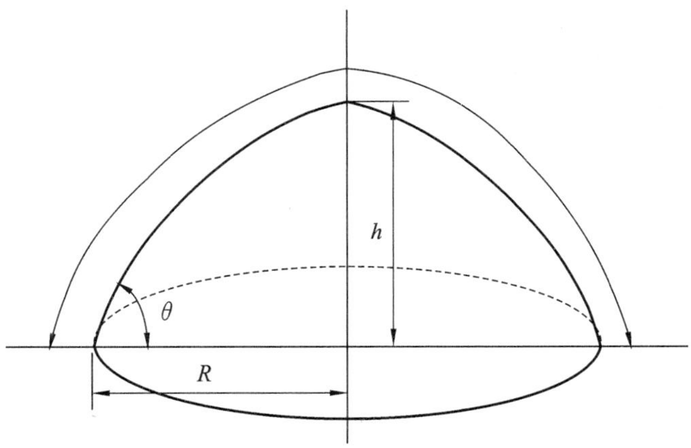

图3-20 麦锥示意图

再乘以麦子的密度，即可估计出麦堆的质量。但是，麦堆的实际高度h不易测量，用这种方法尽管理论正确，可是实际测量难、计算繁杂，误差也较大。通过多次实践发现：无论堆大或堆小，若让麦堆尽量堆高，则麦粒自然滑下后形成的堆形大致相同，它们的倾角θ大致相等。

$$R=\frac{1}{2}l\cos q,h=\frac{1}{2}l\sin q \tag{3-97}$$

$$V=\frac{1}{3}\pi R^2 h=\left(\frac{1}{24}\pi\sin q\ \cos^2 q\right)l^3 \tag{3-98}$$

上式说明，麦堆体积V与跨度l的立方成正比。又因为无论锥形大小它们都服从上述规律，从而得到V对l回归的数学模型为：

$$V_a=Kl_a^3+\varepsilon_a,a=1,2,L,N \tag{3-99}$$

从回归分析角度来看，V与l呈现非线性关系，但只要进行$l_a^3=x$的变换，就能把上式的非线性回归问题转化为线性回归问题，配置回归方程。

3.9　测试系统的校准

3.9.1　概述

校准(calibration)一词也译为标定,是指利用精度高一级的标准器具对仪器设备的各项性能进行检测,通过试验建立仪器设备的输出量与输入量之间的关系,并根据试验结果确定不同使用条件下的对应关系,使其达到规定的技术性能指标。

校准可以在仪器出厂前进行(仪器在制造、装配完成后都必须按照原设计指标进行一系列严格试验,以确定其各项性能达到使用要求),也可以在仪器的日常使用过程中定期进行(中国计量法规规定一般为一年)或不定期地校准(如维修后)。例如,压电材料的老化会使灵敏度每年降低 2% ～5%,因而仪器在使用一定时间或检修后,必须进行校准。

校准的方法有多种,各对应不同的应用。一般来说,可分为国家校准和地方校准两级。国家校准部门一般采用绝对校准法对标准传感器和测试系统进行校准;地方校准部门则以标准传感器作为标准,用比较校准法对工作传感器和测试系统进行校准。在校准仪器设备时,所用的测量仪器(标准量具)的精度要比被校准的仪器设备(或传感器)的精度至少高一个等级,这样,通过校准所确定的仪器设备(或传感器)的静态性能指标才是可靠的,所确定的测量精度才是可信的[20]。

3.9.2　校准的分类

3.9.2.1　静态校准与动态校准

按测试系统输入-输出特性不同,校准分为静态校准与动态校准两种。静态校准的目的是确定测试系统或传感器校准曲线和静态特性指标,如非线性、重复性、迟滞、不确定度等;动态校准的目的是确定测试系统的动态特性指标,如时间常数、固有频率、阻尼比等。测试系统在动态校准前应先进行静态校准。

通过对测试系统输入端施加标准的信号(如脉冲、正弦、阶跃信号等),并测出其动态响应曲线,得到其动态指标。一阶测试系统常用动态指标为时间常数,二阶测试系统常用动态指标为固有频率和阻尼比。标准信号的获取有以下三种方法:

(1) 冲击响应法。具有所需设备少、操作简便、调整控制方便等特点。如用力传感器动态校准的落锤式冲击台就是根据重物自由下落后冲击所产生的冲击力作为标准动态力。安装在冲击台上的被校准传感器,其冲击加速度由固定在重锤上的标准加速度计测出。改变重锤下落高度,可得到不同的冲击加速度,即不同的冲击力。

(2) 频率响应法。利用正弦输入时,通过测定输出与输入的幅值比和相位差来确定传感器的幅频特性,然后根据幅频特性,求得一阶传感器的时间常数 τ 和欠阻尼二阶传感器的阻尼比 x、固有频率 w_n。频率响应法比较直观,精度比较高。但是,需要性能优良的参考传感器,非电量正弦发生器的工作频率有限,试验时间长。若传感器不是纯粹的电气系统而是机械-电气系统或其他物理系统,一般很难获得正弦输入信号。

(3) 阶跃响应法。相比较而言,获得阶跃信号输入较方便,所以使用阶跃响应法来校准动态参数也较为方便。

通过静态校准可以获取测试系统的静态模型，并分析、研究其静态特性。若要分析、研究测试系统的动态性能指标就必须要对测试系统进行动态校准，在此基础上研究、分析测试系统的动态特性，或首先通过建立测试系统的动态模型，再针对动态模型研究、分析测试系统的动态特性。对测试系统进行动态校准的过程要比静态校准的过程复杂，而且目前也没有统一的方法。

对测试系统进行动态校准，除了获取系统的动态性能指标、动态模型外，还有一个重要的目的，就是通过动态校准，测试系统的动态性能不满足动态测试需求时，需确定一个动态补偿环节的模型，以改善测试系统的动态特性。

3.9.2.2 全系统校准与分部校准

按测试系统全部测试环节是否同时参与校准，分为全系统校准与分部校准。全系统校准为首选方式，与分部校准相比，它可以得到测试系统较准确的校准数据，但全系统校准受条件限制（例如无校准标准源、现场校准中有的传感器不易拆卸等），有时无法实施。这时，一般选用分部校准法。分部校准法只校准测试系统中的部分环节，例如测试系统中调理采集分部校准，是用标准器具（如模拟电阻箱、标准电源、信号发生器等）模拟前端传感器输出信号（如电阻值、电压值、频率值等）进行校准。分部校准在使用时应充分考虑阻抗匹配问题，例如传感器输出阻抗与调理采集器输入阻抗的匹配必须合理。分部校准具有灵活简便的优势，在现场校准中使用较多。

3.9.2.3 实验室校准与现场校准

按测试系统校准地点的不同，校准分为实验室校准与现场校准。

现场校准与实际测试条件一致，具有较高的准确性，但在实施中因环境条件恶劣（油污大、空间狭小、高温等）、校准设备非便携式、易引入粗大误差等原因，一般能在实验室校准的测试系统均推荐采用实验室校准的办法。可采用在测试现场察看测试系统零值点是否正确（如车发动前液压测试系统是否为零值）、数据是否符合常规（如散热器出口水温是否比散热器进口水温高）、测试系统是否跟随物理量的变化而正常变化，如果条件允许，还可在传感器前端加入标准源（如标准压力计、标准温度箱、便携式振动台等），输入若干标准值，来验证与实验室校准的一致性。

3.9.3 校准需遵循的原则

仪器设备的静态特性是在静态标准条件下进行校准的。静态标准条件是指没有加速度、振动、冲击（除非这些参数本身就是被测物理量）及环境温度一般为室温（20±5）℃、相对湿度不大于 85%RH、大气压力为（760±60）mmHg (1mmHg=133.322Pa)的情况。

3.9.3.1 校准设备及选择注意事项

被校的测试系统一般应包括：

（1）传感器。

（2）信号调理器（卡）。

（3）采集器（卡）。

（4）记录器（示波器、存储卡、笔记本电脑）。

（5）电源。

（6）其他（桥盒、电缆线等）。

3.9.3.2　测试系统的校准设备

（1）电源。

（2）标准器具。

（3）记录器（示波器、存储卡、笔记本电脑）。

（4）其他（桥盒、电缆线等）。

对仪器设备进行校准，一般包含被校的测试系统、校准设备。校准时，仪器设备需正确安装，电缆线应选用屏蔽线且使用的电缆线型号、长度与现场使用状态一致，并可靠固定，不应有抖动现象。为减少噪声干扰，应确保校准系统单端可靠接地，转接头应尽量选用同规格的标准件，便于接线与维修。

3.9.3.3　被校仪器设备（标准量具）的精度确定

校准设备（系统）精度应至少要比被校测试系统的精度高一个等级，或选用的校准设备（系统）基本误差的综合 $\Delta_{标准}$ 不应超过被校测试系统基本误差综合 $\Delta_{仪器}$ 的 1/3，即 $\Delta_{标准} \leqslant \frac{1}{3}\Delta_{仪器}$。

$\Delta_{标准}$ 和 $\Delta_{仪器}$ 一般可按式（3-96）和式（3-97）进行计算。

$$\Delta_{标准} = \sqrt{\sum_{i=1}^{m} \Delta_{i标准}^{2}} \tag{3-100}$$

$$\Delta_{仪器} = \sqrt{\sum_{j=1}^{m} \Delta_{j仪器}^{2}} \tag{3-101}$$

其中，$\Delta_{i标准}$ 为校准设备（系统）中标准源、电源、读数记录装置等各环节的基本误差；$\Delta_{j仪器}$ 为被校测试系统中传感器、信号调理器（卡）、采集器（卡）、记录器等各环节的基本误差。

3.9.3.4　测量范围及有效期

校准设备（系统）的测量范围，需覆盖被校测试系统所用到的测量范围，一般为被校测试系统所用测量范围的 1.1～1.5 倍。

测试系统校准有效期，一般规定为 12 个月。根据需要，可缩短或延长校准有效期。在校准试验过程中，每次测试之前必须检查系统零点，其输出误差应在允许的范围内，如误差过大，应重新进行校准。

3.10　信号处理的 Labview 实现

3.10.1　快速傅里叶变换控件

一维 FFT 控件如图 3-21 所示，其原理公式如下：

$$\boldsymbol{y}(k) = \sum_{n=0}^{N-1} \boldsymbol{x}_n \mathrm{e}^{-j2\pi kn/N}, n = 0,1,2,\cdots,N-1 \tag{3-102}$$

其中，$\boldsymbol{x}$ 为输入序列，N 为 $\boldsymbol{x}$ 中元素的数量，$\boldsymbol{y}$ 为变换的结果。

二维 FFT 控件如图 3-22 所示，该控件可以对二维信号进行处理，计算输入矩阵的离散傅

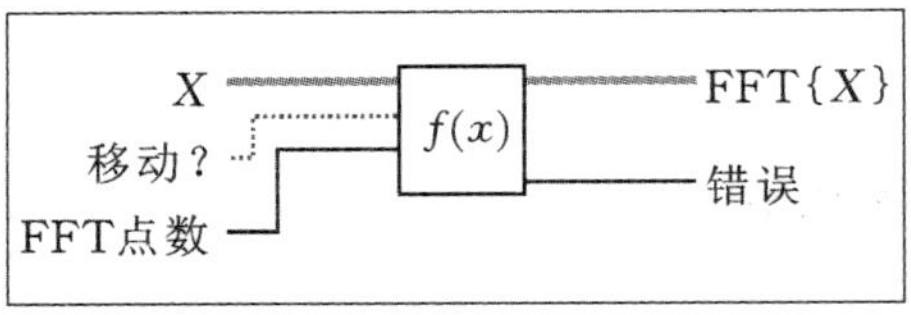

图 3-21　一维 FFT 控件

里叶变换(DFT)。该 *VI* 对输入矩阵的行进行一维 FFT 计算，然后在上一步输出的列上进行一维 FFT 计算。$M \times N$ 矩阵的 DFT 定义如下：

$$y_{(u,v)} = \sum_{m=0}^{M-1} \sum_{n=0}^{N-1} x(m,n) e^{-j2\pi mu/M} e^{-j2\pi nv/N} \tag{3-103}$$

$$u = 0,1,\cdots,M-1, v = 0,1,\cdots,N-1$$

其中，$\boldsymbol{x}$ 为输入矩阵，$\boldsymbol{y}$ 为变换的结果。

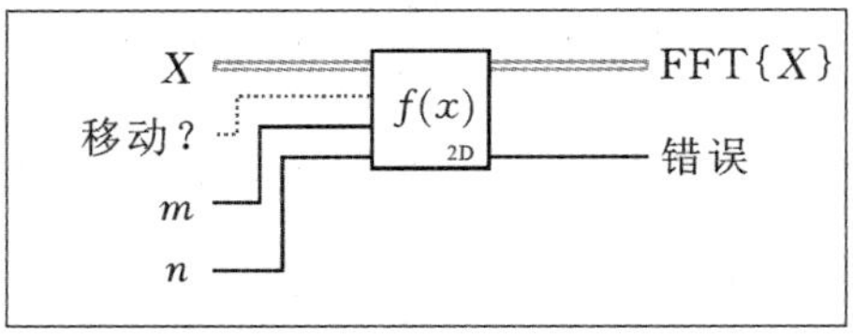

图 3-22　二维 FFT 控件

3.10.2　滤波控件

贝塞尔滤波器控件如图 3-23 所示。X 是滤波器的输入信号。

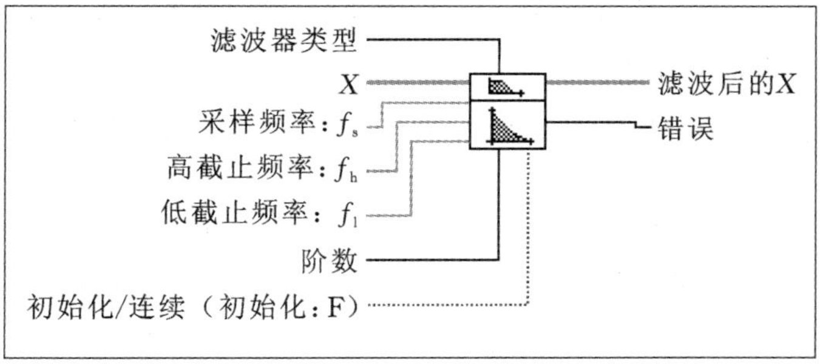

图 3-23　贝塞尔滤波器

采样频率：f_s 是 X 的采样频率并且必须大于 0，单位为 Hz，默认值为 1.0Hz。

高截止频率：f_h 是高截止频率，默认值为 0.45Hz。如滤波器类型为 0(lowpass)或 1(highpass)，*VI* 忽略该参数。滤波器类型为 2(Bandpass)或 3 (Bandstop)时，高截止频率 f_h 必须大于低截止频率 f_l 并且满足 Nyquist 准则。

低截止频率：f_l 是低截止频率(单位：Hz)，并且必须满足 Nyquist 定律。默认值为 0.125Hz。如低截止频率 f_l 小于 0 或大于采样频率的一半，*VI* 可设置滤波后的 X 为空数组并返回错误。滤波器类型为 2(Bandpass)或 3(Bandstop)时，低截止频率 f_l 必须小于高截止频率 f_h。阶数是滤波器的阶数，必须大于 0，默认值为 2。

初始化/连续：控制内部状态的初始化，默认值为 FALSE。*VI* 第一次运行时或初始化/连续的值为 FALSE 时，LabVIEW 可使内部状态初始化为 0。如初始化/连续的值为 TRUE，LabVIEW 可使内部状态初始化为 *VI* 实例上一次调用时的最终状态。如需处理由小数据块组成的较大数据序列，可为第一个块设置输入为 FALSE，然后设置为 TRUE，对其他的块继续进行滤波。滤波后的 X 数组包含滤波后的采样。

椭圆滤波器控件如图 3-24 所示。通带波纹是通带中的波纹电平，以分贝为单位。X 是滤波器的输入信号。

采样频率：f_s 是 X 的采样频率并且必须大于 0，默认值为 1.0Hz。

低截止频率：f_l 是低截止频率(Hz)并且必须满足 Nyquist 定律，默认值为 0.125Hz。

阻滞衰减：阻滞衰减必须大于 0，以分贝为单位，默认值为 60.0。

阶数：IIR 滤波器的阶数必须大于 0，默认值为 2.0。滤波后的 X 该数组包含滤波后的采样。

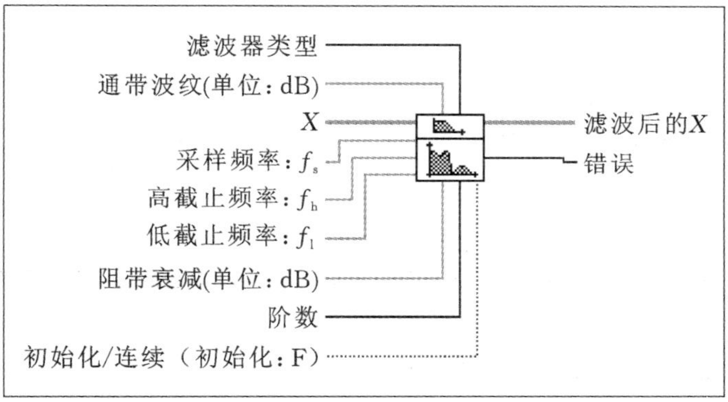

图 3-24　椭圆滤波器

Butterworth 滤波器如图 3-25 所示。X 是滤波器的输入信号。

采样频率：f_s 是 X 的采样频率并且必须大于 0，以 Hz 为单位，默认值为 1.0Hz。如果采样频率 f_s 小于或等于 0，*VI* 可设置滤波后的 X 为空数组并返回错误。

高截止频率：f_h 是高截止频率，以 Hz 为单位，默认值为 0.45Hz。

低截止频率：f_l 是低截止频率(单位：Hz)，必须满足 Nyquist 定律，默认值为 0.125Hz。阶数是滤波器的阶数，必须大于 0，默认值为 2。如阶数小于或等于 0，*VI* 可设置滤波后的 X 为空数组并返回错误。滤波后的 X 数组包含滤波后的采样。

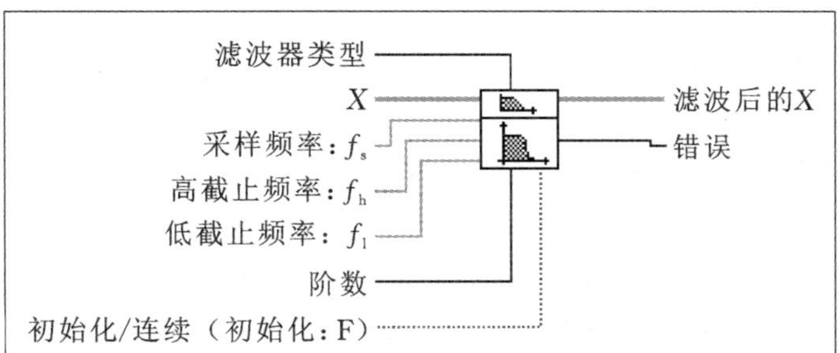

图 3-25　Butterworth 滤波器

3.10.3 小波变化控件

Daubechies4 小波变换控件如图 3-26 所示。图中 X 是输入信号的采样，且信号的长度必须为 2 的幂，否则返回错误代码。Daubechies4 小波变换{X}返回得到 Daubechies4 小波变换。错误返回 *VI* 的任何错误或警告。将错误连接至错误代码，至错误簇转换 *VI*，可将错误代码或警告转换为错误簇。

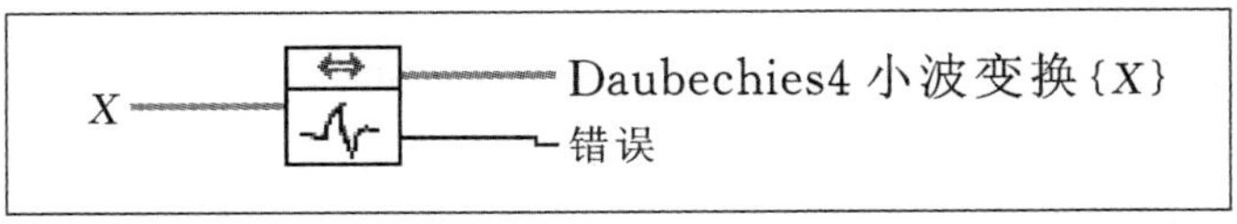

图 3-26 Daubechies4 **小波变换**

课后习题

一、判断题

1. 常值信号、阶跃信号属于功率信号。 (　　)
2. 时域信号持续时间延长，则频域中的高频成分幅值增大。 (　　)
3. 数字信号的特征是时间上离散、幅值上连续。 (　　)
4. 具有离散频谱的信号一定是周期信号。 (　　)
5. 瞬变信号频谱用频谱密度函数来描述，表示单位频率上的幅值和相位。 (　　)

二、选择题

1. 信号幅值不能用确定的时间函数描述的信号是(　　)。

A.复杂周期信号　　B.瞬变信号　　C.离散信号　　D.随机信号

2. 傅里叶级数中的各项系数表示谐波分量的(　　)。

A.周期　　B.相位　　C.幅值　　D.频率

3. 周期信号的频谱是(　　)。

A.离散的，只发生在基频整数倍的频率

B.连续的，随着频率的增大而减小

C.连续的，只在有限区间有非零值

D.离散的，各频率成分的频率比不是有理数

4. 瞬变信号的频谱是(　　)。

A.离散的，只发生在基频整数倍的频率

B.连续的，随着频率的增大而减小

C.连续的，只在有限区间有非零值

D.离散的，各频率成分的频率比不是有理数

三、简答题

1. 在时域中，比较周期信号和瞬变信号的相同点和不同点。
2. 瞬变信号的频谱与周期信号的频谱有何相同点和不同点？
3. 试述平稳随机信号与各态历经信号的特点及相互关系。
4. 如何确定信号中是否含有周期成分？

参 考 文 献

[1] 朱远超，刘敏宇，何继雄，等.基于 CMOS 的高稳定性锯齿波振荡电路的设计[J].通信电源技术，2022，39(3)：26-29.

[2] 马孟新，李蓉，牛兰杰.侵彻引信加速度信号目标特征中干扰叠加程度的评价指标[J].兵工学报，2022，43(1)：20-28.

[3] 王晓媛，金晨曦，周鹏飞.忆阻数字逻辑电路设计[J].电子与信息学报，2020，42(4)：851-861.

[4] LELARASMEE E，RUEHLI A E，SANGIOVANNI-VINCENTELLI A L.The waveform relaxation method for time-domain analysis of large scale integrated circuits[J].IEEE transactions on computer-aided design of integrated circuits and systems，1982，1(3)：131-145.

[5] 魏伟，赵小强，范亮亮.基于 DBN-HD 的车载设备故障诊断[J].振动、测试与诊断，2023，43(2)：363-370.

[6] HOANG D T，KANG H J.A survey on deep learning based bearing fault diagnosis[J].Neurocomputing，2019，335：327-335.

[7] 周建萍，郑应平.最优预处理方法的多小波 PWM 阀控制信号消噪[J].工业仪表与自动化装置，2007(6)：14-17.

[8] 田黎育，袁一丹，李晓阳，等.基于 FPGA 的在线可重配置数字下变频器的设计与实现[J].北京理工大学学报，2013，33(3)：311-317.

[9] 陈国庆，吴恩德，高文焕，等.数字正交上变频器 AD9856 的原理及其应用[J].电子技术应用，2000，26(12)：73-77.

[10] 刘洲洲，孙传新，王晓柱，等.采用 VGG19 和低通滤波的红外与微光图像融合方法[J].吉林大学学报(工学版)，2023，53(1)：255-262.

[11] TANG S C，HUI S Y R，CHUNG H S H.A low-profile wide-band three-port isolation amplifier with coreless printed-circuit-board (PCB) transformers[J].IEEE Transactions on Industrial Electronics，2001，48(6)：1180-1187.

[12] HEALY D M，ROCKMORE D N，KOSTELEC P J，et al.FFTs for the 2-sphere-improvements and variations[J].Journal of Fourier analysis and applications，2003，9：341-385.

[13] ANDREWS H C，BILLINGSLEY F C，FIASCONARO J G，et al.Picture processing and digital filtering[M].Springer Science & Business Media，2013.

[14] WELCH G F.Kalman filter[J].Computer Vision：A Reference Guide，2020：1-3.

[15] LI B，SMITH C C，LAING J M，et al.Overload of the heat-shock protein H11/HspB8 triggers melanoma cell apoptosis through activation of transforming growth factor-β-activated kinase 1[J].Oncogene，2007，26(24)：3521-3531.

[16] GRIFFIN D，LIM J.Signal estimation from modified short-time Fourier transform[J].IEEE Transactions on acoustics，speech，and signal processing，1984，32(2)：236-243.

[17] ACEVEDO C A，OLGUÍN Y，BRICEÑO M，et al.Design of a biodegradable UV-

irradiated gelatin-chitosan/nanocomposed membrane with osteogenic ability for application in bone regeneration[J]. Materials Science and Engineering: C, 2019, 99: 875-886.

[18] CHAKRABARTI C, VISHWANATH M, OWENS R M. Architectures for wavelet transforms: A survey[J]. Journal of VLSI signal processing systems for signal, image and video technology, 1996, 14: 171-192.

[19] MARKOVSKY I, VAN HUFFEL S. Overview of total least-squares methods[J]. Signal processing, 2007, 87(10): 2283-2302.

[20] 郑雅文,吴瑞阳,陈天奇,等.分离真伪时钟的处理器 FPGA 原型性能校准方法[J].高技术通讯,2022,32(5):462-470.

第 4 章　测量误差分析与处理

4.1　本章知识点

本章名词及含义汇总见表 4-1。

表 4-1　名词及含义汇总

名词	含义
误差	测定的数值或其他近似值与真值的差
系统误差	在重复性测量条件下，对同一被测量进行多次测量结果的平均值与被测量真值之差
随机误差	单次测试结果与在重复性条件下对同一被测量进行多次测量结果的平均值之差
粗大误差	一种明显超出测量值统计规律预期范围的误差
准确度	测量数据的平均值偏离真实值的程度，是系统误差的反映
精密度	在进行某一量的测量时，各次测量的数据彼此接近的程度，是随机误差的反映
精确度	测量数据集中于真实值附近的程度

4.2　误差基本概念

4.2.1　测量误差与精度

测试的目的是获得待测量的数值。然而，由于各方面条件的限制及各种因素的影响，在测试中一般不能完全准确地测得待测量的真实值。通常需要用一组重复测量数据估算待测量的大小或范围。

一个物理量客观存在的真实值称为真值(true value)。用特定测量仪器及方法对某物理量进行多次重复测量，会得到一系列不同的测量值。这是由于受测量仪器、方法、环境、操作等因素的影响，每次测量结果都或多或少地存在误差[1]。

一个测量系统中通常有大量的误差源。例如，A/D 转换器会引起量化误差、灵敏度误差和非线性误差。系统中的每一个元器件也都会引起一些误差，这些误差源被称为基本误差源

(sources of elemental error)。在一个变量 x 的测量中通常有若干个基本误差源，x 的误差是来自这些基本误差源的误差的合成。

为了识别和比较测量误差，可以将基本误差分为 3 类：标定误差、数据采集误差和数据处理误差。标定误差是标定过程中的原始误差。尽管标定之后得到的系统误差被最小化了，但是仍然有偏差。原因包括诸如标准的误差、标定过程的误差和标定过程的随机性等因素。标定误差通常包含已知但没有正确校正的误差，如滞后和非线性。数据采集误差是当测量系统用于特殊测量时被引入的，这些误差包括被测量的随机变化、装置效应、A/D 转换误差和记录以及显示装置的随机误差等。数据处理误差是由数据处理过程中的各种误差和近似引起的，插值和曲线拟合误差都是数据处理误差。

按误差的性质及其产生的原因，可分为系统误差、随机误差和粗大误差。

(1) 系统误差

在重复性测量条件下，对同一被测量进行多次测量结果的平均值与被测量真值之差，称为系统误差(systematic error)。

产生系统误差的主要原因有仪器不准确、测试环境影响以及操作人员的习惯等。例如，因为测量仪器的零位没有调好，各次测量值总是偏高或偏低，是常见的系统误差，称为零位误差。

系统误差的大小决定了测量数值的准确度。显然，若系统误差超过允许的范围，所得的数值是无价值的。因此，必须在测试之前充分了解测量装置的性能、使用方法及各种因素(温度、压力、湿度等)对测量精度的影响，并在测量中采取有效措施，尽可能减小系统误差。

(2) 随机误差

单次测试结果与在重复性条件下对同一被测量进行多次测量结果的平均值之差，称为随机误差(random error)。随机误差的特点是数值大小和符号都是随机的。例如，在测量转矩时，因集电环上的接触电阻波动而引起的误差，就是一种随机误差。

随机误差难以由实验方法本身消除，但可以通过统计方法进行分析、处理。基本方法是取多次重复测量的平均值作为被测量的值，以减小随机误差的影响。

(3) 粗大误差

粗大误差(gross error)又称为疏失误差(blunder error)，是一种明显超出统计规律预期范围的误差。粗大误差主要是由于错误读取示值、测量器具使用不当或环境的突然干扰等原因引起，一般无规律可循。含有过失误差的测量数据无法修正，只能舍弃不用。

对测试结果，通常用准确度、精密度和精确度分别描述系统误差、随机误差以及两者的综合特征。

准确度(justness)也称为正确度(correctness)，指测量数据的平均值偏离真实值的程度，是系统误差的反映。测量的准确度高，意味着测量的平均值与真实值偏离较小。

精密度(precision)是指在进行某一量的测量时，各次测量的数据彼此接近的程度，是随机误差的反映。测量精密度高，说明各测量数据比较接近和集中，但测量精密度高并不能保证测量准确度就高。同样，高准确度也不一定对应于高精密度。

精确度(accuracy)简称为精度，指测量数据集中于真实值附近的程度。测量的精确度高，说明测量的平均值接近真实值，且各次测量数据比较集中，即测量的系统误差和随机误差都比较小，测量得既准确又精密。因此，精确度是对测量结果的综合评价。

图 4-1 形象地表达了上述 3 种精度参数的内涵以及它们之间的关系。图 4-1 所示为不同

测量数据点、数据分布及测量精度情况。其中，点画线所示位置表示被测量真值，图 4-1(a)所示为高准确度、低精密度的情形；图 4-1(b)所示为低准确度、高精密度的情形；图 4-1(c)所示为高准确度、高精密度的情形。

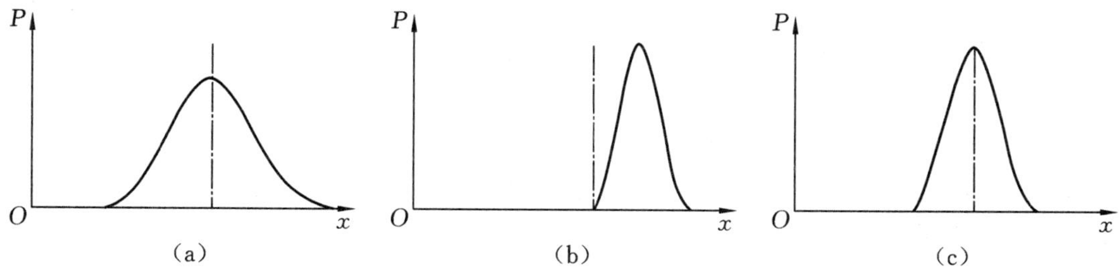

图 4-1　测量数据分布及其精度概念

(a)高准确度、低精密度；(b)低准确度、高精密度；(c)高准确度、高精密度

4.2.2　误差的表示方法

误差是对测量精度的表述。表征误差的方式有绝对表示法和相对表示法[2]。

(1) 误差

误差(error)是测量值 x 与其真值 x_0 之差，也称绝对误差(absolute error)，即：

$$\delta = x - x_0 \tag{4-1}$$

由于真值无法确定，在误差服从正态分布的前提下，一般用多次测量结果的算术平均值 $\bar{x}$ 作为约定真值。

为了区别，有时把测量值与多次测量的平均值 $\bar{x}$ 之差称为偏差(deviation)，用 d 表示，即：

$$d = x - \bar{x} \tag{4-2}$$

显然，绝对误差反映了测量误差的大小，但不能真实反映测量精度的高低。

(2) 相对误差

相对误差(relative error)定义为测量误差与真值之比：

$$r = \frac{\delta}{x_0} = \frac{x - x_0}{x_0} \tag{4-3}$$

(3) 引用误差

在工程中常用引用误差(quoted error)来确定仪表的准确度等级。引用误差定义为绝对误差 δ 与仪表的满量程值 A 之比，即：

$$r_q = \frac{\delta}{A} \tag{4-4}$$

4.3　随机误差

4.3.1　随机误差的分布规律

在消除了系统误差和过失误差的前提下，对同一物理量进行多次等精度重复测量，仍会得到一系列不同的测量值，表明这些实测数据中含有随机误差。在这种情况下，测量值是一个随机变量。随机变量的个体是以一定概率出现的，随机变量总体可以用统计规律描述。误差分析中，最常用的随机变量分布类型是正态分布[3]。

正态分布（normal distribution），也称为高斯分布（Gauss distribution），其概率密度函数为：

$$f(\delta)=\frac{1}{\sigma\sqrt{2\pi}}e^{\frac{(x-\mu)^2}{2\sigma^2}} \tag{4-5}$$

其中，x 为测量值（随机变量）；μ 为被测量的平均值，是表征测量值平均水平或集中趋势的参数；σ 为被测量的标准差，表征测量值相对于其中心位置的离散程度。

正态分布曲线对称于直线 $x=\mu$（图 4-2）。

从误差分析的角度，服从正态分布的数据具有补偿性，即当测量次数无限多时，随机误差的平均值趋于零。补偿性是随机误差的一个重要特性，凡是具有补偿性的误差，原则上都可按随机误差处理。

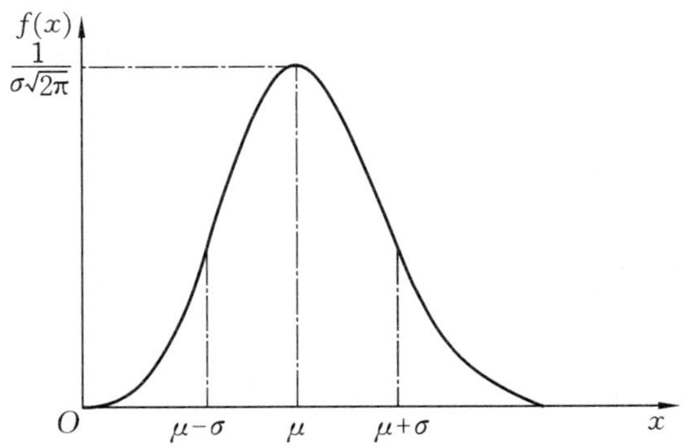

图 4-2　随机误差的正态分布曲线

正态分布规律表达了一般随机误差的分布规律，是进行误差分析的依据。为了简化计算，可以通过变量代换，将一般正态分布转化为标准正态分布。为此，令：

$$z=\frac{x-\mu}{\sigma} \tag{4-6}$$

则 z 的概率密度函数为：

$$f(z)=\frac{1}{\sigma\sqrt{2\pi}}e^{\frac{-z^2}{2}}$$

当平均值 $\mu=0$，标准差 $\sigma=1$ 时有

$$f(z)=\frac{1}{\sqrt{2\pi}}e^{\frac{-z^2}{2}} \tag{4-7}$$

式(4-7)为标准正态分布概率密度函数。显然：

$$P(x_1<x<x_2)=P(z_1<z<z_2)=\int_{z_1}^{z_2}f(z)\,dz \tag{4-8}$$

根据标准正态分布曲线在 $z=0$ 处对称的特点，当 $z_1<0$，$z_2>0$，且 $|z_1|=|z_2|$ 时，有：

$$P(z_1<z\leqslant z_2)=2P(z_1<z\leqslant 0)=2P(0<z\leqslant z_2) \tag{4-9}$$

误差分析中，常用标准差 σ 的倍数表示概率分布的区间范围。例如，在 $\mu=0$ 的正态分布

中，误差 x 落在区间（$-c\sigma$，$c\sigma$）的概率为：

$$P(-c\sigma < x < c\sigma) = \frac{2}{\sigma\sqrt{2\pi}}\int_0^{c\sigma} e^{\frac{-x^2}{2\sigma^2}} dx \tag{4-10}$$

其中，c 称为置信系数；$c\sigma$ 称为置信限；（$-c\sigma$，$c\sigma$）称为置信区间；概率 P 称为置信水平。表 4-2 列出了典型置信区间与相应置信水平之间的关系。

表 4-2　典型置信区间与相应置信水平之间的关系

置信区间	置信水平
$\pm 0.67\sigma$	0.4972
$\pm 1\sigma$	0.6826
$\pm 2\sigma$	0.9545
$\pm 3\sigma$	0.9973
$\pm 4\sigma$	0.9999

4.3.2　随机误差统计分析

测量值和随机误差都是随机变量，有关随机变量的概念和处理方法可直接用于对随机误差和测量值进行分析与处理。对于一个随机变量，基本特征是中心趋势和分散性。对于一组测量数据，一般都需要知道测量值分布的中心，并弄清测量值是如何相对于分布中心变化的[4]。

（1）中心趋势的度量

描述随机变量中心趋势的常用参数是平均值（mean），样本均值定义为

$$\bar{x} = \frac{x_1 + x_2 + \cdots x_n}{n} = \sum_{i=1}^{n} \frac{x_i}{n} \tag{4-11}$$

其中，x_i 为第 i 个样本的数据值；n 为测量的次数。

在测量次数足够多的条件下，可以用样本均值近似表示母体均值，即

$$\mu \approx \bar{x} \tag{4-12}$$

另外两个描述随机变量中心趋势的参数是中值和众数。如果测量值按大小次序排列，中值（median）是位于序列中间数据的值，或位于中间的两个数据的平均值（若序列中元素的数量为偶数）。众数（mode）是出现概率最大的随机变量的值。有些分布（例如均匀分布等），众数不存在；而另一些分布（例如双峰分布等），可能有两个或多个峰值频率，相应地也有两个或多个众数。对称分布的单峰随机变量的均值、中值、众数应是同一个值，否则这 3 个值可能存在显著的差别。

（2）分散性的度量

分散性（dispersion）表示随机变量在其均值附近分散的程度，可用以下参数表示。

每次测量的偏差：

$$d_i = x_i - \bar{x} \tag{4-13}$$

平均偏差：

$$\bar{d}=\sum_{i=1}^{n}\frac{|d_i|}{n} \tag{4-14}$$

总体的标准差：

$$\sigma=\sqrt{\sum_{i=1}^{n}\frac{(x_i-\mu)^2}{n}} \tag{4-15}$$

样本标准差：

$$S=\sqrt{\frac{1}{n-1}\sum_{i=1}^{n}(x_i-\bar{x})^2} \tag{4-16}$$

用样本的数据估计总体标准离差时，常用样本标准离差。而σ^2称为总体方差，S^2称为样本方差。

(3) 总体均值的区间估计

在估计总体平均值时，将其表示为：

$$\mu=\bar{x}\pm\delta \text{ 或 } \bar{x}-\delta\leqslant\bar{x}+\delta \tag{4-17}$$

其中，δ为误差；$\bar{x}$为样本平均值；区间$(\bar{x}-\delta,\bar{x}+\delta)$为关于均值的置信区间。分别称$\bar{x}-\delta$、$\bar{x}+\delta$为关于均值的置信下限和置信上限。

置信区间取决于置信水平，平均值落入较大区间的置信水平比落入较小区间的置信水平高。置信水平一般通过显著性水平(level of significance)α表示：

$$P(\bar{x}-\delta\leqslant\mu\leqslant\bar{x}+\delta)=1-\alpha \tag{4-18}$$

可以应用中心极限定理估计在适当置信水平下的置信区间。对随机变量x的总体，假定其平均值为μ，标准差为σ。在这个总体中可以采集多个样本量为n的样本集。这些样本集中，样本都有其平均值$\bar{x}_i$，但这些平均值会各不相同。实际上，$\bar{x}_i$也是随机变量。中心极限定理表述为：如果n足够大，则$\bar{x}_i$近似服从正态分布，其标准差为：

$$\sigma_{\bar{x}}=\frac{\sigma}{\sqrt{n}} \tag{4-19}$$

平均值的标准差也被称为平均值的标准误差(standard error of mean)。中心极限定理一般适用于$n>30$的场合。

由中心极限定理可知，若原总体是正态分布的，则$\bar{x}_i$服从正态分布；若原总体不是正态分布的，在n足够大($n>30$)的条件下，$\bar{x}_i$服从正态分布；若原总体不是正态分布的并且$n\leqslant30$，则$\bar{x}_i$只是近似服从正态分布。

① 大样本事件总体均值的区间估计。如果是大样本($n>30$)，可以直接应用中心极限定理估计置信区间。因为$\bar{x}$是正态分布的，所以可以使用统计量：

$$z=\frac{\bar{x}-\mu}{\sigma_{\bar{x}}}=\frac{\sigma}{\sigma_{\bar{x}}} \tag{4-20}$$

并且使用标准正态分布函数和标准正态分布表估计关于z的置信区间。z为置信系数。σ是总体的标准差，一般是未知的。但是对于大样本，可以把样本标准差S作为σ的近似值。

置信区间的估计如图4-3所示。如果z值为0，则意味着估计值$\bar{x}$恰好等于总体平均值μ。然而，人们仅能预料μ的真实值位于置信区间为$\pm z_{\sigma/2}$的区间内。z位于置信区间即表示其位于$-z_{\sigma/2}\sim z_{\sigma/2}$之间的概率等于这两个值之间的曲线下面的面积$1-\alpha$。$\alpha$项等于图4-3中左边和右边尾部面积之和。

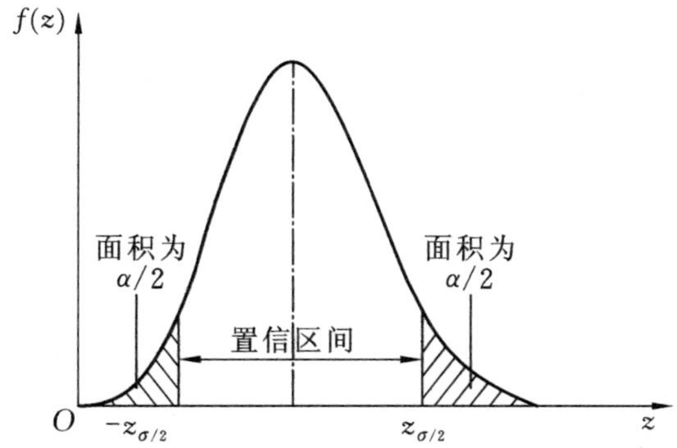

图 4-3　平均值的置信区间的概念

由式(4-18),有：

$$P\left(-z_{\sigma/2}\leqslant\frac{\bar{x}-\mu}{\sigma/\sqrt{n}}\leqslant z_{\sigma/2}\right)=P\left[\bar{x}-z_{\sigma/2}\frac{\sigma}{\sqrt{n}}\leqslant\bar{x}+z_{\sigma/2}\frac{\sigma}{\sqrt{n}}\right]=1-\alpha \tag{4-21}$$

$$\mu=\bar{x}\pm z_{\alpha/2}\frac{\sigma}{\sqrt{n}}(\text{置信水平为 }1-\alpha) \tag{4-22}$$

② 小样本事件的总体平均的区间估计。如果样本量较小($n\leqslant30$),用样本标准差表示总体标准差就可能不正确。由于标准差的误差,对于同样的置信水平,可以预料,置信区间会变宽。在小样本的情况下,可以使用 t 分布统计量:

$$t=\frac{\bar{x}-\mu}{S/\sqrt{n}} \tag{4-23}$$

其中,$\bar{x}$ 为样本平均值;S 为样本标准差;n 为样本量。

与正态分布不同,t 分布取决于样本量。t 分布函数表达式为:

$$f(t,v)=\frac{T\left(\frac{v+1}{2}\right)}{\sqrt{v\pi}\,T\left(\frac{v}{2}\right)\left(1+\frac{t^2}{v}\right)^{(v+1)/2}} \tag{4-24}$$

其中,$T(x)$为伽马函数,可从数学函数表中查出;v 为自由度。

自由度等于独立测量的次数 n 减去理论上估计一个统计参数需要的最小测量次数。例如,在一批产品中估计轴的直径,进行估计的最小测量次数是 1。如果进行 10 次测量,则 $v=n-1=9$。

图 4-4 所示为不同自由度 v 的 t 分布。类似于正态分布,它们也是对称曲线。随着样本数的增加,t 分布接近于正态分布。v 值越小,对应的分布越宽,同时峰值越低。t 分布可以用于估计小样本量($n\leqslant30$)样本平均值的具有一定置信水平的置信区间。除了根据 v 值选择如图 4-5 所示曲线之外,t 分布的使用方法与正态分布基本相同。t 落入$-t_{\alpha/2}$与 $t_{\alpha/2}$之间的概率为 $1-\alpha$,即

$$P(-t_{\alpha/2}\leqslant t\leqslant t_{\alpha/2})=1-\alpha \tag{4-25}$$

代入 t,有:

$$P\left(-t_{\alpha/2}\leqslant\left(\frac{\bar{x}-\mu}{S/\sqrt{n}}\right)\leqslant t_{\alpha/2}\right)=\left(\bar{x}-t_{\alpha/2}\frac{S}{\sqrt{n}}\leqslant\mu\leqslant\bar{x}+t_{\alpha/2}\frac{S}{\sqrt{n}}\right)=1-\alpha \tag{4-26}$$

又可以写成：

$$\mu=\bar{x}\pm t_{\alpha/2}\frac{S}{\sqrt{n}}(\text{置信水平为 }1-\alpha) \tag{4-27}$$

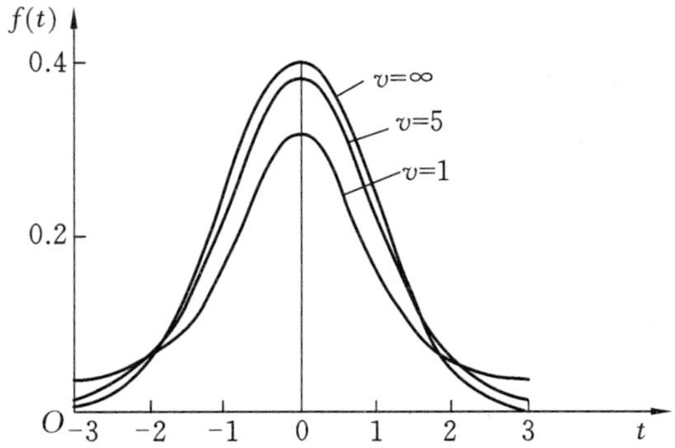

图 4-4　不同自由度 v 的 t 分布

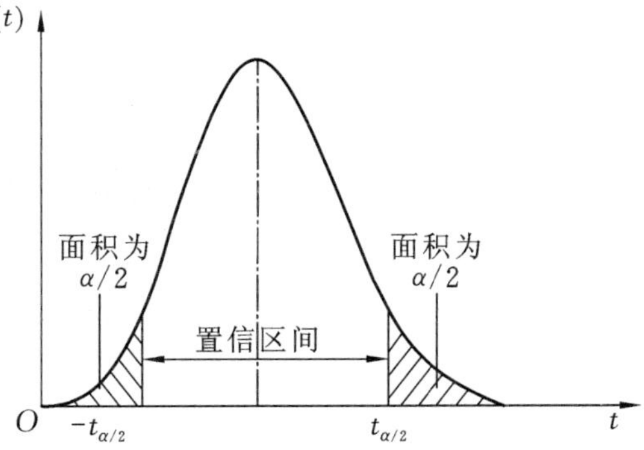

图 4-5　t 分布的置信区间

由于完整的 t 分布表十分庞大，一般仅列出 v 和 α 的函数 t 的临界值。这些值是式(4-26)和式(4-27)所需要的(见表 4-3)。

表 4-3　作为 v 和 α 的函数的 t 分布

	$\alpha/2$				
v	0.1	0.05	0.025	0.01	0.005
1	3.078	6.314	12.706	31.823	63.658
2	1.886	2.92	4.303	6.964	9.925
3	1.638	2.353	3.182	4.541	5.841
4	1.533	2.132	2.776	3.747	4.604
5	1.476	2.015	2.571	3.365	4.032
6	1.440	1.943	2.447	3.143	3.707
7	1.415	1.895	2.365	2.998	3.499
8	1.397	1.860	2.306	2.896	3.355
9	1.383	1.833	2.262	2.821	3.250
10	1.372	1.812	2.228	2.764	3.169
11	1.363	1.796	2.201	2.718	3.106
12	1.356	1.782	2.179	2.681	3.054
13	1.350	1.771	2.160	2.650	3.012
14	1.345	1.761	2.145	2.624	2.977
15	1.341	1.753	2.131	2.602	2.947
16	1.337	1.746	2.120	2.583	2.921

续表4-3

	α/2				
17	1.333	1.740	2.110	2.567	2.898
18	1.330	1.734	2.101	2.552	2.878
19	1.328	1.729	2.093	2.539	2.861
20	1.325	1.725	2.086	2.528	2.845
21	1.323	1.721	2.080	2.518	2.831
22	1.321	1.717	2.074	2.508	2.819
23	1.319	1.714	2.069	2.500	2.807
24	1.318	1.711	2.064	2.492	2.797
25	1.316	1.708	2.060	2.485	2.787
26	1.315	1.706	2.056	2.479	2.779
27	1.314	1.703	2.052	2.473	2.771
28	1.313	1.701	2.048	2.467	2.763
29	1.311	1.699	2.045	2.462	2.756
30	1.310	1.697	2.042	2.457	2.750
∞	1.283	1.645	1.960	2.326	2.576

(4) 总体方差的区间估计

在许多情况下，随机变量的分散性和它的平均值同样重要。总体方差 σ^2 的最佳估计是样本方差 S^2。如同总体均值，估计方差也需要建立置信区间。对于正态分布的总体，可以应用 X^2 统计量估计置信区间。设随机变量的平均值为 μ，标准差为 σ，则有：

$$S^2=\sum_{i=1}^{n}\frac{(x_i-\mu)^2}{n-1} \tag{4-28}$$

变量 X^2 被定义为：

$$X^2=\sum_{i=1}^{n}\frac{(x_i-\mu)^2}{\sigma^2} \tag{4-29}$$

联立式(4-28)和式(4-29)，有：

$$X^2=(n-1)\frac{S^2}{\sigma^2} \tag{4-30}$$

即变量 X^2 表明样本方差与总体方差的关系。X^2 是随机变量，在正态分布下其概率密度函数为：

$$f(X^2)=\frac{(X^2)^{(v-2)/2}\mathrm{e}^{-x^2/2}}{2^{v/2}T(v/2)}(X^2>0) \tag{4-31}$$

其中，v 为自由度数，与 t 分布相同，为样本数减 1；T 为伽马函数，可以查表。

图 4-6 所示为几条不同自由度的 $f(X^2)$ 曲线。

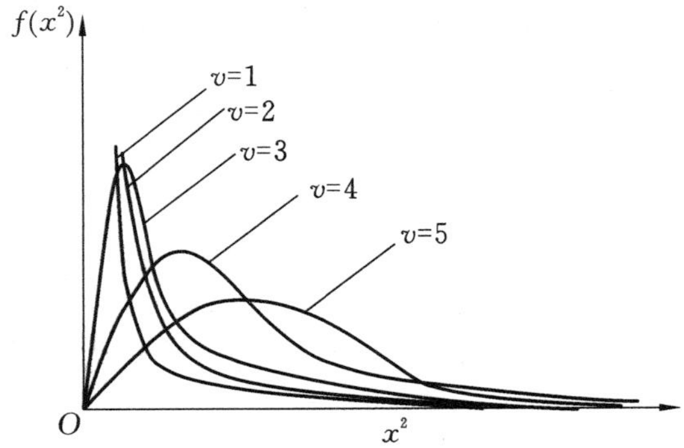

图 4-6　X^2 分布函数概率密度曲线

与其他概率密度函数一样，变量 X^2 在任意两个值之间的取值概率等于曲线下这两个值之间的面积，表示为：

$$P\left(X^2_{v,1-\sigma/2} \leqslant X^2 \leqslant X^2_{v,\sigma/2}\right) = 1-\alpha \tag{4-32}$$

其中，α 为显著性水平。

将式(4-29)代入 X^2，有：

$$P\left(X^2_{v,1-\sigma/2} \leqslant (n-1)\frac{S^2}{\sigma^2} \leqslant X^2_{v,\sigma/2}\right) = 1-\alpha \tag{4-33}$$

因为 X^2 总是正值，所以可以重新整理方程，给出总体方差的置信区间：

$$\frac{(n-1)S^2}{X^2_{v,\alpha/2}} \leqslant \sigma^2 \leqslant \frac{(n-1)S^2}{X^2_{v,1-\alpha/2}} \tag{4-34}$$

其中，X^2 的临界值可通过查表获取。式(4-33)是图 4-7 中左右尾部的两部分面积之和，每个尾部的面积是 $\alpha/2$。尽管 X^2 分布和试验是由服从正态分布的数据导出的，但是也可以用于其他分布的总体。

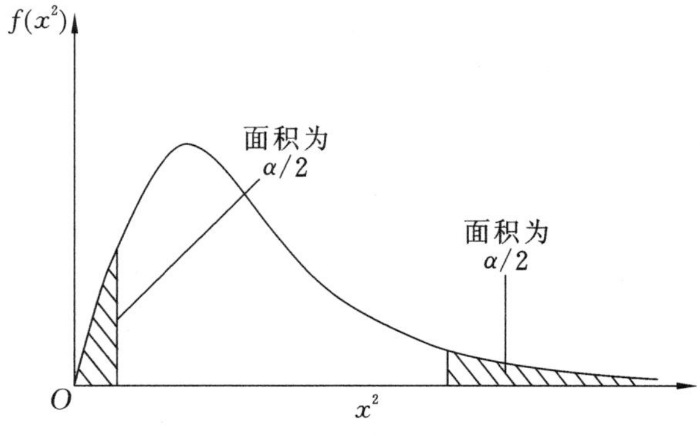

图 4-7　X^2 分布的置信区间

4.3.3　粗大误差

实验获得的数据中，往往会有个别数据明显超出统计规律范畴，这些数据就是可疑数据，也称粗大误差(过失误差)。如果有充分的理由说明某些数据是由于错读、错记、错算等原因造成的，就可以剔除这些数据，以免对测量结果造成不良影响。如果没有充分理由剔除这些数据，则需按一定的准则，通过判别而剔除可疑数据。常用的判断准则有拉伊达准则、肖维纳准则、格拉布斯准则和 t 分布检验准则等[5]。

(1) 拉伊达(Laida)准则

拉伊达准则也称 3σ 准则。由表 4-1 可知，若测量值只含有随机误差，且按正态分布，则测量数据落在置信区间 $\pm 3\sigma$ 以外的概率只有 0.27%。即在统计意义上，370 个测量数据中才会有 1 个这样的数据。对于通常只进行最多几十次的测量，误差超过置信区间 $\pm 3\sigma$ 范围时，可以认为已不属于随机误差，而是过失误差。显然，也有可能将正常测量值当作含有过失误差的数据而剔除的概率，但这个概率不大于 0.27%。

拉伊达准则规定，如果实测数据的误差满足以下条件：

$$\delta_i = |x_i - \bar{x}| > 3\sigma \tag{4-35}$$

则将 x_i 作为异常数据舍弃。

根据统计学原理，拉伊达准则不适用于测量次数 $n \leqslant 10$ 的场合。

(2) 肖维纳(Chauvenet)准则

肖维纳准则也是以正态分布为前提，规定在 n 次测量中，某一误差可能出现的次数小于半次就被认为是过失误差。根据这一准则，可以确定相应的置信区间 $(-c\sigma, c\sigma)$。其中，置信系数 c 是实验次数 n 的函数，通常 $c<3$，这在一定程度上弥补了拉伊达准则的不足。所以对于较精密的测量，应采用肖维纳准则。

为推导满足肖维纳准则的置信系数 c 与实验次数 n 的函数关系，设任一次测量值的误差落在区间 $(-c\sigma, c\sigma)$ 的概率为 α，则误差落在置信区间 $(-c\sigma, c\sigma)$ 之外的概率为：

$$\overline{P}(-c\sigma, c\sigma) = 1 - \alpha \tag{4-36}$$

对于 n 次测量，令随机误差落在置信区间 $(-c\sigma, c\sigma)$ 之外的次数等于 1/2，则有：

$$n(1-\alpha) = \frac{1}{2} \tag{4-37}$$

于是：

$$\alpha = \frac{2n-1}{2n} \tag{4-38}$$

由式(4-10)，有：

$$\alpha = \frac{2}{\sqrt{2n}} \int_0^{c\sigma} e^{-\frac{x2}{2\sigma}} dx \tag{4-39}$$

所以，若已知测量次数 n，则可求出满足肖维纳准则的 α，再由积分表查得置信系数 c。为使用方便，已将 n 和 c 之间的关系列于表 4-4。

表 4-4　n 与 c 之间的关系

n	5	6	7	8	9	10	12	14	16
c	1.65	1.73	1.79	1.86	1.92	1.96	2.03	2.10	2.16
n	18	20	22	24	26	30	40	50	100
c	2.20	2.24	2.28	2.31	2.36	2.39	2.50	2.58	2.80

根据肖维纳准则，若某次测量所得误差绝对值大于相应的置信限 $c\sigma$，应予舍弃。

(3) 格拉布斯(Grubbs)准则

格拉布斯法假定测量结果服从正态分布,根据顺序统计量来确定可疑数据的取舍。进行 n 次重复试验,试验结果为 $x_i(i=1,2,\cdots,n)$ 服从正态分布。为了检验试验结果中是否有可疑值,可将其值按从小到大的顺序重新排列,根据顺序统计原则,给出标准化顺序统计量 g。

当最小值 $x_{(1)}$ 可疑时,有:

$$g=(\bar{x}-\bar{x}_{(1)})/\sigma \tag{4-40}$$

当最大值 $x_{(n)}$ 可疑时,有:

$$g=(\bar{x}_{(n)}-\bar{x})/\sigma \tag{4-41}$$

根据格拉布斯统计量的分布,在给定的显著性水平 α,查得判别可疑值的临界值 $g_0(\alpha,n)$,见表 4-5。该检验的拒绝域为:

$$|g|>g_0(\alpha,n) \tag{4-42}$$

即标准化顺序统计量大于其临界值,即可认为其相应数据为粗大误差影响的可疑数据。利用格拉布斯准则每次只能舍弃一个可疑值,若有两个以上的可疑数据,应该一次一个数据地判断。即舍弃第一个数据后,试验次数由 n 变为 $n-1$,以此为基础再判别第二个可疑数据。

表 4-5 Crubbs 粗大误差判断临界值 g_0

n	$\alpha=0.05$	$\alpha=0.01$	n	$\alpha=0.05$	$\alpha=0.01$	n	$\alpha=0.05$	$\alpha=0.01$	n	$\alpha=0.05$	$\alpha=0.01$
3	1.153	1.155	17	2.475	2.785	31	2.759	3.119	45	2.914	3.292
4	1.463	1.492	18	2.504	2.821	32	2.773	3.135	46	2.923	3.302
5	1.672	1.749	19	2.532	2.854	33	2.786	3.150	47	2.931	3.310
6	1.822	1.994	20	2.557	2.884	34	2.799	3.164	48	2.940	3.319
7	1.938	2.097	21	2.580	2.912	35	2.811	3.178	49	2.948	3.329
8	2.032	2.221	22	2.603	2.939	36	2.823	3.191	50	2.956	3.336
9	2.110	2.323	23	2.624	3.963	37	2.835	3.204	51	2.964	3.345
10	2.176	2.410	24	2.644	2.987	38	2.846	3.216	52	2.971	3.353
11	2.234	2.485	25	2.663	3.009	39	2.857	3.228	53	2.978	3.361
12	2.285	2.550	26	2.687	3.029	40	2.866	3.240	54	2.986	3.368
13	2.331	2.607	27	2.698	3.049	41	2.877	3.251	55	2.992	3.376

(4) t 分布检验准则

t 分布检验准则又称罗曼诺夫斯基准则,它是按 t 分布的实际误差分布范围来判断可疑数据的,对重复测量次数较少的情况比较合理。

t 分布检验准则的特点是将测量列的 n 个测得值中可疑的测得值 x_j 先剔除,然后按余下的 $(n-1)$ 个数据计算算术平均值 $\overline{x'}$ 和标准差 σ',再判断数据 x_j 是否含有粗大误差。

$$\overline{x'}=\frac{1}{n-1}\sum_{i=1}^{n-1}x_i \qquad (\text{不含 } x_i) \tag{4-43}$$

$$\sigma'=\sqrt{\frac{\sum_{i=1}^{n-1}v_i^2}{n-2}} \qquad (\text{不含 } v_i=x_j-\overline{x'}) \tag{4-44}$$

根据测量次数 n 和所选取的显著度 α，从表 4-6 中查得 k 值。

若所怀疑的数据 x_j 满足：

$$|x_j-\overline{x'}|>k\sigma' \tag{4-45}$$

则可认为 x_j 为可疑数据，应予剔除。x_j 剔除后，再取一个 $x_j{}'$ 值继续判断，直到数据中不含可疑数据为止。

表 4-6　t 分布检验准则中的系数 k 值

α	n		α	n		α	n	
	0.05	0.01		0.05	0.01		0.05	0.01
4	4.97	11.46	13	2.29	3.23	22	2.14	2.91
5	3.56	6.53	14	2.26	3.17	23	2.13	2.90
6	3.04	5.04	15	2.24	3.12	24	2.12	2.88
7	2.78	4.36	16	2.22	3.08	25	2.11	2.86
8	2.62	3.96	17	2.20	3.04	26	2.10	2.85
9	2.51	3.71	18	2.18	3.01	27	2.10	2.84
10	2.43	3.54	19	2.17	3.00	28	2.09	2.83
11	2.37	3.41	20	2.16	2.95	29	2.09	2.82
12	2.33	3.31	21	2.15	2.93	30	2.08	2.81

根据以上 4 个准则，测量数据舍弃的步骤可归纳如下：

① 求出测量数据的算术平均值 $\bar{x}$ 及标准差（均方根误差）σ。

② 将可疑数据的误差 δ_i 按上述准则换算、比较，凡绝对值大于置信限值或临界值的就舍弃。

③ 舍弃数据后，重复上述过程（重新计算测量数据的算术平均值 $\bar{x}$ 及标准差 σ），看是否还有超出上述准则的数据需要舍弃。

4.4　系统误差

系统误差是指由测试系统自身原因产生的，具有恒定数值或按一定规律变化的误差。

任何测量过程首先都要注意发现与减小系统误差，确保把它限制在允许的范围内。对于在实验中无法补偿的系统误差，应对测量结果进行修正[6]。

系统误差有恒值系统误差和变值系统误差。恒值系统误差（固定系统误差）是在整个测量过程中的大小和符号都不变的误差。例如，用标准测力计校准力传感器，如果规定的使用温度为(20±5)℃，而校准过程中温度始终保持在 30℃，又没有进行温度修正，就会出现因环境条件改变而产生的固定系统误差。

变值系统误差是指在测量过程中大小和符号都可能变化的误差，变化规律可分为 3 种：

(1) 线性变化。测量过程中误差值随某些因素发生线性变化。

(2) 周期性变化。系统误差的数值或符号随某些因素按周期规律变化，例如，轧辊有偏心，轧制时的精度误差。

(3) 复杂规律变化。按复杂规律变化，例如指数规律。

4.4.1 系统误差对测量结果的影响

(1) 恒值系统误差对测量结果的影响

如果在多次重复测量时存在恒值误差，则一组测量值 $x_1, x_2, \cdots, x_n$ 中的每一个都含有恒值系统误差 ε_0。于是，不含系统误差的测量值应为：

$$x_i' = x_i - \varepsilon_0 \quad i = 1, 2\cdots, n \tag{4-46}$$

其算术平均值为：

$$\overline{x'} = \frac{1}{n}\sum_{i=1}^{n} x_i' = \frac{1}{n}\sum_{i=1}^{n}(x_i - \varepsilon_0) = \bar{x} - \varepsilon_0 \tag{4-47}$$

或写成：

$$\bar{x} = \overline{x'} + \varepsilon_0 \tag{4-48}$$

测量值的算术平均值中包含恒值系统误差时，应对平均值 $\bar{x}$ 加以修正，以不含系统误差的平均值 $\bar{x}$ 作为测量结果。修正的方法是在测量结果中引入与系统误差 ε_0 大小相等而符号相反的修正值 $-\varepsilon_0$。

由偏差的定义，有：

$$\bar{v}_i = x_i - \bar{x} = (x_i' + \varepsilon_0) - (\overline{x'} + \varepsilon_0) = x_i' - \overline{x'} \tag{4-49}$$

可见恒值系统误差只影响一系列重复测得值的算术平均值 $\bar{x}$，对测得值的偏差 v_i 没有影响，即不影响随机误差的分散性及精度参数。

(2) 变值系统误差对测量结果的影响

变值系统误差对每个测量值有不同的影响，但有规律，不是随机的。

设有一系列测得值 $x_1, x_2, \cdots, x_n$，并含有变值系统误差 $\varepsilon_1, \varepsilon_2, \cdots, \varepsilon_n$，则不含系统误差的测量值为：

$$x_i' = x_i - \varepsilon_i \quad i = 1, 2\cdots, n \tag{4-50}$$

其平均值为：

$$\overline{x'} = \frac{1}{n}\sum_{i=1}^{n} x_i' = \frac{1}{n}\sum_{i=1}^{n}(x_i - \varepsilon_i) = \frac{1}{n}\sum_{i=1}^{n} x_i - \frac{1}{n}\sum_{i=1}^{n}\varepsilon_i' = \bar{x} - \bar{\varepsilon} \tag{4-51}$$

或写为：

$$\bar{x} = \overline{x'} + \bar{\varepsilon} \tag{4-52}$$

如果测量中含有变值系统误差，它将以算术平均值的形式影响测量结果，应在消除或校正后，以 $\overline{x'}$ 作为测量结果。

在偏差 d_i 的计算中有：

$$d_i = x_i - \bar{x} = (x_i' + \varepsilon_i) - (\overline{x_i'} + \bar{\varepsilon}) = (x_i' - \overline{x_i'}) + (\varepsilon_i - \bar{\varepsilon}) = d_i' + (\varepsilon_i - \bar{\varepsilon}) \tag{4-53}$$

式(4-53)表明，用测量值 x_i 计算出的偏差 d_i，因受变值系统误差的影响，与用测量值 x_i' 计算出的偏差 d_i' 不相同，即变值系统误差影响测量结果的精确度。

4.4.2　系统误差的识别与修正

为了减小系统误差的影响，首先要设法发现系统误差的存在，然后再根据不同性质的系统误差采取相应的措施。

4.4.2.1　恒值系统误差判别方法

(1) 对比检定法

要判断某一测量条件下是否有恒值系统误差，在确认没有明显变值系统误差(可用后面介绍的方法来发现和修正)的前提下，可以改用更理想的测量条件(例如改用更高精度的仪器或基准)进行检定性测量。以此两种不同的测量条件对同一量进行次数相同的重复测量，求出两者算术平均值之差，则该差值即为被判断的测量条件下的定值系统误差。

(2) 均值与标准差比较法

对同一量在测量条件不同、测量次数也不同的情况下进行两组(或多组)测量。设测量次数分别为 n_1 和 n_2 次，得两组平均值$\overline{x_1}$和$\overline{x_2}$分别为：

$$\overline{x_1}=\frac{1}{n_1}\sum x_{1j} \tag{4-54}$$

$$\overline{x_2}=\frac{1}{n_2}\sum x_{2j} \tag{4-55}$$

如果测量条件稳定，没有明显的变值系统误差，且都服从正态分布，则两列测得值的分布中心(数学期望)均将为理论均值 μ，而$\overline{x_1}$和$\overline{x_2}$都将为 μ 的近似值。因为$\overline{x_1}$和$\overline{x_2}$也是随机变量，所以两者之间总会有些差异。根据$\overline{x_1}$和$\overline{x_2}$的近似程度，结合两者差异发生的概率，便可以大致确定两组测得值是只含有随机误差，还是也伴有恒值系统误差存在。

两列测得值的方差估计分别为：

$$\sigma_{x1}^2=\frac{1}{n_1-1}(x_{1j}-\overline{x_1})^2 \tag{4-56}$$

$$\sigma_{x2}^2=\frac{1}{n_1-1}(x_{2j}-\overline{x_2})^2 \tag{4-57}$$

平均值$\overline{x_1}$和$\overline{x_2}$的方差估计值分别为：

$$\sigma_{\overline{x}_1}^2=\frac{\sigma_{x_1}^2}{n_1} \tag{4-58}$$

$$\sigma_{\overline{x}_2}^2=\frac{\sigma_{x_2}^2}{n_2} \tag{4-59}$$

两个平均值之差的方差为：

$$\sigma_{\Delta\overline{x}}^2=\sigma_{(\overline{x_1}-\overline{x_2})}^2=\sigma_{\overline{x1}}^2+\sigma_{\overline{x_2}}^2 \tag{4-60}$$

可用区间的概率估计原理来判断是否有恒值系统误差，即：

$$p(-t\sigma_{\Delta\overline{x}}\leqslant\overline{x_1}-\overline{x_2}<t\sigma_{\Delta\overline{x}})=p_\alpha \tag{4-61}$$

P_α 为与 t 对应的概率值，也可写成：

$$P_\alpha=p(|\overline{x_1}-\overline{x_2}|<t\sigma_{\Delta\overline{x}}) \tag{4-62}$$

在给定置信概率 P_α 时，若无定值系统误差，则$|\overline{x_1}-\overline{x_2}|$应不超过 $t\sigma_{\Delta\overline{x}}$；如果超出，则可认

为$\overline{x_1}$和$\overline{x_2}$的差异不只是受随机误差影响，而且还有恒值系统误差存在。这样判断的置信概率为 P_α。

4.4.2.2 变值系统误差的判别方法

(1) 偏差观察法

偏差观察法是将一系列等精度测量值，按测量的先后顺序把测得值及其偏差值列表，观察其偏差数值及其符号的变化规律。若偏差数值有规律地递增或递减，并且在测量开始和结束时偏差符号相反，则可判定该测量列含有线性系统误差，测量数据见表 4-7。若在某一测量条件下，偏差基本上保持相同符号，当变为另一测试条件时偏差变化，则表明测量中含有随测量条件而变的恒值系统误差，其分布如图 4-8 所示。若偏差的符号有规律地由正变负，再由负变正，或循环交替变化多次，则可判定该测量序列含有周期性误差，测量数据见表 4-8。

表 4-7 含有线性系统误差的测量数据

测量序号 n	测得值$\overline{x_i}$/℃	偏差 d_i/℃
1	20.06	−0.06
2	20.07	−0.05
3	20.06	−0.06
4	20.08	−0.04
5	20.10	−0.02
6	20.12	0
7	20.14	0.02
8	20.18	0.06
9	20.18	0.06
10	20.21	0.09
$n = 1 \sim 10$	$\bar{x} = 20.12$	$\sum_{i=1}^{5} d_i = -0.23$，$\sum_{i=6}^{10} d_i = 0.23$

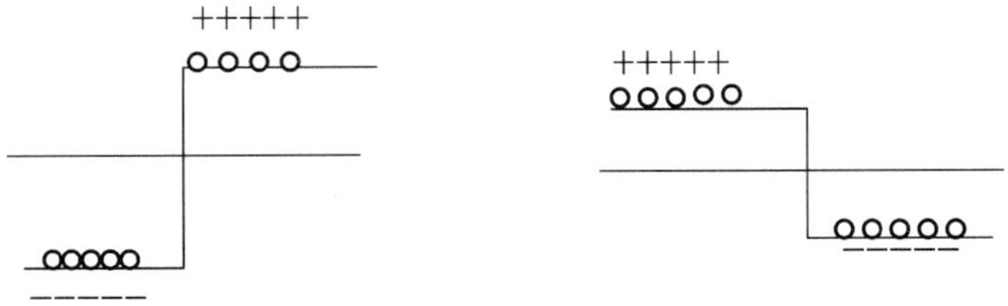

图 4-8 含有随测量条件而变的恒值系统误差分布示意图

表 4-8　含有周期性误差的测量数据

测量序号 n_i	测得值 $\overline{x_i}$	偏差 d_i	d_i^2	$\left\| \left\| \sum d_i \right\| \sum d_{i+1} \right\|$
1	50.74	−0.06	0.0036	
2	50.76	−0.04	0.0016	
3	50.82	0.02	0.0004	
4	50.85	0.05	0.0025	
5	50.83	0.03	0.0009	
6	50.74	−0.06	0.0036	
7	50.75	−0.05	0.0025	
8	50.81	0.01	0.0001	
9	50.85	0.05	0.0025	
10	50.85	0.05	0.0025	
$n=1\sim10$	$\bar{x}=50$		$\sum d_i^2=0.0202$	$\left\|\sum d_i d_{i+1}\right\|=0.0078$

（2）偏差核算法

如果在测量过程中出现的随机误差比较大，用上述偏差观察法往往检查不出系统误差的存在，用偏差核算法就比偏差观察法灵敏。常用偏差核算法检查测量列中是否存在线性系统误差。

对式(4-53)，将测得值按测量先后顺序排列，并将其分为前半组 k 个和后半组 k 个，两组分别求和后相减，有：

$$\Delta=\sum_{i=1}^{k}d_i-\sum_{i=k+1}^{n}d_i=\sum_{i=1}^{k}d'-\sum_{i=k+1}^{n}d'+\sum_{i=1}^{k}(\varepsilon_i-\bar{\varepsilon})-\sum_{i=k+1}^{n}(\varepsilon_i-\bar{\varepsilon}) \tag{4-63}$$

当测量次数 n 足够大时，$\sum\limits_{i=1}^{k}d'-\sum\limits_{i=k+1}^{n}d'\approx 0$，所以：

$$\Delta\approx\sum_{i=1}^{k}(\varepsilon_i-\bar{\varepsilon})-\sum_{i=k+1}^{n}(\varepsilon_i-\bar{\varepsilon}) \tag{4-64}$$

式(4-64)表明前后两部分偏差和的差值取决于系统误差，因线性系统误差前后两组的符号相反，则 Δ 值将随 n 的增大而增大。因此，若 Δ 值显著不为零，则说明测量列中含有线性系统误差。

（3）阿贝-赫梅特判据

只要测量满足下式，就认为该测量列有周期性系统误差存在。

$$\left|\sum_{i=1}^{n-1}d_i d_{i+1}\right|>\sqrt{n-1}\,\sigma^2 \tag{4-65}$$

4.4.2.3　系统误差的修正

（1）恒值系统误差的修正

代替法。在对未知量进行测量以后，选择与未知量大小适当的可调的已知量重新进行一次测量，并保持测量结果不变，则可认为被测的未知量就等于这个已知量。例如，用天平称重物，物体质量 M 应等于天平的砝码质量 m。假定天平两臂不等，则天平质量具有固定的系统误差。采用代替法，先测量一次未知物质量，然后用标准可调的已知质量代替未知物质量使之达到原先的平衡，如已知标准质量为 P，根据两次测量，就可得 $M=P$，即物体质量等于标准质量，这就修正了因天平两臂不等而带来的误差。

相消法。在有定值系统误差的状态下进行一次测量，再在该定值系统误差影响相反的另一状态下再测一次，取两次测量的平均值作为测量结果。这样，大小相同但符号相反的两定值系统误差就在相加后再平均的计算中互相抵消了。例如，用千分尺测量零件的长度时，可用往返两个方向的两次读数的平均值修正由千分尺的间隙引起的空行程误差。

对换法。就是采用交换测量的方法来修正恒值系统误差。例如，用天平称质量，可在两次测量中交换被测物与砝码的位置，用两次测量的平均值作为被测值。

(2) 线性变化系统误差的修正

用对称测量法可以修正线性系统误差。例如测量电阻，如图 4-9 所示，R_x 为被测电阻，R_0 为已知电阻。设回路电流 I 随时间线性降低，可用对称测量法修正该线性误差，方法如下：

图 4-9　用对称测量法测量电阻

第一次测 R_x 两端电压为：

$$U_{x1}=I_1R_x \tag{4-66}$$

第二次测 R_0 两端电压为：

$$U_0=I_2R_0 \tag{4-67}$$

第三次测 R_x 两端电压为：

$$U_{x3}=I_3R_x \tag{4-68}$$

将式(4-66)和式(4-68)相加，两边除以 2，得：

$$\frac{1}{2}(U_{x1}+U_{x3})=\frac{I_1+I_3}{2}R_x \tag{4-69}$$

因电流下降是线性变化的，所以：

$$\frac{I_1+I_3}{2}=I_2 \tag{4-70}$$

将式(4-70)代入式(4-69)，然后除以式(4-67)，整理后得：

$$R_x=\frac{U_{x1}+U_{x3}}{2U_0}R_0 \tag{4-71}$$

从式(4-71)可看出，因电流变化而引起的系统误差已被修正。

(3) 周期性变化系统误差的修正

只要读取相隔半周期的两次测量值，然后取平均值为测量结果，即可修正周期性变化的系统误差。这是因为根据周期性变化系统误差的变化规律，有：

$$\varepsilon_1 = a\sin\varphi_1 \tag{4-72}$$

$$\varepsilon_2 = a\sin(\varphi_1 + \pi) = -a\sin\varphi_1 \tag{4-73}$$

取 ε_1 和 ε_2 的算术平均值，有

$$\bar{\varepsilon} = \frac{\varepsilon_1 + \varepsilon_2}{2} = 0 \tag{4-74}$$

4.4.2.4　系统误差修正准则

如果系统误差或偏差代数和的绝对值不超过测量结果总误差绝对值最后一位有效数字的一半，就认为系统误差已被修正。测量结果的总误差，一般只用一位或两位有效数字表示，可用公式来表达上述准则。

设测量结果的总误差绝对值为 $|\Delta_x|$，残余系统误差的代数和为 ε_x。当 $|\Delta_x|$ 用两位有效数字表示时，有：

$$|\varepsilon_x| < \frac{1}{2} \times \frac{|\Delta_x|}{100} = 0.005|\Delta_x| \tag{4-75}$$

当 $|\Delta_x|$ 用一位有效数字表示时，有：

$$|\varepsilon_x| < \frac{1}{2} \times \frac{|\Delta_x|}{10} = 0.05|\Delta_x| \tag{4-76}$$

只要满足上述条件，就可认为已修正系统误差对测量结果的影响。

4.4.3　消除系统误差的措施

在测量过程中，若发现有系统误差存在，必须进一步分析比较，找出可能产生系统误差的因素以及减小和消除系统误差的方法。消除系统误差的方法与具体的测量对象、测量方法、测量人员的经验有关，因此要找出普遍有效的方法比较困难。下面仅介绍其中最基本的方法以及适应各种系统误差的特殊方法。

4.4.3.1　从产生误差根源上消除系统误差

从产生误差根源上消除系统误差是最根本的方法，它要求测量人员对测量过程中可能产生系统误差的环节做仔细分析，并在测量前就将误差从产生根源上加以消除。例如，为了防止调整误差，要正确调整仪器，选择合理的被测件的定位面或支承点；为了防止测量过程中仪器零位的变动，测量开始和结束时都需检查零位；为了防止长期使用过程中仪器精度降低，要严格进行周期性检定与修理。如果系统误差是由外界条件引起的，应在外界条件比较稳定时进行测量，当外界条件急剧变化时应停止测量。

4.4.3.2　用修正方法消除系统误差

这种方法是预先将测量器具的系统误差检定或计算出来，作出误差表或误差曲线，然后取与误差数值大小相同、符号相反的值作为修正值，即将实际测得值加上相应的修正值，得到不包含该系统误差的测量结果。例如，如果量块的实际尺寸不等于公称尺寸，若按公称尺寸使用，就会产生系统误差。因此应按经过检定的实际尺寸（即将量块的公称尺寸加上修正量）使用，以避免此项系统误差产生。

4.4.3.3　消除系统误差的其他方法

由于修正值本身也包含有一定误差，因此用修正值消除系统误差时，不可能消除全部系统

误差，总会残留少量系统误差，对这种残留的系统误差则应按随机误差进行处理。

(1) 交换抵消法

将测量中某些条件(如被测物的位置等)相互交换，使产生系统误差的原因相互抵消。例如，用天平称质量时，把被测物和砝码交换位置进行两次测量。设 m_1 和 m_2 分别为两次测量的质量，取物体的质量为 $m=(m_1 \cdot m_2)^{1/2}$，就可以消除由于天平不等臂而产生的系统误差。

(2) 替代消除法

在一定测量条件下，用一个精度较高的已知量，在测量系统中取代被测量，而使测量仪器的指示值保持不变，此时，被测量即等于该已知量。例如，用惠斯通电桥测电阻时，先接入被测电阻，使电桥平衡，然后再用标准电阻替代测量，使电桥仍然达到平衡，则被测电阻值等于标准电阻值。这样可以消除桥臂电阻不准确而造成的系统误差。

(3) 预检法

预检法是一种检验和发现测量仪器系统误差的常用方法。可将测量仪器与较高精度的基准仪器对同一物理量进行多次重复测量，以修正仪器的系统误差。

4.5 间接测量中的误差计算

实际测试中，有些待测量可以直接测出，有些量只能间接测得。不能直接测量的指标通常需要由一个或多个直接测得的参数通过一定的函数关系计算得出。显然，间接测量指标的误差取决于其参数变量的测量误差和相应的函数关系。

4.5.1 间接测试参量的估计值

间接测量量 y 一般可以表示为相互独立的直接测量量 $x_1, x_2, \cdots, x_n$ 的函数。

由于各直接测得的参量 $x_1, x_2, \cdots, x_n$ 都是随机变量，间接测量量 y 是随机变量的函数，其分布参数(均值和标准差等)通常需要根据其自变量的分布参数计算。计算随机变量函数分布参数的常用方法是矩法。

用矩法求随机变量函数的均值及标准差，是通过泰勒级数展开式来近似计算的。对于 n 维函数 $y=f(x_1, x_2, \ldots, x_n)$，当 $x_1, x_2, \cdots, x_n$ 相互独立时可用此方法。

对于多元函数 $y=f(x_1, x_2, \ldots, x_n)$，在各随机变量 $x_1, x_2, \cdots, x_n$ 的均值处做泰勒级数展开，有：

$$\bar{y} \approx f(\overline{x_1}, \overline{x_2}, \cdots, \overline{x_n}) + \frac{1}{2} \sum_{i=1}^{n} \frac{\partial^2 f}{\partial x_i^2}\bigg|_{x_i=\overline{x_i}} \mathrm{var}(x_i) \approx f(\overline{x_1}, \overline{x_2}, \cdots, \overline{x_n}) \tag{4-77}$$

式(4-77)即为间接测量量均值的近似估计。

4.5.2 间接测量误差计算

由于间接测量量与直接测量量之间存在函数关系，因此可以通过计算求得间接测量量的误差。

间接测量参数 y 与各直接测量参数 $x_1, x_2, \cdots, x_n$，两者之间的函数关系为 $y=f(x_1, x_2, \ldots, x_n)$，进行微分运算有：

$$dy=\frac{\partial f}{\partial x_1}dx_1+\frac{\partial f}{\partial x_2}dx_2+\cdots+\frac{\partial f}{\partial x_n}dx_n \tag{4-78}$$

令 $c_i=\frac{\partial f}{\partial x_i}(i=1,2,\ldots,n)$，并用增量代替微分，有：

$$\Delta y=\sum_{i=1}^{n}c_i\Delta x_i \tag{4-79}$$

式(4-79)右边的每一项可以是正值或负值，这些项有可能相互抵消。y 可能的最大误差为：

$$\Delta y_{\max}=\sum_{i=1}^{n}|c_i\Delta x_i| \tag{4-80}$$

显然，由于对各误差分量取了绝对值，导致式(4-80)对 Δy 可能产生过高估计。而方均根误差估计式通常被认为是一个最佳估计：

$$\Delta y=\left[\sum_{i=1}^{n}(c_i\Delta x_i)^2\right]^{\frac{1}{2}} \tag{4-81}$$

使用该式时，间接测量参数 y 的误差置信水平与直接测量参数 x 的误差置信水平是相同的。

相对误差为：

$$r=\frac{\Delta y}{y}=c_1\frac{\Delta x_1}{y}+c_2\frac{\Delta x_2}{y}+\cdots+c_n\frac{\Delta x_n}{y} \tag{4-82}$$

式(4-80)～式(4-82)是间接误差的一般表达式，其中的 c_i 称为误差传递函数。它表示第 i 个自变量的误差 x_i 传给函数 y(间接测量量)时放大或缩小的倍数，反映了某个参数的误差对间接测量结果影响的大小。

在间接测量时，可根据各基本参数的测量误差，利用上述基本关系式，求出间接测量结果的误差。

4.6　误差分析与测试数据处理

任何测量数据中都或多或少地包含误差成分。为了得到合理的测量结果，需要对各种误差进行分析、处理，并对最终测试结果进行正确表达。

4.6.1　系统误差和随机误差成分分析

在实验设计的初期，分离系统误差和随机误差的影响常常是不现实的。例如，仪器精度一般是系统误差和随机误差的综合体现。在详细误差分析中，希望在测量中区分系统误差与随机误差，分别用符号 B 和 P 表示。系统误差影响准确度，随机误差影响精密度；随机误差有统计属性，而系统误差在重复读数过程中不变。基于这些不同的特性，在误差分析中可以分别处理其不同成分。

随机误差一般通过重复测量某一变量来测定，可用测得的数据计算测量样本标准差。在误差分析中，随机误差反映精密度指数 S。

系统误差包括那些已知但是没有被修正的全部标定误差，和在测量过程中能够计算但没有被修正的其他系统误差。如果试验在相同的条件下重复进行，则系统误差 B 保持不变。如果系统误差的估计需要大量的数据，可以通过标定试验、实验室内的试验、独立测量和数学方法相比较等方法做出合理的系统误差估计。如果测量条件不变，则系统误差不变。因此，需要用置信区间而不是置信水平来定义准确度误差极限的可信度。通常要求系统误差的置信区间与随机误差的置信水平相对应，例如，95%的置信水平用于随机误差，95%的置信区间用于系统误差。

4.6.2 误差分析的步骤

完成试验的误差分析可能是复杂的，工作中需要提供文件和被分析系统的记录。下面是估计综合误差的简略步骤：

(1) 确定测量过程。这一步包括审查试验任务，识别所有独立参数和它们的正常值，确定独立参数和试验结果之间的函数关系。例如，测量单个发动机效率的公称值、系统误差、随机误差和综合误差，其中，效率和独立的被测量参数(功率、燃料质量、流速和热值)之间的函数关系是明确的。

(2) 将所有基本误差源列表。这一步包括对每个被测量参数制作一个全面和详细的全部可能误差源的列表。为了识别所有的误差并清楚地记录，建议把误差分为标定、数据采集和数据处理等类别。

(3) 估算基本误差。这一步必须估计系统误差和精密度指数。如果数据可用于估计参数的精密度指数，则误差将被划分为随机误差；否则被划分为系统误差。以相同的置信水平估计所有的随机误差，并在小样本试验中把自由度数的识别与每个精密度指数相联系是非常重要的。表 4-8 可以作为划分基本误差的参考。

表 4-8　划分基本误差的参考

误差	误差类别
精密度	随机
共模电压	系统
滞后	系统
装置	系统
非线性	系统
负载	系统
噪声	随机
重复性	随机
分辨率/刻度/量化	随机
空间变化	系统
热稳定性(增益、零点等)	随机

(4) 计算每个被测变量的系统误差和随机误差。

(5) 利用系统误差和精密度指数计算单样本最终结果误差。

(6) 计算最终结果的综合误差。

除非特别说明，对于随机误差，假定样本数大于 30。

4.6.3　测试数据的处理

广义地讲，数据处理包括数据的采集、存储、检索、加工、变换和传输。数据处理的基本目的是从大量的、可能是杂乱无章的、难以理解的数据中抽取并推导出有特定价值、有意义的数据及其反映出来的规律。

就测试技术而言，实测数据中包含许多有关被测对象特征及其内在规律的信息，采用科学方法对测试数据进行整理和分析，就可以获得可靠的测量指标及反映的本质规律。

(1) 最小二乘线性拟合

在测试数据处理过程中，需要确定两个或多个变量之间的关系。通常需要把测试数据画在坐标纸上，首先粗略地估计参数间的关系是线性、幂函数、抛物线，还是其他函数关系，然后使用数学函数拟合测试数据。线性函数是用于此目的最常用的函数形式，原本呈非线性关系的数据也可以转换为线性数据进行拟合、分析。如有 n 对数据 (x_i, y_i)，试图拟合一条能最好地表达数据趋势的直线，形式为：

$$y = ax + b \tag{4-83}$$

显然，若仅有两对数据，则有唯一的解，因为两点完全确定一条直线。然而，若有多个点，就需要对数据确定一个“最佳拟合”。如图 4-10 所示，实验者可使用直尺或目测作出一条接近这些点的直线，这是最简单实用的方法。

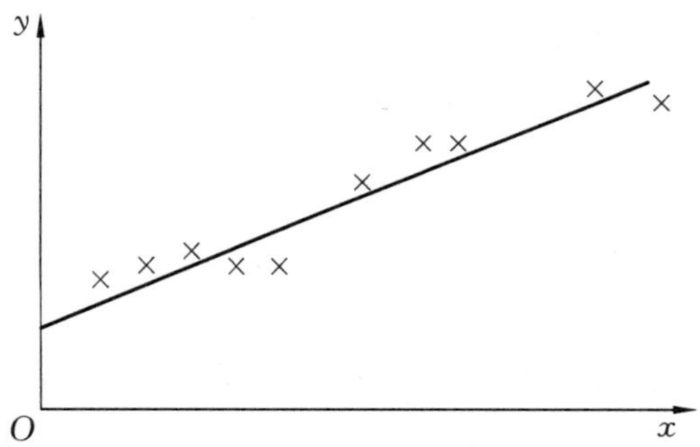

图 4-10　拟合直线图

更科学的方法是应用最小二乘法，即线性回归法来拟合数据。最小二乘法的实质是使按回归方程计算出来的函数值与实际测量值的差(即残差)的平方和最小。假设由实验数据构成的数据对 (x_i, y_i) 中，对于每个 x_i 值，可根据线性回归方程 $y = ax + b$ 预测 y_i 的值。满足最小二乘法的 a 和 b 分别为：

$$
\begin{aligned}
a &= \frac{n\sum x_i y_i - \left(\sum x_i\right)\left(\sum y_i\right)}{n\sum x_i^{2} - \left(\sum x_i\right)^{2}} \\
a &= \frac{\left(\sum x_i^{2}\right)\left(\sum y_i\right) - \left(\sum x_i\right)\left(\sum x_i\right)y_i}{n\sum x_i^{2} - \left(\sum x_i\right)^{2}}
\end{aligned}
\tag{4-84}
$$

度量最小二乘直线描述数据效果的量是估计的标准误差，即：

$$S_{yx}=\sqrt{\frac{1}{n-2}\sum_{i=1}^{n}(y_i-Y_i)^2} \tag{4-85}$$

关于最小二乘法，有以下注意事项：

① 测量误差是在误差为无偏（即无系统误差）、正态分布且相互独立的条件下推导出来的。

② 在推导关系式 $y=ax+b$ 的过程中，假定 y 中存在随机变量成分，而 x 值是没有误差的。

③ 因为误差在 y 方向被减小，所以，如果在 y 值的基础上估计误差值可能得出错误的结论。即 x 关于 y 的线性回归不能简单地由 $y=ax+b$ 导出。

上面的方法容易推广为多自变量线性函数，即：

$$f=a_0+a_1x+a_2y+\cdots \tag{4-86}$$

其中，x，y，…为自变量；f 为因变量；a_0，a_1，a_2，…为多元回归系数。这些系数的求法与单自变量情况下的求解相似。

(2) 曲线回归转化为直线回归

如果实验数据的因变量与自变量之间不是线性关系，则不能直接使用线性回归分析方法。然而，一般可以采用线性化的方法，首先把数据关系转换为线性函数，然后使用线性回归方法拟合直线。容易转换为线性形式的数据关系式包括 $y=ax^b$ 和 $y=ae^{bx}$ 等，其中 a 和 b 是常数，x 和 y 是变量。以方程 $y=ae^{bx}$ 为例，对其两边取自然对数，有 $\ln y=bx+\ln a$。由于 $\ln a$ 是常数，故 $\ln y$ 为 x 的线性函数。这样，就可借助最小二乘法进行回归分析。

课 后 习 题

一、判断题

1. 所谓误差就是测得值与被测量的真值之间的差，可用下式表示：误差＝测得值－真值。 (　　)

2. 某量值的测得值和真值之差为绝对误差，通常简称为误差，即绝对误差＝测得值－真值。 (　　)

3. 由于测量者工作责任感不强，工作过于疲劳或者缺乏经验，操作不当，或在测量时不小心、不耐心、不仔细等，从而造成了错误的读数或错误的记录，这是产生粗大误差的主要原因。 (　　)

4. 粗大误差又称过失误差。由于测量人员主观疏忽而产生的测量误差称为粗大误差。 (　　)

5. 引用误差$=\dfrac{\text{测量范围上限}}{\text{示值误差}}$。 (　　)

二、选择题

1. 在同一条件下，多次测量同一量值时，绝对值和符号保持不变，或在条件改变时，按一定规律变化的误差称为(　　)。

A.系统误差　　B.随机误差　　C.粗大误差　　D.相对误差

2. 绝对值相等的正误差与负误差出现的次数相等，这称为误差的(　　)。

A.对称性　　B.单峰性　　C.随机性　　D.确定性

3. 绝对值小的误差比绝对值大的误差出现的次数多，这称为误差的(　　)。

A.对称性　　B.单峰性　　C.随机性　　D.确定性

4. 在一定的测量条件下，随机误差的绝对值不会超过一定界限，这称为误差的(　　)。

A.对称性　　B.单峰性　　C.有界性　　D.确定性

5. 随着测量次数的增加，随机误差的算术平均值趋向于零，这称为误差的(　　)。

A.对称性　　B.单峰性　　C.有界性　　D.抵偿性

三、简答题

1. 随机误差产生的原因是什么？

2. 系统误差产生的原因是什么？

3. 什么是随机误差？

4. 在测量过程中，误差产生的原因可归纳为几个方面？

5. 判别粗大误差的准则是什么？

四、计算题

已知柴油机输出轴的有效功率与该轴的转速和测功器测力机构指示值的函数关系式为

$$N=0.001P\times n。$$

式中　N——有效功率，kw；

P——测功器指示值，kg；

n——转速，rad/min。

P 与 n 均为直接测量量，其测量结果如表 4-9 所示。

表 4-9　测量结果

等精度测量序号	1	2	3	4	5	6
P/kg	3.1	3.1	3.2	3.1	3.1	3.2
n/r/min	1485	1483	1486	1490	1486	1486

试求：(1)测功器指示值 P 和转速 n 的算术平均值；(2)测功器指示值 P 和转速 n 的均方根误差；(3)被测柴油机的有效功率和误差，并用含不确定度的形式表示试验所得有效功率(置信区间为 3σ)。

参考文献

[1] 赵长胜，孙小荣.误差理论与测量平差[M].北京：测绘出版社，2022.

[2] 陈传胜.测量误差与数据处理[M].北京：测绘出版社，2021.

[3] 王穗辉.误差理论与测量平差[M].上海：同济大学出版社，2020.

[4] 曹元志.误差理论与测量数据处理原理及方法[M].成都：西南交通大学出版社，2020.

[5] 丁克良，李刚.误差理论与测量平差基础[M].北京：测绘出版社，2022.

[6] 潘宏侠.机械工程测试技术[M].北京：国防工业出版社，2009.

第 5 章　传感器技术

5.1　本章知识点

本章名词及含义汇总见表 5-1。

表 5-1　名词及含义汇总

名词	含义
电容传感器	将被测量(如尺寸、压力等)的变化转换成电容量变化的一种传感器
电阻传感器	将被测量物理量的变化转换成电阻值的变化,再经过相应的测量电路显示或记录被测量值的变化
压电传感器	以某些物质的压电效应为基础制成的传感器
光传感器	将光信号转换成电量的一种变换器,光电式传感器工作的理论基础是光电效应
超声传感器	利用超声波能量集中、不容易发散、穿透性好的特性制成的传感器,包括发送传感器、接收传感器、控制部分、电源等部分
MEMS 传感器	采用微电子和微机械加工技术制造出来的新型传感器
边缘计算传感器	边缘计算也被称为临近计算或接近计算,是指接近数据源的提供计算和存储的网络边缘,边缘计算可以实现数据采集、数据实时计算、储存和应用。边缘计算是去中心化或分布式的云计算,采集的原始数据不必传回云端,而是在本地完成数据分析、存储和应用

5.2　电容式传感器

电容式传感器是将被测量(如尺寸、压力等)的变化转换成电容量变化的一种传感器。它由两块平行的金属板组成,金属板之间的电介质是空气或其他介质。它具有结构简单、轻巧、灵敏度高、动态响应好、能在高温及强辐射的恶劣环境中工作等优点[1]。这类传感器广泛应用在位移、压力、流量、液位等测量中。

根据物理学原理可知,在忽略边缘效应的情况下,平行板电容器的电容量为:

$$C=\frac{\varepsilon_0\varepsilon A}{\delta} \tag{5-1}$$

式中　ε_0——真空介电常数，$\varepsilon_0=8.854\times10^{-12}$ F/m；

ε——极板间介质的相对介电系数，在空气中 $\varepsilon=1$；

A——极板的覆盖面积；

δ——两平行板板间的距离。

上式表明，当被测量 δ、A 或者 ε 发生变化时，都会引起电容的变化，如果保持其中两个参数不变，而仅改变另一个参数，就可以把该参数的变化转变成单一电容量的变化，再通过配套的测量电路，将电容的变化转化为电信号输出。根据电容器参数变化的特性，电容式传感器可以分为极距变化型、面积变化型和介电常数变化型三种，其中极距变化型和面积变化型应用较广。

5.2.1　极距变化型电容式传感器

在电容器中，如果两极板间相互覆盖面积及极板间介质不变，则电容量与极距成非线性关系。极距变化型电容传感器结构及特性曲线如图 5-1 所示。

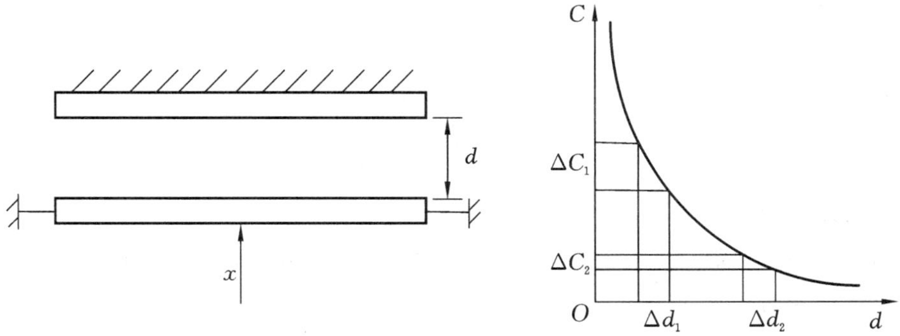

图 5-1　极距变化型电容式传感器结构及特性曲线

当两极板在被测量参数作用下发生位移时，引起电容量的变化为：

$$\mathrm{d}C=\frac{\varepsilon_0\varepsilon A}{\delta^2}\mathrm{d}\delta \tag{5-2}$$

由此可得到传感器的灵敏度为：

$$S=\frac{\mathrm{d}C}{\mathrm{d}\delta}=\frac{\varepsilon_0\varepsilon A}{\delta^2}=-\frac{C}{\delta} \tag{5-3}$$

从上式可以看出，灵敏度 S 与极距平方成反比，极距愈小，灵敏度愈高。一般通过减小初始极距来提高灵敏度。由于电容 C 与极距成非线性关系，故将引起非线性误差。为了减小这一误差，通常规定测量范围 $\Delta\delta\ll\delta_0$。一般取极距相对变化范围为 $\Delta\delta/\delta_0\approx0.1$，此时传感器的灵敏度近似为常数。实际应用中，为了提高传感器的灵敏度，增大线性工作范围，克服外界条件(如电源电压，环境温度)等的变化对测量精度的影响，常常采用差动型电容式传感器。

5.2.2 面积变化型电容式传感器

面积变化型电容式传感器的工作原理是在被测量参数的作用下改变极板之间的重叠面积。图 5-2 是面积变化型电容式传感器的结构示意图。

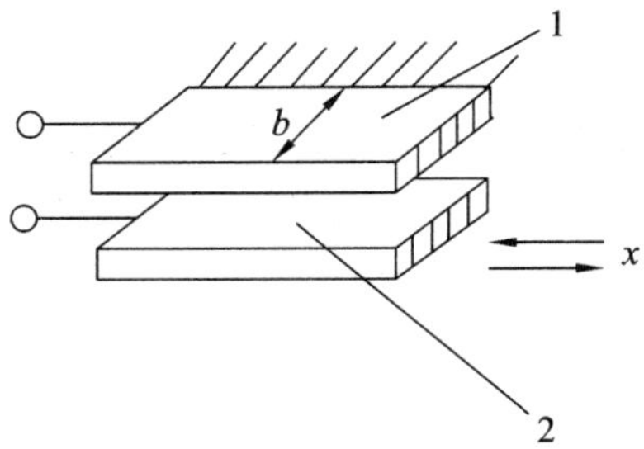

图 5-2　面积变化型电容式传感器

1—固定极板；2—可动极板

如图 5-2 所示，当宽度为 b 的动板沿箭头 x 方向移动时，覆盖面积变化，电容量也随之变化，电容为：

$$C=\frac{\varepsilon\varepsilon_0 bx}{\varepsilon} \tag{5-4}$$

其灵敏度为：

$$S=\frac{\mathrm{d}C}{\mathrm{d}x}=\frac{\varepsilon\varepsilon_0 b}{\delta}=常数 \tag{5-5}$$

故输出与输入成线性关系。

若为角位移型传感器，当动板有一转角时，与定板之间相互覆盖的面积发生变化，导致电容量变化。当覆盖面积对应的中心角为 α、极板半径为 r 时，覆盖面积为：

$$A=\frac{\alpha r^2}{2} \tag{5-6}$$

电容为：

$$C=\frac{\varepsilon\varepsilon_0 \alpha r^2}{2\delta} \tag{5-7}$$

其灵敏度为：

$$S=\frac{\mathrm{d}C}{\mathrm{d}\alpha}=\frac{\varepsilon\varepsilon_0 r^2}{2\delta}=常数 \tag{5-8}$$

由于平板型传感器的可动极板沿极距方向稍有移动就会影响测量精度，因此，一般情况下，变面积型电容式传感器常做成圆筒形。圆筒形电容器的电容为：

$$S=\frac{2\pi x\varepsilon}{\ln(r_2/r_1)} \tag{5-9}$$

式中　x——外圆筒与内圆筒覆盖部分长度；

r_2, r_1——外圆筒内半径与内圆筒外半径，即它们的工作半径。

当覆盖长度 x 变化时，电容量也随之变化，其灵敏度为：

$$S=\frac{\mathrm{d}C}{\mathrm{d}x}=\frac{2\pi\varepsilon\varepsilon_0}{\ln(r_2/r_1)}=常数 \tag{5-10}$$

由上述可知，面积变化型电容式传感器的优点是输出与输入成线性关系，但与极距变化型相比灵敏度较低，适用于较大角位移及直线位移的测量。

5.2.3　变介电常数型电容式传感器

变介电常数型电容式传感器的结构原理如图 5-3 所示。这种传感器大多用于测量电介质的厚度[图 5-3(a)]、位移[图 5-3(b)]、液位[图 5-3(c)]，还可以根据极板间介质的介电常数随温度、湿度、容量改变而改变来测量温度、湿度、容量。

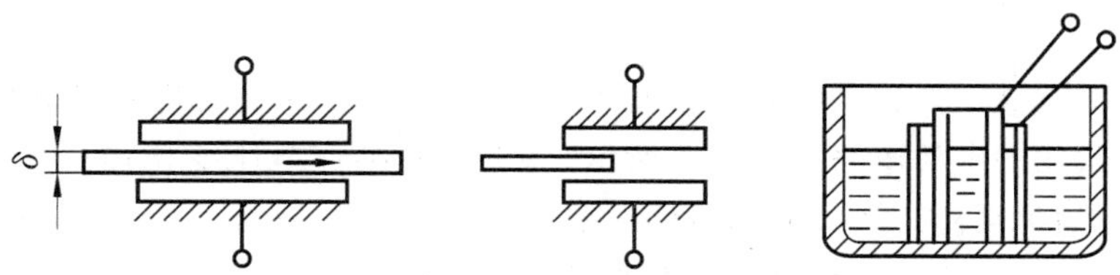

图 5-3　变介电常数型电容式传感器

若忽略边缘效应，传感器的电容量与被测量的关系为：

$$C=\frac{lb}{\dfrac{\delta-\delta_x}{\delta_0}+\dfrac{\delta_x}{\varepsilon}} \tag{5-11}$$

$$C=\frac{2\pi\varepsilon_0 h}{\ln(r_2/r_1)}+\frac{2\pi(\varepsilon-\varepsilon_0)h_x}{\ln(r_2/r_1)} \tag{5-12}$$

其中，δ 为两固定极板间的距离；h 为两极板间的高度；ε_0 为两极板间空气的介电常数；δ_x 为被测物的厚度；h_x 为被测液面高度；ε 为被测液体的介电常数；l 为固定极板的长度；b 为固定极板的宽度；r_2，r_1 分别为内外机筒的工作半径。

上述测量方法中，若电极间存在导电介质，则电极表面应涂盖绝缘层（如涂0.1mm厚的聚四氟乙烯等），防止电极间短路。

5.2.4　电容传感器的特点与应用

5.2.4.1　主要优点

(1) 输入能量小而灵敏度高

极距变化型电容式压力传感器只需要很小的能量就可以改变电容极板的距离，如在一对直径为 1.27cm 的圆形电容极板上施加 10V 电压，极板间距为 2.54×10^{-3}cm，只需 3×10^{-5}N 的力就可以使极板产生位移，因此电容传感器可以测量很小的力、振动加速度，而且很灵敏。精度高达 0.01%的电容式传感器现在已有商品出现。

(2) 电参量相对变化大

电容式压力传感器电容的相对变化有的甚至可以达 200%，这说明传感器的信噪比大，稳定信好。

(3) 动态特性好

电容传感器活动零件少，且质量很小，本身具有很高的自振频率，加之供给能量的载波频率很高，因此电容式传感器可以用于动态参数的测量。

(4) 能量损耗小

电容式传感器的工作是变化极板的间距或覆盖面积，而电容变化并不产生热量，因此能量消耗很低。

(5) 结构简单，适应性好

电容式传感器的主要结构是两块金属极板和绝缘层，结构很简单，在振动、辐射环境下仍能可靠工作，如采用冷却措施，还可在高温条件下使用。

5.2.4.2 主要缺点

(1) 非线性大

如前所述，对于极距变化型电容式传感器，从机械位移 $\Delta\delta$ 变为电容变化都是非线性的，利用测量电路(常用的电桥电路如图 5-4 所示)将电容转换成电压变化也是非线性的。因此，输出与输入之间的关系出现较大的非线性。采用差动式结构非线性可以得到适当的改善，但不能完全消除。当采用比例运算放大器电路时，可以得到输出电压与位移量的线性关系，如图 5-5 所示，输入阻抗采用固定电容器 C_0，反馈阻抗采用电容传感器 C_x，根据运算放大器的运算关系，当激励电压为 U_0 时输出电压为：

$$U_v = -U_0 \frac{C_0}{C_x} \tag{5-13}$$

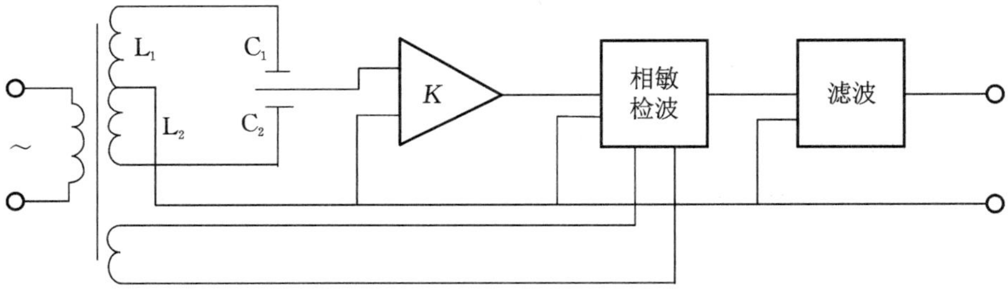

图 5-4 电容传感器的电桥电路

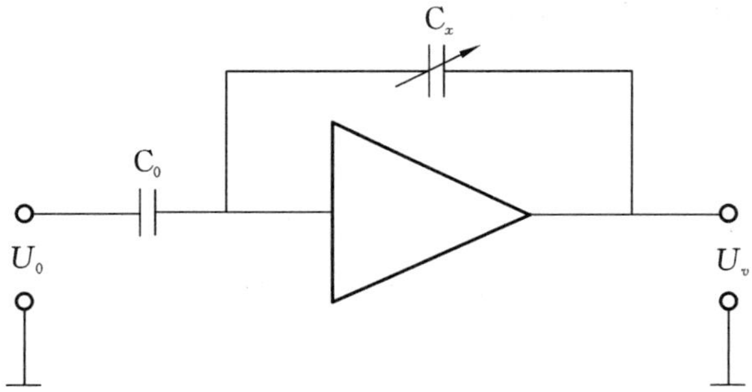

图 5-5 运算放大器

可得：

$$U_v = -U_0 \frac{C_0 \delta}{\varepsilon_0 \varepsilon A} \tag{5-14}$$

由上式可知，输出电压 U_v 与电容传感器间隙 δ 成线性关系。这种电路常用于位移测量传感器。

（2）电缆分布电容影响大

传感器两极板之间电容很小，仅几十皮法，小的甚至只有几皮法。而传感器与电子仪器之间连接电缆却具有很大的电容，如屏蔽线的电容，最小的 1m 也有几皮法，最大的可达上百皮法。这不仅使传感器的电容相对变化大大降低，灵敏度也降低，更严重的是电缆本身放置的位置和形状不同，或因振动等原因，都会引起电缆本身电容的较大变化，使输出不真实，给测量带来误差。解决办法有两种：一种办法是利用集成电路，使放大测量电路小型化，把它放在传感器内部，这样传输导线输出的是电压信号，不受分布电容的影响；另一种方法是采用双屏蔽传输电缆，适当降低分布电容的影响。电缆分布电容对传感器的影响，使电容式传感器的应用受到一定的限制。

5.3　电阻式传感器

电阻式传感器种类繁多，应用广泛，其基本原理就是将被测量物理量的变化转换成电阻值的变化，再经过相应的测量电路，显示或记录被测量值的变化。

5.3.1　电阻应变式传感器

电阻应变式传感器依赖于变量作用于物体时物体电阻的变化。最常用的传感器元件为电阻应变片，将电阻应变片粘贴在被测量物体表面或各种弹性敏感元件上，可构成测量位移、加速度、力、扭矩、压力等各种参数的电阻应变式传感器。

5.3.1.1　应变式传感器工作原理

（1）金属的电阻应变效应

金属导体在外力作用下发生机械变形时，其电阻值随其所受机械变形伸长或缩短的变化而发生变化的现象，称为金属的电阻应变效应。

若金属丝的长度为 L，截面积为 A，电阻率为 ρ，受力时的电阻为 R，则：

$$R=\rho\frac{L}{A} \tag{5-15}$$

如果金属丝沿轴向方向受力而变形，其长度 L 变化 $\mathrm{d}L$，截面积 A 变化 $\mathrm{d}A$，电阻率 ρ 变化 $\mathrm{d}\rho$，因而引起电阻 R 变化。将式(5-15)微分可得：

$$\frac{\mathrm{d}R}{R}=\frac{\mathrm{d}L}{L}-\frac{\mathrm{d}A}{A}+\frac{\mathrm{d}\rho}{\rho} \tag{5-16}$$

对于圆形截面，由于 $A=\pi r^2$，有：

$$\frac{\mathrm{d}A}{A}=2\frac{\mathrm{d}r}{r} \tag{5-17}$$

综上，$\mathrm{d}L/L=\varepsilon$ 为金属丝轴向相对伸长，即轴向应变；而 $\mathrm{d}r/r$ 则为电阻丝径向相对伸长，即径向应变，两者之比就是金属材料的泊松比 v，有：

$$\frac{\mathrm{d}r}{r}=v\frac{\mathrm{d}L}{L}=-2ve \tag{5-18}$$

将(5-18)代入(5-17)得：

$$\frac{\mathrm{d}A}{A}=-2ve \tag{5-19}$$

将(5-19)代入(5-16)得：

$$\frac{dR}{R}=(1+2v)\varepsilon+\frac{d\rho}{\rho} \tag{5-20}$$

整理得：

$$S_0=\frac{dR/R}{\varepsilon}=(1+2v)+\frac{d\rho/\rho}{\varepsilon} \tag{5-21}$$

S_0 称为金属丝的灵敏度系数，其物理意义是单位应变所引起的电阻相对变化。

由式(5-21)可以明显看出，金属材料的灵敏系数受两个因素影响：一个是受力后材料的几何尺寸变化所引起的，即$(1+2v)$项；另一个是受力后材料的电阻率变化所引起的，即$(d\rho/\rho)/\varepsilon$ 项比$(1+2v)$项小得多。大量实验表明，在电阻丝拉伸比例极限范围内，电阻的相对变化与其所受的轴向应变成正比，即 S_0 为常数，于是式(5-21)也可以写成：

$$\frac{dR}{R}=S_0\varepsilon \tag{5-22}$$

通常电阻丝的 S_0 的范围是 1.7～4.6。

(2) 应变片的基本结构及测量原理

电阻丝应变片是用直径为 0.025mm 左右、具有高电阻率的电阻丝制成的。为了获得高的电阻值，将电阻丝排列成栅状，称为敏感栅，并粘贴在绝缘的基底上。电阻丝的两端焊接引线，敏感栅面上粘贴有起保护作用的覆盖层。L 为栅长，b 为栅宽，$b\times L$ 为应变片的使用面积，应变片的规格一般以使用面积和电阻值表示，如 5mm×30mm，200Ω。

应变式传感器是将应变片粘贴于弹性体表面或直接将应变片粘贴于被测试件上，弹性体或试件的变形通过基体和黏结剂传递给敏感栅，使其电阻值发生相应的变化，并通过转换电路转换为电压或电流的变化，即可测量应变。若弹性体或试件把位移、力、力矩、加速度、压力等物理量转换成应变，则可以做成相应的应变式传感器。

5.3.1.2 电阻应变片的分类及材料

金属电阻应变片分为金属丝式应变片、金属箔式应变片、金属膜式应变片和半导体式(压阻式)应变片。

金属丝应变片有回线式应变片和短接式应变片两种。图 5-6 所示为丝式应变片，它制作简单，性能稳定，成本低，易粘贴。其中图 5-6(a)是回线式应变片。因圆弧部分参与变形，故横向效应较大。图 5-6(b)为短接式应变片，它的敏感栅平行排列，两端用直径比栅线直径大 5 到 10 倍的镀银丝短接而成。其优点是克服了横向效应。丝应变片敏感栅常用的材料有康铜、镍铬合金、镍铬铝合金，以及铂、铂钨合金等。金属丝式应变片的基本结构如图 5-7 所示。其布线形式如图 5-8 所示。

金属箔式应变片是利用照相制版或光刻技术，将厚约 0.003～0.01mm 的金属箔片制成敏感栅。箔式应变片具有如下的优点：①可以制成多种形状复杂、尺寸准确的敏感栅，其栅长最小可以做到 0.2mm，以适应不同的测量要求；②横向效应好；③散热条件好，允许电流大，提高了输出灵敏度；④蠕变和机械滞后小，疲劳寿命长；⑤生产效率高，便于实现自动化生产。金属箔的材料常用康铜和镍铬合金等。

金属膜式应变片是采用真空蒸发或真空沉积等方法，在薄的绝缘基片上形成厚度小于 0.1μm的金属电阻材料薄膜的敏感栅，最后加上保护层制成的。它的优点是应变灵敏度系数大,允许电流密度大,工作温度范围广,可达−179～317℃。

应变计按基底材料不同又分为纸基和胶基两种,特殊情况下也有金属基底的应变计。按被测量应力场不同,可分为测量单向应力的应变计和测量平面应力的应变计。也可以用两片以上的应变计组成测量平面应力的应变花。它又可分为测量主应力已知的互成90°的二轴应变花,以及测量主应力未知的应变花,一般由三个方向的应变计组成。

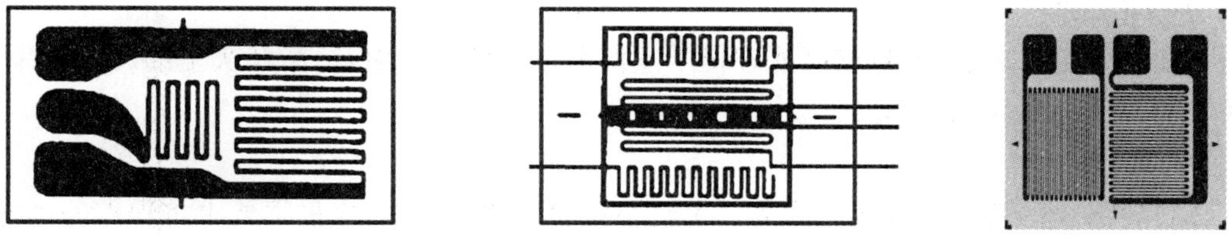

(a)　　(b)　　(c)

图5-6　金属箔式应变片

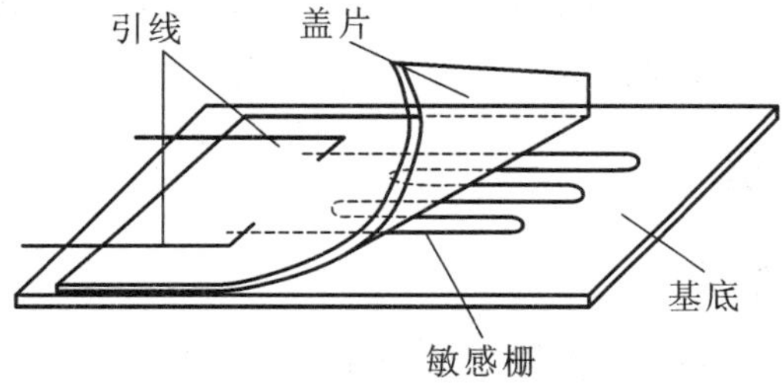

图5-7　金属丝式应变片的基本结构

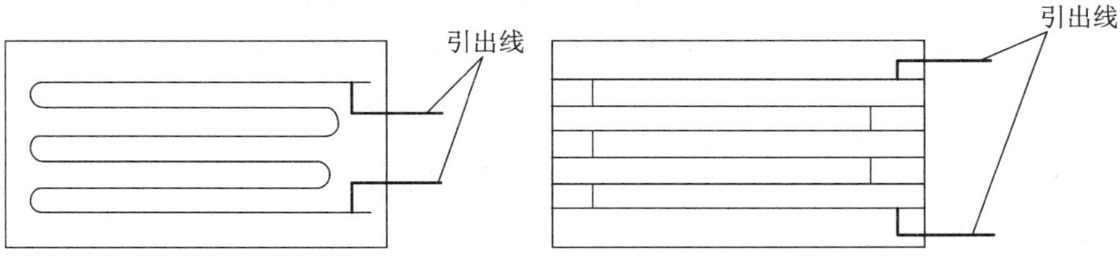

(a)　　(b)

图5-8　金属丝式应变片布线形式

(a)回线式;(b)短接式

应变片的粘贴步骤:

(1) 在粘贴应变片之前,应先将工作区域清除干净,并目测检查应变片表面是否平整。如果应变片有折痕、断丝等缺陷,则不能粘贴,如果表面有划痕或凸起,应及时修复

(2) 用数字万用表测量应变片电阻值大小。同一电桥中各应变片之间阻值相差不得大于0.5Ω。

(3) 试件表面处理:贴片处置用细纱纸打磨干净,用酒精棉球反复擦洗粘贴处,直到棉球无黑迹为止。

(4) 应变片粘贴:选择需要用到的应变片并将其拿出来。然后将其背面的保护膜剥离,注意不要碰触灵敏的应变片表面。接着在应变片基底上挤一小滴502胶水,轻轻涂抹均匀,立即放在应变贴片粘贴位置。在应变片上垫一片玻璃纸,再压紧。

注意，虽然应变片的粘贴相对简单，但不正确的安装和使用可能会影响测量结果的准确性。下面是应变片粘贴时需注意的事项：

① 应变片选择

不同类型的应变片适用于不同情况。因此，在选购应变片时，要根据具体应用情况选择适合的型号。

② 清洁工作

在粘贴应变片之前，请将表面清理得干净而平整。防止污垢、油脂及灰尘进入应变片与待测区域间，从而引起读数偏差。

③ 应力环境

必须确保获得精准的应变片读数。手动装配通常比较棘手，应根据要求将焊点处理好，使零件与预定形状相吻合。

(5) 焊线：用电烙铁将应变片的引线焊接到导引线上。

(6) 用兆欧表检查应变片与试件之间的绝缘组织，应大于 500MΩ。

(7) 应变片保护：用 704 硅橡胶覆于应变片上，防止受潮。

5.3.2 压阻式传感器

5.3.2.1 基本工作原理

半导体材料受到应力作用时，其电阻率会发生变化，这种现象称为压阻效应。实际上，任何材料都不同程度地呈现压阻效应，但半导体材料的这种效应特别强。电阻应变效应的分析公式也适用于半导体电阻材料，故仍可用式(5-20)来表达。对于金属材料来说，$d\rho/\rho$ 比较小，但是对于半导体材料 $d\rho/\rho \gg (1+2v)\varepsilon$，即因机械形变引起的电阻变化可以忽略，电阻的变化率主要是由 $d\rho/\rho$ 引起的，即：

$$\frac{dR}{R}=(1+2v)\varepsilon+\frac{d\rho}{\rho}\approx\frac{d\rho}{\rho} \tag{5-23}$$

由半导体的理论可知：

$$\frac{d\rho}{\rho}=\pi_L\sigma=\pi_L E_\varepsilon \tag{5-24}$$

式中 π_L——沿某晶向 L 的压阻系数；

σ——沿某晶向 L 的应力；

E——半导体材料的弹性模量。

则半导体材料的灵敏度系数 S_0 为：

$$S_0=\frac{dR/R}{\varepsilon}=\pi_L E \tag{5-25}$$

对于半导体硅，$\pi_L=(40\sim80)\times10^{-11}\ m^2/N$，$E=1.67\times10^{11}\ Pa$，则 $S_0=\pi_L E=50\sim100$。显然半导体电阻材料的灵敏度系数比金属丝要高 50～70 倍。

最常用的半导体电阻材料有硅和锗，掺入杂质可以形成 P 型或 N 型半导体。由于半导体(如单晶硅)是各向异性材料，因此它的压阻效应不仅与掺杂浓度、温度和材料类型有关，还与晶向有关(即对晶体的不同方向上施加力时，其电阻的变化方式不同)。

5.3.2.2 压阻式传感器的类型与特点

压阻式传感器有两种类型：一类是利用半导体材料的特性制成粘贴式的应变片，做成半导体应变式传感器，其使用方法与电阻式应变片类似；另一类是在半导体材料的基片上用集成电路工艺制成扩散电阻，作为测量传感元件，亦称扩散型压阻式传感器或固态压阻式传感器。固态压阻式传感器主要用于测量压力和加速度等物理量。

压阻式传感器的优点是：①灵敏度非常高，有时传感器的输出无须放大，可直接用于测量；②分辨率高，例如测量压力时可测出 10～20Pa 的微压；③测量元件的有效面积可以做得很小，故频率响应高；④可测量低频加速度和直线加速度。其最大的缺点是温度误差大，故需温度补偿或在恒温条件下使用。

5.3.3 变阻式传感器

5.3.3.1 变阻式传感器的结构及分类

变阻式传感器又称为电位器式传感器，其工作原理如图 5-9 所示，它们由电阻元件以及电刷（活动触点）两个基本部分构成。电刷相对于电阻元件的运动可以是直线运动、旋转运动或螺旋运动，因而可以将直线位移或角位移转换为与其成一定函数关系的电阻和电压输出。

利用电位器作为传感元件可制成各种电位器式传感器，除可以测量线位移或角位移外，还可以测量一切可以转换为位移的其他物理参数，如压力、加速度等。

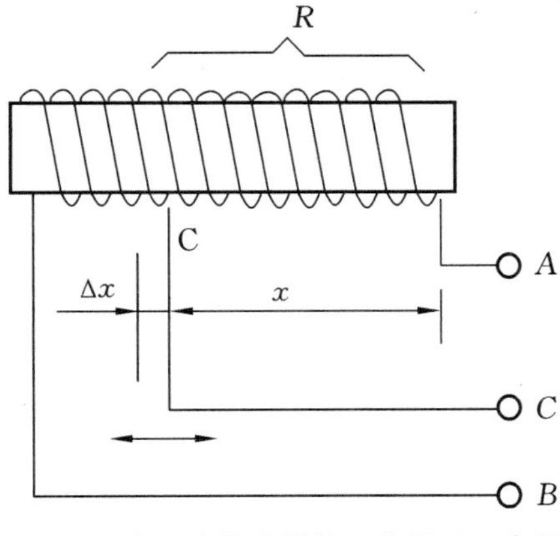

图 5-9 变阻式传感器的工作原理示意图

电位器的优点是：①结构简单，尺寸小，质量小，价格低廉且性能稳定；②受环境因素（如湿度、温度、电磁干扰等）影响小；③可以实现输出-输入间任意函数关系；④输入信号大，一般无须放大。

电位器的缺点是：因为存在电刷与线圈或电阻膜之间的摩擦，因此需要较大的输入能量；磨损不仅影响使用寿命而且降低可靠性；导线直径不可能无限小，因而，导线的尺寸会使测量数据离散化，降低测量精度和分辨率；动态响应较差，适用于测量变化较缓慢的量。

电阻式传感器按其结构形式不同，可分为线绕式、薄膜式、光电式等，线绕式电位器有单圈式和多圈式两种，按其特性曲线不同则可分为线性电位器和非线性函数电位器。

5.3.3.2 变阻式传感器的原理与特性

当电阻丝直径与材质一定时，电阻 R 随导线长度 L 变化，变阻式传感器就是根据这种原理制成的。

图 5-9 为变阻式传感器，当被测位移变化时，触点 C 沿电位器移动。如果移动 x，则 C 点与 A 点之间的电阻为：

$$R_{AC}=\frac{R}{L}\times x=K_L x \tag{5-26}$$

其中，K_L 为单位长度的电阻，当导线材质分布均匀时是一常数，因此这种传感器的输出（电阻）与输入（位移）成线性关系。

传感器的灵敏度为：

$$S=\frac{\mathrm{d}R}{\mathrm{d}a}=K_a \tag{5-27}$$

其中，K_a 为单位弧度对应的电阻值，当导线材质分布均匀时 K_a = 常数，a 为转角。

非线性电位器又称为函数电位器，是输出电阻（或电压）与电刷位移（包括线位移或角位移）之间具有非线性函数关系的一种电位器，即 $R_x=f(x)$，它可以是指数函数、三角函数、对数函数等各种特定函数，也可以是其他任意函数。非线性电位器可以应用于测量控制系统、解算装置，以及对某些传感器的某些非线性环节进行补偿等。例如，若输入量为 $f(x)=Rx^2$，则为了使输出的电阻值 R_x 与输入量 $f(x)$ 成线性关系，电位计的骨架应采用三角形；若输入量为 $f(x)=Rx^3$，则电位计的骨架应采用抛物线型。

图 5-10 为线性电阻器的电阻分压电路，负载电阻为 R_L，电位器长度为 L，总电阻为 R，电刷位移为 x，相应的电阻为 R_x，电源电压为 U，输出电压 U_0 为：

$$U_0=\frac{U}{\frac{l}{x}+\frac{R}{R_L}\left(1-\frac{x}{l}\right)} \tag{5-28}$$

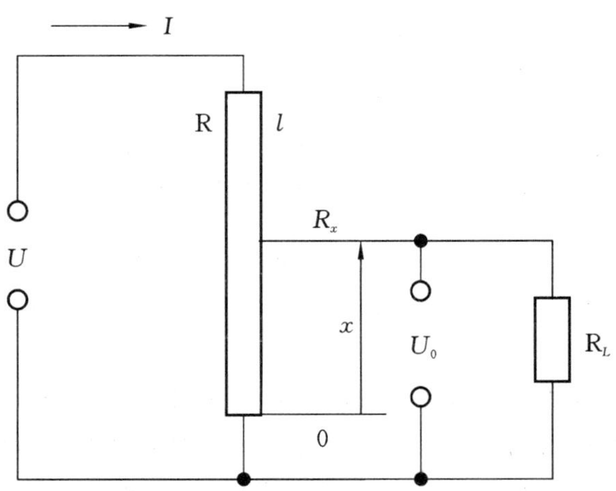

图 5-10 线性电阻器的电阻分压电路

当 $R_L\to\infty$ 时，电压输出 U_0 为：

$$U_0=\frac{u}{l}x=S_u x \tag{5-29}$$

其中，S_u 为电位器的电压灵敏度。

由式(5-28)可以看到，当电位器输出端接有输出电阻时，输出电压与电刷位移并不是完全成线性关系。只有 $R_L\to\infty$、S_u 为常数时，输出电压与电刷位移才成线性关系，线性电位器的理想空载特性曲线是一条直线。

5.4　电磁式传感器

电磁式传感器又称磁电感应传感器，是一种机-电能量转换型传感器，不需要外部电源供电，电路简单，性能稳定，输出阻抗小，具有一定的频率响应范围，适用于振动转速、扭矩等测量，但这种传感器的尺寸和质量都较大。

根据法拉第电磁感应定律，W 匝数的线圈在磁场中运动，切割磁力线，线圈所在磁场的磁通量变化时，线圈中所产生的感应电动势 e 的大小取决于穿过线圈的磁通量 Φ 的变化率，即：

$$e=-W\frac{\mathrm{d}\Phi}{\mathrm{d}t} \tag{5-30}$$

磁通量变化率与磁场强度、磁路电阻、线圈的运动速度有关，故若改变其中一个因素，都会改变线圈的感应电动势。根据工作原理的不同，磁电感应传感器可分为动线圈式与磁阻式两种。

(1) 动线圈式磁电感应传感器

动线圈式磁电感应传感器又可分为线速度型和角速度型两种。图 5-11(a)所示为线速度型感应传感器的工作原理。在永磁铁产生的直流磁场中放置一个可动线圈，当线圈在磁场中做直线运动时，它所产生的感应电动势 e 为：

$$e=WBlv\sin\theta \tag{5-31}$$

式中　B——磁场的磁感应强度；

l——单线圈的有效长度；

W——线圈的匝数；

v——线圈相对磁场的运动速度；

θ——线圈运动方向与磁场方向的夹角。

(a)　　(b)

图 5-11　动线圈式磁电感应传感器

(a)线速度型；(b)角速度型

图 5-11(b)所示为角速度型磁电感应传感器的工作原理。线圈在磁场中转动时产生的感应电动势 e 为：

$$e = kWBA\omega \tag{5-32}$$

式中 k——传感器的结构系数；

A——单匝线圈的平均截面积；

ω——角速度。

在传感器中，当结构参数确定后，B、l、W、A 均为定值，感应电动 e 与线圈相对磁场的运动速度(v 或 ω)成正比，所以这类传感器的基本形式是速度传感器，能直接测量线速度或角速度。如果测量电路中接入积分或微分电路，那么还可用来测量位移或加速度。显然，磁电感应传感器只适用于动态测量。

(2) 磁阻式传感器

磁阻式传感器的线圈与磁铁彼此无相对运动，由运动的物体(导磁材料)来改变电路的磁阻，引起磁力线增强或减弱，使线圈产生感应电动势。这种传感器由永久磁铁及缠绕其上的线圈组成，其工作原理如图 5-12 所示。

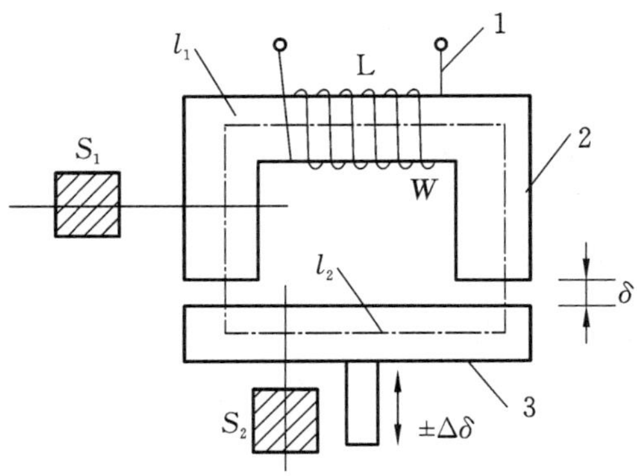

图 5-12 磁阻式传感器工作原理图

目前，对于磁阻式传感器原理的解释多为“待测物与传感器间距的变化使磁路中的磁阻发生变化，导致磁通量的增减，进而产生感应电动势”，但该解释仍需细化与完善。首先，铁磁质物体接近时由于其磁阻远小于空气，而磁感线会优先选择磁阻小的路径，因此会向铁磁质物体“收拢”，如图 5-13 所示，导致永磁体磁场的重新分布，使多匝线圈内的全磁通发生变化，进而产生感应电动势。其次，导致多匝线圈内全磁通变化的不仅仅是上述原因，铁磁质物体在接近过程中会被磁化，产生磁场，该磁场随着物体的接近也会导致多匝线圈内全磁通的变化。

由法拉第电磁感应定律：

$$\varepsilon = \frac{\Delta\varphi}{\Delta t} \tag{5-33}$$

由式(5-33)可知全磁通的变化会使线圈内产生感应电动势，将检测器连接线圈，便可通过对电信号的检测感应物体的接近。

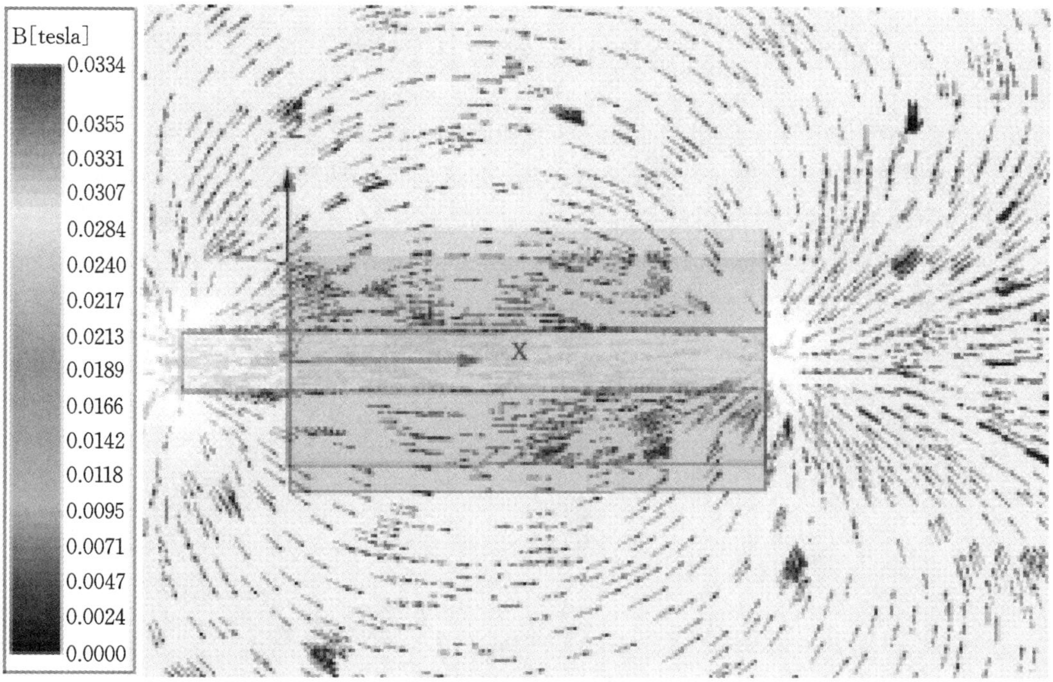

(a)

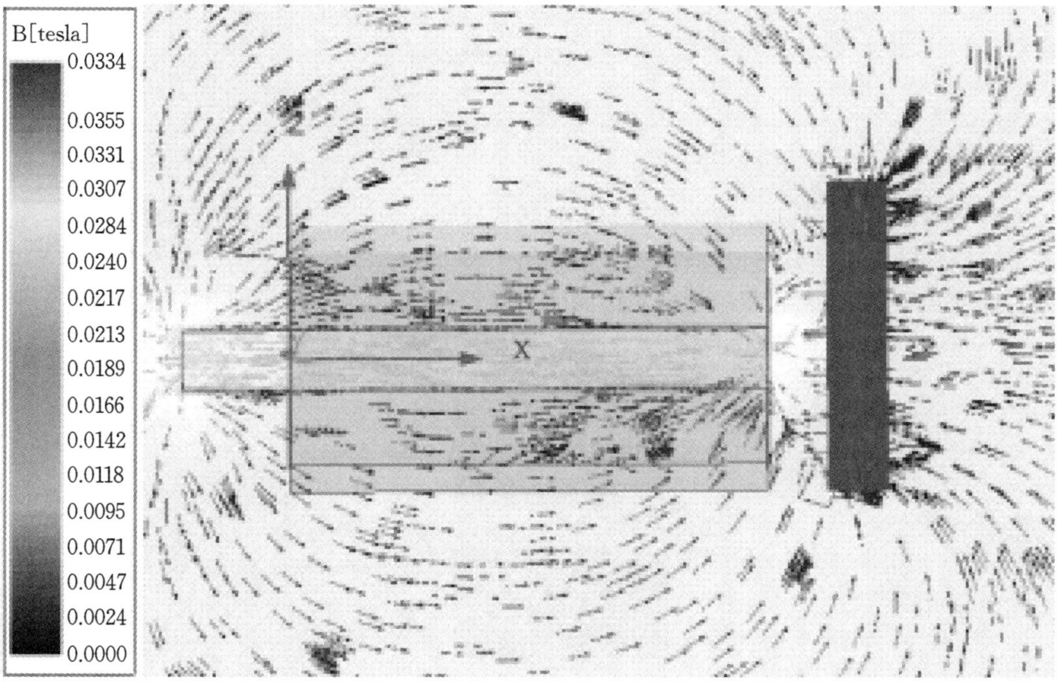

(b)

图 5-13 磁阻式传感器永磁体磁场分布图

(a)物体接近前永磁体磁场分布；(b)物体接近后永磁体磁场分布

5.5　霍尔效应传感器

霍尔效应是由带电粒子(如电子)相应电场和磁场的相互作用引起的,当一个电流通过一个导体时,如果将该导体放置在一个磁场中,那么在该导体的两侧将会产生一定的电势差,这种现象被称为霍尔效应。这种电势差的大小与磁场的强度、电流的大小以及材料的特性有关。通过测量电势差的大小,我们可以计算出磁场的强度,这种方法被广泛应用于磁场测量和传感器制造等领域。霍尔效应原理如图 5-14 所示。

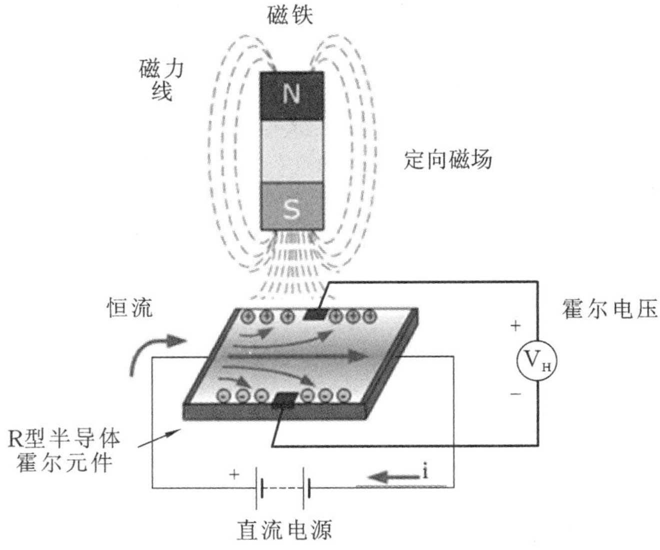

图 5-14　霍尔效应原理图

在传感器制造中,霍尔元件常常被用作磁场传感器。通过将霍尔元件与磁场相互作用,可以测量出磁场的强度和方向,从而实现对物理量的测量和控制。霍尔式传感器是一种典型的静磁式监测传感器,是利用霍尔效应制作而成的磁敏感器件,其工作原理图如图 5-15 所示。

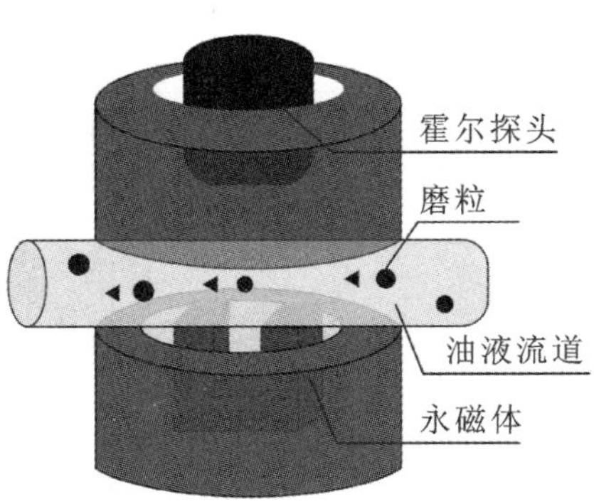

图 5-15　霍尔效应铁磁颗粒传感器工作原理图

将一块永久磁铁置于霍尔元件背后,为霍尔元件提供一偏磁场,N 极面对霍尔元件的感磁面。霍尔元件距磁极有一定距离,当没有金属铁通过时,磁路呈开放型,此时霍尔元件感受到一微弱磁场。当有铁金属通过霍尔元件上方时,铁金属受磁场磁化,感应出上下的磁性,使通过霍尔元件表面的磁通量增加，磁场强度增加。霍尔效应的本质是当有电流通过置于磁场上方的金属时，则在垂直于电流和磁场方向的两侧面上将产生电位差，且运动方向发生改变，从而形成附加的横向电场，带有正负电荷的电粒子在磁场方向相反的地方聚集并形成的电压就是霍尔电压。

霍尔电压 U_h 的大小由霍尔常数 R_h、霍尔元件的电流 I、外部磁场强度 B、霍尔元件的厚度 d 以及霍尔元件的形状函数 f 决定，如式(5-34)所示：

$$U_h=\frac{R_h IBf\left(\frac{l}{w}\right)}{d}=K_h IB \tag{5-34}$$

式中　f——霍尔元件的形状函数，I 为输入的电流；

B——原始磁场强度；

d——霍尔元件的厚度；

R_h——霍尔元件的霍尔常数。

R_h 可表示为：

$$R_h=\rho\mu \tag{5-35}$$

其中，ρ 和 μ 分别为该霍尔元件的电阻率及电子迁移率。

因此结合式(5-34)及式(5-35)可以看出，霍尔电压的增加量与铁金属物质与磁极相对表面的面积有关，且与铁金属物质距磁极的距离有关。当距离较远时，磁场的变化取决于铁金属物质的大小，最终导致霍尔元件输出电压的变化。

若霍尔元件选型后的形状特征及内部电子特征是确定的，对于图 5-15 中的传感器，只需将霍尔元件的输入电流保持恒定，通过检测外界磁场的磁感应强度变化所输出的霍尔电压便可完成磨粒浓度的测量。

5.6　压电式传感器

压电式传感器是一种有源传感器，亦称发电型传感器[1]。压电式传感器的工作原理是以某些物质的压电效应为基础的，它具有自发电和可逆两种重要特性，同时还具有体积小、重量轻、结构简单、工作可靠、固有频率高、灵敏度和信噪比高等优点，因此压电式传感器得到了飞跃式发展和广泛的应用。在测试技术中，压电转换元件是一种典型的力敏元件，能测量最终能变换成力的那些物理量，如力、压力、加速度、机械冲击和振动等，因此在机械、声学、力学、医学和宇航等领域都可以见到压电式传感器的应用。

5.6.1　压电效应

当沿着一定方向对某些物质施加力而使其变形时，会在一定表面上产生电荷，而外力去掉又重新回到不带电状态，这种现象称为压电效应。相反，如果在这些物质的极化方向施加电场，这些物质就在一定方向上产生机械形变或机械应力，当外电场撤去时，这些变形或应力也随之消失，这种现象称为逆压电效应，或称为电致伸缩效应。明显呈现压电效应的材料叫作压电材料。常见的压电材料有三类：单晶压电晶体，如石英、酒石酸钾钠等；多晶压电陶瓷，如钛酸钡、锆钛酸铅、铌镁酸铅等；某些高分子压电薄膜。

压电晶体是具有压电效应的晶体，即晶体在压力作用下发生极化，而在两端表面间出现电势差。实用的压电晶体主要有石英晶体、酒石酸钾钠、磷酸二氢铵等。石英晶体俗称水晶，有天然和人工之分。目前传感器中使用的均是以居里点为 573℃，晶体的结构为六角晶系的 α-石英。其外形如图 5-16 所示，呈六角棱柱体。有 m、R、r、s、x 共 5 组 30 个晶面组成。压电晶体如图 5-17 所示。

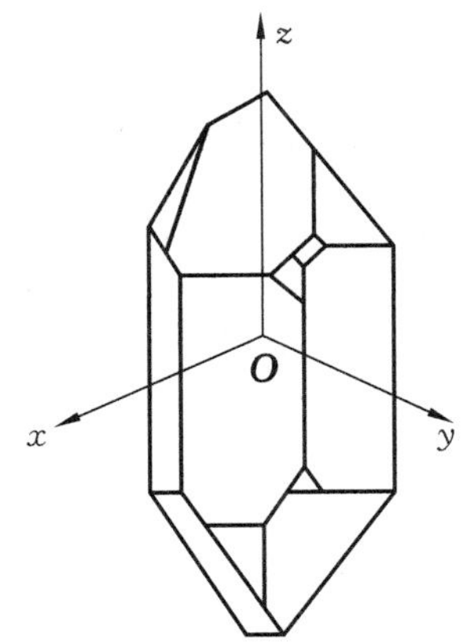

图 5-16　晶体外形

通常从晶体上沿轴线切下一个平行六面体切片，使其晶面分别平行于晶体的三根晶轴。切片在受到沿不同方向的作用力时会产生不同的极化作用，如图 5-18 所示，主要的压电效应有横向效应、纵向效应和剪切效应三种。

石英(SiO_2)是一种具有良好压电特性的压电晶体。其介电常数和压电系数的温度稳定性相当好。在 20～200℃范围内，温度每升高 1℃，压电系数仅减小0.016%。但是当温度升到 573℃时，它完全失去了压电特性，这就是它的居里点(居里点：丧失压电性的温度)。

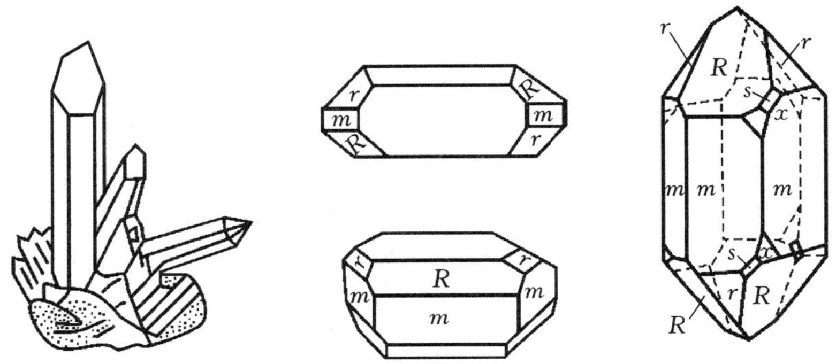

(a)　(b)　(c)

图 5-17　压电晶体

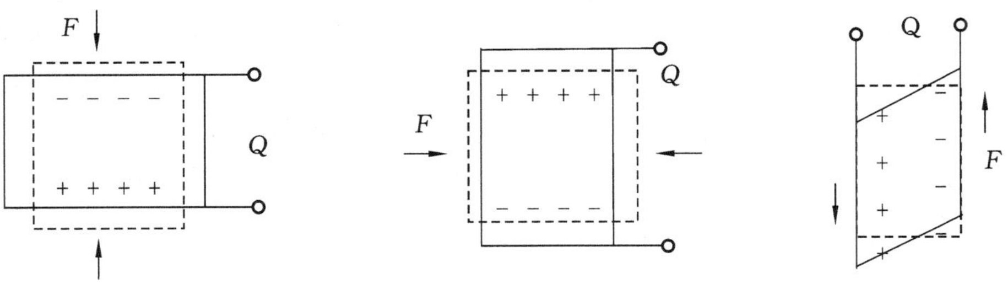

(a)　(b)　(c)

图 5-18　压电效应类型

(a)纵向效应；(b)横向效应；(c)剪切效应

压电陶瓷是人工多晶铁电体，原始的压电陶瓷呈现各向同性，不具有压电性，因此，必须做极化处理，即在一定温度下对其施加强直流电场，迫使电畴趋向外电场方向做规则排列；极化电场去除后，趋向电畴基本保持不变，形成很强的剩余极化，从而呈现出压电性。在陶瓷上施加外电场时，电畴的极化方向发生转动，趋向于按外电场方向的排列，从而使材料得到极化。

压电陶瓷也具有压电效应和逆压电效应。

注意：

(1) 当晶片受到 x 方向的压力作用时，q_x 只与作用力 F_x 成正比，而与晶片的几何尺寸无关；

(2) 沿机械轴 y 方向向晶片施加压力时，产生的电荷是与几何尺寸有关的；

(3) 石英晶体不是在任何方向都存在压电效应的；

(4) 晶体在哪个方向上有正压电效应，则在此方向上一定存在逆压电效应；

(5) 无论是正压电效应还是逆压电效应，其作用力(或应变)与电荷(或电场强度)之间皆成线性关系。

5.6.2 压电式传感器工作原理

对压电式传感器施加作用力时会产生对应的输出电压。因此压电式传感器常被用作超声波发射器和超声波传感器[2]，也可以用于测量位移、加速度、力和压力。当压电式传感器用作超声波接收器时，接收到的超声波的正弦振幅变化被转换为施加到压电式传感器上的作用力的振幅的正弦变化。压电式传感器是由压电材料制成的。压电材料具有不对称的分子晶格，当力作用时会产生机械变形，这种变形引起材料内电荷的重新定向，导致正电荷和负电荷产生相对位移。正负电荷的位移会在两侧极性相反的材料上产生表面电荷。

压电元件两电极间的压电陶瓷或石英为绝缘体，在两个工作面上进行金属蒸镀，形成金属膜，就构成了一个电容器。其电容量为：

$$C_a=\frac{\varepsilon_r\varepsilon_0 A}{\delta} \tag{5-36}$$

式中 ε_r——压电材料的相对介电常数，石英晶体 $\varepsilon_r=4.5$，钛酸钡 $\varepsilon_r=1200$；

ε_0——真空介电常数，$\varepsilon_0=8.85\times10^{-12}\text{F/m}$；

δ——极板间距，即压电元件厚度；

A——压电元件工作面面积。

当压电元件受外力作用时，两表面产生等量的正、负电荷 Q，压电元件的开路电压 U 为：

$$U=\frac{Q}{C_a} \tag{5-37}$$

这样可以把压电元件等效为一个电荷源 Q 和一个电容器 C_a 的等效电路，如图 5-19(b)所示的虚框；也可以等效为一个电压源 U 和一个电容器 C_a 串联的等效电路，如图 5-19(c)的虚框。其中 R_a 为压电元件的漏电阻。工作时，压电元件与二次仪表配套使用必定与测量电路相连接。这就要考虑连接电缆电容 C_c、放大器的输入电阻 R_i 和输入电容 C_i，图 5-19 为压电式传感器及其等效电路，图中两种电路只是表示方式不同，它们的工作原理是相同的。

由于不可避免地存在电荷泄漏，利用压电式传感器测量静态或准静态量值时，必须采取一定措施，使电荷从压电元件经测量电路泄漏减小到足够小的程度。而在做动态测量时，电荷可以不断补充，从而供给测量电路一定的电流，故压电式传感器适宜做动态测量。

压电原理是可逆的，因此对压电材料施加电压就会引起变形。这通常用于超声波传感器，其中在超声范围内的频率上施加正弦电压会导致材料厚度的正弦变化，并导致以所选频率发射声波。这将在超声传感器这一节中进一步讨论。

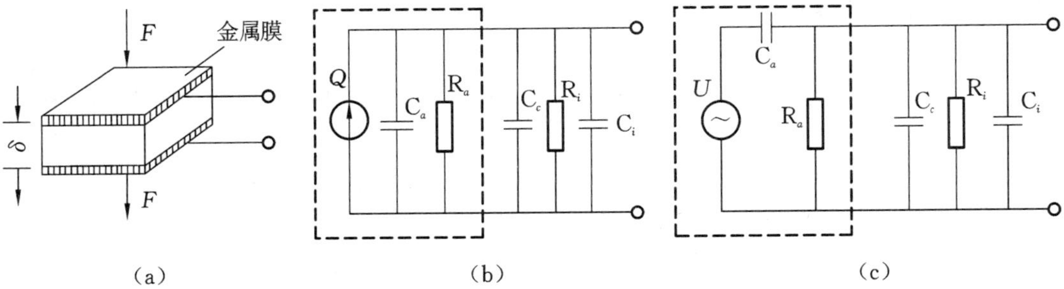

图 5-19 压电式传感器及其等效电路

(a)压电晶片;(b)电荷等效电路;(c)电压等效电路

5.7 光电式传感器

5.7.7 光电效应

光电式传感器是将光信号转换成电量的一种变换器,光电式传感器工作的理论基础是光电效应。

光可以看成是由具有一定能量的光子所组成,而每个光子所具有的能量 E 正比于其频率。光射到物体上就可看成是一连串具有能量的光子轰击在物体上,光电效应是指由于物体吸收了能量为 E 的光子后产生的电子输出。从传感器本身来看,光电效应可分为三类,分别是外光电效应、内光电效应和光生伏特效应。

5.7.1.1 外光电效应

在光线作用下,电子逸出物体表面的现象称为外光电效应,或称为光电发射效应,如图 5-20 所示。基于外光电效应的光电元件有光电管、光电倍增管等。

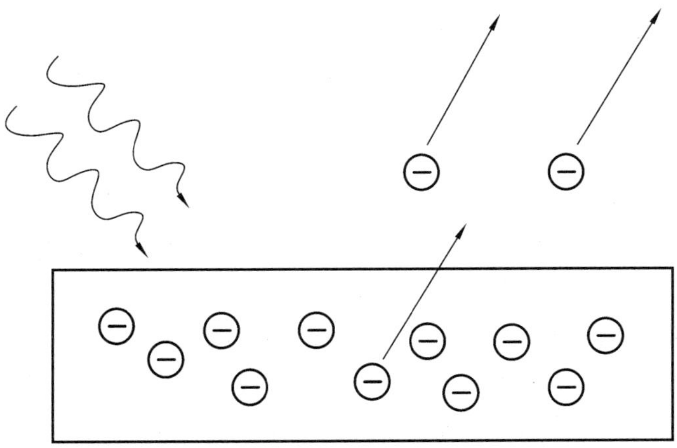

图 5-20 外光电效应

下面简要介绍外光电效应产生的物理过程。

根据爱因斯坦假说,一个光子的能量只能给一个电子。因此,如果一个电子要从物体中逸出表面,必须使光子能量 $E=h\nu$ 大于表面逸出功 A,这时,逸出表面的电子就具有动能,即

$$E_k = \frac{1}{2}mv^2 = h\nu - A \tag{5-38}$$

式中　h——普朗克常量，$h=6.63\times10^{-34}\text{J}\cdot\text{s}$；

ν——光的频率；

m——电子质量；

v——电子逸出初速度。

式(5-1)称为爱因斯坦光电效应方程。根据式(5-1)可以得出以下结论：

(1) 光电子逸出物体表面时，具有初始动能，它与光的频率有关，频率越高则动能越大；不同的材料具有不同的逸出功 A，因此对某种特定的材料而言将有一个频率限。当入射光的频率低于此频率限时，无论它有多强，也不能激发电子；当入射光的频率高于此频率限时，不论它有多微弱，都会使被照射的物质激发出电子。此频率限称为“红限”，红限的波长为：

$$\lambda_k = \frac{hc}{A} \tag{5-39}$$

其中，c 为光速，$c=3\times10^8\text{m/s}$。

(2) 在入射光的频谱成分不变时，发射的光电子数正比于光强。即光强越大，意味着入射光子数目越多，逸出的电子数也就越多。

5.7.1.2　内光电效应

在光的照射下材料的电阻率发生改变的现象称为内光电效应，或称为光电导效应，基于这种效应的光电元件有光敏电阻等。

内光电效应的物理过程：光照射到半导体材料上时，价带(价电子所占能带)中的电子受到能量大于或等于禁带(不存在电子所占能带)宽度的光子轰击，使其由价带越过禁带跃入导带(自由电子所占能带)，使材料中导带内的电子和价带内的空穴浓度增大，从而使电导率增大。

显然，材料的光电导性能取决于禁带宽度，光子能量 $h\nu$ 应大于禁带宽度 E_g(单位为 eV)，由此可得产生光导效应的临界波长为

$$\lambda_0 = \frac{12390}{E_g} \tag{5-40}$$

5.7.1.3　光生伏特效应

光照射半导体 PN 结后，能使 PN 结产生电动势，或使 PN 结的光电流增加的现象称为光生伏特效应，或称为 PN 结的光电效应，如图 5-21 所示。基于光生伏特效应的元件有光电池、光敏二极管和光敏三极管等。

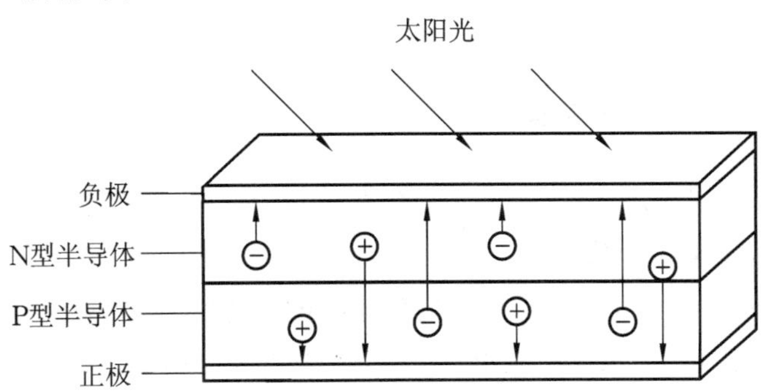

图 5-21　光生伏特效应

5.7.2 光电二极管和光电三极管

光电二极管也称为光敏二极管，其结构与普通二极管相似，但其 PN 结位于管子顶部，可以直接受到光照射。光电二极管工作时一般处于反向工作状态，如图 5-22 所示。在没有光照射时，光电二极管的反向电阻很大，反向电流即暗电流很小。当光线照射 PN 结时，在 PN 结附近激发出光生电子-空穴对，它们在外加反向偏压和内电场的作用下做定向运动，形成光电流。光照度越大，光电流越大。

光电二极管有三种类型，即普通 PN 结型光电二极管(PD)、PIN 结型光电二极管(PIN)和雪崩型光电二极管(APD)。相比之下，PIN 二极管具有很高的频率响应速度和灵敏度，而 APD 二极管除了响应时间短、灵敏度高外，还具有电流增益作用。

光电三极管的工作原理与反向偏置的光电二极管类似，不过它有两个 PN 结，像普通三极管一样能得到电流增益，其结构与普通三极管相似，只是它的基区做得很大，以扩大光的照射面积。基极一般不接引线，但可以同时加上电信号和光信号进行双重控制。光电三极管有 NPN 和 PNP 两种类型，NPN 型光电三极管的电路连接如图 5-23 所示。当集电极加上相对于发射极为正的电压而基极开路时，集电结处于反向偏置状态。当光线照射到集电结的基区，会产生光生电子-空穴对，光生电子被拉到集电极，基区留下了带正电的空穴，使基极与发射极间的电压升高。这样，发射极(N 型材料)便有大量电子经基极流向集电极，形成光电三极管的输出电流，从而使光电三极管具有电流增益作用。

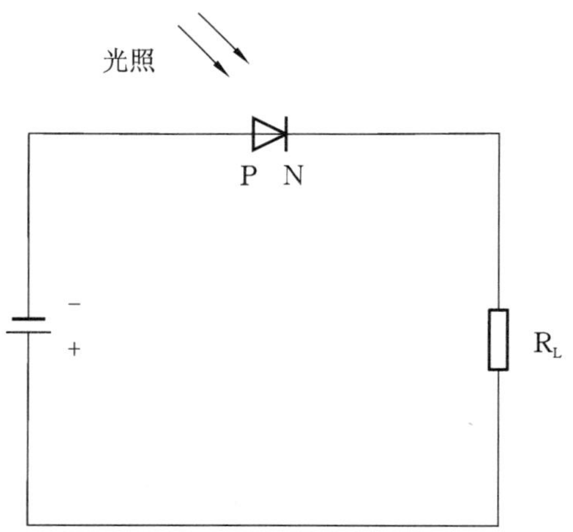

图 5-22 光电二极管电路连接

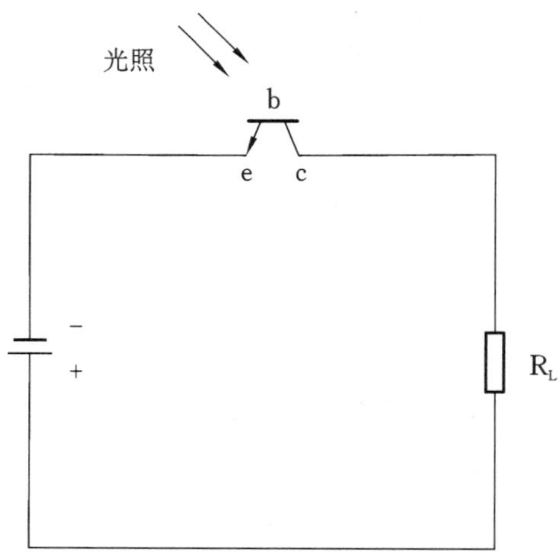

图 5-23 NPN 型光电三极管的电路连接

5.7.3 光电式传感器的类型

光电式传感器按其输出量性质可分为两大类：模拟式光电传感器及开关式光电传感器。

5.7.3.1 模拟式光电传感器

模拟式光电传感器的工作原理是基于光敏元件的光电特性，其光通量是随被测量而变的，光电流就成为被测量的函数，故又称为光电传感器的函数运用状态。这一类光电传感器的几种工作方式如图 5-24 所示。

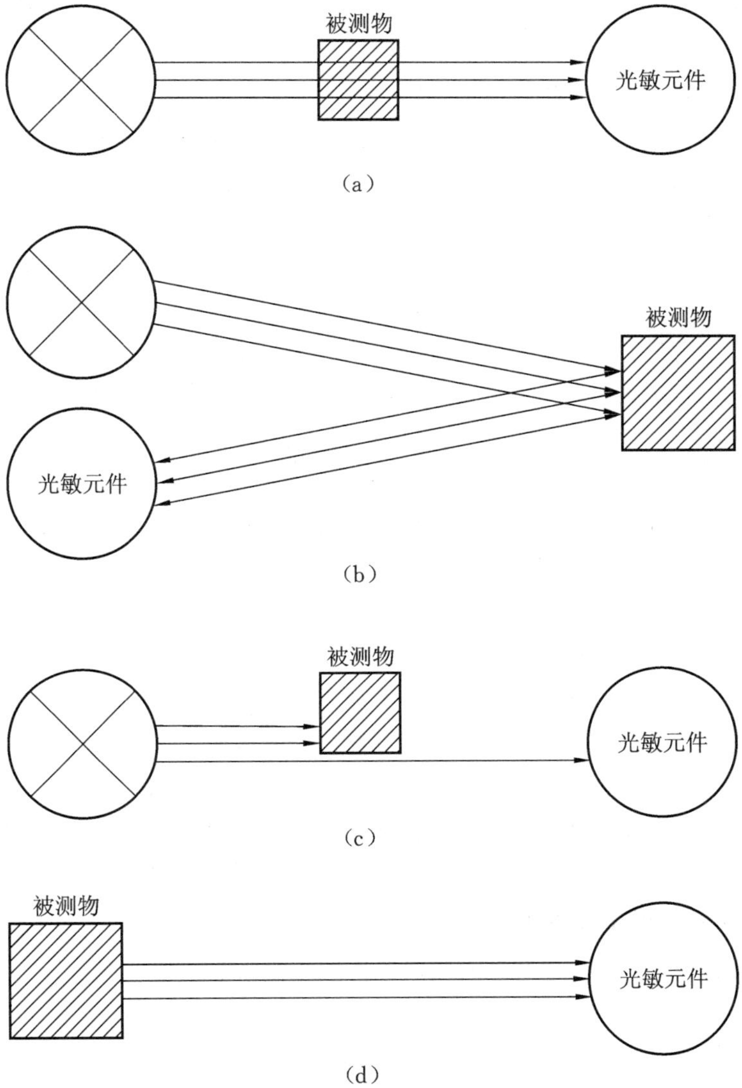

图 5-24　光敏元件的测量方式

(a)吸收式;(b)反射式;(c)遮光式;(d)辐射式

(1) 吸收式。被测物体位于恒定光源与光敏元件之间,根据被测物对光的吸收程度或对光谱线的选择来测定被测参数,例如测量液体、气体的透明度、浑浊度,对气体进行成分分析,测定液体中某种物质的含量等。

(2) 反射式。恒定光源发出的光投射到被测物体上,被测物体把部分光通量反射到光敏元件上,根据反射的光通量多少测定被测物表面的状态和性质,例如测量零件的表面粗糙度、表面缺陷、表面位移等。

(3) 遮光式。被测物体位于恒定光源与光敏元件之间,光源发出的光通量经被测物遮去其一部分,使作用在光敏元件上的光通量减小,减小的程度与被测物在光学通路中的位置有关。利用这一原理可以测量长度、厚度、线位移、角位移和振动等。

(4) 辐射式。被测物体本身就是辐射源,它可以直接照射在光敏元件上,也可以经过一定的光路后作用在光敏元件上。光电高温计、比色高温计、红外侦察和红外遥感等均属于这一类。这种方式可以用于防火报警和构成光照度计等。

5.7.3.2 脉冲式光电传感器

脉冲式光电传感器的作用原理是光敏元件的输出仅有两种稳定状态,也就是“通”“断”的开关状态,这也称为光敏元件的开关运用状态。这类传感器要求光敏元件灵敏度高,而对光电特性的线性要求不高,主要用于零件或产品的自动计数、光控开关、电子计算机的光电输入设备、光电编码器及光电报警装置等方面。

5.7.4 光纤传感器

光纤传感器(optical fiber transducer)是基于光导纤维导光的原理制成的。光导纤维是一种特殊结构的光学纤维,当光线以一定角度从它的一端射入时,它能把入射的大部分光线传送到另一端。这种能传输光线的纤维叫作光导纤维,简称光纤。光纤传感器与以电为基础的传感器相比有本质区别。一般的传感器是将物理量转换成电信号,再用导线进行传输。而光纤传感器是用光而不是用电作为敏感信息的载体,用光纤而不是用导线作为传递敏感信息的媒介。

5.7.4.1 光纤传感器的工作原理

由于外界因素(温度、压力、电场、磁场和振动等)对光纤的作用,会引起光波特征参量(如振幅、相位和偏振态等)发生变化。因此人们只要能测出这些参量随外界因素的变化关系,就可以用它作为传感元件来检测温度、压力、电流和振动频率等物理量的变化,这就是光纤传感器的基本工作原理。概括地说,光纤传感技术就是利用光纤将被测量对光纤内传输的光波参量进行调制,并对被调制过的光波信号进行解调检测,从而获得被测量。

5.7.4.2 光纤传感器的基本形式

光纤传感器按照光纤在传感器中的作用分为功能型与非功能型两类。

(1) 功能型光纤传感器

功能型光纤传感器又称为FF型光纤传感器,如图5-25(a)所示。它是利用光纤本身对外界被测对象具有敏感性和检测功能这一特性开发的传感器。光纤不但起到传输光信号的作用,而且在被测对象作用下,诸如光强、相位、偏振态等光学特性得到了调制,空载波变为调制波,携带了被测对象的信息。FF型光纤传感器中光纤是连续不断的,但为了感知被测对象的变化,往往需要采用具有特殊截面、特殊用途的特种光纤。

(2) 非功能型光纤传感器

非功能型光纤传感器又称为NFF型光纤传感器,如图5-25(b)所示。光纤只是传播光的媒介,对被测对象的调制功能是依靠其他物理性质的光转换敏感元件来实现的。入射光纤和出射光纤之间插有敏感元件,传感器中的光纤是不连续的。NFF型光纤传感器中光纤在传感器中仅起到传输光信号的作用,所以可采用通信用光纤甚至普通的多模光纤。为使NFF型光纤传感器能够尽可能多地传输光信号,实际应用中多采用大芯径、大数值孔径的多模光纤。

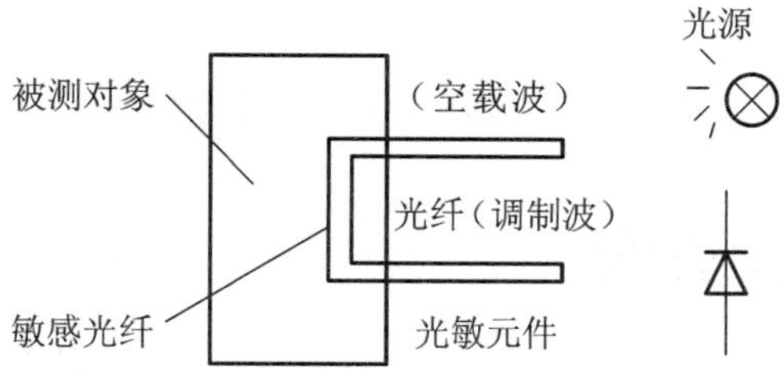

（a）

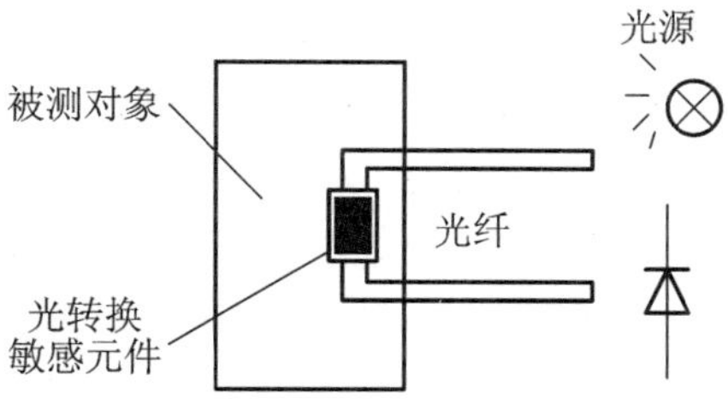

（b）

图 5-25　光纤传感器的基本形式

（a）功能型；（b）非功能型

5.7.4.3　光纤传感器的应用

由于光纤传感器具有不受电磁场干扰、传输信号安全、可实现非接触测量，而且具有高灵敏度、高精度、高速度、高密度，适应各种恶劣环境下使用以及非破坏性和使用简便等优点，因此，无论是在电量（电流、电压、磁场）的测量，还是在非电量（位移、温度、压力、速度、加速度、液位、流量等）的测量方面，都取得了惊人的进展。

图 5-26 为光纤流速传感器的工作原理，主要由多模光纤、光源、铜管、光敏二极管及测量电路组成。多模光纤插入顺流而置的铜管中，流体的流动使光纤发生了机械变形，导致光纤中传播的各模式光的相位发生变化，使光纤的发射光强发生变化，其振幅的变化与流速成正比。

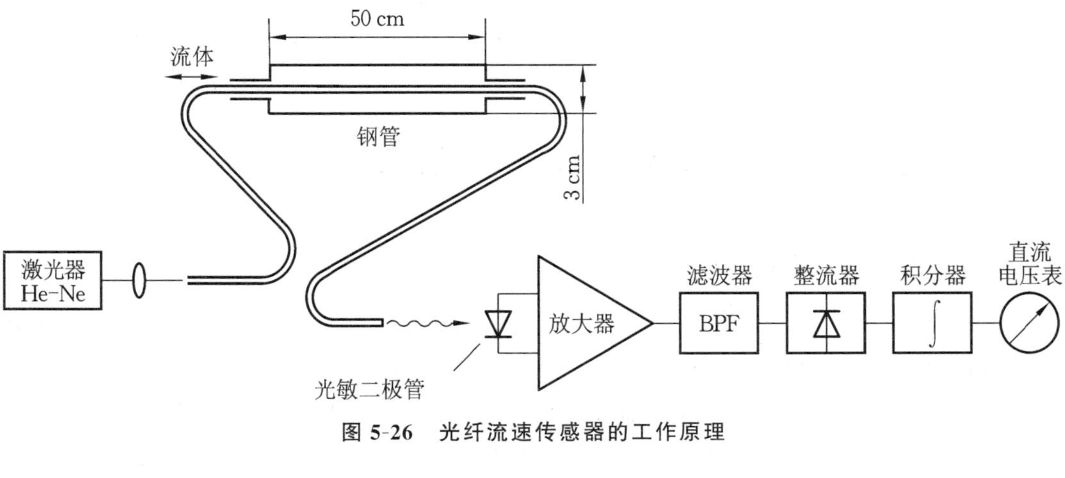

图 5-26　光纤流速传感器的工作原理

5.8 超声波传感器

5.8.1 超声波传感器的原理

超声波传感器是利用超声波具有能量集中、不容易发散、穿透性好的特性制成的传感器。超声波传感器包括发送传感器、接收传感器、控制装置、电源等部分。

超声波传感器是利用压电效应逆效应的原理，即压电材料上施加电压，元件就会产生应变。外部正电荷与压电材料的极化正电荷相斥，同时，外部负电荷与极化负电荷相斥。由于相斥的作用，压电材料在厚度方向上缩短，在长度方向上伸长。压电材料根据所加的高频电压极性伸长或缩短。超声波以疏密波形式传播，传送给超声波接收器。超声波接收器是利用压电效应的原理，即在压电材料的特定方向上施加作用力，压电材料就会发生应变，会产生一侧为正极，另一侧是负极的电压。接收器接收到发送器发送的超声波，就会产生与超声波频率相同的高频电压，然而这种电压一般比较小，通常经过放大器放大。

5.8.2 超声波传感器的应用

超声波传感器主要包括发送器、接收器。超声波传感器在压电效应原理的基础上，将电能与超声波进行转化，确保在发射超声波的过程中，可以通过电能转换有效发射，在接收超声波的时候，可以将超声波振动信号转换成电信号[3]。

超声波传感器可用于许多测量领域，特别是用于测量流体流速、液位和平移位移。超声波是一种频率在 20kHz 以上的波段[4]，也就是说，高于人类通常能听到的声音范围。使用超声波的测量设备包括一个发送超声波的设备和另一个接收超声波的设备。被测变量的变化可以通过测量超声波在发射器和接收器之间传播的时间变化来确定，也可以通过测量发射波的相位或频率变化来确定。超声波元件最常见的形式是装在外壳中的压电晶体。这些元件可以作为发射器或接收器工作，它们的工作频率在 20kHz～15MHz 之间变化。它的工作原理是通过交流电压产生超声波。

还有电容式超声波元件，它由两个导电层之间的薄电介质膜组成。薄膜在背板上拉伸并施加偏置电压。当一个变化的电压施加到元件上时，它就像一个超声波发射器，产生超声波。该系统还可以作为超声波接收器反向工作，可以得到谐振频率在 30kHz～3MHz 之间的元件。

5.9 MEMS 传感器

5.9.1 MEMS 传感器简介

MEMS(Micro Electronic Mechanical System)传感器是采用微电子和微机械加工技术制造出来的新型传感器。与传统的传感器相比，它具有体积小、重量轻、成本低、功耗低、可靠性高、适于量化生产、易于集成和实现智能化的特点。同时，在微米量级的特征尺寸使得它可以完成某些传统机械传感器所不能实现的功能。随着微电子技术、集成电路和加工工艺的发展，传感器的微型化、智能化、网络化和多功能化得到快速发展。MEMS 传感器正逐步取代传统的机械传感器，占据传感器主导地位，并在汽车工业、航空航天、机械、生物等领域得到广泛应用。

MEMS 传感器的种类繁多，分类方法也很多。根据工作原理分类，可分为物理型、化学型和生物型三类[5]。按照被测的量又可分为加速度、角速度、压力、位移、流量、电量、磁场、pH 值、离子浓度、红外、温度、气体成分湿度、生物浓度及触觉等类型的传感器。MEMS 传感器用途广泛。作为获取信息的关键器件，MEMS 传感器对各种传感装备的微型化发展起着巨大的推动作用，已在太空卫星、运载火箭、航空航天设备、飞机、各种车辆、生物医学及消费电子产品等领域中得到了广泛的应用。

微型传感器是应用最广泛的 MEMS 器件。微传感器通常由硅半导体材料构成，但有时也由沉积在硅基上的其他材料制成，如金属、塑料、聚合物、玻璃和陶瓷。硅具有优良的机械性能，是制造传感器的理想材料。它的抗拉强度和杨氏模量与钢相当，而密度小于铝。由单晶硅制成的传感器在断裂点基本保持弹性。此外，硅具有非常低的热膨胀系数，可以暴露在极端温度和大多数气体、溶剂、酸性环境中而不会变质，如图 5-27 所示为 MEMS 硅基压力传感器。

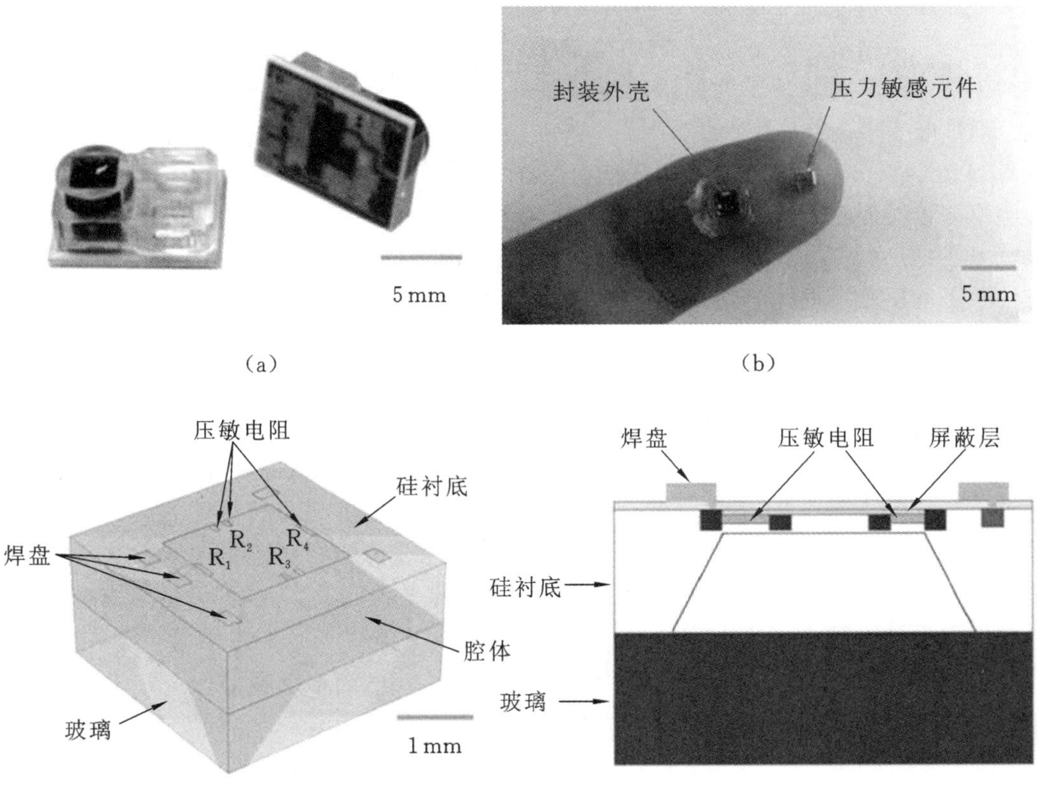

图 5-27　MEMS **硅基压力传感器**

微工程技术是微传感器必不可少的使能技术，其设计使其机电特性随测量参数的变化而变化。许多用于集成电路(IC)制造的技术也用于传感器制造，常见的技术是晶体生长和抛光、薄膜沉积、离子注入、干湿化学和激光蚀刻以及光刻。然而，除了标准的集成电路生产技术外，还需要一些特殊的技术来生产某些类型的微传感器所特有的 3D 结构。各种制造技术被用来直接在硅晶体和薄膜中形成传感器。典型的结构有薄隔板、悬臂梁和桥梁等形式。

虽然微传感器的小尺寸在许多应用中具有特别的优势，但它也导致了一些需要特别注意的问题。一个问题是微传感器通常具有非常低的电容。这使得输出信号很容易受到噪声污染。因此，通常需要在器件中集成执行信号处理的微电子电路，从而成为智能微传感器。另一个问题是，微传感器通常产生的输出信号幅度很低。这就需要使用特殊类型的模数转换器来处理这种低幅度的输入信号。一种合适的技术是转换。

微传感器最常用于测量压力、加速度、力和化学参数。微传感器也广泛应用于汽车行业和医疗领域。机械微传感器将测量的变量，如力、压力和加速度转换成位移。另一种电容式微加速度计提供校准、补偿和放大输出。它有一个电容硅微传感器，它集成了信号处理芯片，并由塑料外壳保护。电容元件具有三维结构，比表面加工元件具有更高的测量灵敏度。

5.9.2 MEMS 传感器应用

(1) 微机械压力传感器

微机械压力传感器是最早开始研制的微机械产品，也是微机械技术中最成熟、最早开始产业化的产品。从信号检测方式来看，微机械压力传感器分为压阻式和电容式两类，分别以体微机械加工技术和牺牲层技术为基础制造。从敏感膜结构来看，微机械压力传感器有圆形、方形、矩形、E 形等多种结构。

MEMS 压力传感器可用于汽车工业、生物医学及工业控制等领域。汽车工业采用各种压力传感器测量气囊压力、燃油压力、发动机机油压力、进气管道压力及轮胎压力。在生物和医学领域，压力传感器可用于诊断和检测系统以及颅内压力检测系统等。在航天领域，MEMS 压力传感器可用于宇宙飞船和航天飞行器的姿态控制，高速飞行器、喷气发动机、火箭、卫星等耐热腔体和表面各部分压力的测量。

(2) 微加速度传感器

硅微加速度传感器是继微压力传感器之后第二个进入市场的微机械传感器。其主要类型有压阻式、电容式、力平衡式和谐振式。其中最具有吸引力的是力平衡式加速度计，其典型产品是 Kuehnel 等人在 1994 年报道的 AGXL50 型。国内在微加速度传感器的研制方面也做了大量的工作，如西安电子科技大学研制的压阻式微加速度传感器和清华大学微电子所开发的谐振式微加速度传感器。后者采用电阻热激励、压阻电桥检测的方式，其敏感结构为高度对称的 4 角支撑质量块形式，在质量块 4 边与支撑框架之间制作了 4 个谐振梁用于信号检测。

MEMS 加速度计可用于消费电子产品，如 Thinkpad 笔记本电脑采用 MEMS 加速度计，防止振动引起的硬盘损坏使信息丢失。MEMS 加速度计还可用于汽车的安全气囊系统、防滑系统、ABS 系统和防盗系统。MEMS 加速度计在医疗保健、航空航天等方面也有用武之地，如计步器利用三轴 MEMS 传感器实现健身和健康监测功能。

(3) 微机械陀螺

角速度一般是用陀螺仪来进行测量的。传统的陀螺仪是利用高速转动的物体具有保持其角动量的特性来测量角速度的。MEMS 陀螺仪相比传统的陀螺仪具有体积小、重量轻、可靠性高、功耗低、易于数字化和智能化等一系列优点。

MEMS 陀螺仪已在航空、航天、航海、汽车、生物医学和环境监控等领域得到了应用。MEMS 陀螺仪可为各种消费类电子产品，如手机、照/摄相机增值，提高图像稳定性、提供步行导航并改进用户界面。MEMS 陀螺仪的研究主要集中于汽车和导航级应用，在汽车工业中可用于 GPS 导航、汽车底盘控制系统和安全制动系统。此外，微型低功率导航集成微陀螺可满足小型平台(包括微型无人机、水下无人潜航器和微型机器人)的技术要求。

5.9.3 MEMS 传感器的发展趋势

进入 21 世纪以来，在市场引导、科技推动、风险投资和政府介入等多重因素作用下，MEMS 传感器技术发展迅速，新原理、新材料和新技术的研究不断深入，MEMS 传感器的新产品不断涌现。目前，MEMS 传感器正向高精度、高可靠性、多功能集成化、智能化、微型化和微功耗方向发展。MEMS 传感器一直是研究的热点和重点，是各国大力发展的核心和前沿技术，引起了各国研究机构、大学和公司的高度重视，欧美和日本等国显示出了明显的领先优势。国内的一些高校和研究机构已着手 MEMS 传感器技术的开发和研究，但在灵敏度、可靠性及新技术能力提升方面与国外相比还存在较大差距。许多 MEMS 传感器品种尚未具备批量生产的能力，离产品的实用化和产业化还有很大差距，有待进一步提高和完善。

我国在 MEMS 传感器领域的研究较晚。加大政府科技资金投入不但可以消解技术创新发展中的资金阻滞，又有助于提高企业或单位技术创新意识，从而提高我国创新驱动效率，促进经济快速而稳健地发展。

5.10 边缘计算模块

边缘计算也被称为临近计算或接近计算，是指接近数据源的提供计算和存储的网络边缘。见图 5-28。边缘计算可以实现数据采集、数据实时计算、储存和应用[6]。边缘计算是去中心化或分布式的云计算，采集的原始数据不必传回云端，而是在本地完成数据分析、存储和应用。

边缘计算，也叫分布式计算、雾计算、多边计算，主要优势是在数据采集端或系统边缘端就完成对海量设备数据的整合、分析和计算反馈。边缘计算能够节省通信带宽，降低网络延迟，减少数据通信量，提高系统安全性和保密性，降低对存储和算力资源的依赖性，提高边缘设备的可靠性和控制力。

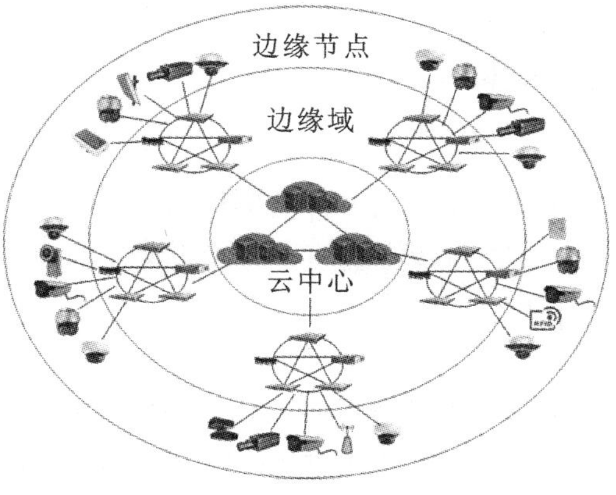

图 5-28　边缘计算示意图

5.10.1 边缘计算的特点

边缘计算在网络边缘计算、分析和存储数据，可以减少时间延迟。边缘计算有以下几个特点[7]。

（1）分布性：边缘计算实际部署天然具备分布式特征。这是由于边缘计算具有计算、存储、动态调度与管理等能力，因而不同位置和网络层次中的物理实体能够灵活地提供分布式的资源调度与管理服务。

（2）低时延：通过将应用程序在靠近终端设备或直接在终端设备上执行，减少远程传输，从而降低时延，改善用户体验，减少网络在其他部分中可能发生的拥堵。

（3）高宽带：由于边缘计算靠近数据源，可以在本地进行简单的数据处理，不必将所有数据或信息都上传至云端，这将使得网络传输压力下降，网络堵塞减少，网络速率也因此大大增加。

5.10.2 边缘计算优势

（1）低延迟

处理数据所需的时间越长，相关性就越低。因此，设备故障和危险事故等情况需要对数据进行即时分析，将数据分析限制在创建数据的边缘可以消除延迟，从而缩短响应时间。

（2）安全

虽然边缘计算扩大了黑客的潜在攻击面，但它也减少了对整个组织的影响。另一个固有的事实是，传输的数据越少，可以拦截的数据就越少。并且，边缘计算还帮助企业克服了本地合规性和隐私法规问题。

（3）节省成本

边缘计算允许用户从管理角度对数据进行分类。通过在边缘位置保留尽可能多的数据，可以减少连接所有位置所需的昂贵带宽费。另外，边缘计算还有助于减少某种程度的数据冗余，从而降低成本。

（4）更高的可靠性

当边缘设备可以在本地存储和处理后续数据时，就提升了可靠性。

5.10.3 边缘计算应用场景

（1）自主汽车

卡车车队的自动组队可能是自动车辆的首批使用案例之一。在这里，一群卡车在车队中彼此紧跟着行驶，节省了燃料成本，减少了拥堵。有了边缘计算，除了前面的卡车，所有卡车都将不再需要司机，因为卡车将能够以超低延迟相互通信。

（2）油气行业资产的远程监控

石油和天然气行业的失败可能是灾难性的。因此，他们的资产需要仔细监控。然而，石油和天然气工厂往往位于偏远地区。边缘计算使得实时分析与处理更接近资产，这意味着更少地依赖于集中式云的高质量连接。

（3）智能电网

边缘计算将成为更广泛采用智能电网的核心技术，有助于企业更好地管理其能源消耗。

连接到工厂和办公室边缘平台的传感器和物联网设备正在被用于实时监测能源使用并分析其消耗。有了实时可见性，企业和能源公司就可以达成新的交易，例如，在电力需求的非高峰时段运行大功率机械。可以增加企业对绿色能源，如风能的消耗。

(4) 预测性维护

制造商希望能够在故障发生之前分析和检测生产线的变化。

边缘计算有助于使数据的处理和存储更接近设备。这使物联网传感器能够以低延迟监控机器健康状况，并实时分析数据。

(5) 住院病人监护

目前，监测设备，如血糖监测仪、健康工具和其他传感器等，要么未连接，要么需要将来自设备的大量未处理数据存储在第三方云上。这给医疗保健提供者带来了安全问题。

医院网站上的边缘可以在本地处理数据，以保护数据隐私。边缘计算还可以向从业者及时通知患者的异常趋势或行为。

(6) 云游戏

云游戏是一种新型的游戏，它可以将游戏的实时内容直接传输到设备上，这种游戏高度依赖于延迟。

云游戏公司正在寻找尽可能接近玩家的边缘服务器，以减少延迟，提供完全响应和沉浸式游戏体验。

(7) 内容交付

通过在边缘缓存内容，如音乐、视频流、网页等，可以极大地改善内容传播，显著降低延迟。内容提供商正在寻求更广泛的分发CDN，从而根据用户流量需求保证网络的灵活性和定制性。

(8) 交通管理

边缘计算可以使城市交通管理更加有效。这方面的例子包括在需求波动的情况下优化公交频率，管理额外车道的开启和关闭，以及未来管理自动驾驶汽车流量。如亚马逊的Alexa等语音助手设备的响应会快很多。有了边缘计算，就不需要将大量的流量数据传输到集中式云上，从而降低了带宽和延迟的成本。

(9) 智能家居

智能家庭依赖于物联网设备从房子周围收集和处理数据。通常，这些数据被发送到一个中央远程服务器，在那里进行处理和存储。然而，这种现有体系结构存在回程成本、延迟和安全性方面的问题。通过边缘计算，处理和存储距离智能家居更近，往返时间缩短，敏感信息在边缘得以处理。

课后习题

一、判断题

1. 一般基于光电效应、压电效应等的物性型传感器，响应时间短，工作频率范围宽，而结构型传感器，如电感、电容、磁电式等，由于受到结构特性的影响和机械系统惯性的限制，其固有频率较低。 (　　)

2. 由于应变计所测出的应变值是敏感栅区域内的最大应变，所以应变梯度变化较大时，通常选用栅长短的应变计；测平均应变时，宜选用栅长长的应变计。 (　　)

3. 能够测量湿度的电容式传感器属于变极距型电容传感器。 ( )

4. 电容式转速传感器的工作原理可将齿轮外沿面作为电容器的动极板，当电容器定极板与齿顶相对时，电容量最大；而与齿隙相对时，则电容量最小。当齿轮转动时，电容量发生周期性变化。 ( )

5. 压电传感器工作原理基于某些物质的压电效应，它是一种不可逆转换器，只能将机械能转换为电能。 ( )

6. 压电元件并联连接时，电容量大，输出电荷量大，适用于测量缓变信号和以电荷为输出的场合。 ( )

二、选择题

1. 半导体应变计在外力的作用之下引起电阻变化的因素主要是( )。

A.长度　　B.截面积　　C.电阻率　　D.温度

2. 在位移测量中，( )传感器适用于非接触测量，而且不易受油污等介质影响。

A.电容　　B.压电　　C.电阻　　D.涡流

3. 面积变化型电容传感器的灵敏度( )。

A.正比于两块极板之间的线速度　　B.正比于两块极板之间的线位移

C.正比于两块极板之间的间隙　　D.等于常数

4. 变极板间隙型电容传感器的输入与输出成( )关系。

A.正比　　B.线性　　C.反比　　D.二次方

5.下列( )传感器都是把被测量变换为电动势输出的。

A.热电偶、电涡流、电阻应变

B.热电偶、霍尔、半导体气敏传感器

C.硅光电池、霍尔、磁电

D.压电、霍尔、电感

6. ( )传感器适用于几米到几十米的大型机床工作台位移的直线测量。

A.电涡流　　B.电容　　C.压磁式　　D.光栅

7. 下列( )传感器较适合于测量旋转轴的转速。

A.电涡流、电阻应变、电容

B.磁电感应、电涡流、光电

C.硅光电池、霍尔、压磁

D.压电、霍尔、电感式

8. 关于极距变化型电容传感器，( )的说法是错误的。

A.极板之间的距离越小，灵敏度越高

B.电容与极板的位移呈线性关系

C.采用差动连接方式可以提高灵敏度

D.测量时，保持极板的覆盖面积不变

三、简答题

1. 什么是物性型传感器？什么是结构型传感器？试举例说明。

2. 什么是金属的电阻应变效应？金属丝的灵敏度系数的物理意义是什么？有何特点？

3. 金属应变计与半导体应变计在工作原理上有何不同？

4. 什么是应变计的灵敏系数？它与电阻丝的灵敏系数有何不同？为什么？

5. 什么是半导体的压阻效应？半导体应变计的灵敏度系数有何特点？

6. 简述压电传感器的工作原理。

7. 为什么压电传感器通常用于测量动态信号？

参考文献

[1] 王伯雄.测试技术基础[M].北京：清华大学出版社，2003.

[2] ALAN S. MORRIS，REZA LANGARI. Measurement and Instrumentation：Theory and Application[M].McGraw-Hill Book Company，2012.

[3] 朱悦.超声波传感器在智能汽车系统中的应用[J].专用汽车，2023(3)：31-33.

[4] 吴江.超声波传感器及应用[J].科技经济市场，2007(2)：107-108.

[5] 余瑞芬.传感器原理[M].北京：航空工业出版社，1995.

[6] 王伏亮，李澄，李春鹏，等.基于边缘计算的中低压配电网多类型传感器接入技术[J].自动化与仪表，2020，35(7)：11-15.

[7] 蓝海盛，张文娟.基于边缘计算的大规模传感器高频采集系统研究[J].广东通信技术，2020，40(9)：21-25.

第 6 章　温 度 测 量

6.1　本章知识点

本章名词及含义汇总见表 6-1。

表 6-1　名词及含义汇总

名词	含义
温度测量分类	可分为接触式与非接触式
温标	温度的数值表示方法，分为热力学温标和国际实用温标两种
接触式	主要为热传递测温，其中有热电偶与热电阻两种形式
非接触式	主要为辐射测温中的黑体辐射测温
高温测温仪	主要依据普朗克原理对温度的一种非接触式测量
辐射测温仪	基于物体的热辐射特性与温度之间的对应关系设计而成，典型的有全辐射高温计和部分辐射高温计
红外测温仪	主要将物体红外辐射转换成数值或图像进行显示的技术

6.2　温　　标

温度在农业、工业、航天业等领域都是一个很重要的物理量。物质的物理性质、物体的特征参数都与温度有着密不可分的关系。在农业中，环境温度影响农作物的光合作用、呼吸、有机物合成和蒸腾等代谢过程，土壤温度对农作物也会有着较大的影响。在工业中，以电厂热力生产为例，若温度过高，锅炉的效率降低，若蒸汽温度过低，则会降低汽轮机的效率，能量损失较为严重。在航天业中，航天器在不同环境温度下能否正常运行是衡量设备的一个重要指标。

温标，作为一个可使用的参数，能够解决测量方法和标度的问题。简单来说，温标就是温度的数值表示法，或者说，是表示温度的标尺。目前国际上使用较多的温标有热力学温标和国际实用温标两种。

(1) 热力学温标

热力学温标是建立在热力学基础上的一种理论温标，之前使用较多的是摄氏温标和华氏温标，它们有一个共性，都是根据液体（水银）在玻璃管内受热后体积会产生膨胀这一性质来测量的。由于这两种温标所给出的温度数值会随着液体的性质（如水银的纯度）和玻璃管材料的性质不同而发生改变，因此，并不能保证各国所用的基本测温单位的一致性。

热力学温标是建立在热力学基础上的一种理想温标，根据热力学中的卡诺定理，温度与热量存在以下的关系：

$$T_1=\frac{T_2}{Q_2}Q_1 \tag{6-1}$$

式中　T_1，T_2——热源与冷源的温度；

Q_1，Q_2——热源给卡诺热机的传热量及卡诺热机传给冷源的传热量。

如果 T_2 的数值给定，就可以由热量的比例求得未知量 T_1。从 1954 年起，以水的三相点作为定义点已广泛被国际所接受，其温度规定为 273.16K，这样热力学温度就完全确定了。

$$T=273.16\frac{Q_1}{Q_2} \tag{6-2}$$

由于上述方程式与材料本身的种类和性质无关，所以热力学温标避免了因选用测温物质的不同而引起的温标差异，是理想的温标。卡诺循环实际上并不存在，因而热力学温标也无法直接实现。热力学已从理论上证明，热力学温标与理想气体温标是完全一致的，但实际上是用近似理想气体的惰性气体做出定容式气体温度计，并根据热力学第二定律定出这种气体温度计的修正值的，从而可用气体温度计来实现热力学温标。然而气体温度计结构复杂，价格昂贵，故通常仅限于在国家计量标准实验室中，作为复现热力学温标使用。

（2）国际实用温标 ITS-90 简介[1,2]

国际实用温标是在 1927 年采用的，目的在于提供一种容易准确复现，并且尽可能给出接近热力学温标的实用温标。自 1927 年建立国际温标以来，为了使它更好地符合热力学温标，曾先后对它进行了多次修改。最新的是 1990 国际实用温标（ITS-90），于 1990 年元旦开始实施。它规定热力学温度是基本的物理量，符号为 T，其单位是开尔文，符号为 K，它规定水的三相点热力学温度为 273.16K，定义热力学温度开尔文等于水的三相点热力学温度的 1/273.16，国际实用开尔文温度和摄氏温度的关系为：

$$t=(T-273.15)(℃) \tag{6-3}$$

ITS-90 所包含的温度范围自 0.65K 至单色辐射高温计实际可测量的最高温度，定义的固定点和温度点共有 17 个，它包括 14 个高纯物质的三相点、熔点和凝固点以及 3 个用蒸汽温度计或气体温度计测定的温度点，如表 6-2 所示。

表 6-2　ITS-90 定义的固定点

序号	温度		物质①	状态②	W_t(T90)
	$T90$/K	$t90$/℃			
1	3～5	−270.15～−268.15	He	V	
2	13.8033	−259.3467	e-H_2	T	0.00119007
3	约 17	约−256.15	e-H_2(或 He)	V(或 G)	
4	约 20.3	约−252.85	e-H_2(或 He)	V(或 G)	

续表6-2

序号	温度		物质①	状态②	W_t(T90)
	T90/K	t90/℃			
5	24.5516	−248.5939	Ne	T	0.00844974
6	54.3584	−218.7916	O_2	T	0.09171804
7	83.8085	−189.3442	Ar	T	0.21585975
8	234.3156	−38.8344	Hg	T	0.84414211
9	273.16	0.01	H_2O	T	1.00000000
10	302.9146	29.7646	Ga	M	1.11813889
11	429.7485	156.5985	In	F	1.60980185
12	505.078	231.928	Sn	F	1.89279768
13	692.677	419.527	Zn	F	2.56891730
14	933.473	660.323	Al	F	3.37600860
15	1234.93	961.78	Ag	F	4.28640053
16	1337.33	1064.18	Au	F	
17	1357.77	1084.62	Cu	F	

注：①除 He 外，其他物质均为自然同位素成分，e-H_2 为正、仲分子态在平衡浓度时的氢。

②V：蒸汽压点；T：三相点；G：气体温度计点；M、F：熔点和凝固点，是在 101325Pa 压强下固、液相的平衡温度。

在不同的温度范围内，应选择稳定性较高的温度计来作为复现热力学温标的标准仪器。国际温标规定，从 0.65～5.0K 之间采用^{3}He 或^{4}He 蒸汽温度计作为内插仪器；从 3.0～24.5561K之间采用^{3}He 或^{4}He 定容气体温度计作为内插仪器；从 13.8033～961.78℃之间采用铂电阻温度计作为内插仪器；961.78℃以上的温区采用的内插仪器是光电（光学）高温计，除了以上几个温区采用的内插仪器外，还有相应的内插公式和偏差函数，详情可查阅 ITS-90 国际实用温标文献。部分温区的偏差函数及其分度点可参考表 6-3。

表 6-3　定义 T90 的各温区内铂电阻的偏差函数和分度点

<table>
<tr><th>温区上限</th><th>温区下限</th><th colspan="2">偏差函数 $W(T90)-W_t(T90)$</th><th>分度点</th></tr>
<tr><td rowspan="4">273.16K</td><td>13.8033K</td><td rowspan="3">$a[W(T_{90})-1]+b[W(T_{90})-1]^2+\sum_{i=1}^{5}c_i[\ln W(T_{90})]^{i+m}$</td><td>其中，$n=2$</td><td>2～9</td></tr>
<tr><td>24.5561K</td><td>其中，$C4=C5=n=0$</td><td>2,5～9</td></tr>
<tr><td>54.3584K</td><td>其中，$C2=C3=C4=C5=0$　$n=1$</td><td>6～9</td></tr>
<tr><td>83.8058K</td><td>$a[W(T_{90})-1]+b[W(T_{90})-1]\ln W(T_{90})$</td><td>—</td><td>7～9</td></tr>
</table>

续表6-3

温区上限	温区下限	偏差函数 $W(T90)-W_t(T90)$		分度点
961.78℃	0℃	$a[W(T_{90})-1]+b[W(T_{90})-1]^2+c[W(T_{90})-1]^3+d[W(T_{90})-W(660.323℃)]^2$	—	9,12～15
660.323℃			其中,$d=0$	9,12～14
419.527℃			其中,$c=d=0$	9,12,13
231.928℃			其中,$c=d=0$	9,11,12
56.5985℃			其中,$b=c=d=0$	9,11
29.7646℃			其中,$b=c=d=0$	9,10
29.7646℃	−38.8344℃ (234.3156K)		其中,$c=d=0$	8～10

注:以上偏差函数中的各系数 a、b、c_i、c 及 d,可在定义点上测定得到。

6.3　温度测量原理

温度[3]是对一个物体分子内部运动的一种度量。温度的测量原理是通过测量物体分子内部的运动状态,从而确定其温度。一般来说,温度测量可以使用各种传感器,如热电偶[4]、热敏电阻、红外线传感器等,通过测量物体的热量传递来计算其温度。其中,热电偶和热敏电阻是通过测量物体的热量传递来计算其温度的电气传感器,也被称为接触式测量,而红外线传感器则是通过测量物体辐射的红外线来计算其温度,亦被称为非接触式测量。不同类型的温度传感器有不同的精度和适用范围,使用时需要根据不同的应用场景来选择。这两者的原理、特点如表 6-4 所示。

表 6-4　接触式测温和非接触式测温的比较

测温方法	测温原理	特点	性能	举例
接触式测温	热平衡原理	测温敏感元件必须与被测介质接触,使两者处于同一热平衡状态,具有同一温度	简单、可靠、精度高。测温元件需与被测介质接触后进行充分的热交换才能达到热平衡,因而有滞后现象。受耐高温材料的限制,接触式测温不能应用于很高温度的测量	水银温度计、热电偶温度计
非接触式测温	热辐射原理	测温敏感元件不与被测介质接触,而是通过接收被测物体发出的辐射热来判断温度	测温元件不与被测物接触,测温范围很广,其测温上限原则上不受限制,测温速度较快,且可对运动物体进行测量。受物体的发射率、被测对象到仪表之间的距离、烟尘和水汽等影响,测温误差较大	辐射温度计、红外温度计

6.3.1 接触式测量

接触式测温是一种将温度传感器直接接触被测物体表面，通过传感器所感受的温度来测量被测物的温度的方法。它适用于对实体物体的表面温度进行测量，并且可以在较短的时间内输出测量结果。接触式测温通常使用热电偶、热电阻或者半导体温度传感器等常见的温度传感器。这些传感器的特点是可以与被测物体直接接触并感受到其表面温度变化。测量结果的精度和稳定性都受到传感器的质量和精度的限制。接触式测温的优点包括检测结果准确可靠、测量速度快等，但同时也存在一些限制，主要是需要直接接触被测物体表面，因此，需要注意传感器与被测物体的材质是否匹配，以及物体表面的清洁度等问题。

6.3.2 非接触式测量

锻造、轧制过程中物料的实际变形（开始、终了）温度是非常重要的参数指标，必须严格把关，准确测量。热电偶和热电阻测温是比较常见的测试手段，热电偶测试多应用于加热炉的Tus（温度均匀性检测）和加热炉温度控制系统中的控温偶，热电偶、热电阻测试的优点是测温准确度高，但是必须将热电偶和热电阻的测量端置于需要检测的环境中恒温一段时间才能准确得到测量结果。所以接触式测温法无法适用于锻造或轧制过程物料的温度检测。辐射测温属于非接触式检测，可以测量距离较远的物体温度，所有高于绝对零度的物体时时刻刻都在向外辐射红外线，热辐射是物体本身的一种固有物理特性，所以物体的真实温度可以通过辐射测温计测量。影响辐射测温结果的因素有辐射系数、距离系数等，确定正确的参数对辐射测温结果的准确性有重要影响。

6.4 热　电　偶

热电偶是工业上最常用的一种测温元件，属于能量转换型温度传感器。在接触式测温仪表中，具有信号易于传输和变换、测温范围宽、测温上限高等优点，主要用于 500～1500℃范围内的温度测量。新近研制的钨铼-钨铼系列热电偶的测温上限可达 2800℃以上。

（1）热电偶测温原理

热电偶传感器是由两种不同材料的导体或半导体 A 和 B 焊接形成两个接点，一个接点为工作端即测量端 T_1，又叫热端，置于待测介质；另一接点为参考端即冷端 T_0，通常置于环境温度下。如图 6-1 所示。当两接点的温度不同时，回路中将产生电流，称为热电流，产生热电流的电动势称为热电势。当参考端的温度 T_0 恒定时，热电势是测量端 T_1 的函数，因此，可以用热电势表示温度。经研究表明，热电势是由温差电势和接触电势组成的。

（2）温差电势

温差电势是由于导体两端温度不同而产生的一种电动势。若导体两端的温度不同[例如 $T>T_0$，图 6-2(b)]，则两端电子的能量也不同。由于高温端的电子能量比低温端的电子能量大，因此，从高温端跑到低温端的电子数比从低温端跑到高温端的要多，结果，高温端因失去电子而带正电荷，低温端因得到电子而带负电荷，从而在高、低温端之间形成一个从高温端指向低温端的静电场。该静电场将阻止高温端的电子跑向低温端，同时加速低温端电子跑向高温

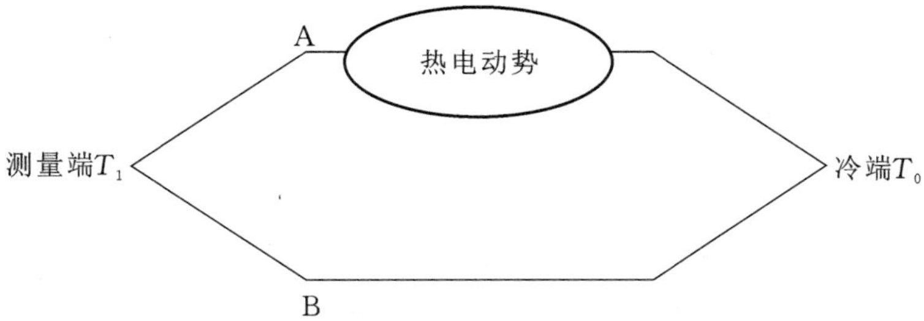

图 6-1　热电偶测温原理[5,6]

端，最终达到动态平衡，在导体两端便产生一个相应的电位差，该电位差称为温差电势，其方向是由高温端指向低温端，此电势只与导体的性质和导体两端的温度有关，可用下式表示：

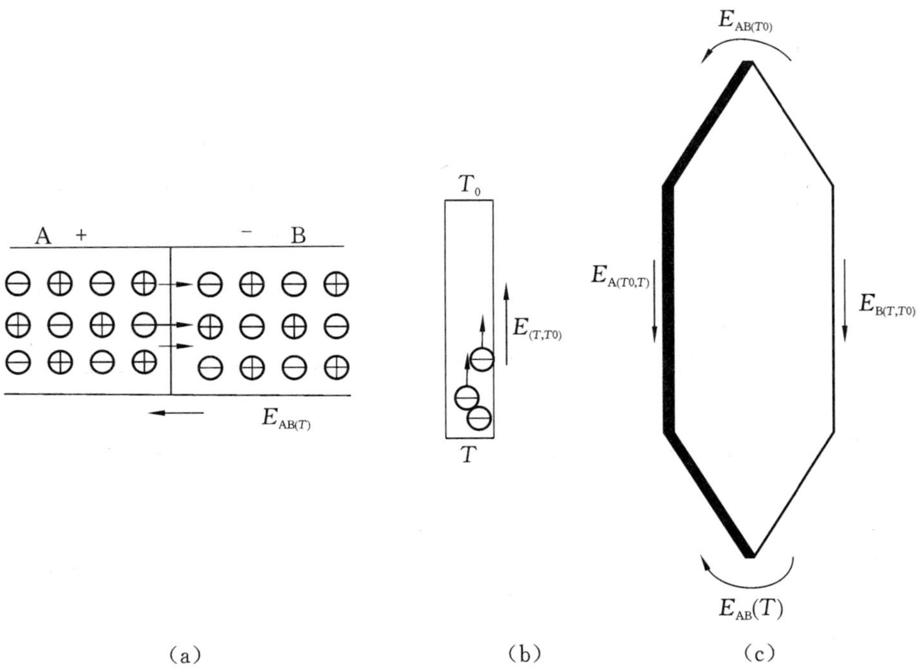

图 6-2　温差电势

(a)接触电势原理图；(b)温差电势原理图；(c)热电偶回路电势分布图

$$E_A(T,T_0)=\frac{k}{e}\int_{T_0}^{T}\frac{1}{N_A}\mathrm{d}(N_A t) \tag{6-4}$$

式中　N_A——导体 A 的电子密度，它是温度的函数；

e——单位电荷；

k——波尔兹曼常数；

t——导体各断面的温度；

T, T_0——导体两端的温度。

(3) 接触电势

当两种不同的导体 A 和 B 相接触时，假设导体 A 的电子密度 N_A 大于导体 B 的电子密度 N_B，由于两者有不同的电子密度，故电子在两个方向上扩散的速率不同，A 失去电子而带正电。B得到电子而带负电，在A、B的接触面上就形成了一个由A向B的静电场，如图6-2(a)所示，它将阻止电子进一步扩散，当扩散力和电场力达到平衡时，在A、B间就形成了一个固定的接触电势，其大小取决于A、B材料的性质和接触点的温度。接触电势可以用下式表示：

$$E_{AB(T)}=\frac{kt}{e}\ln\frac{N_{AT}}{N_{BT}} \tag{6-5}$$

式中 N_{AT}，N_{BT}——导体A、B在温度为 T 时的电子密度。

因此，一个由A、B两种均匀导体组成的热电偶，当接点温度分别为 T、T_0 时[图6-2(c)]，如果 $T>T_0$，则回路中总的热电势可用下式表示，其中接触电势远大于温差电势。

$$E_{AB(T,T_0)}=E_{AB(T)}+E_{B(T,T_0)}-E_{AB(T_0)}-E_{A(T,T_0)} \tag{6-6}$$

根据式(6-4)、式(6-5)、式(6-6)，得

$$E_{AB(T.T_0)}=\frac{k}{e}\int_{T_0}^{T}\ln\frac{N_A}{N_B}\mathrm{d}t \tag{6-7}$$

因为 N_A、N_B是温度的单值函数，上式的积分可表达成下式：

$$E_{AB(T,T_0)}=f(T)-f(T_0) \tag{6-8}$$

当构成热电偶材料和参考端温度 T_0 确定后，热电势 $E_{AB(T,T_0)}$ 就是测量温度 T 的函数。热电势与测量端温度的关系一般由实验方法建立，并以表格、经验公式或曲线的形式给出。

热电偶也分正负极，如果在参考端电流是从导体A流向导体B，则A称为正热电极，B称为负热电极。

根据式(6-7)、式(6-8)，可得以下结论：

① 热电偶回路中热电势的大小只与组成热电偶的材料及两端温度有关，而与热电偶的长短、粗细无关。

② 只有两种不同性质的导体才能组成热电偶，当热电偶两端温度不同时，才会产生热电势。

③ 材料确定后，热电势的大小只与热电偶两端的温度有关，如果使 $f(T_0)=$常数，则回路热电势 $E_{AB(T,T_0)}$ 就只与温度 T 有关，而且是 T 的单值函数，这也就是利用热电偶测温的原理。

6.4.1 基本定律

在使用热电偶测温时，还需要应用热电偶的三条基本定律，这些定律已由实验所确定。

(1) 均质导体定律

任何一种均质导体组成的闭合回路，不论其各处的截面积如何，不论其是否存在温度梯度，都不可能产生热电势。

利用此定律可检验热电极材料的均匀性。

(2) 中间导体定律

由几种不同材料组成的闭合回路，当各种材料接触点的温度都相同时，此回路的热电势为零。

中间导体定律有以下推论：

① 在热电偶回路中接入第三种材料，只要它的两端温度相同，则对回路的热电势没有影响。如图6-3所示，根据此推论，在热电偶回路中接入测温显示仪表，如图6-4所示，只要保证热电偶连接显示仪表的两个接点温度相同，就不会影响回路原来的热电势。由此可见，利用热

电偶测温时，完全不用担心显示仪表的接入对热电势的影响。

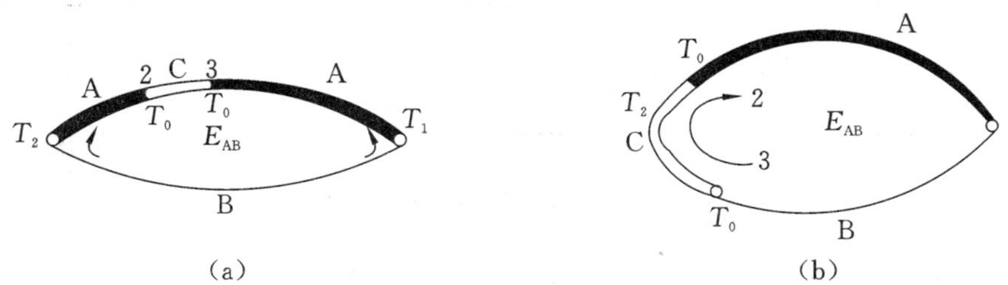

图 6-3　第三种材料接入热电偶回路

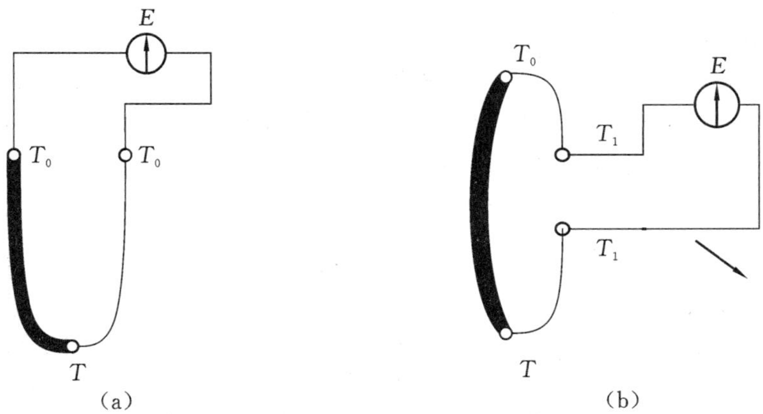

图 6-4　电位计接入热电偶回路

另外，还可利用开路热电偶（热端无须焊接在一起）来测量液态金属和金属壁面的温度，此时液态金属和金属壁面就相当于接入热电偶回路的第三种导体，如图 6-5 所示。

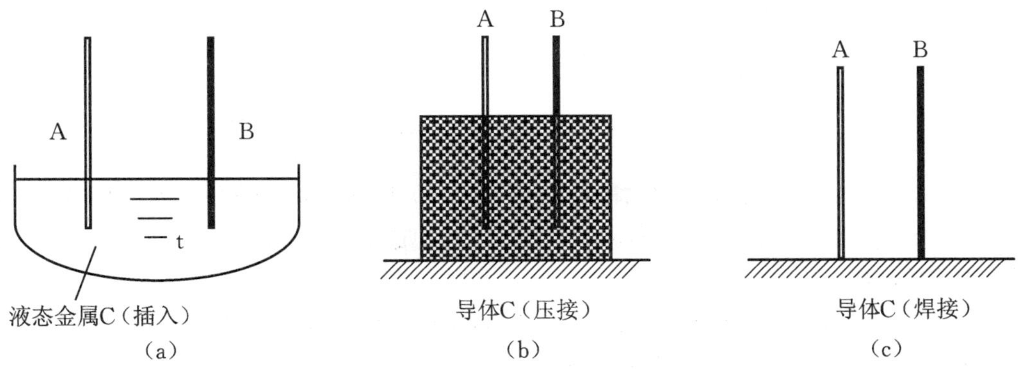

图 6-5　开路热电偶测液态金属及金属壁面温度

② 任意两种匀质导体 A、B，分别与匀质材料 C 组成热电偶（图 6-6）时，若热电势分别为 $E_{AC(T,T_0)}$ 和 $E_{CB(T,T_0)}$，则导体 A、B 组成的热电偶的热电势为：

$$E_{AB(T,T_0)}=E_{AC(T,T_0)}+E_{CB(T,T_0)} \tag{6-9}$$

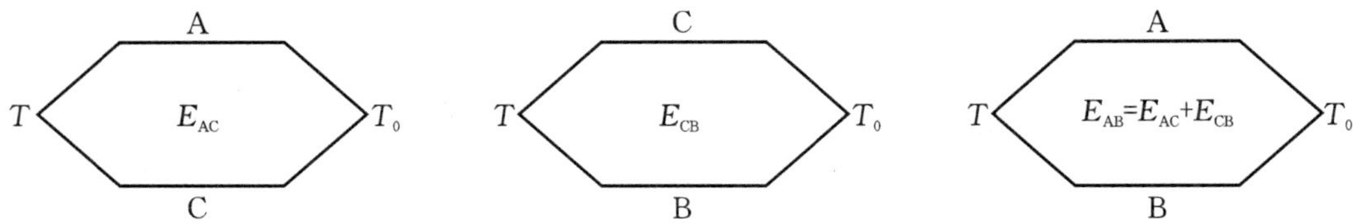

图 6-6　材料热电势的代数和

此推论方便了热电偶的选配工作，导体 C 作为参考电极（亦称标准电极），常用复现性和稳定性好的材料，如纯铂丝制作。用实验得到由各种材料与铂构成的热电偶的热电势后，由各导体材料之间构成热电偶的热电势就可按式（6-9）计算。

（3）中间温度定律

如图 6-7 所示，当一支热电偶的接点温度分别为 T_1、T_2 时，其热电势为 $E_{AB(T_1,T_2)}(E_1)$；在接点温度为 T_2 和 T_3时，其热电势为 $E_{AB(T_2,T_3)}(E_2)$；则接点温度为 T_1 和 T_3时，该热电偶的热电势 $E_{AB(T_1,T_3)}(E_3)$为前二者之和，即

$$E_{AB(T_1,T_3)}=E_{AB(T_1,T_2)}+E_{AB(T_2,T_3)} \tag{6-10}$$

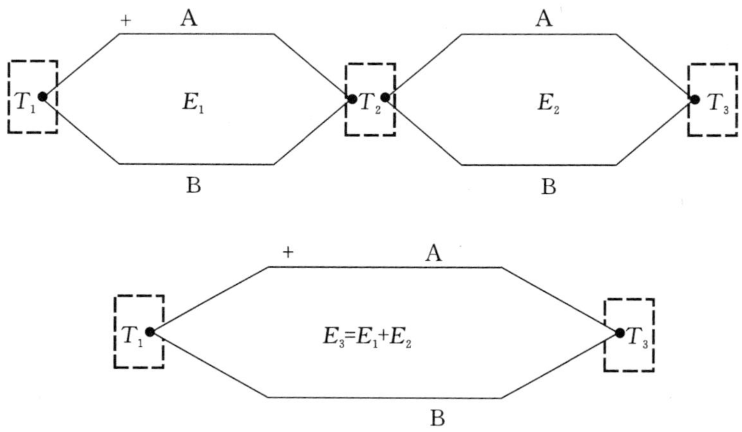

图 6-7　中间温度定律

式（6-10）从另一方面提供了冷端温度不是零度时如何应用热电偶分度表的方法。只要引入适当的修正值，即可利用现有的热电偶分度表（冷端温度为 0℃），求得在任一给定冷端温度下热电偶的热电势。

例如，某热电偶冷端温度为 $T=20$℃时，测得其热电势 $E_{AB(T,20)}$，求 $T=?$

现有的分度表 $T=0$℃，由中间温度定律，有：

$$E_{AB(T,20)}+E_{AB(20,0)}=E_{AB(T,0)}$$

利用分度表查得 $E_{AB(20,0)}$，并与已知的 $E_{AB(T,20)}$ 相加，则可由 $E_{AB(T,0)}$ 查出 T 值。

此定律在另一方面也说明了，当在原来热电偶回路中分别引入与材料 A、B 有同样热电性质的材料 A′、B′（如图 6-8）时，即引入补偿导线时，相当于将热电偶延长而不影响热电偶的热电势。

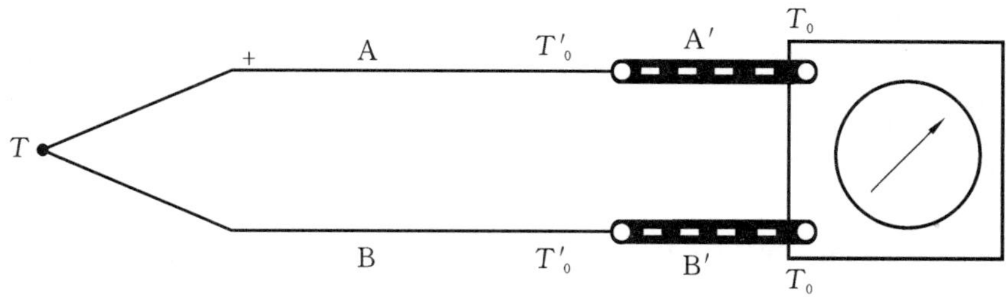

图 6-8　补偿导线在测温回路中的连接

A、B—热电偶热电极；A′、B′—补偿导线；T'_0—热电偶原冷端温度；T_0—新冷端温度

6.4.2　热电偶传感器结构

(1) 热电极材料

理论上任何导体都可以作为热电偶的材料，但为了保证热电势-温度关系的复现性、稳定性和有足够的灵敏度，热电极材料应满足如下要求：

① 在测温范围内，物理化学性能稳定；

② 热电特性好，热电势与温度的关系成线性或近似线性关系；

③ 温度变化时，热电势变化应足够大；

④ 电阻温度系数要小，导电率要高；

⑤ 复制性要好。

实际上没有一种材料能同时满足上述全部要求，所以，在不同的测温条件下要用不同的热电极材料。

(2) 热电偶的分类

有几种不同的分类方法：

① 按热电势-温度关系是否标准化可分为标准化热电偶和非标准化热电偶两类。

② 按热电极材料的性质可分为金属热电偶、半导体热电偶和非金属热电偶三类。

③ 按热电极材料的价格可分为贵金属热电偶和廉价金属热电偶两类。

④ 按使用的温度范围可分为高温热电偶和低温热电偶两类。

(3) 标准化热电偶

标准化热电偶是指定型生产的通用热电偶，它的制造工艺比较成熟，能成批生产、性能优良而稳定，并已列入工业标准化文件中。标准化热电偶具有统一的分度表[7,8]，并规定了热电极材料及化学成分、热电性质和允许偏差。

① 铂铑 10-铂热电偶

铂铑 10-铂热电偶的分度号为 S。

这是一种贵金属热电偶，铂铑 10 为正极，铂为负极。铂铑 10 合金中铂占 90%，铑占 10%。热电极直径通常为 0.5mm，它长期使用的温度可达 1300℃，短期使用温度可达 1600℃。有很好的复现性和稳定性，测量的准确度高，在国际实用温标中，在 630.74～1064.43℃范围内用它作为标准仪器。这种热电偶在氧化性及中性气氛中可长期使用，在真空中可短期使用。它不能在还原性气氛及含有金属或非金属蒸气的气氛中使用，除非外面套有合适的非金属保护套管。这种热电偶在高温下长期使用会使晶粒过分增大，导致铂电极折断，高温下铂电极对污染很敏感，会造成热电势下降，而且铂铑电极中的铑会挥发或向铂电极扩散，造成热电势下降。这种热电偶的热电势率较小；平均灵敏度为 0.009mV/℃左右，价格很贵，热电特性的非线性度较大。

② 铂铑 13-铂热电偶

其分度号为 R。该热电偶的基本性能和使用条件和铂铑 10-铂热电偶基本相同，其正极的铂铑合金中含铑 13%，因而热电势略大些，在欧美国家使用较多。

③ 铂铑 30-铂铑 6 热电偶

其分度号为 B。它也是贵金属热电偶，这种热电偶正极的铂铑合金中含铑 30%，负极中含铑 6%，长期使用的最高温度可达 1600℃，短期可达 1800℃。它性能稳定，测量准确度高，适合在氧化性介质和中性介质中使用，不能在还原性气氛及含有金属或非金属蒸气的气氛中使用。由于它的两个热电极都是铂铑合金，因而提高了抗污染能力，晶粒增大量很小，热电性质更稳定，但热电势率比铂铑 10-铂热电偶的更小。

④ 镍铬-镍硅(镍铝)热电偶

其分度号为 K。它是廉价金属热电偶，因为热电极材料中含有大量的镍，所以在高温下抗氧化和抗腐蚀的能力都很强，化学稳定性好，长时间可测量 1000℃，短期可测 1300℃。这种热电偶的热电势率大，平均灵敏度约为 0.04mV/℃，热电特性近于线性关系，热电极直径一般为 1.2～2.5mm；适合在氧化性和中性介质中使用，在还原性气体中易被腐蚀。

⑤ 镍铬-铜镍热电偶

其分度号为 E。这种廉价金属热电偶的热电势率在目前是各类金属热电偶中最高的，它的平均灵敏度比镍铬-镍硅热电偶的高一倍，长期使用温度为 600℃，短期使用可达 800℃。热电极的直径一般为 1.2～2mm，允许使用的环境与镍铬-镍硅热电偶的相同，热电特性的线性度较好。由于价廉、热电势率高，所以常被人们采用。在低温下，这类热电偶对湿气氛的腐蚀不敏感，故常用于 0℃以下的测温，低温可达－200℃。

⑥ 铜-铜镍(康铜)热电偶

其分度号为 T。这是廉价金属热电偶中准确度最高的，适用范围在－200～350℃。它能抵抗湿气的侵蚀，可用在真空、氧化、还原及中性气氛中，在低温测量中它是一种准确度很高的热电偶。

(4) 非标准化热电偶

非标准化热电偶适用于一些特定的温度测量场合，用于测量超高温、超低温、高真空和有核辐射等被测对象。非标准化热电偶还没有统一的分度，使用时对每支热电偶都应当进行标定。目前已使用的非标准化热电偶有以下几种：

① 钨铼系列热电偶

这类热电偶可测量高达 2700℃的高温，短时间测量可达 3000℃。它适宜在干燥的氢气、中性气氛和真空中使用，不宜在潮湿、还原性和氧化性气氛中工作，除非加装合适的保护套管。已使用的有钨-钨铼和钨铼-钨铼两类热电偶。

② 铱铑-铱系列热电偶

这是一种高温热电偶，常用于 2000℃以下温度的测量，适合在真空和中性气氛中测量，不能在还原性气氛中使用，一般用铱铑 40、铱铑 50 和铱铑 60 三种合金与铱配用。

③ 钨-钼热电偶

钨-钼热电偶的两个热电极都具有较高的熔点，故可用来测量高温，但钨钼的化学稳定性较差，不能在氧化性介质中工作，它们虽可在还原性介质中工作，但在高温下的稳定性较差，所以只能在真空或中性介质中工作。另外这种热电偶的热电势率很小，在低温时电势为负值，到1300℃才开始为正值，钨-钼热电偶一般用来测量1300～2200℃之间的温度。

④ 镍铬-金铁热电偶

这是一种较为理想的低温热电偶，在低温下仍能得到很大的热电势，它可以在2～273K的低温范围内使用，该热电偶热电势稳定，复现性好，易于加工成丝，已日趋标准化。

⑤ 非金属热电偶

目前已定型生产的非金属热电偶有以下几种：石墨热电偶、二硅化钨-二硅化钼热电偶、石墨-二硼化锆热电偶、石墨-碳化钛热电偶和石墨-碳化硅热电偶等，测量准确度为±(1～1.5)%，在氧化性气氛中可用于1700℃左右的高温。二硅化钨-二硅化钼热电偶在含碳气氛、中性气氛和还原性气氛中可在2500℃的温度中使用。但它们复制性差，机械强度不高，因此，目前尚未获得广泛的应用。

(5) 普通热电偶的结构

图6-9所示的是典型的工业用热电偶。它由热电极、绝缘套管、保护套管以及接线盒等部分组成。

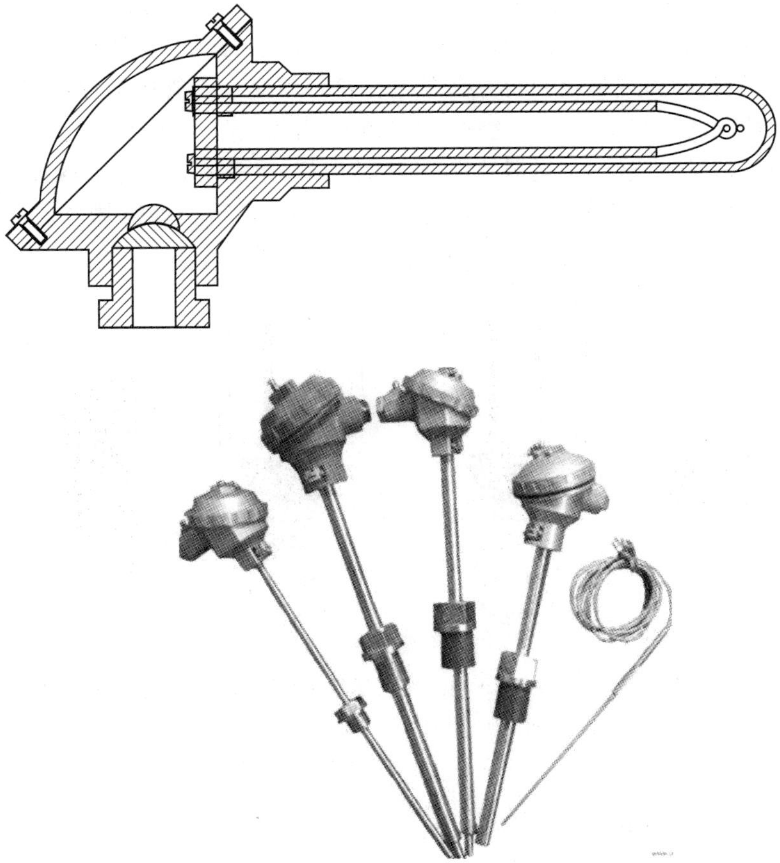

图6-9　工业热电偶结构示意图和实物图

① 接线盒

接线盒一般由铝合金制成，供热电偶与补偿导线连接之用。

② 保护套管

保护套管的作用是防止热电偶受化学腐蚀和机械损伤。保护套管的材料一般根据测温范围、加热区长度、环境气氛以及测温的时间常数等条件来决定。对其材料的要求是：耐高温，耐腐蚀，有良好的气密性和足够的机械强度，以及在高温下不能分解出对热电偶有害的气体等。

③ 绝缘套管

其作用是防止两个热电极短路。材料的选用由使用温度范围决定，有单孔套管和双孔套管两种。

④ 热电极

热电极的直径由材料的价格、机械强度、导电率及热电偶的用途和测量范围决定；热电极的长度由安装条件、在介质中的插入深度来决定

（6）特殊热电偶

① 铠装热电偶

普通热电偶目前虽然用得较多，但它有体积大、笨重和热惯性大等缺点，于是在 20 世纪 60 年代出现了一种轻便的热电偶——铠装热电偶。它是由金属套管、陶瓷绝缘材料和热电极组合加工而成的热电偶组合体，如同一条电缆式的整体线材，将线材截取需要的长度，制作测量端，其结构如图 6-10 所示。这种线材的直径为 0.25～12mm，长可达数百米。外套管一般由不锈钢等金属材料制成，热电极材料有铂铑-铂、镍铬-镍硅和镍铬-康铜等。热电极之间和热电极与套管之间用氧化镁粉或氧化铝粉等高温绝缘材料填满。套管中的热电极有单丝的、双丝的还有四丝的，彼此之间互不接触。这种热电偶的突出优点是小型化、寿命长、热惯性小，测温时间常数可小到毫秒级；挠性大，适用性强；机械性能好，耐震动和耐冲击；绝缘性能好，可防止外界有害气氛的侵入；使用方便，可就地制造，安装方便灵活等。铠装热电偶的测温接点一般有以下几种：碰底型、不碰底型、露头型和帽型，如图 6-10 所示。

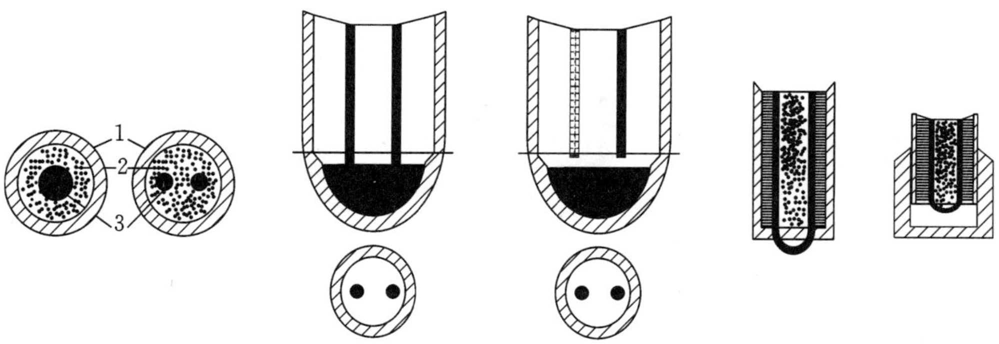

(a)　(b)　(c)　(d)

图 6-10 铠装热电偶断面结构图

(a)碰底型；(b)不碰底型；(c)露头型；(d)帽型

1—金层套管；2—绝缘材料；3—热电极

② 快速微型消耗式热电偶

这是一种用于测量高温介质的热电偶，其结构如图 6-11 所示。其结构的主要特点是，热

电偶元件很小，而且每次测量后可进行更换。热电极一般采用直径为 0.1mm 的铂铑-铂和铂铑-铂铑等材料制造，热电极和 U 形石英保护管尺寸要小，以便减小热容量，加速动态响应。

当此热电偶被插入到高温介质中以后，保护帽迅速熔化，这时 U 形石英保护管和被保护的热电偶即暴露于被测介质中，由于石英管和热电偶的热容量都很小，因此，能很快测出介质温度，反应时间一般为 4～6s。在测出温度后，许多部件都被烧毁，因此，这种热电偶称为消耗式热电偶，但其中铂铑丝可回收。这种热电偶的测量结果可靠，互换性好，准确度高。

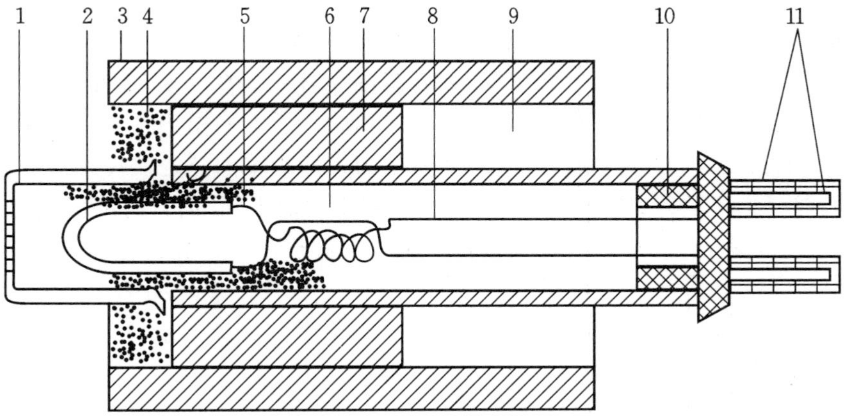

图 6-11　快速微型消耗式热电偶

1—钢帽；2—石英管；3—纸环；4—绝热水泥；5—补偿导线接点；6—棉花；7—绝缘纸管；8—补偿导线；9—套管；10—塑料插座；11—簧片与引出线

6.4.3　热电偶应用

热电偶是一种接触式测量方法，热电偶测量温度的范围比较宽，能够满足大部分场合的温度范围需求，且接触式测量的精确度比较高，性能稳定，成本较低。热电偶输出的信号可以进行远距离传输，因此在测点需求比较多的情况下，可以实现集中监测和采集。热电偶的动态特性良好，能够满足快速变化的温度测量需求。下面介绍热电偶总温探针及其在高速气流温度测量中的应用。

如果气流速度较低（当马赫数 $Ma \leqslant 0.3$ 时），则一般不考虑气流速度对温度测量值的影响。当 $Ma > 0.3$ 时，可认为是高速气流，则必须考虑气流速度的影响。

根据热力学和流体力学的基本原理，气流中的温度有“静温”和“总温”之分。气体无规则的分子运动的平均动能，用静温来度量，记为 T_0；而气体在运动中的总能可用总温来度量，记为 T^*。总能与分子平均动能之差即为气体运动的规则（定向，即气流方向）动能，可用“动温”来度量，根据能量方程，有：

$$T^* = T_0 + T_v = T_0 + \frac{v^2}{2C_P} \tag{6-11}$$

式中　v——气流速度；

T_v——气流动温；

C_P——气体质量定压比热容。

如果测温元件处于高速气流中，则它感受到的温度应是静温与动温之和，实验证明，用不同结构的测温元件测量同一对象所得到的总温也不同。这是因为气流制动时，不可能使全部速度变为动温，转变的多少与测温元件的结构及气流冲刷的方向有关，式(6-11)得出的总温是假定动能全部转变为热能时的结果，实际总温比理论值要低，称之为有效温度 T_g，即 $T_0 < T_g < T^*$，这个关系可用恢复系数 r 来表示，即：

$$r=\frac{T_g-T_0}{T^*-T_0}=\frac{T_g-T_0}{\dfrac{v^2}{2C_P}} \tag{6-12}$$

因此，如果用有效温度来表示气流总温，则会产生误差。Ma 的值越高，恢复系数越低，误差也就越大。为了测量高速气流中的总温，要求测温元件的感受头稳定而又有较高的恢复系数。应该指出，恢复系数等于 1 的情况是不可能达到的。通常采用热电偶总温探针，即带滞止罩的热电偶来测量高速气流的温度。图 6-12 所示为带滞止罩的热电偶传感器，其恢复系数可达 0.9 以上。需要指出的是，恢复系数因热电偶形式不同而不同，而且还随气流方向的变化而变化，所以在精度要求高的测量中，必须对每个感受头进行恢复系数的实验测定。

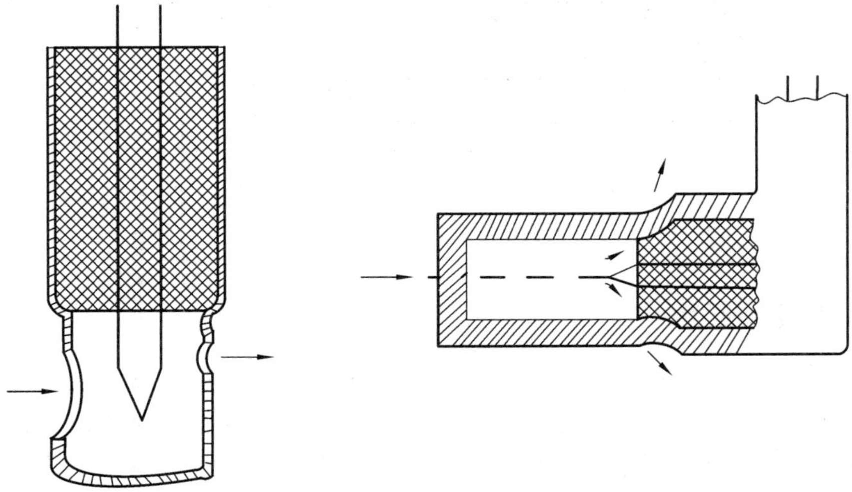

(a)　　　　　　(b)

图 6-12　带滞止罩的热电偶传感器

(a)$r\approx 0.9$;(b)$r\approx 0.97$

6.5　热电阻温度计

6.5.1　常用的金属热电阻

6.5.1.1　铂热电阻

铂是一种贵重金属，由于其物理、化学性能非常稳定，而且在 1200℃时还能表现出良好的稳定性，是目前制造热电阻的最好材料。因此，它主要用于制作标准的电阻温度计。它长时间稳定的复现性可达 10^{-4}K，优于所有用其他材料制作的温度计。

铂电阻的电阻比是表征其性能一个非常重要的指标，通常用 $W(100)$ 表示，即：

$$W(100)=\frac{R_{100}}{R_0} \tag{6-1}$$

式中　R_{100}——水沸点(100℃)时的电阻值；

R_0——水冰点(0℃)时的电阻值。

$W(100)$的值越高，表示铂丝的纯度越高，国际实用温标规定，作为基准器的铂电阻，其 $W(100)$值不得小于 1.3925。目前的工艺水平可以达到 $W(100)=1.3939$，与其相对应的铂的纯度为 99.9995%。工程中常用的铂电阻的 $W(100)$一般为 1.387～1.390。

当 t 为 0～650.755℃时，铂丝的电阻值与温度之间的关系为：

$$R_t=R_0(1+At+Bt^2) \tag{6-2}$$

当 t 为 −200～0℃时，铂丝的电阻值与温度之间的关系为：

$$R_t=R_0[1+At+Bt^2+C(t-100)t^3] \tag{6-3}$$

其中，A、B、C 分别为常数。

当 $W(100)=1.391$ 时，$A=3.9684\times10^{-3}/℃$，$B=-5.847\times10^{-7}/℃^2$，$C=-4.22\times10^{-12}/℃^4$；

当 $W(100)=1.389$ 时，$A=3.9685\times10^{-3}/℃$，$B=-5.85\times10^{-7}/℃^2$，$C=-4.04\times10^{-12}/℃^4$。

由此可见，铂丝在 0℃以上时，其电阻值与温度之间具有较好的线性度。

6.5.1.2　铜热电阻

相对铂来说，铜的价格要便宜很多，同时，铜还易于提纯，其复制性能较好。另外，由于其电阻温度系数 $\alpha=(4.25\sim4.28)\times10^{-3}℃^{-1}$，具有较高的灵敏度。其缺点是电阻率较低，易氧化，因此主要用铜来制作−50～150℃范围内的电阻温度计，并且只应用于较低温度及没有水分和腐蚀性的介质中。

铜热电阻的阻值和温度的关系为：

$$R_t=R_0[1+\alpha_0(t-t_0)] \tag{6-4}$$

由此可见，铜热电阻的线性度主要取决于温度 t_0 对应的电阻温度系数 α_0，所以其线性度较好。

6.5.1.3　热电阻的特点与应用举例

工业上广泛应用热电阻进行−200～500℃范围的温度测量。它的特点是精度高，性能稳定，适于测低温；缺点是热惯性大，需辅助电源。值得注意的是，流过热电阻丝的电流不要过大，否则会产生较大的热量，影响测量精度，此电流值一般不宜超过 6mA。

下面介绍一种利用热电阻测量真空度的例子。把铂丝装于与被测介质相连通的玻璃管内，铂电阻丝由较大的恒定电流加热，在环境温度与玻璃管内介质的导热系数恒定的情况下，当铂电阻所产生的热量和玻璃管内介质导热而散失的热量相平衡时，铂丝就有一定的平衡温度，相对应就有一定电阻值。被测介质的真空度升高时，玻璃管内的气体变得稀薄，气体分子间碰撞进行热传递的能力降低，即导热系数减小，铂丝的平衡温度及其电阻值随即增大，其大小反映了被测介质真空度的高低。这种真空度测量方法对环境温度变化比较敏感，实际应用中附加有恒温或温度补偿装置。

6.5.2 热敏电阻

热敏电阻(thermistor)是利用半导体的电阻值随温度显著变化这一特性制成的一种热敏元件。它是根据产品性能不同,由某些金属氧化物(主要是钴、锰、镍等氧化物),采用不同比例配方,经高温烧结而成的。

半导体热敏电阻与金属热电阻相比较,具有灵敏度高、体积小、热惯性小和响应速度快等优点,但目前它存在的主要缺点是互换性和稳定性较差,非线性严重,且不能在高温下使用,所以限制了其应用领域。

(1) 热敏电阻分类

半导体热敏电阻包括正温度系数(PTC)热敏电阻、负温度系数(NTC)热敏电阻、临界温度系数(CTR)热敏电阻等几类。

PTC 热敏电阻:当温度超过某一数值时,其电阻值向正的方向快速变化,主要用于彩电消磁、各种电气设备的过热保护、发热源的定温控制等。

NTC 热敏电阻:具有很高的负电阻温度系数,广泛地应用在自动控制及电子电路的热补偿电路中,特别适于－100～300℃温度范围的测量。

CTR 热敏电阻:临界温度热敏电阻具有负电阻突变特性,在某一温度下,电阻值随温度的增加急剧减小,具有很大的负温度系数。

(2) 热敏电阻的应用

热敏电阻的应用非常广泛,以下是一些常见的应用领域:

① 温度测量与控制:热敏电阻可以用作温度传感器,通过测量电阻值的变化来获取环境的温度信息。它被广泛应用于温度测量仪器、热水器、空调系统、电子设备等领域中的温度控制回路中。

② 温度补偿:由于热敏电阻的电阻值会随温度变化而变化,可以利用它来进行温度补偿。例如,在一些电子器件中,热敏电阻可以用来补偿其他元件(如晶体管、二极管等)的温度相关变化,以提高系统的稳定性和准确性。

③ 电力电子设备的保护:在一些高功率电子设备中,热敏电阻可用于监控电子元件的温度,当温度超过设定值时,触发保护机制,以避免过热引发故障或损坏。

④ 温度补偿电路:在一些精密仪器和传感器中,热敏电阻常用于温度补偿电路。通过测量环境温度,对其他传感器或电路输出电压进行温度补偿,提高测量的准确性和稳定性。

⑤ 功率控制:热敏电阻可以用于电路中控制功率的变化。当温度升高时,热敏电阻的电阻值增大,从而改变电路的工作状态,达到控制功率输出的目的。

总而言之,热敏电阻在温度测量、控制和保护等方面具有广泛的应用,对于许多电子设备和系统的正常运行至关重要。

热敏电阻的应用很广泛,可用于温度测量、温度控制、温度补偿以及其他应用实例,如过负荷保护,利用热敏电阻的耗散原理测量流量、真空度等。

6.6 辐射测温

辐射测温[9-12]是一种非接触的测温技术，利用物体对其周围空间的辐射能量进行测量，从而确定物体的温度。辐射能量是一种快速传递的能量形式，从物体表面向四面八方传递，甚至可以穿过空气、水或其他介质。辐射测温可以应用于许多领域，例如工业生产、医疗、石化、食品加工等，可以测量高温或难以接触的物体的温度，操作简便、安全可靠。

6.6.1 基本理论

任何物体总是以一定的电磁波波长辐射能量，能量的强度取决于该物体的温度，通过计算这种在已知波长上发射的能量，便可获知物体的温度。

辐射式温度计本质上是专用于温度测量的光学检测器，通常分为两种类型——热检测器和光子检测器。热检测器是基于对温度升高的检测，这种温升是由于被测物体所辐射出的能量被聚焦在检测器靶面上而产生的。靶面的温度采用热电偶、热敏电阻和辐射温度检测器来检测。光子检测器本质上为半导体传感器，分为光导型和光电二极管型两种，它们直接对辐射的光做出响应，从而改变其阻抗、结电流或电压值。

辐射式温度计也可根据测量的波长范围加以分类，比如全辐射式辐射温度计和亮度式辐射温度计。全辐射式辐射温度计吸收全部波长或至少很宽的波长（如可见光波长）范围的能量；而亮度式辐射温度计则仅仅测量特定波长的能量，其中最常见的是红外辐射式探测器，它仅仅在红外波长范围来检测温度变化。

所有高于绝对零度（－273.15℃）的物体均辐射能量，且它们也接收和吸收来自其他辐射源的能量。辐射能以电磁波的形式传播出去，覆盖一个很宽的波长（或频率）范围。举例来说，当一块钢被加热到 500℃以上时（约 550℃），就开始发光，此时从钢的表面有可见光被辐射出来。当温度继续上升时，光变得更亮更强。此外，钢的颜色也发生变化，从暗红到橘红、再到黄色，最后几乎是白光，此时便达到其熔点（1430～1540℃）。

由此可知，在 550～1540℃的温度范围，能量是以可见光的形式从钢上辐射出来的。当低于 550℃时或甚至低至室温时，钢块仍在辐射着能量或热，而此时是以红外辐射的形式进行。这是因为若钢块质量足够大时，即使不接触它我们也能感觉到这种热辐射。由此可知，能量是通过某些温度范围被辐射的，这是通过我们的感觉来获取这方面信息的。在低温时，人的感觉不如高温时好，但有时也能“感觉”到物体，比如室内墙壁的存在，这是因为我们的身体将热辐射到墙的缘故。这种类型的能量发送并不需要中间介质来传播。相反，中间介质实际上会干扰这种发送。

上述能量是以电磁波或光波的形式以光速进行传送的。所有物质发送和吸收辐射能的速度取决于物质本身的绝对温度和物理性质。到达一种材料表面的辐射部分被吸收、部分被反射、部分被透过，从而有：

$$\alpha+\rho+\tau=1 \tag{6-13}$$

式中　α——物体的吸收率；

ρ——物体的反射率；

τ——物体的透射率。

不同材料的上述3种参数是不一样的。对于一个理想的反射器来说，可通过一种高度抛光的表面来实现这一条件，此时它的 $\rho \to 1$。许多气体具有高度透射率，它们的 $\tau \to 1$。在一个大的腔体上开的一个小孔则可近似于一个理想的吸收器或者黑体，此时它的 $\alpha \to 1$。

当一个物体与其周围环境处于一种辐射平衡状态时，它吸收的能量与其发射的能量相等。由此可知，一个好的吸收器也是一个好的辐射器，理想的辐射器或黑体，其吸收率 α 为1。因而常把黑体作为参考来描述一个非黑体。当讨论发射的辐射能而非吸收的辐射能时，要用到发射率的概念，发射率 ε 的定义为：

$$\varepsilon = \frac{E}{E_0} \tag{6-14}$$

式中 E——物体的全辐射能；

E_0——黑体的全辐射能。

ε 是温度 T 和波长 λ 的函数，且 $\varepsilon \leqslant 1$。表6-5给出了一些材料表面的全发射率值。

根据克希霍夫(Kirchhoff)定理，对一切物体来说，发射率 ε 等于吸收率 α：

$$\varepsilon(T,\lambda) = E(T,\lambda) \tag{6-15}$$

表6-5 某些材料表面的全发射率值($\lambda = 0.85\mu m$)

材料	温度/℃	发射率 ε	材料	温度/℃	发射率 ε
抛光铝	20	0.06	抛光镍	23	0.045
液态铝	100～1000	0.12～0.17	铝箔	100	0.087
纯铁	800	0.35	石膏	10～88	0.91
液体铁	1600～1800	0.44～0.48	粗糙红砖	21	0.98
生锈铁	20	0.70	石棉纸	38～371	0.93～0.945
带轧制层的铁	20	0.78	光滑玻璃	22	0.937
抛光铁	20	0.07	水	0～100	0.95～0.963
铂	1000	0.30	陶瓷	1200	0.78
铂灯丝	25～1225	0.036～0.192	黑体		≈1.00
抛光银	225～625	0.0198～0.0324			

若一个物体的发射率 ε 与它的温度和波长无关，则称之为灰体。实际物体大多数情况下只是在一个有限的波长范围 $\Delta\lambda$ 中才被叫作灰辐射体。

普朗克定律表示了黑体辐射强度、温度 T 和波长 λ 之间的函数关系：

$$W_\lambda = \frac{C_1}{\lambda^5 (e^{c2/\lambda t} - 1)} \tag{6-16}$$

式中 W_λ——波长为 λ 时黑体光谱辐射通量密度；

T——绝对温度；

λ——波长，$C_1 = 374.15\text{MW} \cdot \mu\text{m}^{-4} \cdot \text{m}^{-2}$；$C_2 = 14388\mu\text{m} \cdot \text{K}$。

任何一个物体都不会像黑体那样辐射，因此，任何一个辐射器由于存在发射率 ε，比黑体辐射要小：

$$W_{\lambda i}=\varepsilon_i W_\lambda \tag{6-17}$$

对普朗克方程积分，便得到以斯蒂芬-玻尔兹曼定律形式表示的总辐射能 W：

$$W=\sigma T^4 \tag{6-18}$$

此外，对辐射分布曲线进行微分，可得到最大波长 λ_{max}，在这些波长处，对于确定的温度，可得到最大的辐射(维恩位移定律)：$\lambda_{max}=2898/T(\mu m)$。

从这些辐射定律可得到以下结论：

(1) 热辐射与绝对温度的 4 次幂成正比。

(2) 在较低温度下，辐射最大的值移向大波长处(红外区)。

(3) 非黑体的发射度取决于辐射体的温度和波长，也取决于材料和表面结构。

(4) 除了来自物体热量的辐射外，也可能会出现来自别的辐射源的干扰反射或透射辐射流。

6.6.2　辐射测温仪结构

(1) 红外测温仪

红外测温仪由光学系统、红外探测器、电子放大器、显示器等部分组成，如图 6-13 所示。光学系统汇聚其视场内的目标红外辐射能量，视场的大小由测温仪的光学零件及其位置确定。红外能量聚焦在红外探测器上并转变为相应的电信号。该信号经过放大器和信号处理电路，并按照仪器内嵌的算法和目标发射率校正后转变为被测目标的温度值。

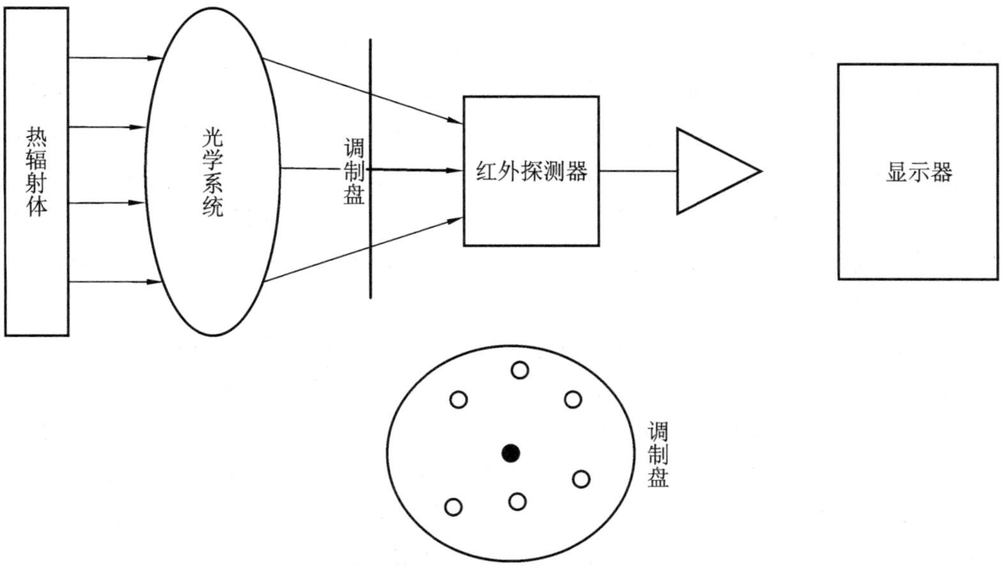

图 6-13　红外测温仪结构示意图

红外测温仪的选择可考虑三个方面：性能指标方面，如温度范围、光斑尺寸、工作波长、测量精度、响应时间等；环境和工作条件方面，如环境温度、窗口、显示和输出、保护附件等；其他方面，如使用方便、维修和校准性能以及价格等，也对测温仪的选择产生一定的影响。

以下为红外测温仪相关性能指标：

测温范围：测温范围是测温仪最重要的一个性能指标。可测范围为－50℃～＋3000℃，根据黑体辐射定律，在光谱的短波段由温度引起的辐射能量的变化将超过由发射率误差所引起的辐射能量的变化，因此，测温时应尽量选用短波。

目标尺寸：红外测温仪根据原理可分为单色测温仪和双色测温仪（辐射比色测温仪）。对于单色测温仪，在进行测温时，被测目标面积应充满测温仪视场。被测目标尺寸以超过视场大小的50%为宜。如果目标尺寸小于视场，背景辐射能量就会进入测温仪，干扰测温读数，造成误差。相反，如果目标大于测温仪的视场，测温仪就不会受到测量区域外面的背景影响。

光学分辨率：光学分辨率由 D 与 S 之比确定，即测温仪到目标之间的距离 D 与测量光斑直径 S 之比。如果测温仪由于环境条件限制必须安装在远离目标之处，而又要测量小的目标，就应选择高光学分辨率的测温仪。光学分辨率越高，即增大 D 与 S 的比值，测温仪的成本也越高。

波长范围：目标材料的发射率和表面特性决定了测温仪的光谱响应或波长。对于高反射率合金材料，有低的或变化的发射率。在高温区，测量金属材料的最佳波长是近红外波，可选用 0.18～1.0μm 波长。其他温区可选用 1.6μm、2.2μm 和 3.9μm 波长。由于有些材料在一定波长下是透明的，红外能量会穿透这些材料，对这种材料应选择特殊的波长。如测量玻璃内部温度选用 1.0μm、2.2μm 和 3.9μm（被测玻璃要很厚，否则会透过）波长；测量玻璃外部温度选用 5.0μm 波长；测低温区选用 8～14μm 波长；再如，测量聚乙烯塑料薄膜选用 3.43μm 波长，聚酯类选用 4.3μm 或 7.9μm 波长。厚度超过 0.4mm 选用 8～14μm 波长；又如测火焰中的 CO_2 用窄带 4.24～4.3μm 波长，测火焰中的 CO 用窄带 4.64μm 波长，测量火焰中的 NO_2 用 4.47μm 波长。

高温型红外测温仪和 TID 高温红外测温仪是常用的红外测温仪，分别简介如下：

① 高温型红外测温仪：高温型红外测温仪根据普朗克原理将物体发射的红外线具有的辐射能转变成电信号，红外线辐射能的大小与物体本身的温度相对应，根据转变的电信号大小，可以确定物体的温度。高温型红外测温仪是一款工业测温专业型的手持式非接触红外线体温计，它采用目前最新红外探测技术研制的专业手持式非接触红外线测温仪，使用简易、结构紧凑、测量准确度高、防干扰，且易于使用，只要进行瞄准、按键，在一秒钟的时间内即可将被测物体的表面温度读出。

高温型红外测温仪的主要用于锻造冶金锅炉测温、管道运输测温、水暖安装测温、矿山机械安检检测，以及火检、船舶、喷漆、墨水、石油化工、机械制造业等领域。

② TID 高温红外测温仪：其温度是由两个独立的波长带内辐射能量的比值来确定的。因此当被测目标很小，没有充满视场，测量通路上存在烟雾、尘埃、阻挡对辐射能量有衰减时，都不会对测量结果产生影响，甚至在能量衰减了 95%的情况下，仍能保证要求的测温精度。对于目标细小，又处于运动或振动之中的目标，有时在视场内运动，或可能部分移出视场的目标，在此条件下，使用双色测温仪是最佳选择。在测温仪和目标之间不可能直接瞄准，测量通道弯曲、狭小、受阻等情况下，双色光纤测温仪是最佳选择。这是由于其直径小，有柔性，可以在弯曲、阻挡和折叠的通道上传输光辐射能量，因此可以测量难以接近、条件恶劣或靠近电磁场的目标。

（2）辐射测温仪

辐射测温仪也称辐射高温计，它属于非接触式测温仪表，是基于物体的热辐射特性与温度之间的对应关系设计而成的。其特点为：测温范围广，原理结构复杂；测量时，感温元件不与被测对象直接接触，不破坏被测对象的温度场；通常用来测定 1000℃以上的移动、旋转或反应迅速的高温物体的温度或表面温度；但不能直接测物体的真实温度，且所测温度受物体发射率、中间介质和测量距离等因素的影响。

辐射高温计是根据物体在整个波长范围内的辐射能量与其温度之间的函数关系设计制造的。辐射高温计属于透镜聚焦式的感温器，运用热辐射效应的原理，聚焦在热敏元件上，继而转变成电参数，它可以依据测温的实际需要进行拆卸，并可形成被测物体的影像。

辐射高温计的结构：辐射感温器把被测物体的辐射能，经过透镜聚焦在热敏元件上，热敏元件把辐射能转变为电参数，由已知的热电势与物体温度之间的关系通过二次仪表测出热电势，显示出温度值，这个温度值须用物体的全辐射黑体系数予以校正或用铂铑 10-铂热电偶直接插入高温盐浴炉中配以直流电位差计测量温度，然后与仪表显示温度对比，用以校准高温计测量温度的准确程度。

辐射高温计的用途：辐射高温计是非接触式简易辐射测温仪表，它是根据物体的热辐射效应原理来测量物体表面温度的，适用于冶金、机械、硅酸盐及化学工业部门中连续测量各种熔炉、高温窑、盐浴池等场合的温度，以及用于其他不适宜装置热电偶的地方，配合适当的显示仪表，可以指示、记录、自动调节被测温度。

辐射高温计的分类：

① 全辐射高温计

全辐射高温计是根据物体在整个波长范围内的辐射能量与其温度之间的函数关系设计制造的，它属于透镜聚焦式感温器，具有铝合金外壳，前部是物镜，壳体内装有热电堆补偿光栏，在靠近热电堆的视场光栏上有一块调节挡板，作用是调节照射到热电堆上的辐射能量，使之具有统一的分度值，在可拆卸的后盖板上装有目镜，借以观察被测物体的影像。全辐射高温计的优点是结构简单、使用方便、性能稳定、可以自动记录和远距离传送信号等。测温范围为 100～2000℃，测温误差绝对值为 8～12℃。

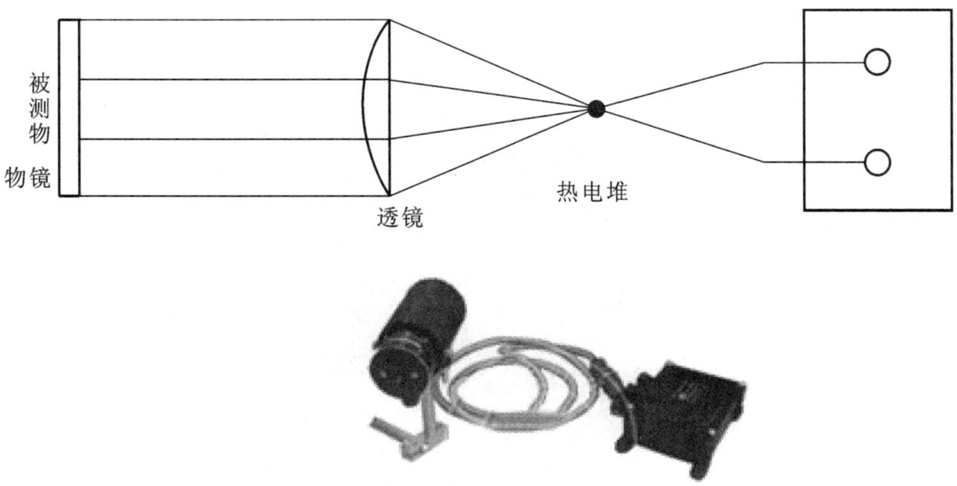

图 6-14　全辐射高温计结构示意图和实物图

② 部分辐射高温计

部分辐射高温计利用被测物体的部分波段辐射能与温度之间的关系来测量物体温度，又称窄带辐射温度计。部分辐射高温计由透镜装置及探测元件组成主要部分。被测物体的部分热辐射经调制盘和滤色片后照到探测元件上，再经放大由仪表显示或记录(图 6-15)。

探测元件通常采用光导型或光生伏特型，它们决定传感器的响应波段(见半导体光敏元件)。例如，采用硫化铅时响应波长范围约为 0.6～3.0μm，时间常数为毫秒量级。如采用硅光电池，则响应波段约为 0.4～1.1μm，时间常数可至微秒量级。采用红外辐射探测技术还可使辐射测温范围向低温扩展。

部分辐射高温计有多种形式，如远程红外测温仪、红外线光源探测仪、红外线亮度测温仪、光电温度计等。这类传感器的优点是响应速度快、测量精度高、稳定性好、测量下限低、可测量微小目标，而且比较窄的敏感谱带可以减少或消除在瞄准光路中由于气体的吸收和发射率所造成的不良影响。

部分辐射高温计常用于测量静止或运动的灼热体表面温度，如测量生产中的钢板、镀锡铁皮、快速加工件、电机或电缆接头温度等。一般测温范围为 100～1500℃，采用红外探测元件时可扩展至常温范围。

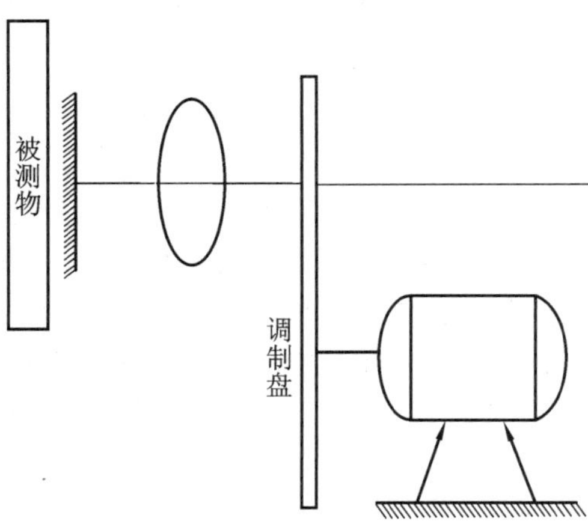

图 6-15　部分辐射高温计结构示意图和实物图

(3) 红外热像仪[13]

由于红外光是人的肉眼所不能看到的，因此不能采用普通照相机原理来摄取红外图像，红外热成像技术即是将红外辐射转换成可见光进行显示的技术。

由红外探测器转换成的电信号经信号处理器处理后送往显示器，目前大多采用阴极射线管作为显示器来获取红外热图像，现代化的红外热像仪大都配备计算机系统对红外热线图像进行分析处理，因而也可将红外热图像进行存储和打印输出。

红外热成像分主动式和被动式两种。主动式红外热成像采用红外辐射源照射被测物，然后接收被物体反射的红外辐射图像，如图 6-16 所示，被动式红外热成像则利用物体自身的红外辐射来摄取物体的热辐射图像，如图 6-17 所示，这种成像我们普遍称为热像，获取热像的装置称为热像仪，热像仪无需外部红外光源，使用方便，能精确地摄取反映被测物温差信息的热图像，因此已成为红外技术的一个重要发展方向。

图 6-16　主动式红外热像仪实物图

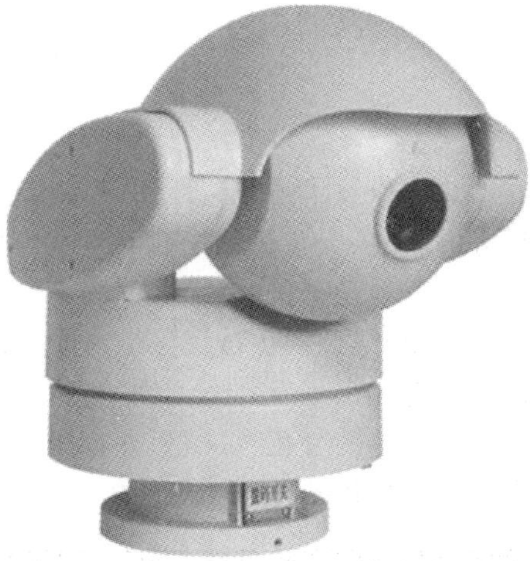

图 6-17　被动式红外热像仪实物图

6.6.3　辐射测温仪的应用

辐射测温仪具有非接触、高精度、快速、可靠等优点，被广泛应用于以下领域。

工业生产：用于炉内温度测量、液体表面温度测量、设备和管道表面温度监控等，尤其在高温、低温、有毒介质等场合下操作更为安全方便。

医疗：用于表面测温，医疗设备表面温度测量等。

石化行业：用于油罐、管道、储运设备等表面温度测量、能耗检测等。

食品加工：用于烘烤等食品加工过程中对温度的监控和控制。

环境监测：用于大气温度的测量，可应用于环境监测、气象学、地球物理学等领域。

总之，辐射测温仪在工业、医疗、石化、食品加工、环境监测等诸多领域都有广泛应用，并且有着极高的精度和测量准确度，可以提高生产效率和产品质量，保护环境。

图 6-18 给出了热成像技术在超音速风洞温度检测中的应用实例。高速飞行的器件与空气摩擦会产生大量的热，在设计时必须要了解器件的热特性，因此，一般要进行风洞试验。对任意形状风洞模型进行热传输研究，尤其是不同风速下所呈现的温度变化性能，如果采用传统

的热电偶、热流计等一般不太有效。利用热像仪则可解决这一问题。热像仪通过一个能透过红外辐射的窗，对准风洞模型，便可全面获取模型各部分受热情况。

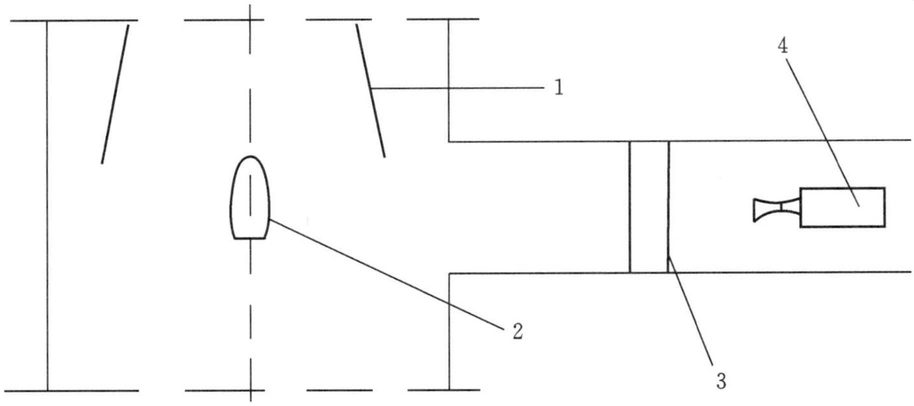

图 6-18　超音速风洞热像仪检测

1—风洞口；2—待测物体；3—窗口；4—热像仪

热成像技术还被广泛用于无损缺陷的探查。对不同的材料，如金属、陶瓷，塑料、多层纤维板等的裂痕、气孔、异质、截面异变等缺陷均可进行探查。在电力工业中，热像仪被用来检查电力设备尤其是开关、电缆线等的温升现象，从而可及时发现故障并报警。在石油化工、冶金工业生产中，热像仪也被用来进行安全监控，如图 6-19 所示。由于在这些工业的生产线上，许多设备的温度都高于环境温度，利用红外热像仪便可正确地获取有关加热炉、反应塔、耐火材料、保温材料等的变化情况，另外也能提供沉积物、堵塞、热漏及管道腐蚀等方面的信息，为维修和安全生产提供条件和保障。

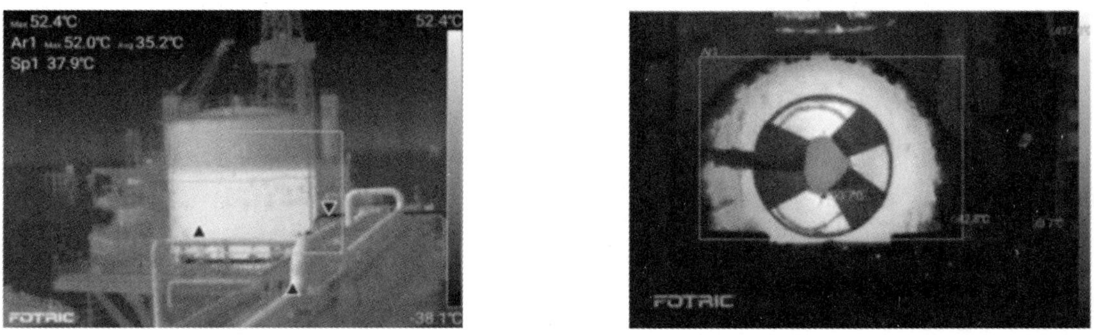

(a)　　(b)

图 6-19　热像仪在石油和冶金工业中的应用

(a)储液罐液位检测；(b)转炉耐火材料温度检测

热像仪还有一个重要的应用就是在安全防范系统中。由于具有隐蔽探测功能，不需要可见光，可以使犯罪分子无法获取工作地点，进而产生错误判断，导致犯罪行为被发现。在某些重要单位，例如，重要的行政中心、银行金库、机要室、档案室、军事要地、监狱等，用红外热成像仪 24h 监控，并随时对背景资料进行分析，一旦发现变化，可以及时发出警报。

红外热影像仪是反映物体表面温度热影像的设备，除了夜间可以作为现场监视外，还可以作为有效的防火警报设备，在大面积的森林中，火灾往往是由不明显的隐藏火源引起的，这是毁灭性火灾的根源。用现有的普通方法，很难找到这种隐藏的火灾征兆。使用红外热影像仪，能够迅速有效地发现这些隐藏的火源，正确地判断其方位，提前预防，提前灭火。基于同样的原理，红外热像仪对环保治理中的秸秆焚烧污染防范，也起到重要作用。

课后习题

一、判断题

1. 热电偶产生的热电动势是由两种导体接触的电动势和单一导体的温差电动势所形成的。（　　）

2. 接触电动势数量级一般为 $10^{-3}\sim10^{-2}$ V。同接触电动势相比，温差电动势要大得多，一般为 10^{-1} V。（　　）

3. 热电阻温度计是利用金属导体或半导体的感温电阻，把温度的变化转换成电阻值变化的传感器。工业上被广泛地用于低温及中温（−200～500℃）范围内的温度测量。（　　）

4. 全辐射温度计工作原理是被测物体的热辐射能量，经物镜聚集在热电堆（由一组微细的热电偶串联而成）上并转换成热电动势输出，其值与被测物体的表面温度成正比，用显示仪表进行指示记录。（　　）

二、填空题

1. 若采用相同材料构成热电偶的两极，那么，当两个接点的温度不同时，热电偶的两个接点之间（　　）。

2. 用镍铬-镍硅热电偶测量炉温时，冷端温度为 $T_0=30$℃，测得热电动势 $E(T,T_0)=39.2$mV。由热电偶分度表查得 $E(30,0)=1.2$mV。这时比较准确的炉温是热电偶分度表中与（　　）对应的温度值。

3. 根据温度传感器的使用方式，测量温度的方法可分为（　　）式与（　　）式两大类。

4. 温标是温度的数值表示方法，是用来衡定物体温度的尺度。常用的有（　　）温标、（　　）温标和（　　）温标，它们的单位分别是℃、℉和 K。

三、简答题

1. 温标及其传递的主要内容是什么？

2. 接触法测温和非接触法测温各有什么特点？

3. 简述热阻式测温的基本原理。

4. 热电阻测温有哪些种类？

5. 热电偶测温和热电阻测温有什么不同？

参考文献

[1] 国家技术监督局计量司.ITS-90 国际温标宣贯手册[M].北京：中国计量出版社，1990.

[2] 赵琪，邓锡祥，孙鼎文.用基准光电高温比较仪复现 1064.43℃以上国际温标[J].计量学报，1981，2(2)：3-10.

[3] 黄斌.基于 Armega 16 单片机的温度监测系统设计[J].电子设计工程，2013，21(2)：151-153.

[4] 王闯.热电偶温度信号的采集及其标定方法研究[D].太原：中北大学，2016.

[5] 张旭.带多接口的多通道数据采集记录仪研究与实现[D].西安:西安电子科技大学,2013.
[6] 邹铁.T 型热电偶测量中冷端补偿温度的研究[J].计量与测试技术,2020,47(9):5-7.
[7] 凌善康,原遵东.90 国际温标通用热电偶分度表手册[M].北京:中国计量出版社,1994.
[8] 贝德福德 R E ,道芬里 T M,普雷斯顿・托马斯 H.温度测量[M].袁光富,译.北京:中国计量出版社,1983.
[9] 王文革.辐射测温技术综述[J].宇航计测技术 ,2005(04):20-24+32.
[10] 戴景民.辐射测温的发展现状与展望[J].自动化技术与应用,2004(03):1-7.
[11] 张崇关.红外辐射温度测量关键技术研究[D].哈尔滨:哈尔滨工程大学,2013.
[12] 吴斌.热辐射温度测量技术研究[D].哈尔滨:哈尔滨工程大学,2012.
[13] 全国电子测量仪器标准化技术委员会.电子红外成像人体表面测温仪通用规范:GB/T 19665—2005[S].北京:中国标准出版社,2005.

第 7 章　压 力 测 量

7.1　本章知识点

本章名词的含义汇总见表 7-1。

表 7-1　名词及含义汇总

名词	含义
压力	垂直地作用于单位面积上的力
表压力	一般以绝对真空作为零点压力标准的压力
绝对压力	以大气压作为零点压力标准的压力，用压力表测得
差压力	以大气压以外的任意压力为零点压力标准的压力
弹簧管	一端封闭，能够变形的 C 形管
膜盒	两片圆形金属波纹膜片沿圆周焊接而成的弹性组件
探针	用于测量流体中某一点的压力的极细导压管
压力传感器	由应变片粘贴在感压弹性元件上构成，它可将被测压力的变化转换成电阻的变化
应变片	在发生机械变形时，其电阻值均会发生变化的金属导体或半导体

7.2　压力及其测量原理

压力，就是指垂直地作用于单位面积上的力。其数学表达式为：

$$P=F/A$$

式中　P——压力；

　　F——均匀垂直作用力；

　　A——受力面积。

这一概念在物理学上称为压强，工程上习惯把压强称为压力。压力单位为牛顿/平方米

(N/m^2),称之为“帕斯卡”,简称“帕”(Pa),1Pa=1 N/m^2。

从测量的角度分类,压力可以分为静定压、动变压和脉动压。静定压,每秒钟的变化量为压力计分度值的1%或每分钟的变化量为5%以下的压力;动变压,每单位时间的变化量超过静定压限度的压力,其中非周期变化的压力称为波动压力,不连续且变化大的压力叫冲击压力;脉动压,压力随时间做周期性的变化,且其变化的速度超过静定压限度。

压力测量过程中的静态和动态是相对而言的。当压力变化缓慢时,或者应用场合对压力变化不敏感时,可以将压力测量过程近似理解为静态测量。当压力变化迅速,或者应用场合很容易受到压力变化的影响时,就需要将压力测量过程理解为动态测量。

从测量方法分类,测量得到的压力可以分为绝对压力、表压力和差压力。绝对压力是将绝对真空作为零点压力标准的压力。符号后加上“abs”(absolute);表压力是以大气压作为零点压力标准的压力,符号后加上“G”;差压力是以大气压以外的任意压力为零点压力标准的压力。

表压力与绝对压力之间的关系为:绝对压力=表压力+大气压力。见图7-1。

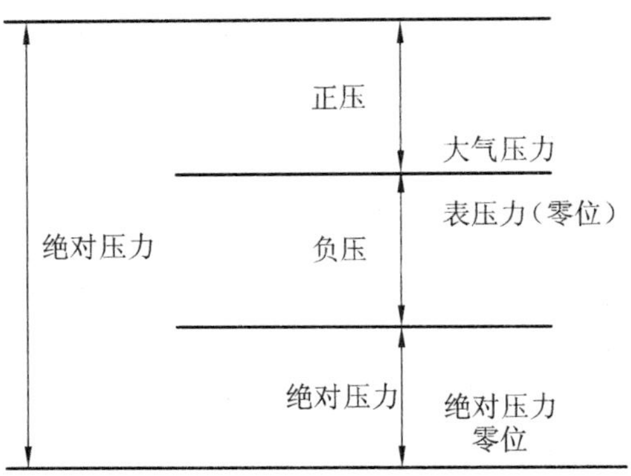

图7-1 表压力与绝对压力

7.3 静态压力测量

7.3.1 弹簧管压力计

弹簧管压力计的基本原理是将被测压力转换成弹性元件形变而产生的位移[1]。当压力作用在弹性元件上,压力本身不超过弹性极限压力值时,被测的压力与其弹性形变成正比,此形变带动指针或者刻度盘,将被测压力转换成数字表示。弹性测力传感器如图7-2所示。

机械室压力计的设计基础中大部分采用布尔登管,常常用传感器、电位计、差动变压器结合起来测量输出的位移量。其基本元件是一根非圆截面的管。当管内的压力高以致管发生形变,并且趋近圆形横截面时,其自由端产生线性运动,如图7-2中的C形、平面螺旋型、空间螺旋型以及扭曲型布尔登管所示。目前对布尔登管的设计仍然使用较多经验数据。C型布尔登管可测量的最大压强达686MPa左右,精度可达0.1%。螺旋型管可测到约68.6MPa的压强。

单弹簧管的截面呈椭圆形,其本质上是弯成圆弧形的空心管,测量压力时,因为椭圆形截面在压力作用下会发生形变逐渐趋向圆形,弹簧管的自由端就会产生一定的位移。弹簧管就

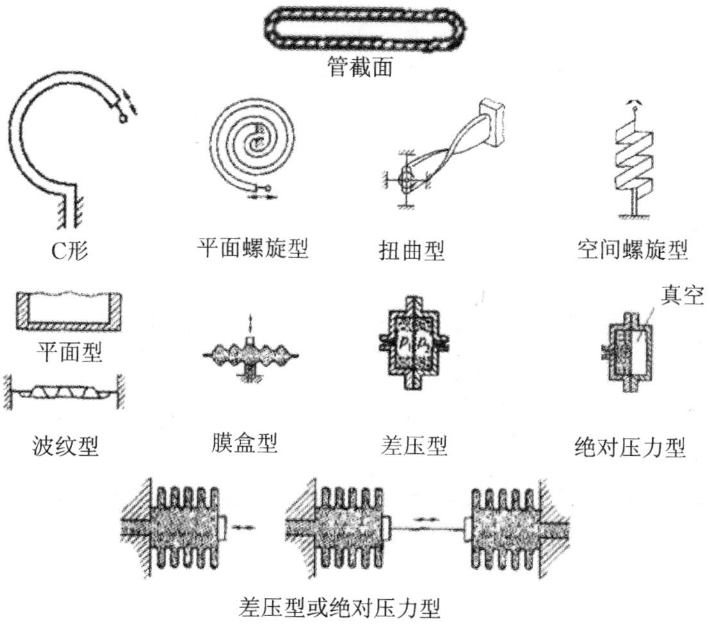

图 7-2　弹性测力传感器

以这种形式将压力的变化转变为位移的变化，但由于此位移一般情况下较小，所以需要利用杠杆或者齿轮将位移放大并转换成角位移传送给显示表。由于弹簧管自由端的位移与被测压力的大小具有比例关系，因此弹簧管压力表的刻度标尺是线性的，原理如图 7-3 所示。

7.3.2　U 形管压力计

U 形管压力计是最基本的测量压力的设备之一，如图 7-4 所示。其制作简单、便宜，相对来说误差较小，同时其灵敏度可以随时调整以适应测量情况。其主要缺点是它的压力测量范围与动态响应较差。例如，其不适用于测量大于 100psi(磅力)的压力，当被测压力发生变化时不能及时响应。

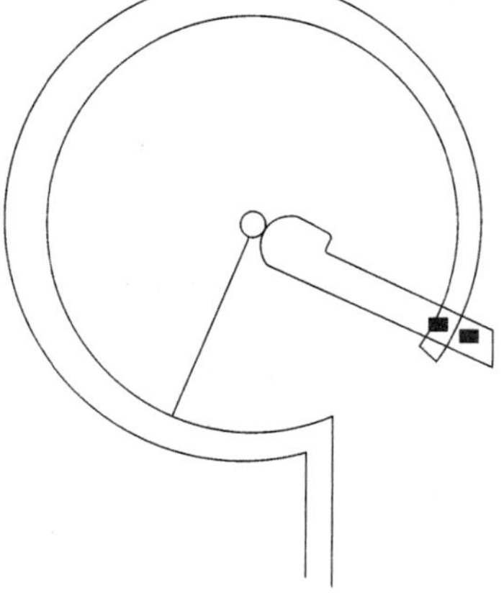

图 7-3　布尔登管压力表测压原理

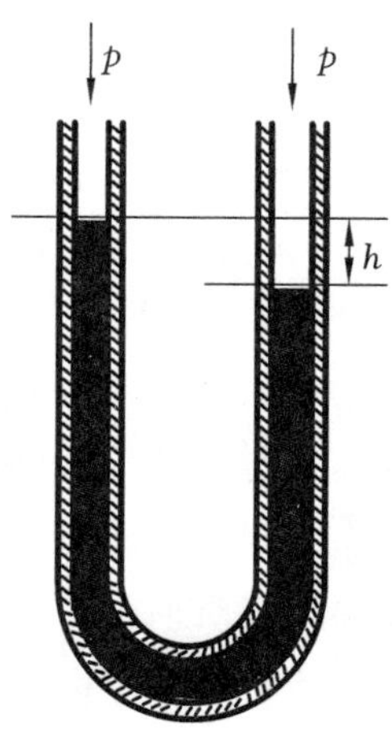

图 7-4　U 形管压力计

7.3.3 膜盒

膜盒压力表是用金属膜盒作弹性敏感元件的压力表。膜盒压力表按外形可分为矩形水平安装结构[图 7-5(a)]、矩形垂直安装结构、圆形径向安装结构[图 7-5(b)]三种形式。

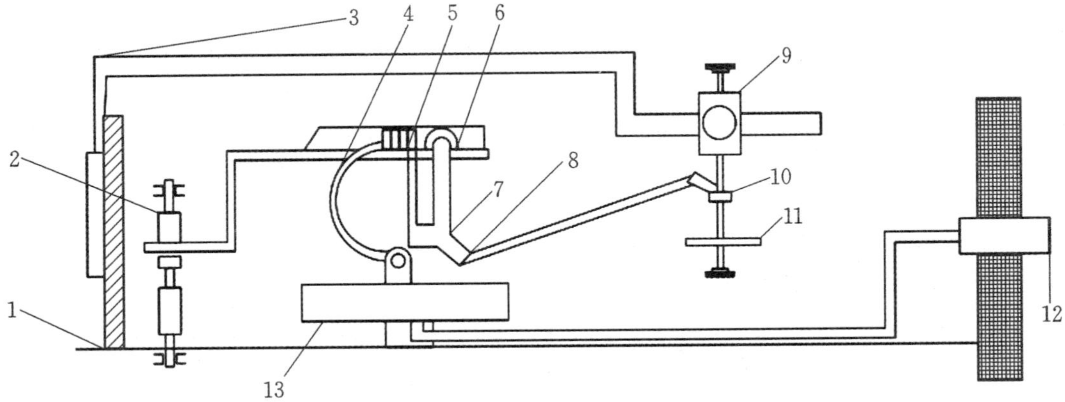

(a)

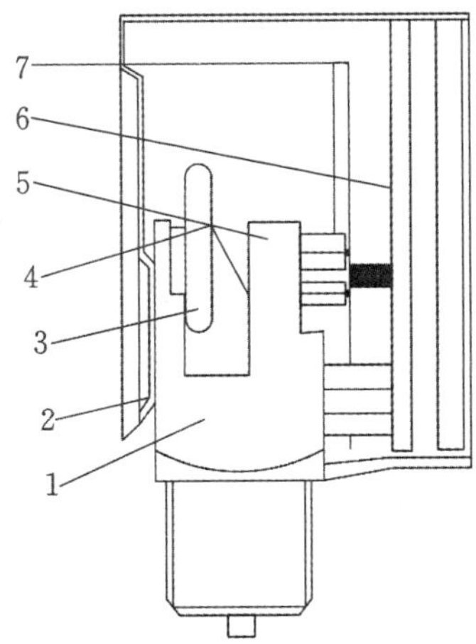

(b)

图 7-5 膜盒压力表

(a)矩形水平安装膜盒压力表结构示意图;(b)圆形径向安装膜盒压力表结构示意图

(a)1—分度板;2—调节螺母;3—指针;4—弧形连杆;5—簧片;6—调整螺钉;7—曲柄;8—拐臂;9—固定指针套;10—固定轴;11—游丝;12—压力接头;13—膜盒

(b)1—压力接头;2—表壳;3—膜盒;4—拉杆;5—传动机构;6—指针;7—分度盘

膜盒通常被制作成开口和封闭(真空)两种形式,多膜盒还可串联成膜盒组。其中开口单膜盒用于膜盒压力表中,开口双膜盒可用于血压表中,真空双膜盒和三膜盒用于测量大气压力的气压表和气压计中。膜盒受压力后其挠度为单片膜片的两倍,从而提高了压力表的灵敏度。膜盒压力表主要用于对铜合金无腐蚀作用和对周围环境无爆炸危险的气体的压力和负压进行测量。在被测气体介质压力作用下,膜盒发生弹性变形,膜盒的自由端产生位移,由连杆带动传动机构并进行放大,使指针轴偏转(或转动),指针在标有法定计量单位的分度标尺(或分度盘)上显示出被测量压力值。

7.3.4　静压探针

静压探针主要用来测量流体中某一点的压力，插入流体中的探针必须与流线平行，且不改变测压区的流线[2]。静压探针通常有以下几种：

(1) L 形静压探针

L 形静压探针如图 7-6 所示，其由细管弯曲形成的，头部呈半球形。测压孔开在距离端部 3 倍管径处探针的侧表面，测压孔中心至支杆距离为 8 倍管径。这种探针感受部分的轴向尺寸较大，对流体的方向变化不灵敏的角较小(当速度系数 $\lambda \leqslant 0.85$ 时，$\alpha = \pm 6°$)。所以它适用于流道尺寸较大，且旋流不大的场合，如用于压缩机进出口流体静压的测量。速度系数 λ 为：

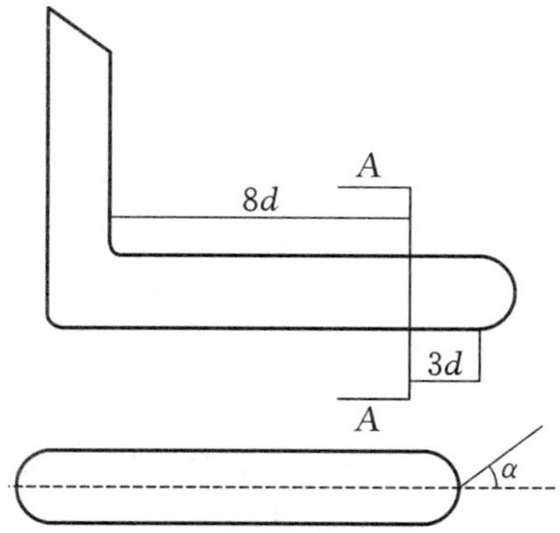

图 7-6　L 形静压探针及其特性曲线

$$\lambda = \frac{c}{a} = \sqrt{\frac{k+1}{k-1}\left[1-\left(\frac{p_s}{p_0}\right)^{\frac{k-1}{k}}\right]} \tag{7-1}$$

其中，a 是临界速度。

(2) 圆柱形静压探针

圆柱形静压探针如图 7-7 所示，是由一根圆柱形的细管制作的。其测压孔开在管子背向流体流动方向的一面，当 λ 一定时，在 $-40° < \alpha < 40°$ 的范围内，圆柱形探针测出的静压 P 稳定不变。所以，此探针可以用于二元流动中测量流体某一点的静压。此探针的轴线与流线是垂直的，对流场扰动比较大，所以测量出来的静压值误差较大。

(3) 碟形静压探针

碟形静压探针如图 7-8 所示，此探针测量值与流体在与探针轴线垂直的面内的方向角口无关，可用于二元流动的静压测量。但此探针对流体在 Z 轴方向的变化角很敏感，所以使用时需要保证碟面与流体流动方向尽量平行，平行角度不应大于 2″。同时，因为其碟盘的加工精度高、体积较大，适用的场合也受到限制。

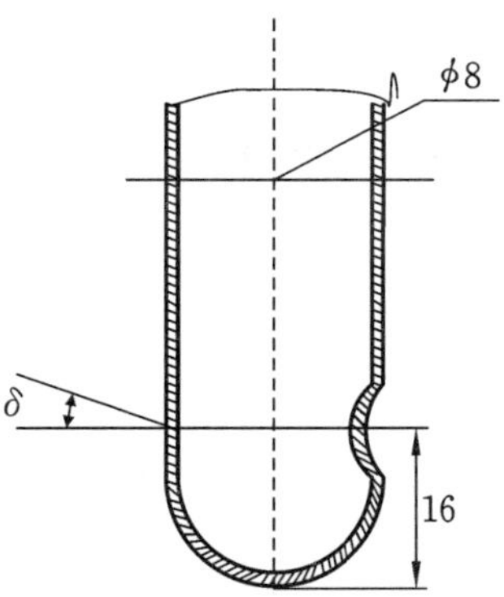

图 7-7　圆柱形静压探针结构

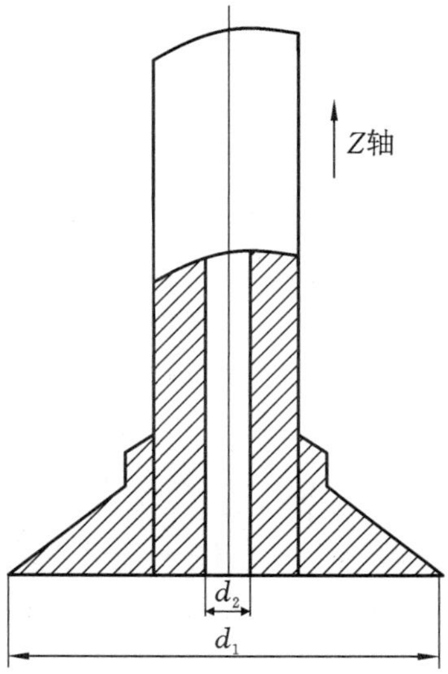

图 7-8　碟形静压探针

(4) 导管式静压探针

导管式静压探针如图 7-9 所示，其测压孔开在导管上，使得测量流体的静压转变为测量流道壁上流体的静压，主要用于三元流动中静压测量。但因为导管的加工精度高、工艺复杂、体积较大，因此导管式静压探针的使用受到限制。

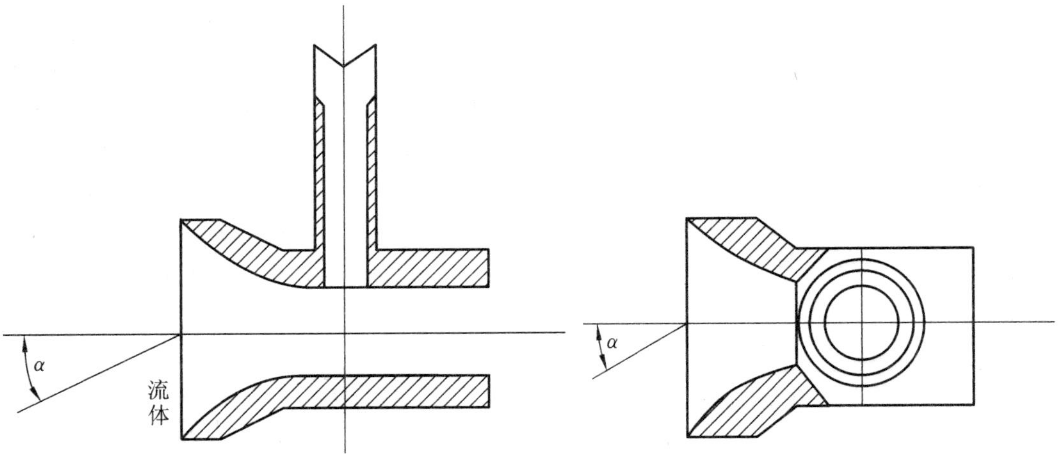

图 7-9 导管式静压探针

(5) 双孔叶片形静压探针

双孔叶片形静压探针如图 7-10 所示，此探针的两个侧面的中心处各有一个测压孔，每个测压孔连接各自的压力传感器，若是两个压力传感器所示的数值相同，则探针定位良好。但其因为加工精度高、尺寸大、安装要求严格，使用受到限制。

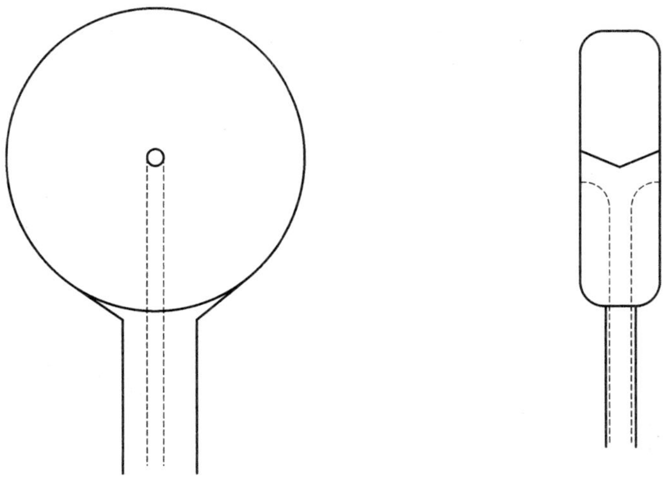

图 7-10 双孔叶片形静压探针

(6) 吉勒德-吉也纳静压探针

吉勒德-吉也纳静压探针如图 7-11 所示，由管子的一段压成二面角类型，且两个面上都有测压孔。相比碟形静压探针，此探针对流体的方向角的变化不敏感，所以测量结果较为可靠。

图 7-12 至图 7-15 分别为电接点膜盒压力表、五孔探针、常规探针和高频响探针。

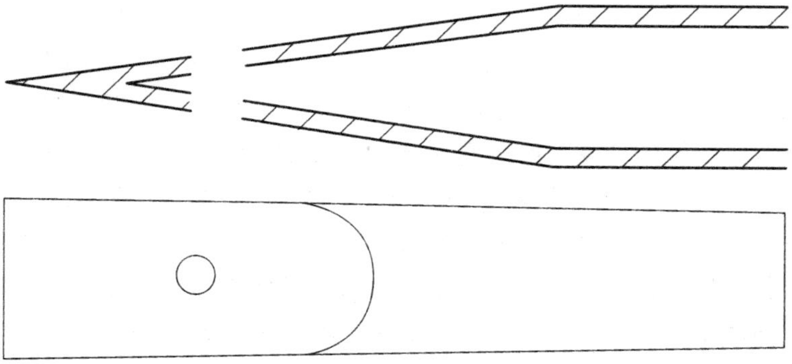

图 7-11　吉勒德-吉也纳静压探针

图 7-12　电接点膜盒压力表

图 7-13　五孔探针

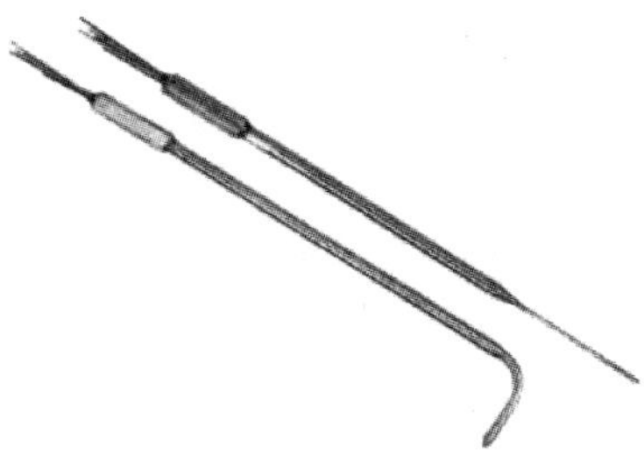

图 7-14　常规探针

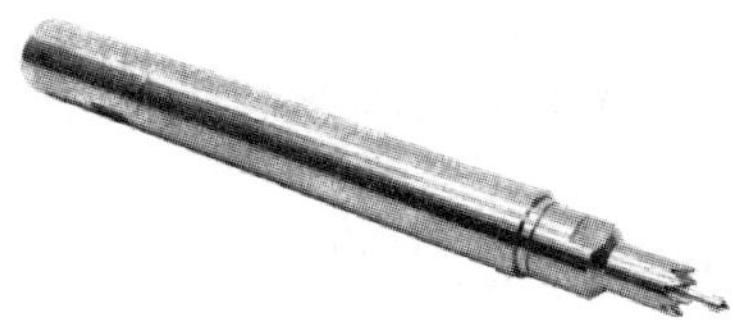

图 7-15　高频响探针

7.3.5　静态压力测量综合应用

静态压力传感器常常用在测量静态空气压力方面，比如空气过滤器和冷却盘管上的静压、鼓风机的输入和排出压力等。在通风系统中，静态压力是指打开排气扇时，建筑物内部的空气相对于外部空气的压力。测量并保持适当的负压可使通风系统更有效地将外部空气与内部空气混合。

7.4　动态压力测量

7.4.1　应变片力传感器

应变片力传感器在电气式传感器中具有重要的意义[3]，它的应用最广泛，测量范围很大，达到 5N～10MN 以上，而且测量精度很高，精度为 0.03%～2%。

应变片力传感器由弹性变形体元件和应变片[4]构成。最简单的变形体形式是一根轴向受载的杆(图 7-16)。这种类型的传感器用在额定力为 10kN～5MN 的范围内。受载时,变形杆变粗,泊松系数 μ 也变大。按照力的均匀分布贴在杆上的四个应变片连接成电桥,在该电桥的相邻两臂上有一纵向和横向粘贴的应变片(图中 R_1、R_2 和 R_3、R_3)。为获得高精度,电桥电路还附加有其他电路元件,以补偿各种与温度有关的效应,如零点漂移、弹性模量变化、变形体材料热膨胀、应变片灵敏度变化以及传感器特性曲线线性度变化等。电桥输出电压正比于应变片相对长度变化,根据胡克定律,该长度变化又与测量杆所受载荷成正比。

在额定力更高的情况下(1MN～20MN),为得到更好的力的分布状况,可采用管状变形体,并在管的内外壁贴应变片(图 7-17)。

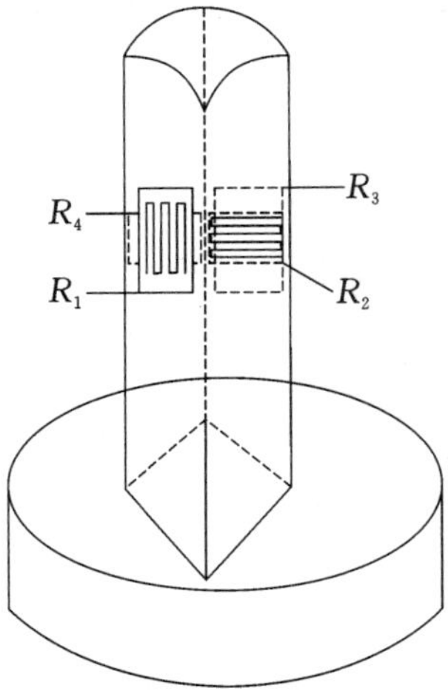

图 7-16　杆状变形体

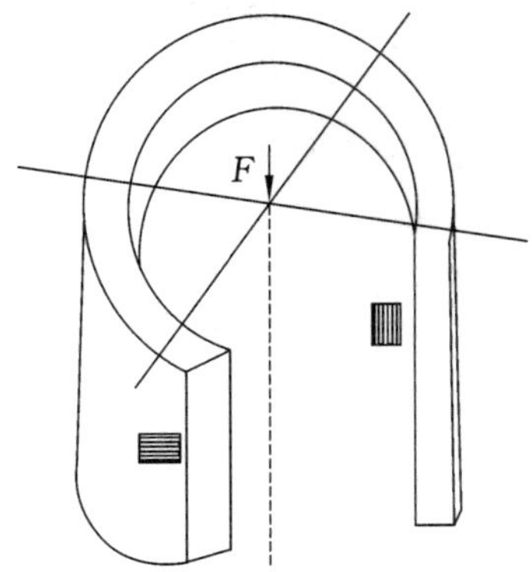

图 7-17　管状变形体

对较小的额定力(小至 5N),为获取较大的测量效应,常采用专门制造的变形体(图 7-18 和图 7-19)。另一种测力的方法是采用剪切效应[5],用应变片来测量位于扁平杆侧面、与剪切平面成±45°角的方向上的伸长量(图 7-20)。利用该测量原理可制造出很扁的力传感器。

应变片力传感器能测量的位移一般很小(0.1～0.5mm)。如果要求测量的位移较大,可采用较大量程的传感器,但为此会损失一部分灵敏度。需要时可考虑采用半导体应变片组成的刚性大的变形体。

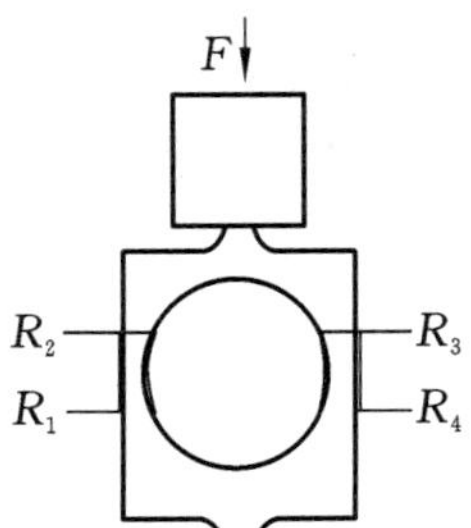

图 7-18　径向受载的变形体

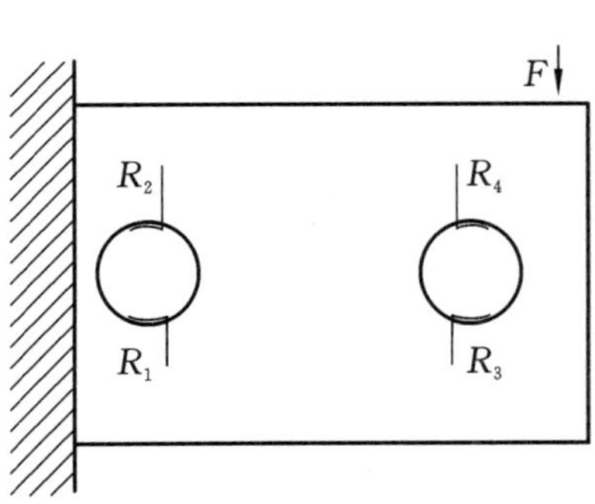

图 7-19　双铰链弯曲杆变形体

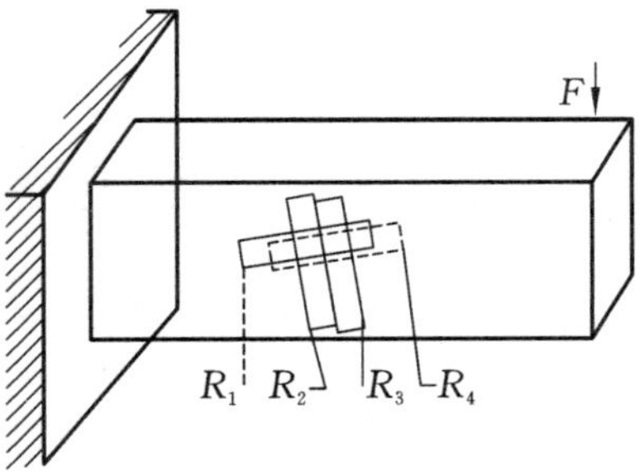

图 7-20 剪切杆式变形体

应变片力传感器既可用于静态测量，又可用于动态测量。由于变形体刚度大，因而这种传感器具有很高的固有频率，可达数千赫兹。应变片测量法非常适合于较高频率和持续交变载荷的情况。另外，应变片法测量重复性很高。

所有变形体材料的一个典型特性是在受载及载荷发生变化时具有蠕变特性，这是该类传感器的一个缺点。对此可通过适当的应变片配置方式来补偿这种蠕变性，以得到稳定数据。

7.4.2 电感式力传感器

电感式力传感器的原理是测量力作用下变形体两点间的距离变化[6]。一般采用旋转对称的变形体形式。图 7-21 是一种差动变压器式力传感器，其受到轴向力时应力分布均匀，且在长径比较小时受横向偏心分力影响较小。

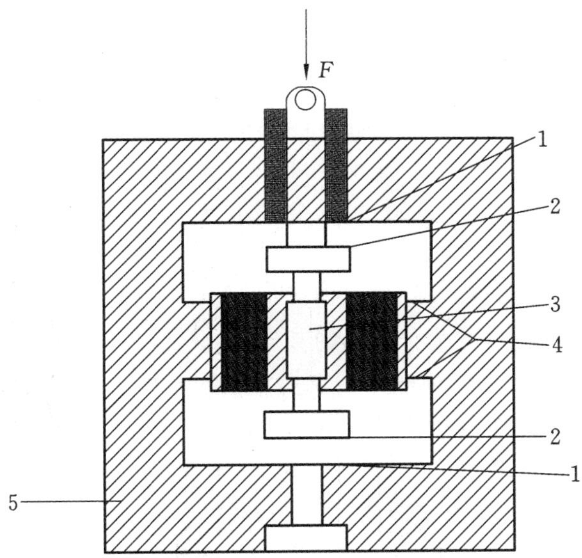

图 7-21 差动变压器式力传感器(一)

1—过载挡块；2—弹簧；3—位移传感器铁芯；4—位移传感器线圈；5—壳体

电感式力传感器常常被用于实验室和工业现场的动静态压力测量，其精度可达 0.2%～1%，测量范围下可至 10mN，上可至 200kN～10MN。其灵敏度很高，当测量位移为 1～2μm 时，1%的额定载荷可以达到满量程显示值，且其受边缘力影响较小，同时工作温度可达 200℃。但电感式力传感器需要载频放大器来驱动，频率范围在 4～10kHz 之间，也有载频为 50Hz 的。其在测量距离较大的情况下，不需要放大器也可得到显示值。

图 7-22 是另一种差动变压器式力传感器，当所示膜片两侧有压力差时，膜片沿轴向发生位移，从而使变压器输出电压。

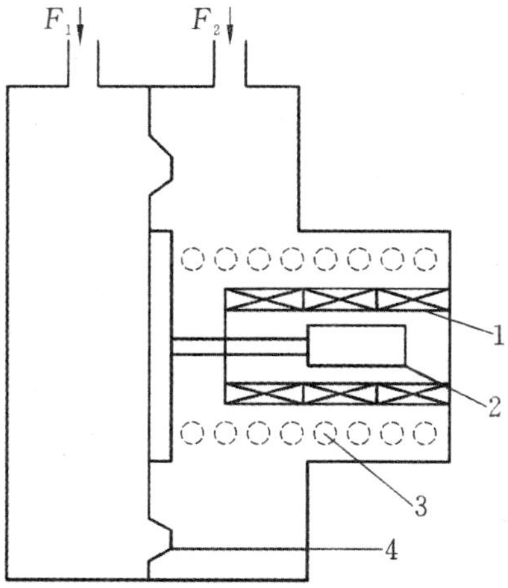

图 7-22　差动变压器式力传感器(二)

1—差动变压器线圈;2—铁芯;3—弹簧;4—环状波纹膜片

7.4.3　电容式力传感器

电容式力传感器[7]如图 7-23 所示,其原理是利用了膜片具有弹性的特点,将弹性膜片与中心杆端面分别作为电容器的两极。测量压力时,弹性膜片受力沿轴向发生位移,与此同时改变了电容的间隙,完成压力的测量。此传感器的测量精度主要取决于测量电路,通常适用于液压系统的动态测量。

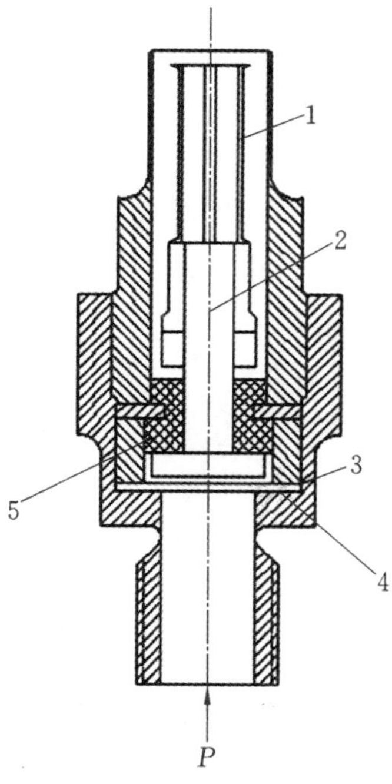

图 7-23　电容式压力传感器

1—同轴电缆;2—心杆;
3—云母片;4—膜片;5—绝缘

图 7-24 是一种以差动电容式力传感器为基础的测量重量的力天平。电容器组成电桥电路的两臂,使用时电容器的中间板向上移动,电桥失衡后经整流、放大、积分,磁力线圈中会产生电流,当电流达到一定程度时,磁感应产生的力会与被测压力平衡,此时电容器中间板会回归到零位置。测量过程中,机械系统的非线性特点不会对测量结果造成误差,此电容器磁力线圈总是会平衡到一样的位置,因此,机械系统的非线性并不会对测量结果造成影响,测量结果只与电路系统的线性关系相关联。

7.4.4　磁弹性力传感器

磁弹性力传感器[8]是根据铁磁材料受力时会在受力方向上改变其导磁率的原理制成的,结构上由一铁磁材料测量体组成,中心有扼流圈。使用过程中,线圈中产生电感变化,然后将其变化转换成数字指示值,且在此过程中不需要测量放大器。原理如图 7-25 所示。

图 7-26 所示的测压传感器由薄铁片做成图片形状,其中有四个孔,分别两两互相交叉绕

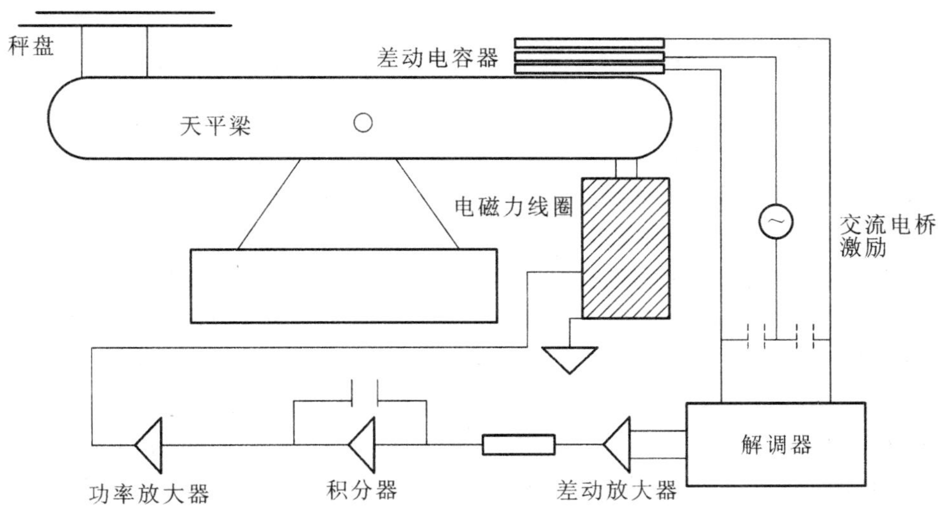

图 7-24　力天平称量系统

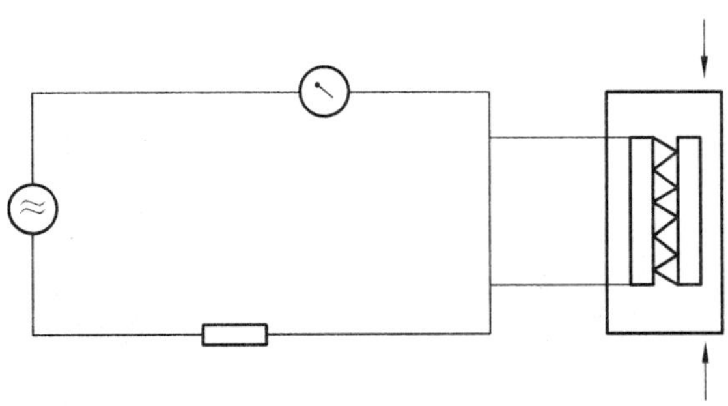

图 7-25　磁弹性力传感器作用原理

组,形成回路。测量过程中,压力作用下磁力线会发生变化,从而在绕组中产生相应电流。

磁弹性力传感器主要适用于静态或者准静态测量,磁弹性力传感器受载不高,所以测量的力一般较小,测量变形量一般小于 0.1mm,精度等级大约为0.1%～0.2%,同时此传感器不需要加测量放大器。

图 7-26 所示的测力元件若需要扩大测力范围,可以通过增加数量并通过串联或并联连接起来,相同的方法可以制作圆形和环形的传感器,所以这种磁弹式力传感器一般用于重工业部门,例如,在轧钢机、吊车上测量,其精度为 0.05%～0.1%。

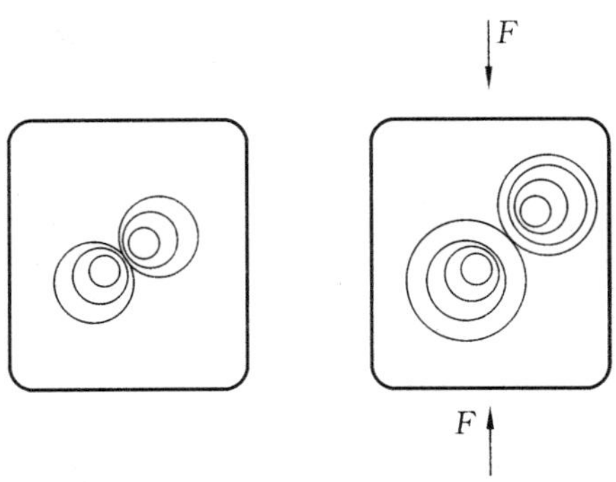

图 7-26　测力元件中磁力线分布图

(a)未受载;(b)受载

7.4.5 压电力传感器

压电力传感器[9]使用晶体片作为力测量反应元件，使用时，根据晶体切片表面与晶体轴形成的角度，可将晶体分为拉力敏感和压力敏感两种类型，当晶体受载时，石英晶体表面就会产生相应的电荷，经过电荷放大器转变为相应的电压，继而转换成具体的数字指示。此传感器一般适用于动态、准静态测量，同时可在条件充分的情况下测量静态力。石英晶体片的机械强度很高，电荷曲线是线性的，电阻率很高，同时温度影响较小，受到力时石英晶体片可以瞬时响应，快速产生电荷，所以石英晶体片适用于测量突变的作用力，在高温环境下也表现良好。

图 7-27 是某个压电式力传感器的剖面结构图，两个钢环之间装有环状的压电晶片，晶片中间为接受产生的电荷的电极。晶体片还可以根据传感器的尺寸做成不同形状，例如环状薄片，多个晶体片堆放在环形绝缘体中的形式，如图 7-28、图 7-29 所示。将多个不同切片类型的石英晶体片互相叠起来，这样可得到一种测量两个或三个分力的传感器，比如既可测压力又可测剪切力。图 7-29 的石英晶体片配置方式可用来测量转矩。

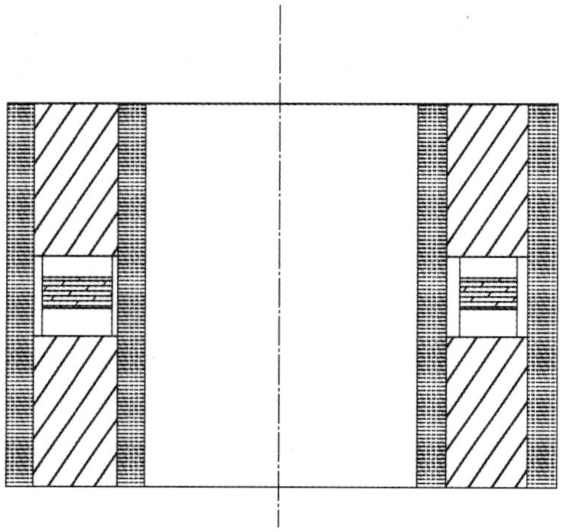

图 7-27　压电式力传感器结构

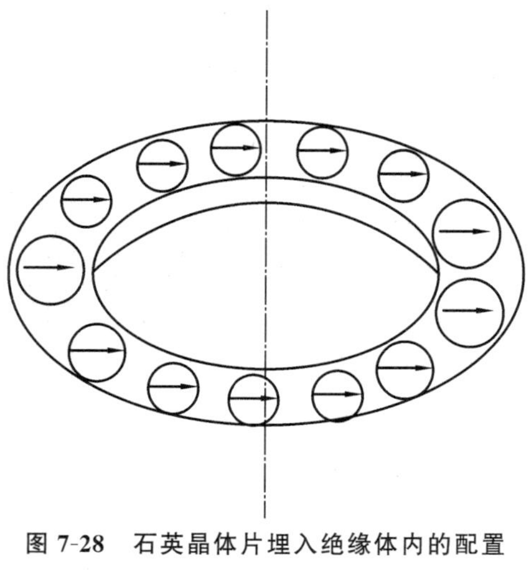

图 7-28　石英晶体片埋入绝缘体内的配置

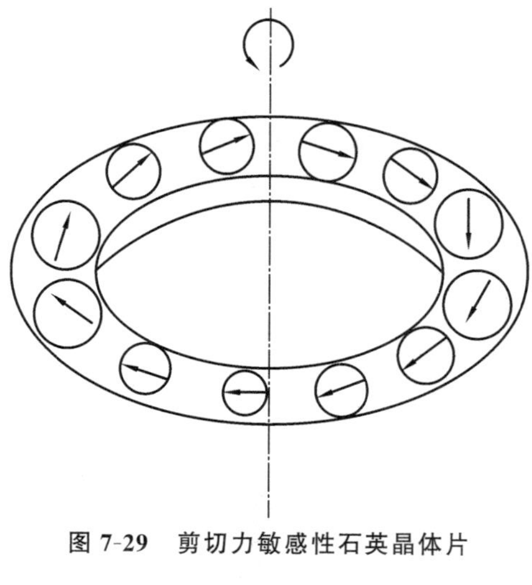

图 7-29　剪切力敏感性石英晶体片

压电力传感器具有很好的刚度，受载时的变形仅为几微米，可用来测量高频（大于100kHz）的动态变化力。由于它的分辨率高，因而可用来测量微小的动态载荷。这种传感器的精度等级为 1%。设计中应对传导电荷的绝缘措施予以注意。

另外，在工程中常需要研究机械系统的结构阻抗，为此发展了一种阻抗头。这种阻抗头本质上是一种双传感器结构，它将一个测力器和一个压电加速度计组合成一个整体。由于阻抗涉及力和速度，因此一般采用加速度来测量，加速度计使用方便且易于通过电或数字的方式进行积分来获得速度。

7.4.6　振弦式力传感器

一种振弦式力传感器[10]如图 7-30 所示。一根张紧的弦线，其自振频率随弦长的变化而变化，弦长则随传感器的张力变化而改变。弦线受电磁铁的"弹拨"作用，其自振频率被用作接收器的另一电磁铁所接收，并被转换为等频的电压信号。图 7-31 为另一种振弦式力传感器的结构形式。二者不同的是图 7-31 采用了平行四边形柔性杠杆机构对输入力 F 进行放大。图中的振弦也可以是薄板簧片结构，所用的激励和传感装置也可以是压电石英晶体片装置。

振弦式力传感器用于标称力范围在 200N～5MN 之间的拉、压力测量，测量精度约为 1%。根据其测量原理可知它只能测量较低频率的交变力，因而它可在绝缘状态较差的状况下经数公里长的导线进行传输。它的抗环境干扰能力强且能长时间地保存仪器数据，主要用在建筑、岩土力学、采矿、船舶工程等领域。

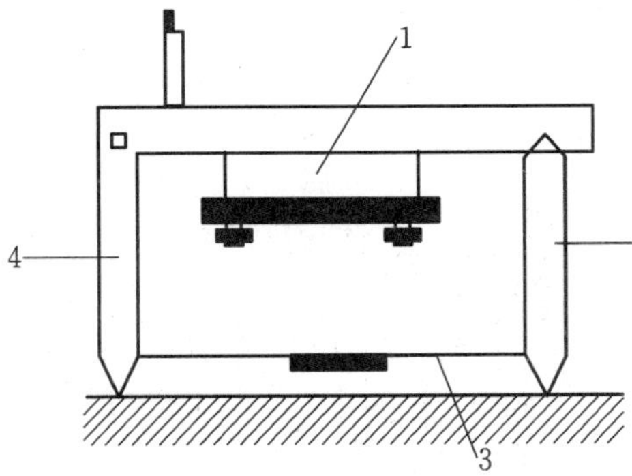

图 7-30　振弦式力传感器 1

1—电磁铁（用于激励和接收器）；2—活动刀口；3—振弦；4—具有固定刀口的传感器主体

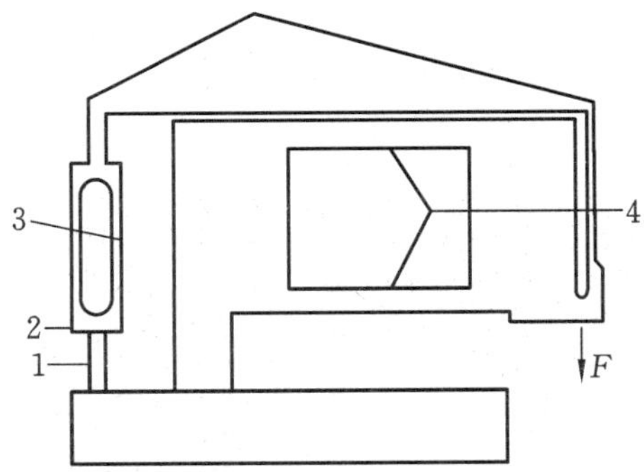

图 7-31　振弦式力传感器 2

1—振动传感器；2—振动激励器；3—振动簧片；4—平行导杆

7.5　应力应变测量

7.5.1　应力应变测量原理

金属导体或半导体在发生机械变形时其电阻值均会发生变化，这种现象叫"应变效应"[11]。金属的电阻应变效应原理已经在本书第 5 章做过详细介绍，此处不再重复。

由物理学可知，长度为 L、截面积为 A、电阻率为 ρ 的金属丝，其电阻值为：

$$R=\rho\frac{L}{A} \tag{5-14}$$

对上式进行全微分，同时利用圆形截面面积公式进行代数运算，最终可得：

$$S_0=\frac{\mathrm{d}R/R}{\varepsilon}=1+2v+\frac{\mathrm{d}\rho/\rho}{\varepsilon} \tag{5-19}$$

S_0 称为金属丝的灵敏度系数，其物理意义是单位应变所引起的电阻相对变化。

大量实验表明，在电阻丝拉伸比例极限范围内，电阻的相对变化与其所受的轴向应变成正比，即 S_0 为常数，于是得到式(5-22)。

$$\frac{\mathrm{d}R}{R}=S_0\varepsilon \tag{5-22}$$

通常电阻丝的 S_0 的范围是 1.7～4.6。

半导体材料的原理与金属丝的原理相差不大，区别在于半导体材料的 $\mathrm{d}\rho/\rho$ 引发的电阻变化远远大于 $(1+2v)\varepsilon$，所以 $(1+2v)\varepsilon$ 可忽略不计，由半导体的理论可知，半导体材料的灵敏度系数 S_0 为：

$$S_0=\frac{\mathrm{d}R/R}{\varepsilon}=\pi_L E \tag{5-25}$$

对于半导体硅，$\pi_L=(40\sim80)\times10^{-11}\,\mathrm{m^2/N}$，$E=1.67\times10^{11}\,\mathrm{Pa}$，则 $S_0=\pi_L E=50\sim100$。由此可见，半导体电阻材料的灵敏度系数比金属丝的要高，但由于金属丝受温度变化的影响较小，性能稳定，所以一般还是采用金属材料制作应变片。

金属丝电阻应变片[12]通常分成两类：一类是丝式应变片，另一类是箔式应变片。图 7-32 所示为丝式应变片，一根金属丝弯曲后均匀地分布安装在衬底上，同时两端连接引出线。应变片的长为 l、线栅宽度为 a、弯曲半径为 r。l 可在 3～75mm 范围内变动，a 的变化范围是 0.03～10mm，r 的变化范围是 0.1～0.3mm。常用于制作应变片的金属材料有康铜、镍铬合金、铁镍铬合金及铂铱合金等。

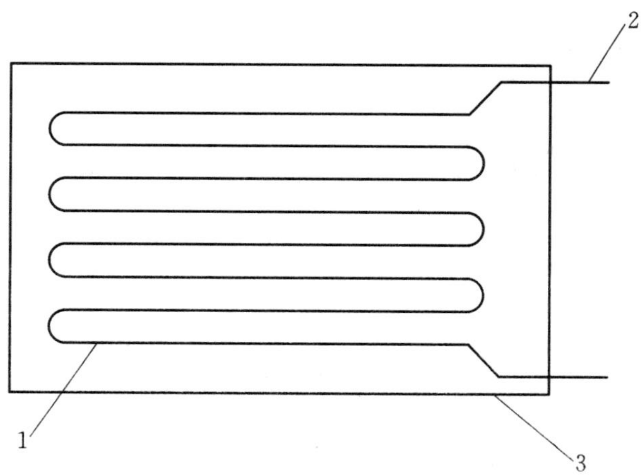

图 7-32　丝式应变片

1—作用丝；2—导线；3—纸或塑料载片

7.5.2　箔式应变片

箔式应变片如图 7-33 所示，它是通过光刻技术将金属箔腐蚀成丝栅做成的，散热条件相对较好，可以通过较大的电流，灵敏度得到大大提高，同时它耐蠕变和漂移的能力强。综合上述条件，相比丝式应变片箔式应变片便于批量生产，成本低、优势大。

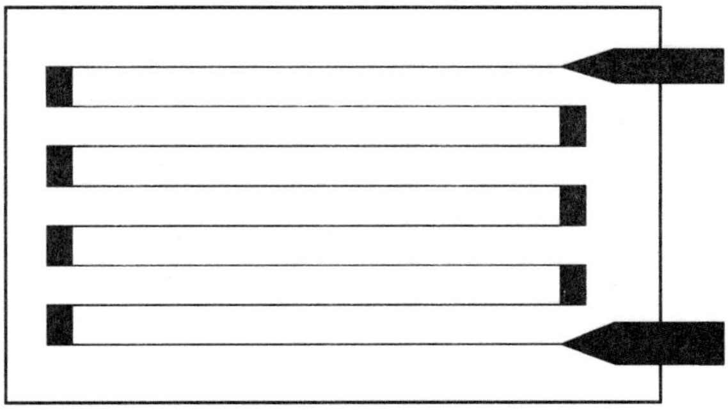

图 7-33　箔式应变片

7.5.3　半导体应变片

(1) 霍尔效应

若在某些金属或半导体薄片两端通以控制电流 I，并在此薄片的垂直方向上加上磁感应强度为 B 的磁场，则在垂直于电流和磁场的方向上将产生一电动势 E_H，这一现象称为霍尔效应。能产生霍尔效应的薄片称为霍尔元件。若霍尔元件的厚度为 d(单位:mm)，磁感应强度为 B(单位:T)，所加的控制电流为 I_P(单位:mA)，则霍尔电势 E_H 可用下式表示：

$$E_H = R_H \frac{BI_P}{d} = K_H I_P B \tag{7-2}$$

式中　R_H——霍尔系数；

　　　K_H——霍尔元件的灵敏度系数。

由于金属的 R_H 很小，所以霍尔元件一般采用半导体材料，如锗、砷化镓等制作。

(2) 霍尔效应压力传感器的结构及特性

霍尔效应压力传感器的工作原理是霍尔效应，其结构如图 7-34 所示。它主要由感压弹性元件、霍尔元件及永久磁体等组成。霍尔元件与感压弹性元件相连接，当被测压力使感压弹性元件变形时，处在非均匀磁场中的霍尔元件就被带动，产生位移，使得施加于霍尔元件上的磁感应强度 B 发生变化，从而使霍尔元件的输出电势 E_H 发生变化。显然，E_H 的变化与被测压力的大小有关。施加于霍尔元件上的磁场通常为由四个磁极构成的线性梯形磁场，如图 7-35 所示。因此，霍尔元件的输出电压与位移成线性关系。

用霍尔效应压力传感器进行测量时应注意，施加于霍尔元件上的控制电流必须是恒定的，因此一般采用稳压电源供电。测量仪表可直接使用数字电压表。霍尔效应压力传感器具有较高的灵敏度，测量仪表简单，可配以通用的动圈仪表来指示结果，能远距离指示或记录。其缺点是受温度影响较大。

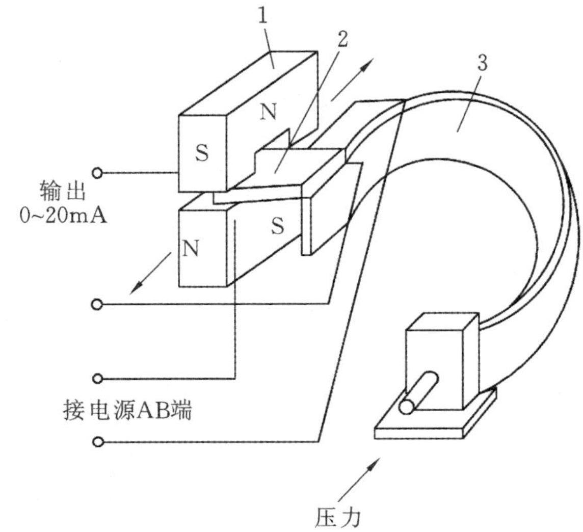

图 7-34　霍尔效应压力传感器结构示意图

1—磁钢；2—霍尔元件；3—弹簧管

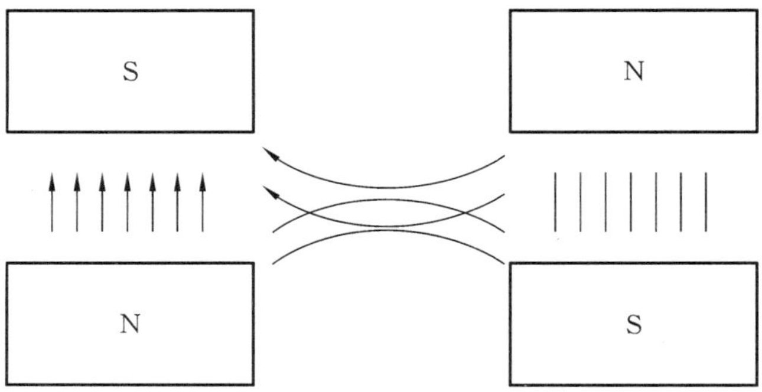

图 7-35　线性梯形磁场原理图

7.5.4　应变片选型和粘贴

(1) 电阻应变片种类选择

在选择电阻应变片时，应根据使用环境考虑以下 6 个因素：应变片要具有线性灵敏系数且稳定性较高；应变片需要具有蠕变自补偿能力；应变片的电阻温度系数应较小，热输出较小，零点漂移较小；应变片横向效应系数应较小，机械滞后小，疲劳使用寿命高；应变片需要具有良好的稳定性、重复性，且能在较大的温度范围内正常工作；应变片需要同时具备静态与动态测量功能。具备以上条件的应变片种类很多，但如果考虑到具体的应用，还需要考虑弹性体结构、应力状态、材料、环境条件、电阻应变片阻值、尺寸、蠕变匹配等因素，经过综合考虑后得到最适用于具体工作环境的应变片。

(2) 应变片结构形式选择

根据不同的应变测量项目、被测试的物体材料、被测试物体的应力状态、测量精度等，应变片形式也有相应的选择依据，如果测试点应力状态是一维结构的，那么应该选择单轴应变片。

若已知主应力方向二维应力结构，可以选择直角应变花，同时其中一条应变栅应和主应力方向保持一致，如果主应力方向未知，此时就必须选择适用三栅或四栅的应变花。从传感器设计角度考虑，应变片形式的选择主要取决于弹性体结构：柱式、板环、双孔平行梁等弹性体采样正应力或弯曲应力，所以应变片形式选择单轴应变片；剪切桥式、轮辐式、剪切悬臂式、三梁剪切式弹性体一般选择双轴45°应变片；平膜片压力传感器一般选择全桥圆形应变片。

(3) 应变片尺寸选择

应变片的尺寸选择需要考虑多种因素，如应力分布、动静态测量、弹性体应变区大小等，如果材质均匀且应力梯度大，此时选择栅长小的应变片，反之材质不均匀、强度不等、应力分布变化比较缓慢时，应选择栅长较大的应变片。在冲击载荷或者高频动载荷的情况下进行应变测量工作时，需要考虑应变片的响应频率。总之，应变片的丝栅越小，其测量精度就越高，可更好地反映出被测物体的真实应变，所以在保证加工精度的情况下，应变片栅长小要比大更适宜。

(4) 电阻值选择

目前应变片阻值一般选择 350Ω，但阻值增大后，其工作过程中通过电流小、持续工作时间长、动态测量信噪比高，因此大阻值应变片应用趋于广泛，而且大阻值应变片可以减小应变焦耳热引起的零漂，提高传感器的可靠性，所以在不考虑价格的情况下，使用大阻值应变片可以提高传感器精度。

(5) 使用温度选择

温度对应变片的正常工作影响巨大，应该根据具体使用温度情况选取合适的应变片。常温应变片一般使用温度为－30～60℃，此时的应变片制作材料选取康铜，需要高温应变片应该说明具体情况。中温箔式应变片通常会使用卡玛合金，制作温度为200～250℃范围内的应变片。

(6) 应变片粘贴

应变片粘贴过程中需要注意以下事项：

① 必须将应变片可靠无误地粘贴在测点上面，粘贴胶带应均匀、密闭、不允许有气泡。

② 测件的表面和应变片都需要涂胶，将应变片轻放在测点上并且用小塑料条覆盖，防止胶水粘在手上，然后用拇指前后滚压，排出空气和多余的粘胶，但不要来回拉压，避免应变片发生变形，影响测试量程及测试结果。

③ 为了确保粘贴强度，可以用海绵作为过渡层来保护应变片，上面用夹子夹住或重物压住，还可以使用紫外灯烘烤来加快粘胶的固化速度。

7.5.5　应变片应用

电阻应变片式传感器应用广泛，可以测压力、位移、应变、加速度等非电量参数，同时它架构简单、性能稳定、灵敏度较高，适用于动态测量。电阻应变片式传感器大量应用于实际工程与科学实验中，下面进行举例介绍。

(1) 电阻应变测试技术在土木工程中的应用

电阻应变片式传感器虽然在各类工程结构中广泛应用，但是其测量结果受温度、湿度、导线的长度等外界因素影响较大。应变计使用电阻应变片主要有两种方法：一种是直接将应变片粘贴在受载零件的接触面；另一种是将应变片粘贴在弹性元件上，将其制作成传感器，测量时建立载荷与电阻变化之间的函数关系，通过测量前确定的载荷标定曲线测量出载荷。

(2) 测定载荷

结构物在工作过程中会承受各种外力作用，工程上常常把这些外力称为载荷。载荷是进行强度与刚度计算的主要基础依据，一般设计确定载荷时有三种方法，类比法、计算法、实测法。以下主要介绍用实测法测定载荷。

电阻应变法测定载荷的原理是使用应变片、应变仪、指示记录器组合成的测量系统进行载荷测量。首先将应变片以粘贴的方式与其零件或者传感器结合起来，当零件受载后，会发生变形，此时应变片中的电阻值会发生变化，由应变仪组成的测量电桥将电阻变化转变为电压变化，并通过放大仪器放大电压变化信号，然后通过记录仪器实现与载荷相关的成比例的变化曲线，最后通过标定过程得到具体数据。这种方法现已广泛应用于各种构造物载荷测定，如船闸、桥梁以及房屋建筑等工程领域。

(3) 智能健康监测

大型、重要土木结构的报警监测系统，具有着重要意义。桥梁、超高层建筑、电视塔、水坝、核电站、海洋采油平台等大型重要建筑，其使用服役时间大多数都很长，从几十年到上百年不等。经过日积月累的疲劳、腐蚀、材料老化等，若不能得到及时监测并反馈这些问题，便不能提前预知事故的发生。所以对这些大型重要设施进行健康状况监测，同时根据健康状况选择合适的维护保养方法修复控制损伤已经成为必不可少的一步。电阻应变片成为此监测维护过程中的重要器件，应变片可以监测钢筋结构的应变，使用过程也简单，只需要将应变片粘贴在结构表面即可对钢筋栓结构进行在线实时智能健康状态监测。

图 7-36 为应变片式传感器的实物图。

(a)

(b)

(c)

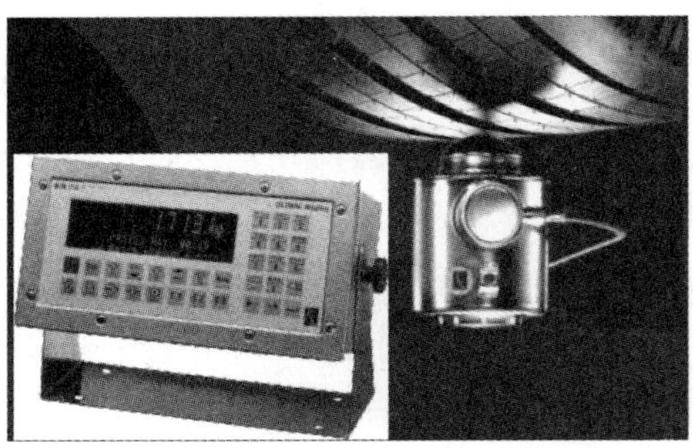

(d)

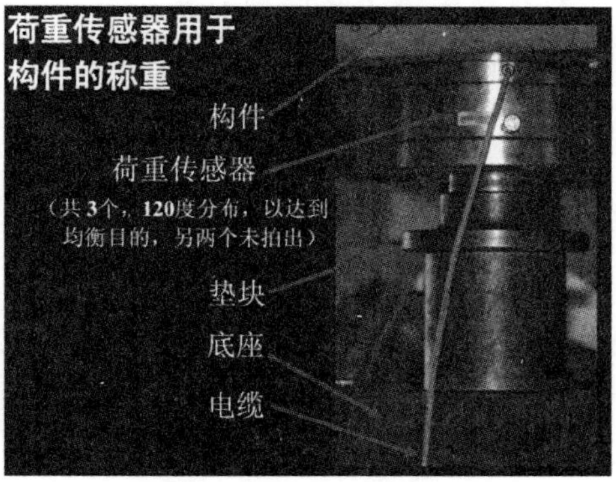

(e)

(f)

图 7-36　应变片式传感器实物图

(a)悬臂梁应变传感器;(b)称重传感器;(c)汽车衡;(d)汽车称重;(e)荷重传感器;(f)吊钩秤

课后习题

一、判断题

1. 金属电阻应变片结构主要由基底、金属丝、覆盖层3部分组成。（　　）

2. bar 和 Pa 是常用的压力单位，其换算公式为 $1\text{bar}=10^5\text{Pa}$。（　　）

3. 压力传感器根据信号不同的转变方式分为：电阻应变式、压阻式、压电式和电感式等。（　　）

二、选择题

1. 压力表测量的压力是（　　）。

A.绝对压力　　B.标准大气压　　C.真空度　　D.相对压力

2. 采用静力学原理，将被测压力转换成液柱高度来进行压力测量的是（　　）。

A.液柱式压力表　　B.弹性式压力表　　C.活塞式压力表　　D.电测式压力表

3. 下列属于常用弹性元件的是（　　）。

A.喷嘴挡板机构　　B.霍尔片　　C.应变片　　D.弹簧片

三、简答题

1. 简述液柱式压力计的测压原理。

2. 使用液柱式压力计应注意哪些问题？

3. 国际单位制中压力的单位是什么？压力是如何定义的？它与工程大气压如何换算？

4. 简述弹簧管压力表的工作原理和结构特点。

5. 静压探针通常有几种形式，各有什么特点？

参考文献

[1] 付廷会.弹簧管压力表的结构和调修[J].质量天地，2003(9):61.

[2] 宫武旗，张晓红，刘丛丛.五孔探针校准与测量系统的研究[J].风机技术，2013(3):21-24.

[3] 陈跃安.电路及电工电子技术[M].北京:清华大学出版社，2005.

[4] 马林联.传感技术与应用教程[M].北京:清华大学出版社，2005.

[5] 焦云静，董志奎，孙建亮，等.考虑剪切效应的金属本构关系模型及其在大型筒节轧制成形中的应用[J].矿冶工程，2020，40(03)：123-127＋132.

[6] 李性珂，王辉.电路系统设计中电感式位移传感器的应用[J].网络安全技术与应用，2014(7)：35-36.

[7] 李新娥，祖静，马铁华，等.一种新型电容式压力传感器的研究[J].兵工学报，2011，32(4)：476-481.

[8] 易大斌.磁弹性传感器[J].工业仪表与自动化装置，1980(01)：36-42.

[9] 李名，程伟，谢瑞丽，等.一种适用于高应力环境中高幅值动态载荷测量的压电力传感器[C] //中国力学大会2017暨庆祝中国力学学会成立60周年大会论文集.北京：中国力学学会委员会，2017：504-513.

[10] 张鉴秋.振弦式力传感器弹性元件的优化设计[J].现代制造工程，2007(12)：94-97.

[11] 刘永顺.应变效应及其应用[J].中学物理，2016，34(23)：91-92.

[12] 闫好奎，任建国.电阻应变片的工作原理[J].计量与测试技术，2013，40(04)：12.

[13] 董伟.电阻应变片粘贴技巧[J].山西建筑，2011，37(28)：46-48.

第 8 章　流速流量测量

8.1　本章知识点

本章名词及含义汇总见表 8-1。

表 8-1　名词及含义汇总

名词	含义
流量分类	流量可分为体积流量和质量流量
体积流量	单位时间内流经某一有效截面的介质的总体积
质量流量	单位时间内流经某一有效截面的介质的总质量
差压式流量计	通常将节流元件放置在流动介质的管道中，起着阻挡流体的作用，通过引起流体局部速度的改变，进而使得节流装置的两侧压力发生变化
涡轮流量计	由涡轮转子、轴承支承和引流叶片、可变磁阻式传感器组成
浮子流量计	通过截面变化来计算流量的节流式流量计，在小流量、低雷诺数场合有广泛的应用
多普勒超声流量计	利用声波的多普勒效应进行测量
热线风速仪	将流速信号转变为电信号的一种测速仪器，也可以测量流体温度或密度
容积式流量计	利用机械测量元件把流体连续不断地分割成单个已知体积，并重复不断地充满和排放该体积部分的流体而累加计量出流体总量的流量仪表
科里奥利质量流量计	利用流体在直线运动的同时处于同一旋转系中，产生的科里奥利力与质量流量成正比，基于这一原理制成的一种直接式质量流量仪表

8.2　流量的分类

流量即流经管道横截面的流体量与该量通过该截面所花费的时间之商。流量的表达式为：

$$q_V=\frac{\mathrm{d}V}{\mathrm{d}t}=UA \tag{8-1}$$

$$q_m=\frac{\mathrm{d}m}{\mathrm{d}t}=\rho UA \tag{8-2}$$

式中 q_V——体积流量；

q_m——质量流量；

V——流体体积；

m——流体质量；

t——时间；

ρ——流体密度；

U——管内平均流速；

A——管道横截面面积。

总量又称累积流量，是在一段时间内流过管道横截面的流体量，在数值上它等于流量对时间的积分，总量的表达式为：

$$V=\int_{t1}^{t2} q_V \mathrm{d}t \tag{8-3}$$

$$m=\int_{t1}^{t2} q_m \mathrm{d}t \tag{8-4}$$

根据所采取的不同定义，流量又可以分为体积流量和质量流量。体积流量表示单位时间内流经某一有效截面的介质的总体积，而质量流量表示单位时间内流经某一有效截面的介质的总质量。

体积流量表达式为：

$$q_V=\frac{V}{t}=uA \tag{8-5}$$

式中 q_V——体积流量；

V——流体体积；

t——时间；

u——管内平均流速；

A——管内横截面积。

质量流量表达式为：

$$q_m=\frac{m}{t}=\rho uA \tag{8-6}$$

式中 q_m——质量流量；

m——流体质量；

ρ——流体密度；

t——时间；

u——管内平均流速；

A——管内横截面积。

体积流量和质量流量之间可相互换算。若已知流体的质量流量，需换算成体积流量，其表达式为：

$$q_V=\frac{q_m}{\rho} \tag{8-7}$$

若已知流体的体积流量，需换算成质量流量，其表达式为：

$$q_m = \rho q_V \tag{8-8}$$

如果需要非常精确的测量结果，最好测量介质的质量流量，质量流量测量的精度更高，因为质量是不变的，而体积是可变的，体积流量可能会因环境温度等影响而产生误差。累积流量则是某段时间内流经某一截面的流体数量的总和，累积流量与流体流过的时间间隔之比即为平均流量。

在测量管道中流动的液体和气体的流速时需要考虑流动是层流还是湍流。层流流体中各质点总体是沿着平行于通道管壁的直线运动的，且具有统一的方向。实际质点的速度在管道中央达到最大而在管壁处为零。当流速增大时，质点的运动逐渐变得随机和复杂，失去统一的方向。流体从层流向湍流的变化是渐进的，且发生在一个较窄的速度范围之内，发生这种变化时流体的近似速度称为临界速度，临界速度是某些因素的参数，这些因素可以用无量纲数雷诺数 Re 来描述：

$$Re = \frac{\rho D v}{\mu} \tag{8-9}$$

式中　D——流体通道的截面尺寸（若为圆形截面，即为通道的直径）；

ρ——流体密度；

v——流体速度；

μ——流体的绝对黏度。

在临界速度之下，管道中的摩擦损失仅仅是雷诺数的函数，而对湍流来说，该摩擦损失是由雷诺数和管道表面的粗糙度共同决定的，管道中的雷诺数一般为 2100～4000。

通过一个管道或者通道的体积流量 q_V 是速度分布函数 $V(x,y)$ 在整个截面 A 上的积分：

$$q_V = \int_A v(x,y)\,\mathrm{d}A \tag{8-10}$$

工程中常用平均速度 v：

$$v = \frac{q_V}{A} = \frac{1}{A}\int_A v(x,y)\,\mathrm{d}A \tag{8-11}$$

常用流量计来测量 q_V 和 v，而用平均速度传感器来测量 $v(x,y)$。当然也可以对速度传感器的输出进行积分来获取流量或者平均速度。

由于测量湍流十分困难，通常的做法是将流量测量的位置限制在层流或者是近似层流的地方。如果介质的流速低于临界流速，可以通过测量长直管道中心处的流速来达到目的。在平均流速较高的情况下，常用的办法是在流动路径上找到直径较大、流速较低的位置测量。

常用伯努利方程描述不可压缩流体的流动，如图 8-1 所示，管道直径发生变化，若无机械功作用到流体上或流体没有做功，并且与外界无热传递，1 点和 2 点处的流体根据伯努利方程有：

$$\frac{P_1 - P_2}{\rho} = \frac{v_2^2 - v_1^2}{2g_c} + \frac{(Z_2 - Z_1)g}{g_c} \tag{8-12}$$

式中　P——绝对压力；

ρ——流体密度；

v_1, v_2——1 点和 2 点的线速度；

Z——升程；

g——重力加速度；

g_c——量纲常数。

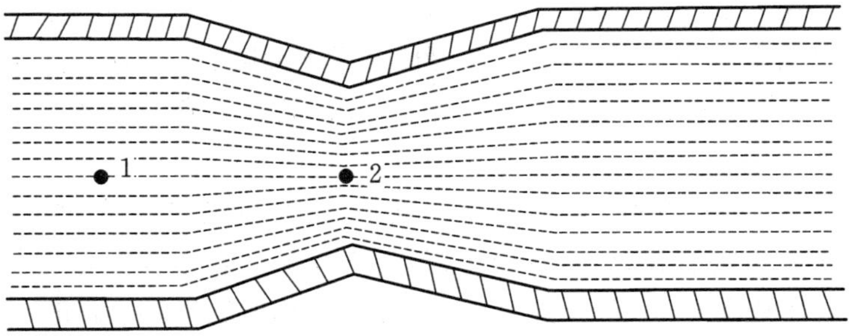

图 8-1　管道中有节流时的液体

8.3　体积流量测量

8.3.1　流速测量原理

(1) 基本原理

流体通过管截面 S 的质量流量为：

$$G=\rho cS \tag{8-13}$$

对于不考虑压缩性的气体，其速度为：

$$c=\sqrt{2(p_0-p_s)/\rho} \tag{8-14}$$

对于可压缩气体，其速度为：

$$c=\sqrt{\frac{2k}{k-1}RT_0\left[1-\left(\frac{p_s}{p_0}\right)^{\frac{k-1}{k}}-1\right]} \tag{8-15}$$

由此可知，对于在管道中流动的流体，只要知道它的流速、密度、总压 p_0、静压 p_s 及总温，就能计算出它的流量。大直径管道的流量测量多用此流速法。

(2) 管道内的速度分布

在管道中只测某一点的速度就来计算流量是不准确的，因为实际上流体存在黏性，管道上各点的速度分布是不均匀的，因此必须测出截面上的平均流速才能计算其流量。

8.3.2　差压式流量计

差压式流量计也被称为阻塞式流量计，它通常将节流元件放置在流动介质的管道中，起着阻挡流体的作用，通过引起流体局部速度的改变，进而使得节流装置的两侧压力发生变化。节流装置主要包括孔板、文丘里管和流量喷嘴三部分，分别如图 8-2、图 8-3 及图 8-4 所示。当在流体管道中安装节流元件时，通过节流元件流体的流速增加，压力下降，流体的体积流量与节流元件两侧压差的平方根成正比。当使用不同的装置来测量节流元件前后的两个压力时，如果实际压力差很小，通过测量值计算出来的压差可能存在较大的误差，所以测量的方法很重要，通常使用一种膜片式的压差传感器来进行测量。

图 8-2　孔板

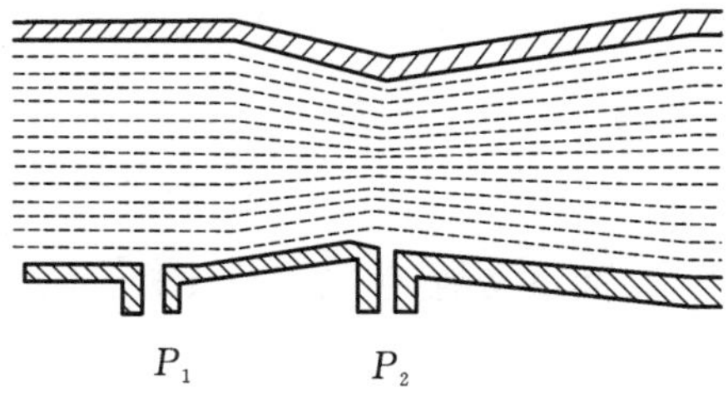

图 8-3　文丘里管

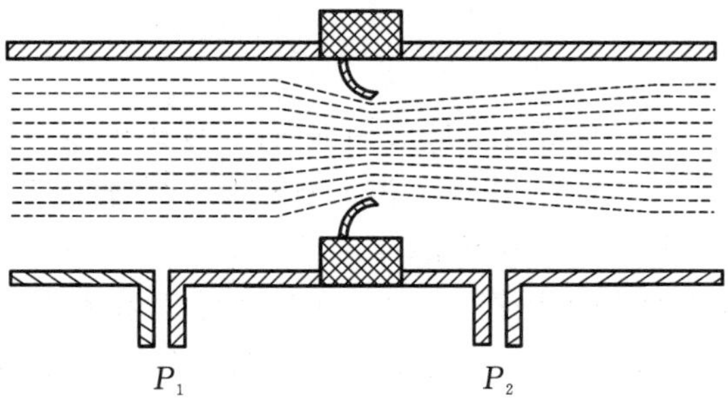

图 8-4　流量喷嘴

由于不可压缩流体的特性，有：

$$\begin{cases}\rho_1=\rho_2=\rho \\ q_V=A_1v_1=A_2v_2\end{cases} \tag{8-16}$$

式中　q_V——体积流量；

A——面积；

v——流体速度。

如果令高度 $Z_1=Z_2$，并且把 $v_1=(A_2/A_1)v_2$ 代入式(8-12)可得：

$$P_1-P_2=\frac{V_2{}^2\rho}{2g_c}\left[1-\left(\frac{A_2}{A_1}\right)^2\right] \tag{8-17}$$

$$q_{\text{ideal}}=A_2V_2=\left[\frac{A_2}{\sqrt{1-(A_2/A_1)^2}}\right]\sqrt{\frac{2g_c(P_1-P_2)}{\rho}} \tag{8-18}$$

式中　q_{ideal}——理想流量。

对于给定流量计，式中的 A_1 和 A_2 也是确定的，定义：

$$E=\frac{1}{\sqrt{1-(A_2/A_1)^2}} \tag{8-19}$$

E 称为速度接近因子(流量因子)。对圆形截面的管道来说，面积 $A=\pi r^2$，有：

$$E=\frac{1}{\sqrt{1-\beta^4}} \tag{8-20}$$

式中　D——大截面直径；

d——小截面直径。$\beta=d/D$。

又定义：

$$C=\frac{Q_{va}}{Q_{v1}} \tag{8-21}$$

$$K=CE=\frac{C}{\sqrt{1-\beta^4}} \tag{8-22}$$

式中　C——卸流系数，表示经过流量计时造成的流量损失；

K——流量系数；

Q_{va}——实际流量。

由式(8-18)和式(8-21)可得到实际流量为：

$$Q_{va}=KA_2\sqrt{\frac{2g_c(p_1-p_2)}{\rho}} \tag{8-23}$$

由以上推导可知，节流元件使得流束形成局部收缩，促进流速加快。由能量守恒定律知流速的加快必定导致流体静压力降低，使得节流元件前后产生静压差，该静压差正比于流体流量，因此可以通过测量压差来求得流体流量。

另有一种差压式流量计叫作皮托管，是通过在流体输送管道内产生压力差来测量流量的另一种装置，如图 8-5 所示。但是皮托管对于流体的阻挡作用几乎可以忽略不计。皮托管是一个非常薄的管道，它只能阻挡很小一部分流体，所以适用于测量流过管道横截面的单点流量。这种测量方法仅相当于测量均匀流动情况下管道内的平均流速。均速管流量计是一种多端口的皮托管，通过计算流经管道横截面的几处局部流量的平均值来测量总的平均流量。

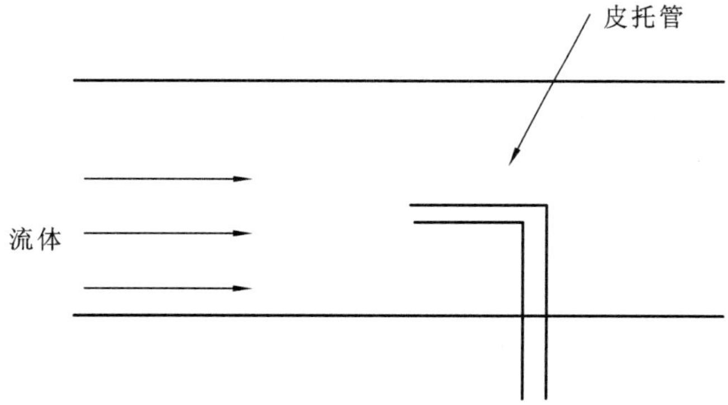

图 8-5　皮托管

8.3.3　涡轮流量计

涡轮流量计由涡轮转子、轴承支承和导流叶片、可变磁阻式传感器组成，如图 8-6 所示，涡轮转子沿液流方向安装，其轴线与流向平行。流过叶片的流体使得转子以与流体的体积流量成比例的速度旋转。转子的旋转速度是采用非接触式的磁电传感器来测量的。一般是用铁磁材料制作涡轮叶片，并在仪表盒内安装永磁铁和线圈。当涡轮旋转时，其上的每个叶片经过线圈时都会引发线圈内的电压脉冲，如果用脉冲计数器测量这些脉冲，就可以推导出脉冲频率，进而计算出流体流量。另外，通过累计一定时间间隔内的脉冲数，还可以求得这段时间内的总流量。也有的涡轮流量计是通过光纤来检测涡轮叶片尖端的反射光，从而计算转速的。

若导磁的涡轮叶片数为 m，则传感器输出的电动势频率为：

$$f=\frac{n}{2\pi}m \tag{8-24}$$

式中　n——转子角速度。

由于涡轮转速 n 与流量计输出的脉冲频率成正比，因此常用流量计的仪表常数 ξ 来表示频率与流量之间的比例关系，即：

$$\xi=\frac{f}{q} \tag{8-25}$$

在忽略轴承摩擦和涡轮轴的功率输出时，流体的体积流量和转子角速度的关系如下式：

$$\frac{q_V}{\pi D^3}=f\left(\frac{nD^2}{\nu}\right) \tag{8-26}$$

式中　q_V——流体的体积流量；

n——转子角速度；

D——流量计孔径；

ν——流体动黏滞度。

如果涡轮转子安装时使用低摩擦轴承，测量误差可低至±0.2%。然而涡轮流量计不像节流式仪表那样坚固可靠，被测流体中的任何颗粒物质都会对测量产生严重影响。轴承的磨损是一个严重的问题，它会给测量系统带来永久的压力损失。当被测液体中存在的固体颗粒或气体气泡量较大时，测量结果容易产生较大误差。例如，使用在纯液体中校准的涡轮流量计测量含 5%空气的液体时，会产生 50%的测量误差。涡轮流量计在石化行业有着较普遍的应用，经常会测量油气混合物，所以为了避免较大的测量误差，会采用特殊的测量方法和流程。

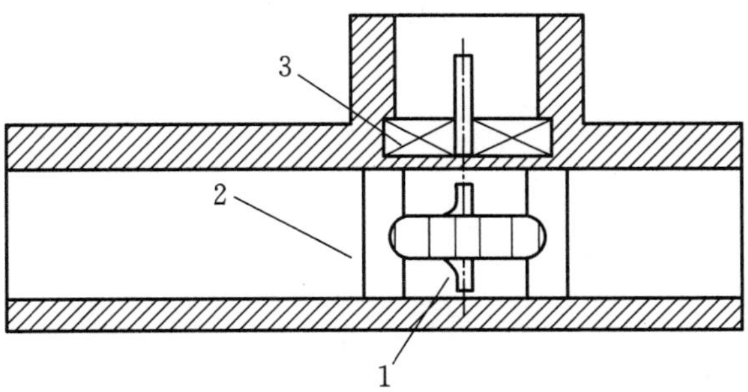

图 8-6　涡轮流量计

1—涡轮转子；2—轴承支承和导流叶片；3—可变磁阻式传感器

工业用涡轮流量计满量程流量范围为 0～120m^3/min（液体）和 0～400m^3/min（气体）。仪器出厂前以水作介质进行标定。在被测流体的运动黏滞度小于$5\times10^{-6}\,m^2/s$时，在规定的流量测量范围内，可直接使用厂家给出的仪表常数 ξ，而无须另行标定。但在液压系统的流量测量中，因被测液体黏滞度大，因而在厂家所提供的流量测量范围内可能不能保持一定的线性关系，此时应对流量计重新标定，从而使每种特定的介质得到一种定度曲线，据此对测量结果进行修正。

涡轮流量计与容积式流量计的使用成本和市场份额都很相似，在许多应用领域都有很强的竞争力，尤其是在石油行业。涡轮流量计比容积式流量计更小更轻，更适合于低黏度、高流量情况下的测量，而容积式流量计在高黏度、低流量的情况下比涡轮式流量计更具有优势。

8.3.4 浮子流量计

浮子流量计是一种通过截面变化来计算流量的节流式流量计，在小流量、低雷诺数场合有广泛的应用，图 8-7 是它的基本结构。它由一个垂直的锥形管做本体，大口朝上，管中放置一个可以上下自由浮动的浮子，当被测流体从下往上流动时，浮子处于上浮状态，浮子上浮的高度表示流量的大小。

当流体流动使浮子升高时，浮子与锥形管之间环形通道面积发生变化，当浮子处于平衡状态时，浮子就停在某个高度，此时浮子受力情况为：向上的浮力为 $\rho Vg=\rho mg/\rho_1$，向下的重力为 mg，压力差引起向上的力为 $(P_1-P_2)S$，这样力的平衡方程式为：

$$P_1-P_2=m(1-\rho/\rho_1)g/S \tag{8-27}$$

式中 P_1——浮子受到向上的总压力；

P_2——浮子受到向下的总压力；

m——浮子的质量；

ρ——流体的密度；

ρ_1——浮子材料的密度；

S——浮子的最大截面面积。

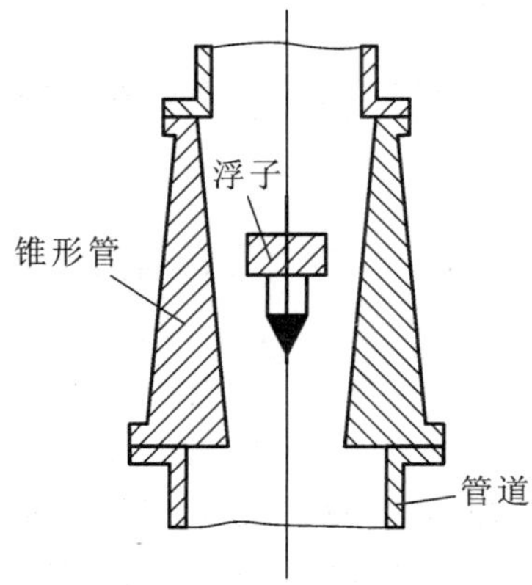

图 8-7 浮子流量计

通过环形截面 S_1 的流体速度为：

$$c=K\sqrt{2(P_1-P_2)\rho} \tag{8-28}$$

式中 K——系数，它与浮子形状和介质黏性有关。

通过截面 S_1 的容积流量为：

$$q=cS_1^2 \tag{8-29}$$

面积为：

$$S_1=\frac{\pi}{4}[(d_0+nh)^2-d^2] \tag{8-30}$$

式中 d_0——刻度标尺零点处锥管直径；

n——浮子升高单位长度时，锥管内径的变化值；

h——浮子升起的高度；

d——浮子的最大直径。

由式(8-27)～式(8-30)可看出，当浮子流量计和所测量的流体确定后，流量 q 只与浮子上升的高度 h 有关。

浮子流量计通常是根据被测量的介质种类来进行标定的，大多数情况是在常温常压下，用空气或水作为介质进行标定。如果使用时被测介质和使用条件不同，则应重新标定，或对浮子流量计的刻度进行修正。

8.3.5 多普勒超声流量计

多普勒超声流量计的测量原理是利用声波的多勒普效应进行测量。多普勒效应可表述为：当发射器和接收器之间有相对运动时，接收器的接收声频率与发射器的声频率之差跟两者之间的相对速度成正比。当多普勒超声流量计的发射换能器以一定的角度 θ 向流体发射频率

为 f_1 的连续超声波时，流体中的悬浮颗粒体将声波反射到接收换能器，因为悬浮颗粒的运动，反射的超声波将产生多普勒频移 Δf，设频移后接收换能器收到的超声波频率为 f_2，超声波在流体中速度为 c，悬浮颗粒与流体速度相同，都为 u，则多普勒频移为：

$$\Delta f = f_2 - f_1 = \frac{2u\cos\theta}{c} g f_1 \tag{8-31}$$

因此，可通过测量 Δf 得到流速：

$$u = \frac{c}{2f_1\cos\theta}\Delta f \tag{8-32}$$

8.3.6　热线风速仪

热线测速技术是一种重要的测量流体速度和方向的技术，为流体速度的测量做出了巨大的贡献。热线按照热平衡原理可以分为恒流风速计和恒温风速计，恒温风速计热滞后效应很小，频率响应很宽，反应快速，比恒流式性能更优异，是热线技术进一步发展的重要标志。热线风速仪是将流速信号转变为电信号的一种测速仪器，也可以测量流体温度或密度，其基本原理是热平衡原理，利用放置在流场中的具有加热电流的细金属丝来测量流场中的流速，风速或者流速的变化会使金属丝的温度发生变化，从而根据产生的电信号计算出风速。

热线风速仪结构如图 8-8 所示。由一根受两个较大直径的叉子所制成的细金属丝组成；电流将该金属丝加热到一个高出流体温度很多的温度，典型金属丝的直径为 4～10μm，长 1mm，并由铂或钨制成，这些细金属丝极其脆弱，因此只能用于干净气流中。在液体或者在有杂质的气流等应用场合中，则使用热膜探测器替代。热膜探测器是用两根叉杆支承住一根石英光纤，涂在光纤表面的铂膜就成为电加热元件。

热丝探测器和热膜探测器常在恒温下工作，并且搭载一个反馈控制电桥，其原理如图 8-9 所示。探测器成为一个电压灵敏偏转电桥的一条臂。流过电桥的电流对金属丝进行加热。金属丝电阻是温度的函数，流速的增加会降低金属丝的温度，减小其电阻，使电桥不平衡，不平衡电压驱动一个反馈放大器，该反馈放大器又使供给电桥的电压和电流提高，进而增加了加热功率，提高了金属丝温度和电阻，并且重新恢复了电桥平衡。商业上可以获得高品质的电桥，也能够以最小成本来制造质量可以被接受的电桥。

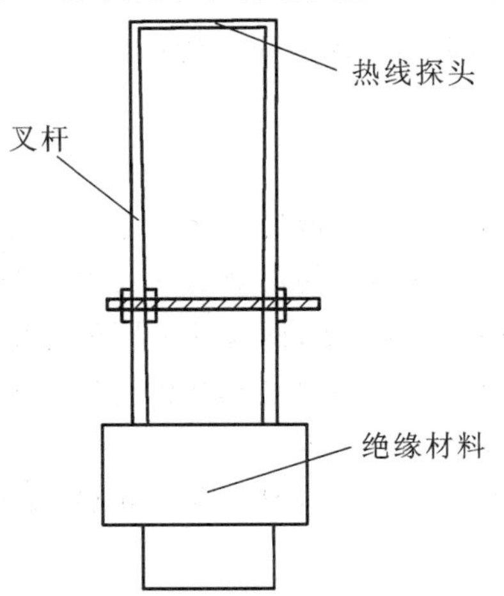

图 8-8　热线风速仪

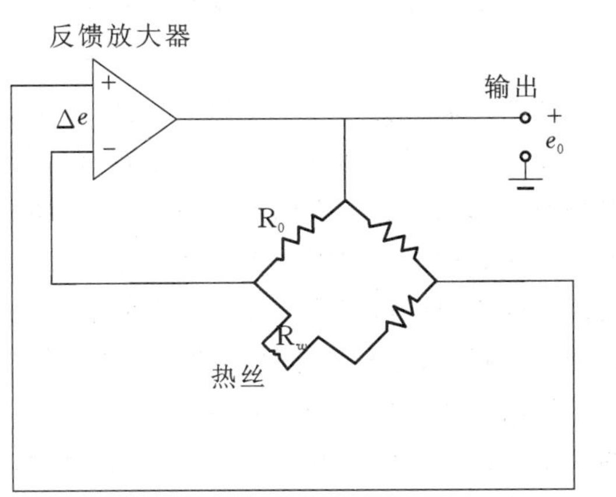

图 8-9　恒温风速仪电桥电路

根据热平衡的原理，当热线置于介质(流场)中并通以电流时，热线中产生的热量应与耗散的热量相等。换言之，在热线没有其他形式的热交换条件下，加热电流在热线中产生的热量等于热线与周围介质的热交换。根据 King 公式，我们可以近似得到通过热线处流速的大小和方向。

流速和电桥输出间的关系式可以通过使电功率等于热损失来获得。加热功率为：

$$\text{电功率}=\frac{e_w^2}{R_w^2}=\left(\frac{R_w}{R_0+R_w}e_0\right)^2\frac{1}{R_w} \tag{8-33}$$

式中 e_w——金属丝两端的电压；

R_w——金属丝的电阻；

R_0——上臂电阻；

e_0——输出电压。

热损失主要通过由传递到流体的对流产生。热辐射可忽略，并且热量传导至支承叉杆的情况可由标定来求得。

$$\text{热损失}=A_w h(T_w-T_a) \tag{8-34}$$

式中 A_w——金属丝表面积；

T_w——金属丝温度；

T_a——环境温度；

h——对流换热系数。

小直径金属丝的热传递系数为：

$$h=A+B\sqrt{\rho v} \tag{8-35}$$

式中 A,B——取决于环境温度的常数；

ρ——流体密度；

v——流体接近金属丝的速度。

使电功率和热损失相等，并解得：

$$e_0^2=\left[\frac{(R_0+R_w)^2}{R_w}(T_w-T_a)A_w\right](A+B\sqrt{\rho v}) \tag{8-36}$$

由于电桥保持金属丝温度和电阻不变，可将电阻和温度归结为单一的常数 C 和 D。

$$e_0^2=C+D\sqrt{\rho V} \tag{8-37}$$

此结论通常称为金氏定律(King's law)。

热线风速仪目前的工作模式主要有两种——恒流式与恒温式。恒流式又称定电流法，即保持通过加热金属丝上的电流不变，当流体通过时带走一部分热量，使得金属丝的温度降低，流速越大温度降低得就越多。而当温度变化时，热线的电阻就会改变，两端的电压随之变化，由此测得流速。恒温式又称为定电阻法，改变加热电流的大小使得加热金属丝保持温度不变，此时流速越大，补充流体带走的热量所需的电流就越大，据此得出流速。

目前热线风速仪的用途主要是测量流体的平均流速和流动方向、流体的脉动频率、湍流中的雷诺数以及流体中两点间的速度相关性与时间相关性等。

热线风速仪是一种先进的专门用于流速测量的新仪器，我们可以利用它比较精确地测量和研究复杂的流动，使得研究由实验测得的速度信号成为可能，也方便我们进行数据处理。

8.3.7　容积式流量计

容积式流量计是一种具有悠久历史的流量仪表，它广泛应用于测量石油类流体（如原油、汽油、柴油、液化石油气等）、饮料类流体（如酒类、食用油等）、气体（如空气、低压天然气及煤气等）以及水的流量。它是流量计中精度最高的一类仪表之一。

容积式流量计利用机械测量元件把流体连续不断地分割成单个已知体积，并进行重复不断地充满和排放该体积部分的流体，进而累加计量出流体总量。它类似于人们日常生活中“勺子舀水”的原理，即用一个具有一定容积的小容器（或叫“计量斗”）来反复不断地计量流体体积。虽然，现代使用的容积式流量计有很多种类，但流量计内部都有构成一定容积的“斗”空间，是容积式流量计的基本特点。

（1）齿轮流量计

齿轮流量计是一种较新的容积式流量计，有些产品目录中亦称其为福达流量计，见图 8-10。在流量计的壳体内部有两个由特种工程塑料制成的齿轮状转子，内藏沿圆周分布的磁体。当流体进入流量计时，推动转子和磁体转动，安装在仪表壳体外的霍尔传感器感应到对应流量的磁脉冲信号，并转换成电脉冲信号后送到变送器进行线性化处理和显示。这种流量计的优点：体积小，重量轻；运行时振动和噪声小；可测量黏度高达 1000Pa・s 流体的流量；其计量准确度高，一般可达±0.5％R，加非线性补偿后可达（±0.1％～±0.05％）R 的高精度，测量范围度最高可达 1000∶1。

齿轮流量计有通用型、高压型、食品卫生型和全塑型等几种类型，适用于各种清洁液体的流量测量。根据流量计的口径大小，允许流体中存在一定的小颗粒杂质。它基于齿轮运动的原理来测量流体通过管道或管道系统的速度和体积。下面即有关齿轮流量计适用性的说明：

① 流体类型：齿轮流量计通常适用于黏度较低的液体，如水、燃油、化学品和液态气体。对于高黏度的液体或浆料，可能需要特殊设计的齿轮流量计。

② 压力和温度：齿轮流量计的适用性通常受到压力和温度的限制。在高压或高温环境中，需要选择能够耐受这些条件的适当型号。

③ 流量范围：不同型号的齿轮流量计具有不同的流量范围。选择适当的流量计要考虑所需的流量范围，以确保测量精度。

④ 精度要求：齿轮流量计通常具有良好的测量精度，但对于高精度要求的应用，需要选择适当的型号和校准方法。

⑤ 化学兼容性：在处理化学品或腐蚀性液体时，需要选择耐腐蚀材料的齿轮流量计，以确保仪器的长期稳定性。

⑥ 应用环境：考虑到流量计的安装位置和环境条件，可能需要额外的保护措施，如防爆或防腐蚀设计。

⑦ 维护和校准：齿轮流量计需要定期维护和校准，以确保其性能和准确性。选择易于维护的型号可能对长期使用更有利。

⑧ 成本考虑：不同型号和品牌的齿轮流量计具有不同的成本，应根据预算要求进行选择。

总之，齿轮流量计在许多工业应用中都有广泛的适用性，但选择合适的型号需要考虑多种因素，包括流体类型、压力温度条件、流量范围、精度要求和环境因素。在选择之前，建议咨询专业工程师或供应商，以确保选择的流量计符合特定应用的需求。

(2) 腰轮(罗茨)流量计

腰轮流量计又称罗茨流量计,其结构特征为:在流量计的壳体内有一个计量室,计量室内有一对可以相切旋转的腰轮(由此得名腰轮流量计),在流量计壳体外面与两个腰轮同轴安装了一对驱动齿轮,它们相互啮合使两个腰轮可以相互联动。两个转子不是互相啮合滚动进行接触旋转,转子表面无牙齿。它是靠套在伸出壳体的两根轴上的齿轮啮合的,图 8-11 为腰轮流量计结构图。在图中,从流入口流入流体时,下面的转子受流体压力而旋转。对下面的转子,由于流体压力对称地作用在转子上,因此不产生旋转力,但是通过传动齿轮与下面转子进行联动。转子旋转一次,就把转子与壳体之间所构成的具有一定容积的计量室流体的四倍体积,从流入口送到流出口。腰轮流量计除能测量液体流量外,还能用于测量气体流量。

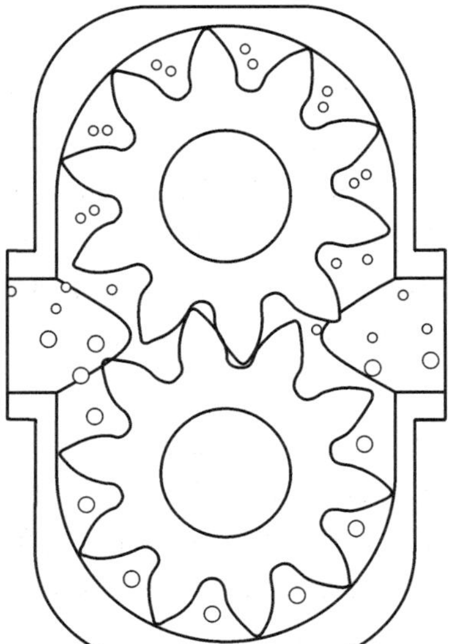

图 8-10　齿轮流量计

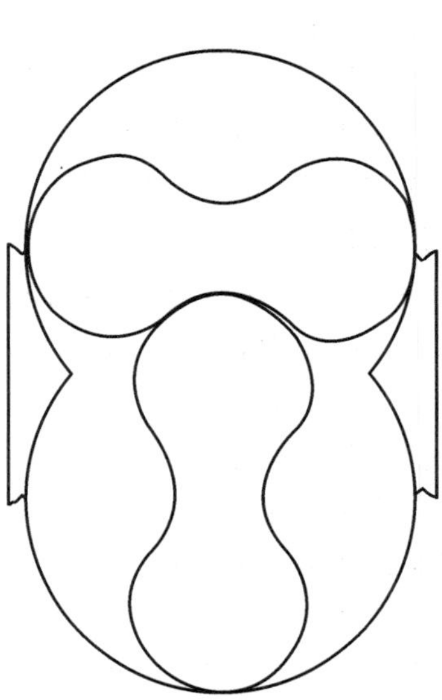

图 8-11　腰轮流量计

因转子、壳体的尺寸是固定不变的,故转子每转一周的排量也是一定的,这样单位时间内排量只与转子的转速成正比,因此只要测出转速,通过计算便可求出流量。

罗茨流量计转子工作面的线型不同,理论排量也不同。对于工作面为渐开线的转子,理论排量为:

$$Q_{thj}=0.8545D^2Ln \tag{8-38}$$

对于工作面为摆线的转子,理论排量为:

$$Q_{thb}=0.7854D^2Ln \tag{8-39}$$

对于工作面为包络线的转子,理论排量为:

$$Q_{tha}=0.7967D^2Ln \tag{8-40}$$

式中　D——转子的外径;

L——转子的长度;

n——转子的转速。

8.4　质量流量的测量

8.4.1　质量流量测量原理

流量测量方法有直接测量法和间接测量法两种。直接测量法就是准确地测量出某一间隔时间内流过的流体总量，然后算出平均流量，主要分为体积法和质量法。流量测量的另一种方法就是测量与流量（或流速）有关的物理量的变化，再利用相应的关系式求得流量，这就是间接测量法。目前工程上和科学实验中多数采用这种方法。下面介绍几种间接测量流量的方法。

（1）节流差压式流量测量

它是利用流体流过管道中的节流元件（孔板、喷嘴、进口流量管）所产生的压差（Δp）来计算流量的，即：

$$Q = K_1 \sqrt{\Delta p} \tag{8-41}$$

节流差压式流量测量的原理基于伯努利方程和连续方程。当流体通过节流装置时，流速增大，压力降低。通过在节流装置前后测量压力差，可以确定流量。流速和压力差之间的关系由流体的物性、节流装置的几何形状以及流量的平方根关系确定。为了测量差压，需要在节流装置前后安装压力传感器或差压变送器。差压传感器测得的压力差与流量成正比。节流差压式流量测量通常适用于液体和气体，但需要考虑流体的密度、黏度和温度对测量结果的影响。使用节流装置会引起一定的压力损失，这需要在设计和操作过程中进行考虑。对于高压或高黏度流体，压力损失可能会更显著。它广泛地应用于气体、液体的流量测量。只是这种测量的计算方程中有平方根项，带来的非线性因素限制了测量范围；其次，流体参数的变化，会造成密度改变，使得计算过程繁琐并带来误差，因此节流元件前后压差不能太大。为了保持测量的准确性，节流差压式流量测量设备需要定期维护和校准，差压式传感器的健康状况和节流装置的磨损程度也需要监测和维护。

（2）变截面节流式流量测量

变截面节流式流量测量是利用流体通过管道中的截面变化部分（例如锥形管或锥形喷嘴）引起的压力差来测量流体的流量。变截面节流式流量测量的原理是通过改变流体通过管道截面的大小，使流体的流速和静压产生变化。根据伯努利方程，流速增大时，静压降低，因此可以通过测量截面变化前后的压力差来确定流量。当流体密度已知时，浮子的位移 h 与流量成线性关系，即：

$$Q = K_2 h \tag{8-42}$$

变截面节流式流量测量适用于需要高精度流量测量的工业应用，如化工、石油和天然气行业、流体动力学研究等。它测量范围大，可直接读数，适用于任何液体的流量测量，但测量精度不高，由于密封性差，所以不适合测量高压流体。变截面节流式流量测量是一种适用于需要高精度测量的流量测量方法，但在选择和操作时，需要考虑流体性质、截面变化部分的选择、压力损失、准确性和维护要求等因素，以确保测量的可靠性和准确性。

（3）转轮式流量测量

转轮式流量测量是一种常见的流量测量方法，它使用旋转装置（通常是一个涡轮或涡轮叶片）在流体中旋转来测量流体的流量。涡轮流量计和罗茨流量计就属于这种类型，流体流过转轮时，叶轮的转速 n 与流量成正比，即：

$$Q=K_3 n \tag{8-43}$$

转轮式流量测量的原理是基于流体通过管道时对旋转装置施加的力矩或扭矩。流体的速度越高，施加在旋转装置上的力矩越大。通过测量旋转装置的旋转速度或角位移，可以确定流体的流量。这种流量计的磁电式传感器可以将叶轮的转速转换成脉冲信号或直接转换成流量信号，由于有转动部件，它不宜用于浑浊、有腐蚀的流体的测量。常见的旋转装置包括涡轮、涡轮叶片、螺杆和齿轮。不同的旋转装置适用于不同类型的流体和流量范围。转轮式流量测量通常适用于液体和气体，但需要根据流体的性质和黏度选择合适的旋转装置和传感器。在选择和操作转轮式流量测量设备时，需要考虑流体性质、旋转装置的选择、测量精度、维护和校准等因素，以确保测量的可靠性和准确性。

作为动力机械中常用的这些流量测量方法，在使用它们时要满足下列条件：

① 流量必须连续流动并充满管道。

② 流体在流动时应遵守牛顿定律，是单相的，在流经测量元件时不发生相变。

③ 流体的流速应小于音速。

8.4.2 科里奥利质量流量计

科里奥利质量流量计（以下简称 CMF）是利用流体在直线运动的同时处于同一旋转系中，与质量流量成正比，基于科里奥利力原理制成的一种直接式质量流量仪表。其原理与结构如图 8-12 所示，当质量为 m 的质点以速度 v 在对 P 轴做角速度 ω 旋转的管道内移动时，质点受两个分量的力作用，同时具有两个分量的加速度。

法向加速度 $\boldsymbol{a}_r$ 即向心力加速度，其量值等于 $\omega^2 r$，方向朝向 P 轴。切向加速度 $\boldsymbol{a}_t$ 即科里奥利加速度，其量值等于 $2\omega v$，方向与 $\boldsymbol{a}_r$ 垂直。由于复合运动，在质点的 $\boldsymbol{a}_t$ 方向上作用着科里奥利力 $\boldsymbol{F}_c=2\boldsymbol{\omega} v_m$，管道对质点作用着一个反向力 $-\boldsymbol{F}_c=-2\boldsymbol{\omega} v_m$。当密度为 ρ 的流体在旋转管道中以恒定速度 v 流动时，任何一段长度 Δx 的管道都将受到一个 ΔF_c 的切向科里奥利力，其表达式为：

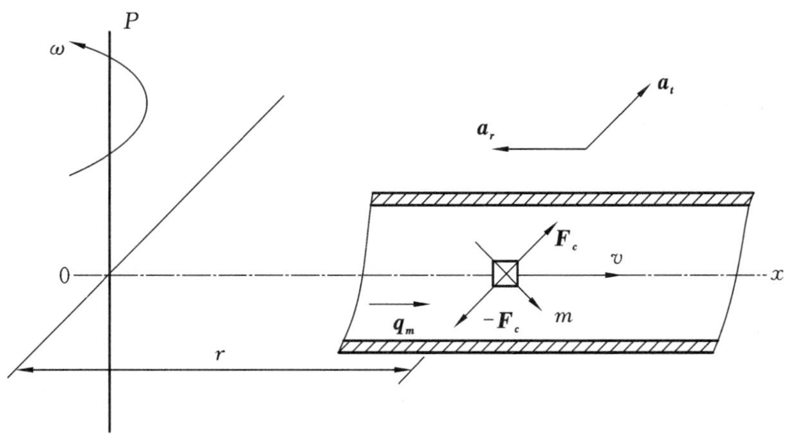

图 8-12　科里奥利质量流量计

$$\Delta F_c=2\omega v\rho A\Delta x \tag{8-44}$$

式中　A——管道的流通内截面积。

由于质量流量为 $\delta_m=\rho vA$，因此有：

$$\Delta F_c=2\omega\delta_m\Delta x \tag{8-45}$$

因此，直接或间接测量在旋转管道中流动流体所产生的科里奥利力，就可以测得质量流量，这就是 CMF 的基本原理。

然而通过旋转运动产生科里奥利力是困难的，目前产品均代之以管道振动方式产生。即由两端固定的薄壁测量管，在中点处以测量管谐振或接近谐振的频率（或其高次谐波频率）所激励，在管内流动的流体产生科里奥利力，使测量管中点前后两半段产生方向相反的挠曲，用光学或电磁学方法检测挠曲量以求得质量流量。又因流体密度会影响测量管的振动频率，而密度与频率有固定的关系，因此 CMF 也可测量流体密度。

CMF 发展到现在已有 30 余个系列品种，其主要区别在于流量传感器测量管结构上的设计创新：提高仪表精确度、稳定性、灵敏度等性能；增加测量管挠度、改善应力分布、降低疲劳损坏、加强抗振动干扰能力等。CMF 按测量管形状可分为弯曲型和直型。按测量管段数可分为单管型和双管型。按双管型测量管段的连接方式可分为并联型和串联型。

8.5　流量测量应用

LWGY 型涡轮流量计通过流量传感器与转换器连接，实现脉冲输出、电流输出、现场显示等多种功能，其结构如图 8-13 所示。流量计具有精度高、测量范围宽、寿命长、操作维护简单等特点，可以广泛应用于食品、医药、石油化工、冶金、造纸等行业，是流量计量的理想仪表。

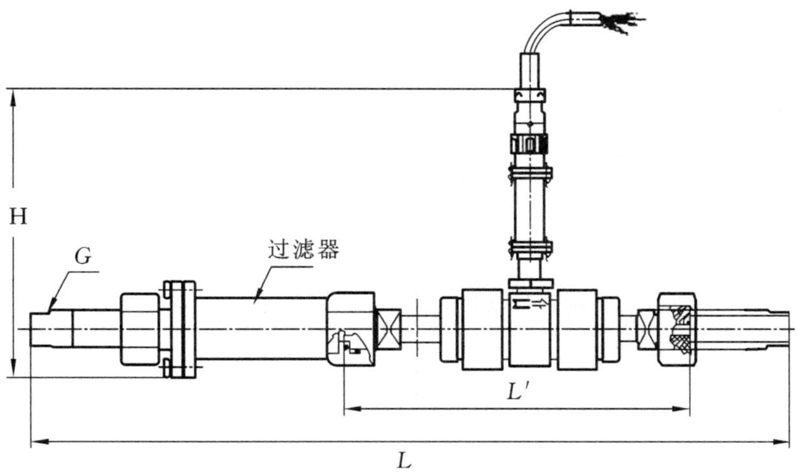

图 8-13　LWGY 型涡轮流量计结构图

LWGY 型涡轮流量计安装原理如图 8-14 所示。当被测液体流经流量计传感器时，其内部叶轮借助液体动能旋转，此时，叶轮叶片使检出装置中的磁阻发生周期性变化，因此，在检出线圈两端就感应出与流量成正比的电脉冲信号，经前置放大器放大后送至显示单元。显示单元中的单片机系统根据测量出的脉冲数和本流量计仪表系数 K 进行运算，并显示出瞬时流量和累计流量。

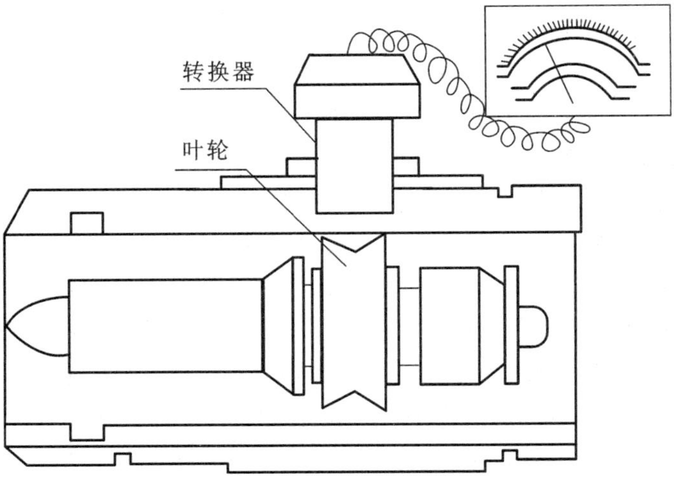

图 8-14 LWGY 型涡轮流量计安装原理图

此流量计在现场连接方式示意图如图 8-15 所示。在安装时应注意：

(1) 流量计可水平、垂直安装，垂直安装时流体方向必须向上。液体应充满管道，不得有气泡。

(2) 安装时，液体流动方向应与流量计外壳上指示流向的箭头方向一致，上游端至少应有 10 倍口径长度的直管段，下游端应有不小于 5 倍口径长度的直管段。

(3) 流量计应远离外界电磁场，如不能避免，应采取必要的屏蔽措施。

(4) 露天安装流量计时，应做好放大器及插头处的防水处理。

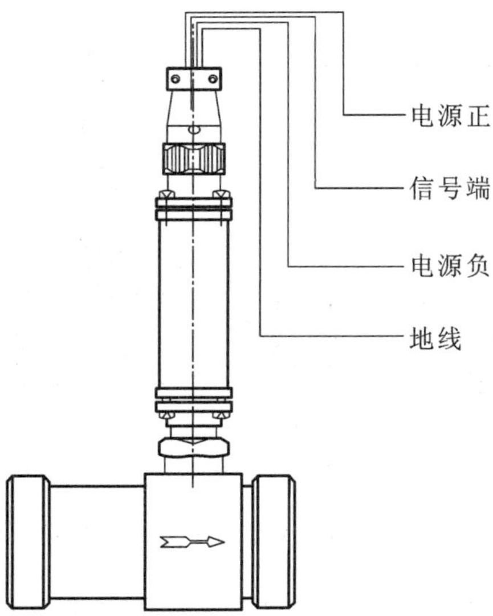

图 8-15 现场连接方式示意图

课后习题

一、判断题

1. 差压式流量计的工作原理是在管道中设置节流元件，使流体在流过节流元件时产生节流现象，在节流元件两侧形成温度差，通过测此温度差信号来实现对流量的测量。（　）

2. 常用的节流装置有标准孔板、喷嘴和文丘里管等。孔板的净压损失 δp 最大，文丘里管由于内表面呈流线型，与流束趋向一致，所以净压损失 δp 最小，而喷嘴的 δp 值则介于两者之间。（　）

3. 涡轮流量计是一种速度式流量计，将一个涡轮置于被测流体中，流体冲涡轮叶片转动，涡轮转速随体积流量的变化而变化，所以由涡轮的转速即可求出体积流量。（　）

4. 激光多普勒测速计是利用激光多普勒效应来测量流体运动速度的。（　）

5. 椭圆齿轮流量计是借助压力差来测量流量的，黏度变化会引起泄漏量的变化，因此椭圆齿轮流量计测量流量与流体的流动状态及黏度有关。（　）

二、单选题

1. 涡轮流量计的输出一般与（　）连接。

A.电压表　B.电流表　C.A/D 转换器　D.计数器

2. 使用涡轮流量计测量流量，其输出信号的（　）与流量成正比。

A.电压　B.电流　C.脉冲　D.脉冲频率

3.用差压式流量计测量流量，下面叙述中错误的是（　）。

A.流量与最小过流面积成正比

B.流量与流量系数成正比

C.流量与流量计两端的压强差成正比

D.流量与流体压缩系数成正比

4. 在下列流量计中采用应变计输出流量信号的是（　）流量计。

A.涡轮式　B.椭圆齿轮　C.压差式　D.靶式

5.下列各组流量计中，适于根据旋转部件转速确定体积流量的是（　）。

A.椭圆齿轮流量计、转子流量计、涡轮流量计

B.腰轮转子流量计、转子流量计、涡轮流量计

C.椭圆齿轮流量计、腰轮转子流量计、转子流量计

D.涡轮流量计、椭圆齿轮流量计、腰轮转子流量计

三、简答题

1. 简述转子流量计的工作原理。

2. 试述热线风速仪的测量原理。

参考文献

[1] 孙淮清，王建中.流量测量节流装置设计手册[M].北京：化学工业出版社，2000.

[2] 黄咏梅.基于差压原理的涡街质量流量测量方法研究[D].杭州：浙江大学，2005.

[3] 张学庆.流量测量的意义及流量传感器的现状[J].石油化工自动化，2005(5)：99-101.

[4] 王池.流量测量技术全书[M].北京：化学工业出版社，2012.

[5] 蔡武昌，孙淮清.流量测量方法和仪表的选用[M].北京：化学工业出版社，2001.
[6] 樊尚春.用于直接质量流量测量的U型管的频率特性[J].测控技术，1999，18(3)：27-28.
[7] 张震，汪斌强，朱珂.流量测量的关键技术分析与研究[J].计算机应用研究，2009(9)：3442-3447.
[8] 王松，张天宏，王建锋，等.基于涡轮流量计的动态流量测量方法研究[J].测控技术，2012，31(11)：24-27.

第 9 章　物 位 测 量

9.1　本章知识点

本章名词及含义汇总见表 9-1。

表 9-1　名词及含义汇总

名词		含义
液位测量方法	浮球液位测量	利用漂浮在被测液体中的浮筒中浮子与液位的关系来检测液位
	压差液位测量	通过测量高低压力差,再由转换部件转换成电流信号传送到控制室的电器元件
	超声液位测量	超声波在相界面被反射,并由接收器接收,测出超声波从反射到接收的时间差,便可测出液位高低
	其他方法	磁浮子液位计:利用浮力原理和磁耦合,磁浮子随被测介质的液面的变化上下移动,浮子内置永磁磁组与显示器的磁柱之间产生磁性耦合作用,吸引外部显示器磁柱翻转,从而现场显示器可清晰地指示出液位的高度
物位测量方法	电容物位测量法	利用自身电容量变化转化为物体位置高度
	超声物位测量	利用脉冲信号激励超声探头发射超声波,到达被测液面即被反射,按原路返回并被探头接收,测得物位信号
	其他方法	光栅式数字位移测量原理:利用光电元件来感受其变化过程,从而产生与莫尔条纹移动频率相同的正弦信号

9.2　物位测量的分类

物位检测包括液位、料位和相界面位置的检测,一般是以容器口为起点,测量物料相对起点的位置。液位指液体表面位置，液面一般是水平的，但有些情况下可能有沸腾现象或者气泡。料位指容器中固体粉料或颗粒的堆积高度的表面位置，一般固体物料在自然堆积时料面是不平的。相界面指同一容器中互不相溶的两种物质在静止或者扰动不大时的分界面，包括液-液相界面、液-固相界面等，相界面检测的难点在于界面分界不明显或存在浑浊段。

液位以及物位测量在工业等领域有着广泛的应用，其中包括对粉末或小颗粒等固体进行测量。有些应用场合需要对液位或者物位进行较高精度的测量，但大多数的应用场合所需的测量精度都不是很高。对于不同的测量应用与精度要求，有不同的液位计可以满足需求。

一些简单的测量仪器，如浮子式测量仪和液面计量尺相对较便宜，相应的它们的测量精度不高，但是在很多地方都能满足使用需求，得到了广泛的应用。对于需要更高测量精度的场合，可以使用更高精度的设备。具有较高测量精度的常用设备有压力式测量设备、电容式液位测量设备、超声波液位测量设备、微波液位测量设备和辐射液位测量设备。也可以使用其他一些较少使用的设备，本章会对这些测量设备进行详细的介绍。

9.3 液位测量方法

9.3.1 浮球式液位测量

浮球式液位测量系统成本低廉，结构简单，是一种广泛使用的测量液面高度的方法。该系统通过合适的传感器测量浮子的位置，进而反映出液面的高度，其测量误差一般为±1%。如图 9-1 所示，浮球式液位测量系统中所使用的检测小球高度的传感器大多是电位器，其被广泛应用于汽车油箱油位的监测。

另一种被大量使用的浮球式测量系统叫作浮筒式液位计，其原理是利用漂浮在被测液体中的浮筒所受的浮力与液位的关系来检测液位，为变浮力式液位计。当浮筒所受浮力变化时，可以通过测量浮力的变化确定液位的变化量。如图 9-2 为浮筒式液位计原理图。

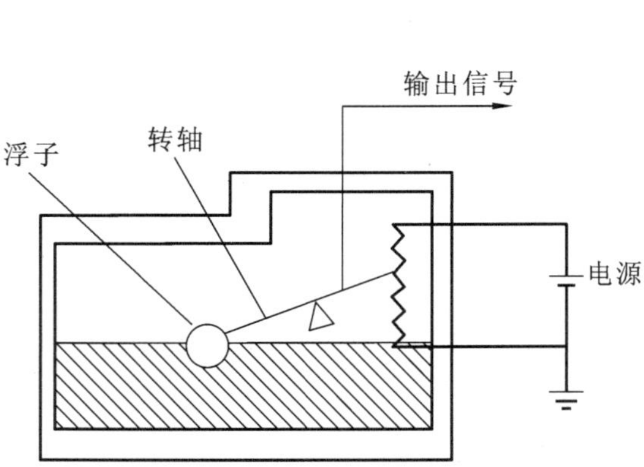

图 9-1 浮球式液位测量

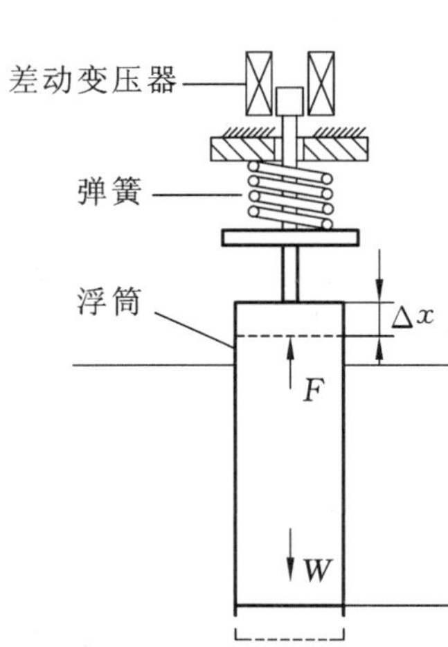

图 9-2 浮筒式液位计原理

图9-2所示液位计是用弹簧平衡浮力，用差动变压器测量浮筒位移，平衡时压缩弹簧的弹力与浮筒浮力及重力 W 平衡，即：

$$kx=\rho gAH-W \tag{9-1}$$

式中 k——弹簧刚度；

x——弹簧压缩量；

ρ——液体密度；

H——浮筒浸入深度；

A——浮筒截面积。

当液位发生变化，如升高 ΔH 时，弹簧被压缩 Δx，此时有：

$$k(x+\Delta x)=\rho gA(H+\Delta H-\Delta x)-W \tag{9-2}$$

式(9-1)与式(9-2)相减得：

$$\Delta H=\left(1+\frac{k}{\rho gA}\right)\Delta x \tag{9-3}$$

上式表明液位高度变化与弹簧形变量成正比。弹簧形变量可用多种方法测量，既可以直接测出，也可以用变换器变换成电信号进行远程控制。

9.3.2 差压式液位测量

差压式液位计又称作双法兰液位计，差压液位变送器就是通过测量高低压力差，再由转换部件转换成电流信号传送到控制室的电器元件。差压式液位计主要用于密闭有压容器的液位测量。差压的大小反映液位高度，用差压计测量气、液两相之间的差压值来测得液位。

差压式低温液面计是根据液体的静压原理制成的。由流体力学可知，液体中某一点的静压力与该点到液面的高度成正比，因此，只要测出容器底部某一点的静压力，即可确定容器中液面的高度。图9-3所示的是差压式低温液面计原理图。它主要由正压室、负压室、汽化器、标尺和导压管及阀门等组成。低温液体容器的上部空间(气相部分)与液面计的负压室相连通，低温容器的底部(液相部分)经汽化器与液面计的正压室相连通。汽化器的作用是使低温液体汽化，容器底部低温液体的静压力是通过汽化后升至常温的气体加到液面计正压室的。液面计内装有带色液体。正压室内的压力等于低温容器内气相压力与低温液体的静压力之和。正压室与负压室的压力之差为低温液体的静压力，即低温液体液面高度的函数。在正压室与负压室的压力差的作用下，液面计标尺中的液体会上升一定的高度，显然标尺中液柱的高度与容器中低温液体的高度成正比，经过标定后，即可由液面计标尺中液柱的高度直接读出容器中低温液体液面的高度。

为了减小向低温容器中的漏热，引压管道必须采用低导热材料制作的薄壁管(如薄壁不锈钢管或德银管)，且管子的长径比要足够大。但无论采取什么措施，引压管的漏热仍是较大的，因此，差压式低温液面计不适宜用于液氦、液氢等汽化潜热很小的低温液体，也不宜用于小型的低温容器，通常它应用在大中型液氧、液氮贮罐或槽车上。

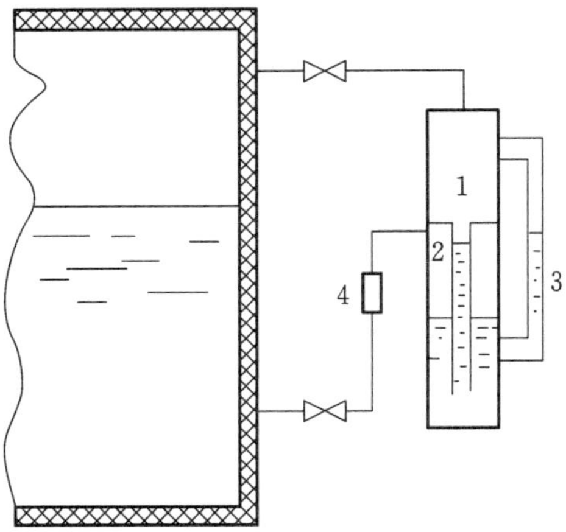

图 9-3　差压式低温液面计原理图

1—负压室；2—正压室；3—标尺；4—汽化器

9.3.3　超声波液位测量

超声波液位测量的原理是利用波在介质中的传播特性，具体地说，超声波在传播中遇到相界面时，有一部分反射回来，另一部分折射入相邻介质中。但当它由气体传播到液体或者固体中，或者由固体、液体传播到气体中时，由于介质密度相差太大，而几乎全部发生反射。因此，在容器底部或者顶部安装超声波发射器和接收器，发射出的超声波在相界面被反射，并由接收器接收，测出超声波从反射到接收的时间差，便可测出液位高低。

超声液位计按传声介质不同，可分为气介式、液介式和固介式三种；按探头的工作方式可分为自发自收的单探头方式和收发分开的双探头方式。两种分类相互组合可以得到六种液位计的方案。图 9-4 为单探头超声液位计。其中图 9-4(a)为气介式，图 9-4(b)为液介式，图 9-4(c)为固介式。在实际测量中，有时液面会有气泡、悬浮物、波浪或沸腾，引起反射混乱，产生测量误差，因此，在复杂情况下宜采用固介式液位计。它不会因上述原因产生反射混乱，或声束偏转。

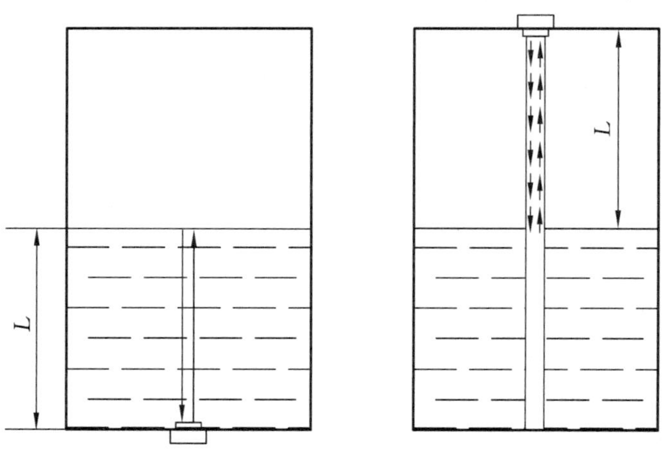

图 9-4　单探头超声液位计

(a)气介式；(b)液介式；(c)固介式

单探头液位计使用一个换能器，由控制电路控制它分时交替作发射器与接收器。双探头式则使用两个换能器分别作发射器和接收器。对于固介式，需要有两根金属棒或金属管分别作发射波与接收波的传输管道。

由图 9-4 可看出，超声波传播距离为 L，波的传播速度为 C，传播时间为 Δt，则有：

$$L=\frac{1}{2}C\Delta t \tag{9-4}$$

L 是与液位有关的量，故测出 Δt 便可知液位，Δt 的测量一般是用接收到的信号触发门电路对振荡器的脉冲进行计数来实现。

超声液位测量有许多优点：

(1) 与介质不接触，无可动部件，电子元件只以声频振动，振幅小，仪器寿命长；

(2) 超声波传播速度比较稳定，光线，介质黏度、湿度、介电常数、电导率、热导率等对检测几乎无影响，因此适用于有毒、腐蚀性或高黏度等特殊场合的液位测量；

(3) 不仅可进行连续测量和定点测量，还能方便地提供遥测或遥控信号；

(4) 能测量高速运动或有倾斜晃动的液体的液位，如汽车、飞机、轮船内的液位。

超声仪器结构复杂，价格相对昂贵，而且当超声波传播介质温度或密度发生变化时，声速也将发生变化，对此超声液位计应有相应的补偿措施，否则会严重影响测量精度。另外，有些物质对超声波有强烈吸收作用，选用测量方法和测量仪器时要充分考虑液位测量的具体情况和条件。

9.3.4　其他液位测量方法

(1) 磁浮子液位计

磁浮子液位计与被测容器构成连通器，利用浮力原理和磁耦合，磁浮子随被测介质液面的变化上下移动，浮子内置永磁磁组，与显示器的磁柱之间产生磁性耦合作用，吸引外部显示器磁柱翻转，从而现场显示器可清晰地显示出液位的高度。磁浮子液位计原理图如图 9-5 所示。

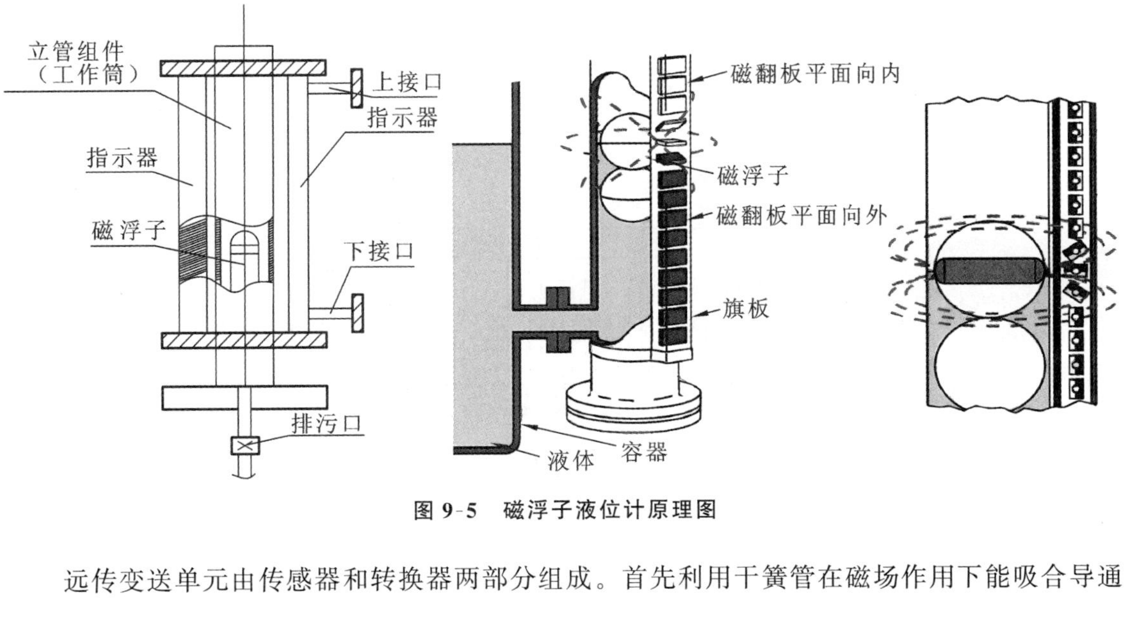

图 9-5　磁浮子液位计原理图

远传变送单元由传感器和转换器两部分组成。首先利用干簧管在磁场作用下能吸合导通的特性，制成一个原理较为简单的电阻式传感器。当处于某一液面位置，磁浮子的磁钢使相应的干簧管（例如第 k 个）吸合，其他干簧管均为断开状态，则整个传感器的输出电阻为：

$$R_{AB}=R_1+R_2\cdots\cdots R_k=kR \tag{9-5}$$

液面的高低与传感器的输出电阻 R_{AB}成一次线性关系，当液位变化时，通过变送单元转换器将对应的输出阻值转换成 4～20mA 标准电流信号输出，实现远距离的液位指示、检测、控制和记录。工作原理框图如图 9-6 所示。

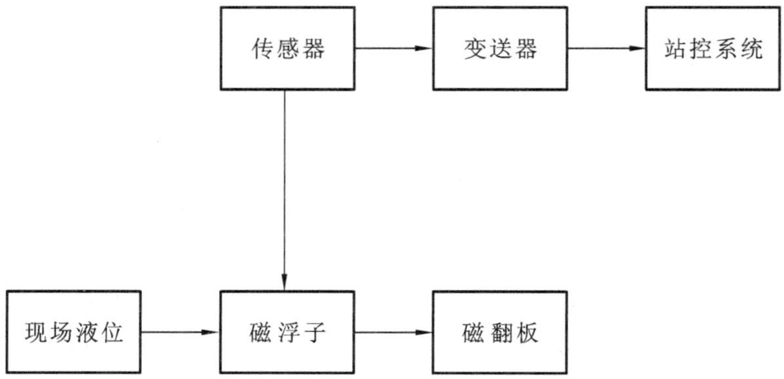

图 9-6　磁浮子液位计原理框图

（2）电容式液位计

电容式液位计主要功能是把被测的物理量转换为自身电容量变化，这些被测的物理量通过改变组成电容器的可变参数实现其电容值的变化。电容器的种类繁多，其中最基本的电容器为平行板电容器结构，结构如图 9-7 所示。

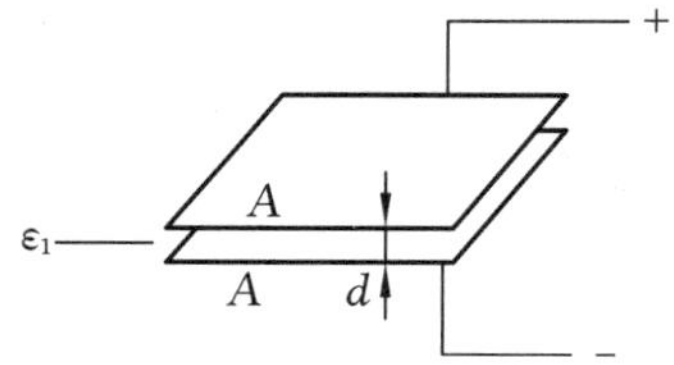

图 9-7　平行板电容器结构

平行板电容器的电场示意图如图 9-8 所示。当忽略其边际效应时电容量为：

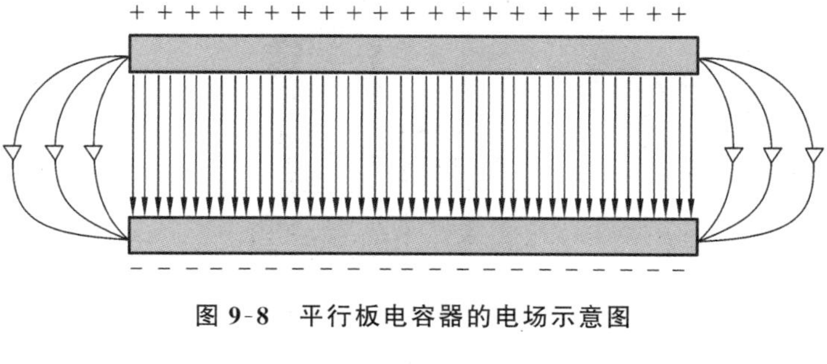

图 9-8　平行板电容器的电场示意图

$$C=\frac{\varepsilon A}{d}=\frac{\varepsilon_0\varepsilon_r A}{d} \tag{9-6}$$

式中　ε——两极板间介质的介电常数；

ε_0——真空介电常数；

ε_r——极板间介质相对介电常数；

A——两平行板重叠面积；

d——两平行板之间的距离。

从式(9-6)中可以看出，可以通过改变平行板电容器两电极间的距离 d、重叠面积 A 以及介质 ε 来使电容变化。分别对应三类电容传感器：变极距型电容传感器、变面积型电容传感器以及变介电常数型电容传感器。其常见结构类型如图 9-9～图 9-11 所示。

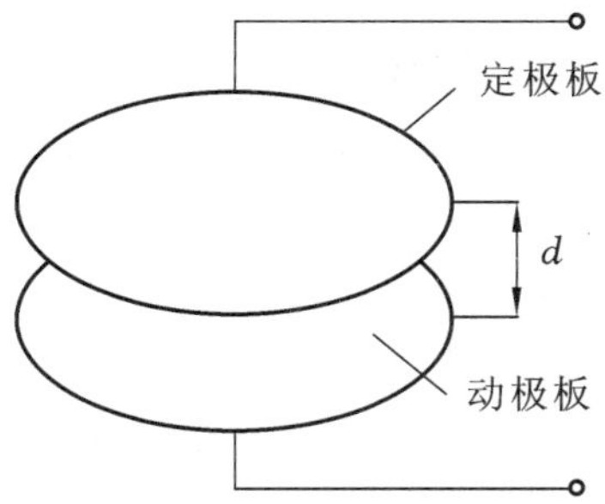

图 9-9　变极距型电容传感器

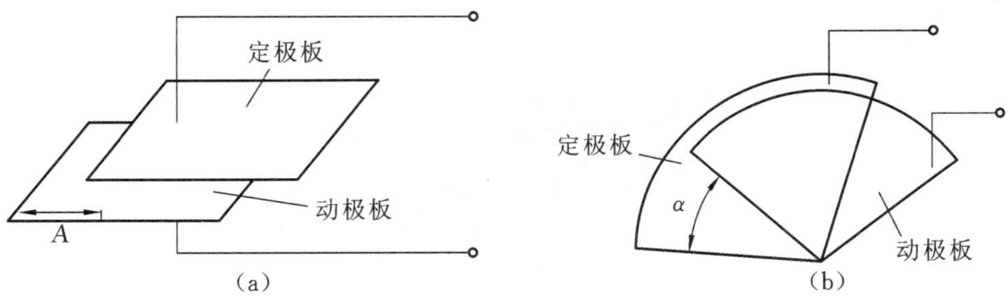

图 9-10　变面积电容传感器

(a)线位移式；(b)角位移式

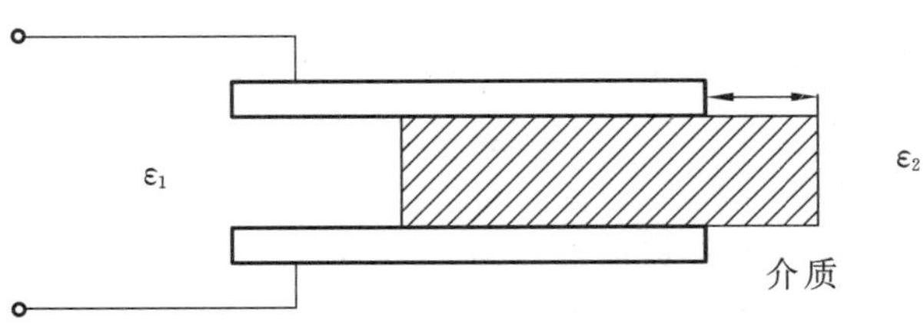

图 9-11　变介电常数型电容传感器

三类电容传感器相对电容的变化率如下式所示，可以看出变面积型以及变介电常数型是呈线性变化的。

$$\frac{\mathrm{d}C}{\mathrm{d}x}=-\varepsilon\frac{A}{x^2} \tag{9-7}$$

$$\frac{\mathrm{d}C}{\mathrm{d}x}=\varepsilon\frac{A_x}{d} \tag{9-8}$$

$$\frac{\mathrm{d}C}{\mathrm{d}x}=\varepsilon_x \frac{A}{d} \tag{9-9}$$

9.3.5 液位测量的应用

汽车诞生100多年来，随着需求的不断增大，汽车产业迅速发展，同时也带动了汽车各项技术的发展。汽车电子化进程的加快逐渐取代了之前的各种机械式部件。早期的油箱液位测量多采用机械原理，而现在采用基于液位两侧介质物理性质差异或者液位改变引起电量或者非电量的物理参数变化来实现，如电容、电阻、电感以及声速和光速等。

(1) 浮子法

浮子法是一种最传统的汽车油箱液位测量方法。随着浮子出现变化，也会带动电阻元件发生变化。当油箱中的燃油快要用完的时候，油箱当中的液位也会变得比较低，油箱当中的浮子也会随着液位的降低而降低，此时电阻的阻值就会变得很大。在电路变得比较大的情况下，电流会变得很小，指针会指向油量比较小的一边。

(2) 浮子霍尔元件式传感器

与传统的机械式浮子法相比，在测量中用线性霍尔元件取代可变电阻。如图9-12所示，当油箱液位变化时，浮子随之上下移动引起磁铁做轴向运动，安装在霍尔元件前的导磁材料的磁通将发生改变。导磁材料磁通的线性变化使霍尔元件的输出电压呈线性变化，通过输出电路可将液位的线性变化显示在仪表上。

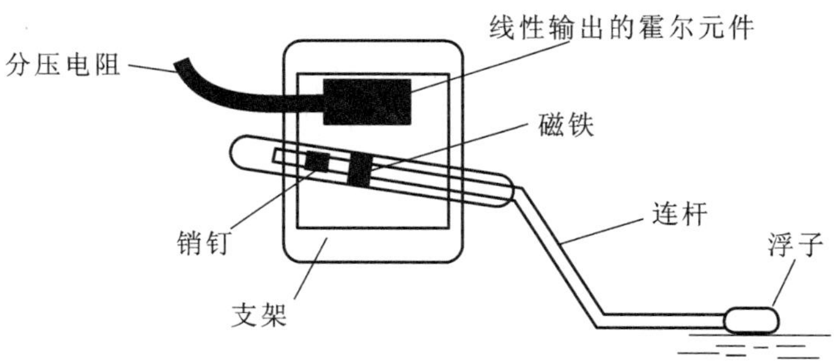

图9-12 浮子霍尔元件式液位传感器工作原理图

此类液位传感器可进行连续测量，但是机械臂上积聚的污物会限制浮子的运动，从而降低其使用寿命。

(3) 电阻式应变传感器

传感器中的电阻应变片具有金属应变效应，即在外力作用下产生机械形变，从而使电阻值随之发生相应的变化。电阻应变片主要有金属和半导体两类，金属应变片有金属丝式、箔式、薄膜式之分。半导体应变片具有灵敏度高(通常是丝式、箔式的几十倍)、横向效应小等优点。工作原理如图9-13所示。

汽车油箱结构如图9-14所示，当油箱中储有汽油时，汽油会对底部产生一定的压力，即对金属应变片产生应变力，使得其电阻值发生改变。经过仪器测量出其阻值变化，并将其转化为电信号并做相应的放大处理，经单片机处理后输出至仪表、油箱中其他部分结构及原件，包括防爆装置等。

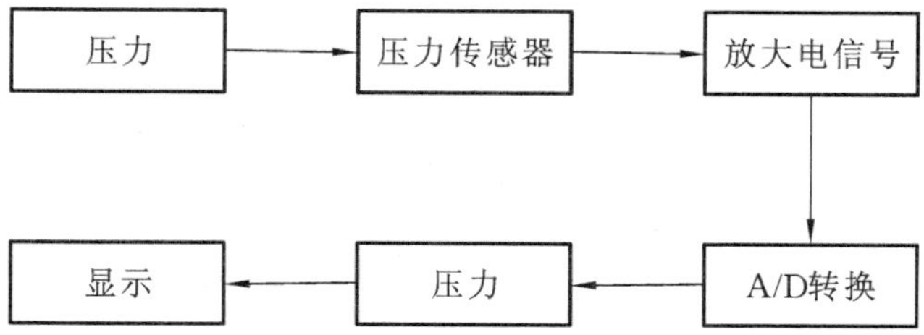

图 9-13 电阻式应变传感器的工作原理图

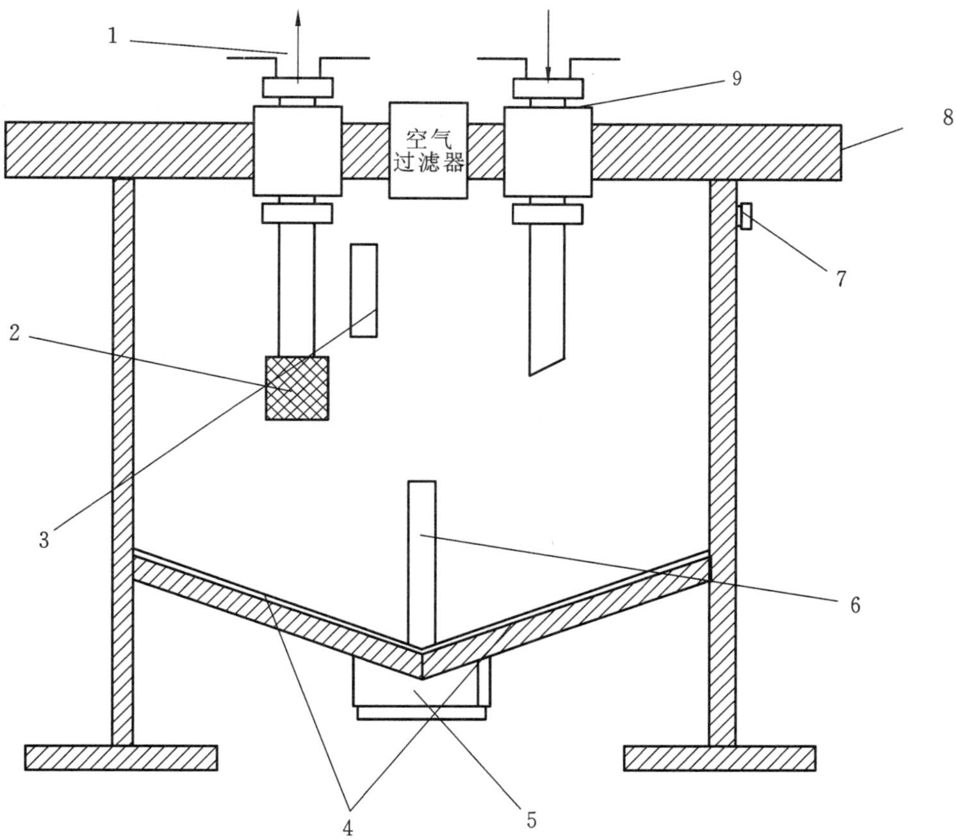

图 9-14 汽车油箱结构图

1—吸油管;2—网式过滤器;3,6—隔板;4—金属铂片电阻应变片;
5—放油塞;7—油箱盖;8—油面指示器;9—进油管

(4) 雷达液位测量法

目前较为常用的汽车油箱液位测量方法为雷达液位计测量法。雷达液位计的主要原理是电磁波反射原理,它不会受到介质的密度、黏度以及蒸汽的影响,并且精度也比较高。它可以用于测量挥发性液体液位,耐高温高压,具有很强的适应能力。

(5) 导波雷达液位计

雷达液位计采用发射、反射接收的工作模式。雷达液位计的天线发射出电磁波,这些波经被测对象表面反射后,被天线接收,电磁波从发射到接收的时间与到液面的距离成正比。

雷达波不易受干扰,且能穿透塑料容器进行测量,无须在容器壁开孔,实现非接触测量,可应用于多种场合。但信号运行时间短,对分析电路要求较高,导致造价昂贵,普及应用困难。

(6) 光纤传感技术

光纤是光导纤维的简称。现在市面上流行的光导纤维的主要材质是高纯度的石英玻璃，里面含有很少的硼、磷等杂质；主要的光导纤维结构是细长多层多轴圆柱实体的复合纤维。光纤传感技术的发展涉及军事、航空航天、化工以及地质工程等领域，将光纤传感技术应用到这些领域中将会推动这些行业加速发展，同时使光纤传感技术也能同步发展。

9.4 物位测量方法

运输或者储藏的介质包括液体类、粉尘小颗粒类以及大颗粒物体。液体类主要是水、油、沥青或者液体、气体(氧气、氮气或者液化天然气等)等；常见的粉尘小颗粒类主要有面粉、铁砂以及沙土等；常见大颗粒有玉米、碎石以及塑料块状颗粒。液体与气体的分界面常被称为液位，块状、颗粒以及粉末与气体的分界面常被称为料位，以下将统称为物位。

9.4.1 电容式物位测量方法

以一种单段式电容传感器为例，圆柱形电容传感器会在两电极之间产生磁场，如图 9-15 所示。

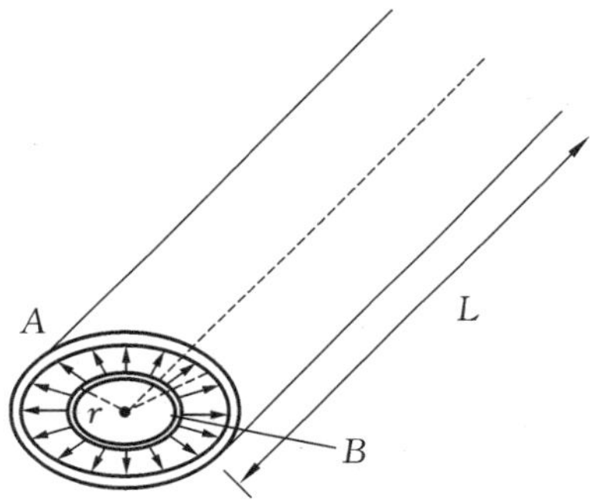

图 9-15 单段式电容传感器结构示意图

其中 r 为传感器内电极外半径，R 为传感器外电极的内半径，L 为圆柱形电容式传感器长度。在长度 $L \gg R-r$ 时，在计算电容量的时候可忽略传感器两段边缘电场线分布不均匀的现象，即将传感器内外电极间的电场线看作是均匀分布的。现设圆柱内电极外立面为 A，外电极内立面为 B。

两级间的电场强度为：

$$E=\frac{\lambda}{4\pi\varepsilon_0 r^2} \tag{9-10}$$

其中，λ 为圆柱形极板单位长度所带的电量。

所以两极板间的电势差为：

$$U_A-U_B=\int_r^R\left(\frac{\lambda}{2\pi\varepsilon_0}\times\frac{\mathrm{d}r}{r}\right)=\frac{Q}{2\pi\varepsilon_0 L}\times\ln\frac{R}{r} \tag{9-11}$$

圆柱形电容器的电容为：

$$C=\frac{Q}{U_A-U_B}=\frac{2\pi\varepsilon_0}{\ln\dfrac{R}{r}}L \tag{9-12}$$

其中，ε_0 为真空介电常数。

在图 9-14 所示单段式电容传感器中，中间灰色实体为内电极，由 PTFE 材料制成；外面空心圆柱体为外电极，由不锈钢制成。

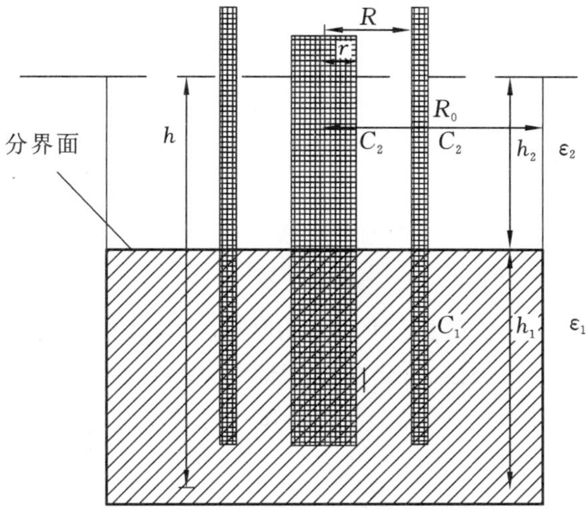

图 9-16　单段式电容传感器纵截面示意图

图 9-16 中被测介质的电容 C_1 与上层气体的电容 C_2 为并联关系。这样可得出电容传感器总的电容值为：

$$C_x = C_1 + C_2 = \frac{2\pi\varepsilon_1 h_1}{\ln \frac{R}{r}} + \frac{2\pi\varepsilon_2 h_2}{\ln \frac{R}{r}} \tag{9-13}$$

式中　ε_1——物体介电常数；

ε_2——气体介电常数；

r——内管半径；

R——外管半径；

h_1——液体高度；

h_2——液体上方气体的高度；

h——传感器所在罐体高度，$h = h_1 + h_2$。

继续推导式(9-13)可得出：

$$C_x = C_1 + C_2 = \frac{2\pi\varepsilon_1 h_1}{\ln \frac{R}{r}} + \frac{2\pi\varepsilon_2 h_2}{\ln \frac{R}{r}}$$

$$= \frac{2\pi}{\ln \frac{R}{r}}[\varepsilon_2 h + (\varepsilon_1 - \varepsilon_2) h_1]$$

$$= C_0 + \frac{2\pi}{\ln \frac{R}{r}}(\varepsilon_1 - \varepsilon_2) h_1$$

其中，C_0 为空值电容，即没有待测介质时电容传感器测出的电容。

如为单杆式结构，式(9-13)即为：

$$C_x=C_0+\frac{2\pi}{\ln\frac{R_0}{r}}(\varepsilon_1-\varepsilon_2)h_1 \tag{9-14}$$

从式(9-13)以及式(9-14)可得出，高度变化量 ΔH 与电容式传感器的电容值变化量 ΔC 存在以下对应关系：

$$\Delta C=A\times\Delta H \tag{9-15}$$

其中：

$$A=\frac{2\pi}{\ln\frac{R}{r}}(\varepsilon_1-\varepsilon_2) \tag{9-16}$$

从式(9-16)可以看出电容式传感器的电容值与待测介质的高度值成线性关系。即在传感器制作完毕后只要液体的介质确定，介电常数即确定，物料高度确定时电容值唯一。

从式(9-14)、式(9-15)以及式(9-16)可得出如下比例关系：

$$\frac{C_{满值}-C_{初值}}{L}=\frac{C_x-C_{初值}}{H} \tag{9-17}$$

$$H=\frac{(C_x-C_{初值})}{C_{满值}-C_{初值}}\times L \tag{9-18}$$

式中 $C_{满值}$——被测介质处于杆顶端时电容杆的电容值(即介质充满整个电容传感器，满量程)；

$C_{初值}$——被测介质处于杆底端时电容杆的电容值(即电容传感器没有检测到任何介质)；

L——电容杆的长度；

H——介质实时高度。

9.4.2 超声物位测量

超声波的频率较高(大于 20kHz)，指向性好，遇介质反射面反射显著，且发射和接收比较容易，故常被用于非接触式距离(位移)测量。图 9-17 就是用其进行液位测量的实例。该测量装置由超声探头、发射电路和信号采集、处理装置组成。同步电路定时发出信号的激励脉冲源，使其发出脉冲信号激励超声探头发射超声波，到达被测液面即被反射，按原路返回并被探头接收。回波电压经放大、整形变为回波脉冲，连同同步脉冲信号一起通过光耦进入微机，利用单片机的计数和运算功能，计算出超声波往返于探头和液面之间的时间，根据声速即可得到从探头到液面的距离。由于声速受温度、湿度的影响较大(温度每变化 5℃，声速变化约 1%)，因而随时需要校正。为此，探头与液面之间，距探头 1m 处设置一标准量具，探头发射的超声波首先被标准量具反射。因此，无论环境温度、湿度等因素如何变化，都可以根据声波每走过 1m 所经历的时间进行自我标定或修正。此外，为避免探头发射的信号使两个回波信号混淆，可采用在软件中设定延时的方法予以消除。

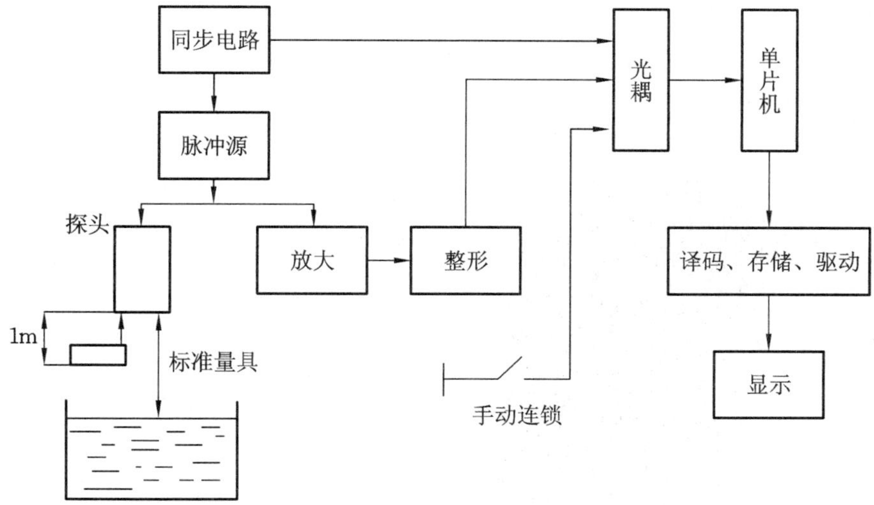

图 9-17 超声非接触式距离测量装置图

9.4.3 其他物位测量方法

这里重点介绍光栅式数字位移的测量原理。光栅分为物理光栅和计量光栅，前者用于光谱分析，后者用于精密测量。计量光栅主要由光源、透镜、测量光栅、指示光栅和光电元件构成，并分为透射式光栅和反射式光栅两种类型，如图 9-18 所示。

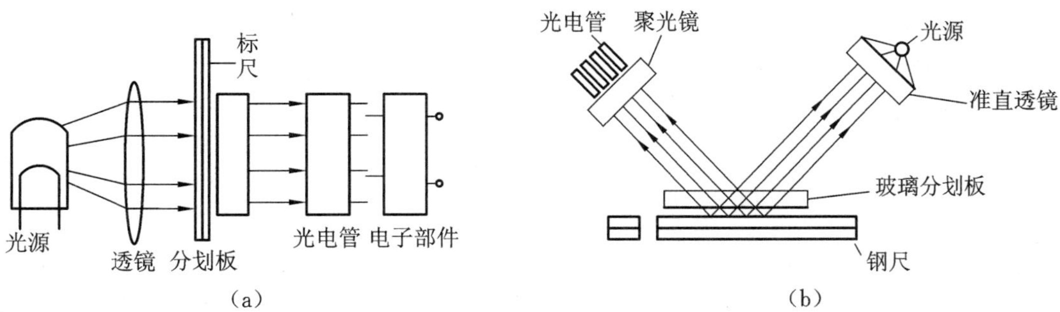

图 9-18 光栅传感器的构成图

测量光栅和指示光栅是具有同样微细刻度的高透明度的玻璃片，常用的线纹密度为每毫米 10 线、25 线、50 线、100 线或 250 线。测量光栅比较长，一般与被测对象连接在一起，随被测对象移动，刻度的有效长度即为位移的测量范围。指示光栅比较短，被固定在光电元件的前面，起参照作用。两光栅的距离 d、光栅的栅距 W、光波长 λ 的关系为：

$$d=\frac{W}{\lambda} \tag{9-19}$$

测量光栅与指示光栅互相重叠，但又不完全重叠，两者之间形成一个很小的角度。

(1) 莫尔条纹的形成与特点

当测量光栅和指示光栅的线纹相交形成一个微小的夹角时，由于挡光效应(当线纹密度不大于 50 条/mm 时)或光的衍射作用(当线纹密度不小于 100 条/mm 时)，在与光栅线纹大致垂直的方向上(两线纹夹角的等分线上)产生亮、暗相间的条纹,这些条纹称为莫尔条纹,如图9-19所示。

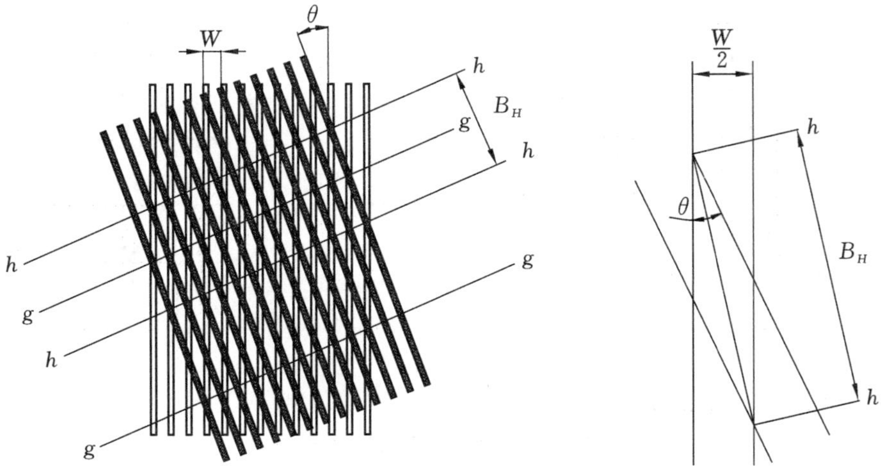

图 9-19 莫尔条纹

莫尔条纹有如下重要特征:

① 莫尔条纹具有减小光栅栅距局部误差的作用。因为莫尔条纹由光栅的大量刻线共同形成,因而对线纹的刻划误差有平均抵消作用,能在很大程度上消除短周期误差的影响。

② 在两光栅沿刻线的垂直方向做相对移动时,莫尔条纹在刻线方向上移动。两光栅相对移动一个栅距 W,莫尔条纹也同步移动一个间距 B,固定点上的光强则变化一周。而且在光栅反向移动时,莫尔条纹移动方向也随之反向。

③ 莫尔条纹的间距与两光栅线纹夹角之间的关系为:

$$B_H=\frac{W}{2\sin\left(\frac{\theta}{2}\right)}\approx\frac{W}{\theta} \tag{9-20}$$

(2) 光栅式数字位移测量原理

随着莫尔条纹的移动,光的强度会产生交替的变化过程。光栅式数子测量就是利用光电元件来感受其变化过程,从而产生与莫尔条纹移动频率相同的正弦信号。图9-20展示亮度变化的几个典型状态,设初始位置为接收暗带信号,然后进入半暗、弱、半亮、亮、半亮、弱、半暗、全暗,形成半个循环周期。同样,如果初始位置为接收亮度信号,则接着便是半亮、弱、半暗、全暗、半暗、弱、半亮、亮,也形成半个循环周期。光栅输出电压信号的幅值为光栅位移量的函数,即:

$$u=u_0+u_m\sin\left(\frac{\pi}{2}+\frac{2\pi x}{W}\right) \tag{9-21}$$

式中 u_0——输出信号中的直流分量;

u_m——输出正弦信号的幅值;

x——两光栅间的瞬时相对位移。

将该电压信号放大或整形使其变为方波,经微分电路转换成脉冲信号,再经过辨向电路和可逆计数器计数,则可在显示器上以数字形式实时地显示出位移量的大小。位移量为脉冲数与栅距的乘积。当栅距为单位长度时,所显示的脉冲数则直接表示位移量的大小。

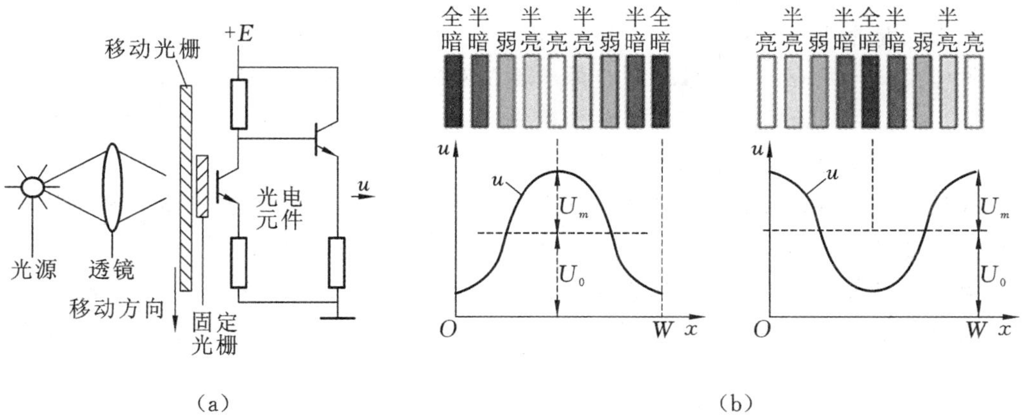

图 9-20　光电检测原理图

课后习题

一、判断题

1. 光纤传感技术可以实现多点连续测量。（　　）
2. 浮球式液位测量适用于高黏度液体的测量。（　　）
3. 光栅式数字位移测量原理适用于液体的物位测量。（　　）
4. 雷达技术只适用于液体的物位测量,不适用于固体物体。（　　）
5. 物位测量可以通过压力传感器实现。（　　）

二、选择题

1. 毛细管法是一种常用的液位测量方法,它利用了(　　)原理。

A.压力传感器　　B.阿基米德定律

C.毛细现象　　D.光学测量

2. 在物位测量中,磁性浮球常用于以下哪种类型的液位传感器。(　　)

A.超声波传感器　　B.毛细管传感器

C.磁性感应传感器　　D.雷达传感器

3.以下哪种物位测量方法适用于高温或高压环境。(　　)

A.振荡器测量　　B.压力传感器测量

C.微波测量　　D.振弦测量

4.在液位测量中,采用放射源和探测器的方法被称为(　　)。

A.线性变量差压传感器测量法　　B.核磁共振传感器测量法

C.放射性测量传感器测量法　　D.电容式测量传感器测量法

5.对于固体物位测量,以下哪种传感器适用于颗粒状介质或粉末。(　　)

A.振荡棒传感器　　B.超声波传感器

C.压力传感器　　D.光纤传感器

三、简答题

1. 试述液面计的工作原理。

2. 定点式超导液面计和连续式超导液面计的结构和测量电路有何不同？

3. 电容式低温液面计与电容式压力传感器在原理上和结构上有哪些差异？

4. 差压式低温液面计是由哪几个主要部件组成的？它为什么不宜用于液氢、液氦？

5. 差压水位计的主要误差来源是什么？

6. 改进后的平衡容器水位计能减小测量误差的基本原理是什么？当这种水位计水位偏离正常水位时，为什么输出的差压信号 Δp 还是要受到汽包压力变化的影响？

7. 简述电阻式应变传感器的优点与缺点。

8. 电阻式应变传感器在汽车油箱测量中起到了什么作用？请简要描述其原理和工作过程。

参考文献

[1] 孙汉旭，胡旭辉.超声波-电容液位检测装置的研制[J].机电产品研发与创新，2004，17(2)：1-2.

[2] 屈梦瑶，易艺，陆泽青，等.基于电容式传感器的非接触式液位测量系统[J].传感器与微系统，2021(9)：81-84.

[3] 葛仁望，林正，金卫良，等.基于超声透射特性的密闭容器液位测量与装置设计[J].中国安全生产科学技术，2022，18(10)：223-230.

[4] 全国压力计量技术委员会.储罐用自动液位计型式评价大纲：JJF 1698-2018[S].北京：中国标准出版社，2018.

[5] 李建树，刘伟华，涂亚庆.提高超声液位测量精度的新方法[J].自动化与仪表，1997(1)：10-11.

[6] 刘敦利.液位计标准装置的计量性能评价[J].计量与测试技术，2020，47(3)：64-67.

[7] 张海林，刘风江，王森，等.大量程浮子式液位计校准方法研究[J].中国计量，2010(8)：91-92.

[8] 赵希风，佟仕忠，付贵，等.液位计在线标准装置的研究[J].工业仪表与自动化装置，2013(5)：111-113.

[9] 冯若.超声手册[M].南京：南京大学出版社，1999，403-410.

[10] CHO C H.Measurement and control of liquid level[J].Clinical Rehabilitation，2013，27(12)：1084-1096.

[11] 斯建华 H.物位测量技术在生产中的应用[J].铜业工程，2004，(1)：46-47.

第 10 章　扭矩、转速和轴功率测量

10.1　本章知识点

本章名词及含义汇总见表 10-1。

表 10-1　名词及含义汇总

名词		含义或测量方法
扭矩	静态扭矩	电动机轴上的负载不随系统加速或减速而变化的扭矩
	动态扭矩	系统加速或减速时，使系统运动状态发生变化的扭矩
转速	光电元件法	利用光电传感器得到相应脉冲信号，通过脉冲信号的周期频率可计算转速大小
	电涡流元件法	利用电涡流传感器的电涡流效应得到相应脉冲信号，通过脉冲信号的周期频率可计算转速大小
	霍尔元件法	利用霍尔传感器的霍尔效应得到相应脉冲信号，通过脉冲信号的周期频率可计算转速大小
轴功率		根据传动轴的转速以及所受到的扭矩求解

10.2　静态扭矩测量

10.2.1　预置式扭力扳手

10.2.1.1　预置式扭力扳手的组成结构及工作原理

预置式扭力扳手主要由扳手头、压力弹簧、扭矩释放关节、扭矩杆等结构所组成[1]。在使用的过程中，对扭力扳手设置扭矩，即调整扭力扳手的弹簧力。使用扭力扳手设置扭矩时，将扭力扳手头部与螺栓相连，对螺栓施加扭矩，由于螺栓对扳手的反作用力尚未达到弹簧弹力，螺栓会持续紧固，待螺栓紧固力达到设定的扭矩时会推动顶推器，棘轮开始工作，头部就以头部定位销为中心旋转，头部的尾端接触到套管就发出“咔嗒”响声，说明螺栓紧固力已达到设定

的扳手力。预置式扭力扳手的结构如图 10-1 所示。

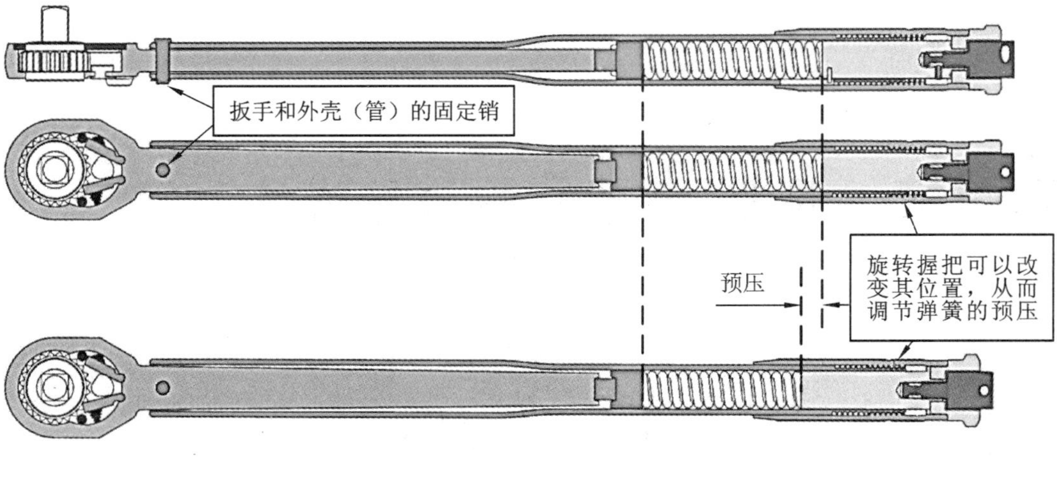

图 10-1　预置式扭力扳手

10.2.1.2　预置式扭力扳手的受力分析

预置式扭力扳手的受力结构[2]，如图 10-2 所示。

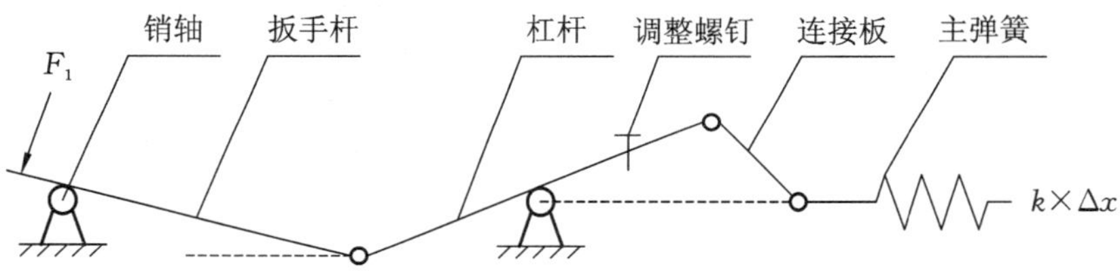

图 10-2　预置式扭力扳手受力结构

当对扭力扳手的作用外力 F_1，F_1 增大到一定值(此力作用在方榫上的力矩达到设定值 M)时，整个扭力扳手的内部将失去平衡，扳手的杆将绕着销轴 1 逆时针向上转动，从而带动杠杆绕着销轴 2 顺时针转动，当杠杆敲击处转到与套筒壁相撞时，导套内壁会阻止其继续转动。此时，若取消外力 F_1 的作用，由于连接板角度 α_3 的存在，在弹簧力的作用下，整个系统将恢复到初始状态。即在整个动作过程中，有 2 个响声，第一声为杠杆敲击导套的声音，声音较大，第二声为系统复位时调整螺钉与套筒的撞击声，声音较小。

10.2.1.3　预置式扭力扳手的优缺点

优点：预置式扭力扳手结构简单，造价便宜，需要不同的扭矩时，可以调节扭矩值，使用中当达到预设扭矩值时，扳手会有提示，并且会伴有手感振动报警，棘轮头可以根据需要选用可更换类型和不可更换类型。扳手的使用寿命也比较长。

缺点：受力过程中，不能够实时显示扭力值，因此用户不能知道扭力值的具体情况。

10.2.2　指针式扭力扳手

10.2.2.1　指针式扭力扳手的结构及使用

指针式扭力扳手主要由扳手头、扳手杆、指示表头、扳手手柄等结构组成，它的工作原理是基于杠杆原理，以扳手头为作用力支点，扳手杆为力臂着力[3]。当施加扭力的时候，扭力值就会在指针指示系统下，把扭力值的数据指示出来。指针式扭力扳手示意图如图 10-3 所示。

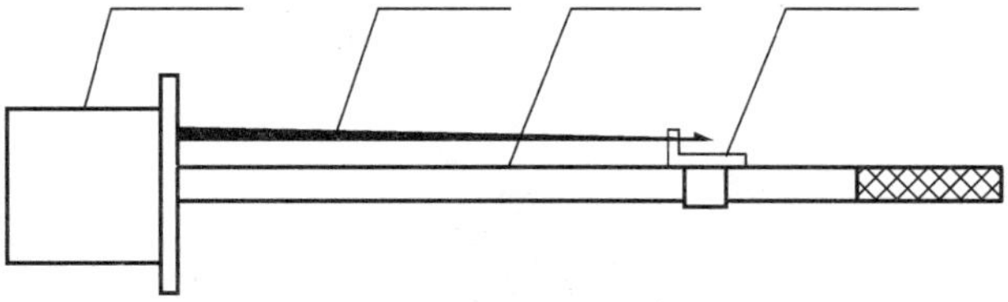

图 10-3 指针式扭力扳手示意图

扭矩扳手的主杆长度应根据操作人员在现场的实际情况确定。主杆的直径则根据材料的抗弯性，即杆的端部变形量来确定。长度及直径选定后，先在工作平台上进行试验，检验计算数据的可靠性，无误时再将各零件组装在一起。其制作原理是当扳手主杆在外力作用下产生一定的变形时，变形量与外力的大小成正比，扳头处趋近于零，手握的端头处最大。指针因固定在扳头上而不动，另一端所指的刻度盘上的变化量即主杆的变形量，此时在刻度盘上刻上拉杆达到预紧拉力时相应的刻度线，该刻度线即为预紧拉杆的标准刻度线。实物图如图 10-4 所示。

图 10-4 指针式扭力扳手实物图

10.2.2.2 指针式扭力扳手的优缺点

优点：传统表盘读数，可用于一般检测使用，定位于预置式扭力扳手与数显式扭力扳手中间。

缺点：头部为固定头，需配套筒使用，没有棘轮回撤功能，精度在±3%左右。

10.2.3 数显式扭力扳手

数显式扭力扳手属于最典型的静态扭矩测量工具，分为转角式和应变式两种。转角式是通过测量物体的受力变形程度来计算所施加的扭矩大小，而应变式是通过测量物体受力时应变片电阻率的变换量来计算扭矩值[4]。应变式传感器主要由弹性体与应变片测量电路组成，常见的弹性体的典型材料为合金结构钢 40CrNiMo，应变片通过热固性树脂黏结剂贴附在弹性元件的表面。力矩作用于弹性体上，弹性体发生变形并将受力传递到表面的应变片上。应变片中的电阻丝产生变形，导致其电阻率发生变化，通过测量电阻的变化从而间接得出施加在弹性体上的力矩大小，并通过显示器将力矩大小显示出来。实物图如图 10-5 所示。

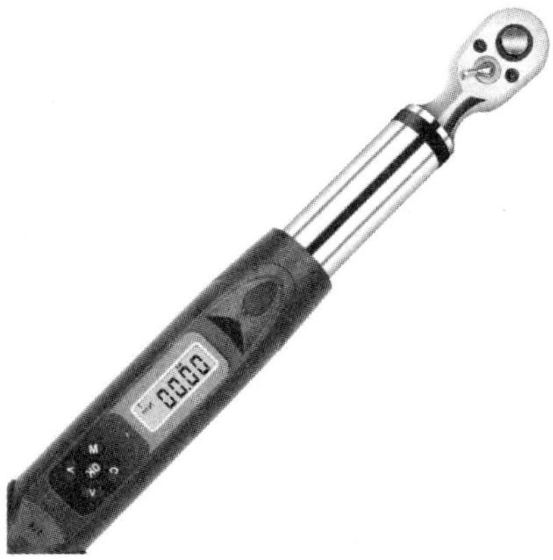

图 10-5　数显式扭力扳手

数显式扭力扳手有以下优缺点：

优点：LCD 视窗读数，多种工作模式切换（峰值、跟踪），多种单位切换，头部棘轮头根据品牌分为可更换和不可更换两种系列，预设数值声光报警，受力时扭矩值可实时观察，常见的扭力检测用扳手精度在±1%左右，有些品牌附带数值存储 WiFi 连接打印功能。

缺点：价格相对较高。

10.3　旋转轴扭矩动态测量

10.3.1　基于主应变的扭矩测量

10.3.1.1　应变片式扭矩测量

应变片式扭矩测量是接触式测量的一种。工作原理在于将精密电阻应变片作为敏感元器件按照如图 10-6 所示的方式粘贴在测量转轴上组成应变电桥[5,6]。当转轴工作时，因受到扭矩的作用而造成转轴的弹性形变。此时，转轴的任意截面都会发生扭转形变，且在与轴中心线成±45°夹角的方向上形变量最大。转轴的形变会造成应变片的形变进而造成应变片电阻阻值的变化，在给应变片电桥通电后，电阻值的变化会造成通过应变桥后输出电压信号变化。通过采集应变桥输出电压与材料学相关计算可获取转轴传导扭矩。

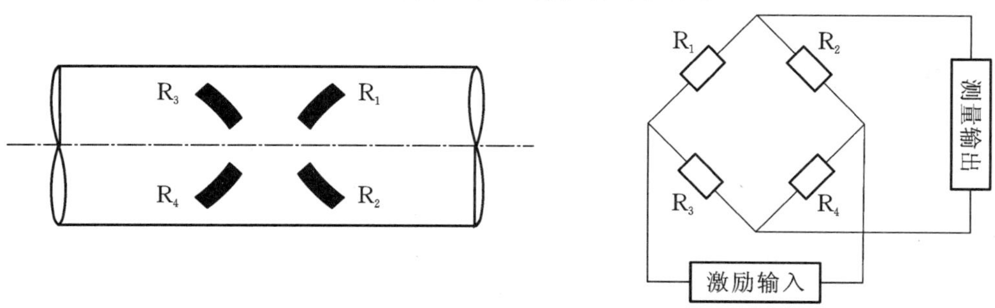

图 10-6　应变片式扭矩测量

通过与其他测量方式的对比发现，应变式扭矩测量的优点在于：①应变电桥测量灵敏度高，抗干扰能力强；②传感器体积小、重量轻，可应用的范围广泛；③测量的性能稳定可靠，装置使用寿命长。应变式扭矩测量的缺点在于：①测量误差较大；②需要持续供电，适合短期使用；③受电磁影响大，不适用于高速转轴测量；④不能进行持续的实时监测。

10.3.1.2　钢弦式扭矩测量

钢弦式测量结构图如图 10-7 所示。在相距一定距离的转轴截面上，安装了两个一样大小的测量环，每个测量环上设计有两条突出的测量臂。测量臂之间安装有拉紧的钢丝钢弦。当转轴不受扭矩作用时，转轴前后不会发生弹性形变，测量臂之间的钢弦都处于初始状态。当转轴开始有扭矩作用时，转轴开始发生扭转变形，在测量环所处的两截面之间会出现扭转角度。此时，固定在测量臂之间的两根钢弦一根会处于拉紧状态，称为拉弦，另一根处于松弛状态，称为松弦。钢弦的松紧状态会直接导致其振动频率发生改变。通过测量两钢弦的振动频率可以间接确定转轴所受扭矩值大小[7,8]。

通过与其他测量方式的对比发现，钢弦式扭矩测量的优点在于：①灵敏度高，可以数字化；②测量系统抗干扰性好。钢弦式扭矩测量的缺点在于：①传感器无法测量高速转轴；②测量机构复杂且不易安装；③对转轴弹性形变要求较高。

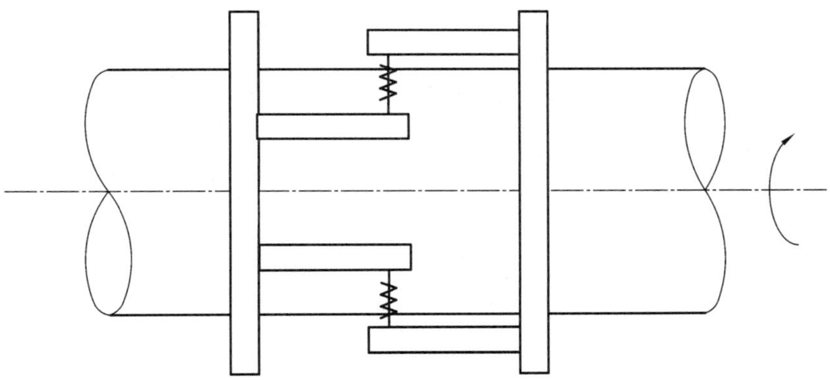

图 10-7　钢弦式扭矩测量结构图

10.3.2　基于扭转角的扭矩测量

当转轴空转无负载时，转轴无扭矩传导，旋转过程中几乎不会产生相对扭转；在一定范围内，当负载逐渐增大时，转轴受到扭矩作用，发生形变，其表现出来的结果就是在相距一定距离 L 上的任意两个等横截面上将产生相对扭转角 θ，如图 10-8 所示。

而 θ 的大小与转轴传导扭矩大小正相关[9-10]，其计算公式如下：

$$T=\frac{\pi}{180}\cdot\frac{\theta G I_P}{L} \tag{10-1}$$

式中　T——转轴传导扭矩；

θ——转轴两界面之间的扭转角；

G——转轴材料的剪切弹性模量；

I_P——转轴材料的转动惯性矩；

L——两截面之间的距离。

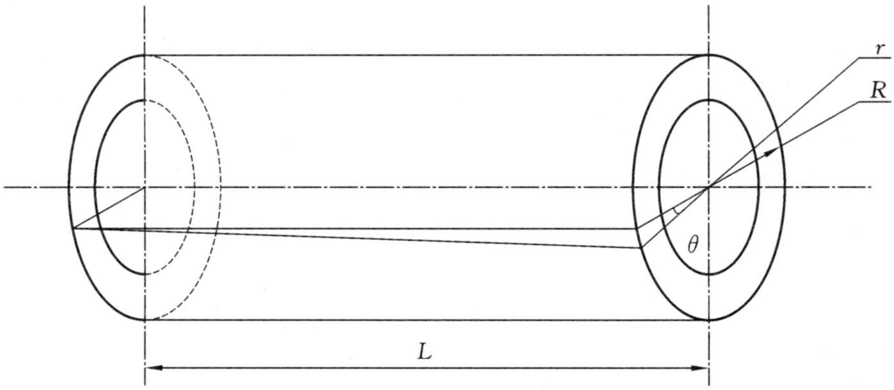

图 10-8　转轴扭转示意图

10.3.2.1　光电式扭矩测量

如图 10-9 所示，可以在轴上相隔固定距离 L 处安装两个码盘，通过测量两个码盘在随轴转动过程中扫过两个光电检测器 P_1 和 P_2 输出的脉冲信号之间的相位差的变化来计算轴系上传递的扭矩大小[11]。

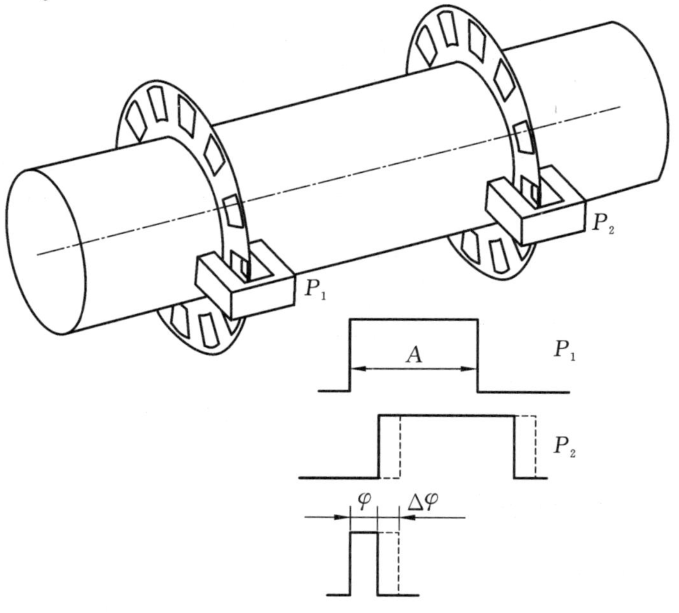

图 10-9　光电式扭矩测量

光电非接触式轴功率测量仪主要由两个光电码盘、两个光电检测器探头、采集和显示电路等组成，其中，圆形的光电码盘由两个半圆环拼接而成，光电码盘上的遮光齿和通光孔按一定比例均匀分布在圆周上，同时光电码盘通过夹环固定在待测轴上。光电检测器通过固定支架安装在如图 10-9 所示的位置，在安装过程中，须保证两个光电开关传感器与轴心线在同一个平面上。对于光电非接触式轴功率测量而言，起测量作用的是两个码盘上的遮光齿片。设每个遮光齿片的中心角为 Φ，其对应的量化值为 A，当轴系未传递扭矩时，两个码盘上对应遮光齿条的初始角度偏差为 φ，其量化值为 a，而当轴系传递扭矩时两个码盘上对应的遮光齿片发生相对转动的角度变化量(扭转角)为 θ 时,其量化值为 Δa。所以利用码盘计算出的轴系扭转角为:

$$\theta = n\Phi\Delta a / A \tag{10-2}$$

式中　A——码盘遮光齿圆心角量化值;

　　　Φ——码盘遮光圆心角。

10.3.2.2　电磁式扭矩测量

扭转角扭杆传感器的工作原理是测量因施加的扭矩而导致的扭转角的电位。电磁式扭矩传感器的实质就是通过上述原理检测在转动轴上相位角度的差值,通过电磁感应原理及相关的扭矩公式,最终得出扭矩,实现对转动轴扭矩的测量[12]。

具体的测量原理如图 10-10 所示,在转动轴的两侧分别安装齿数相同的齿轮,将两个齿轮的初始相位预设成 0°～180°,即齿轮 1 和齿轮 2 电压信号的初始相位相同或者相差 180°。齿轮与感应器之间预留了空气间隙,气隙较小。通过该气隙实现了电磁式扭矩传感器的非接触测量。当转动轴开始转动时,转动轴是弹性轴,由材料力学可知,转动轴由于切应力的影响发生形变,此时两组齿轮间将形成微小扭转角。由此导致输出的两路电压信号的相位差不再是 0°或 180°,从而使得两组磁电检测器中分别感应出两个交变电动势,且交变电动势仅与两个齿轮的磁芯相对位置和相交位置有关。通过得到的两路电动势的信号之间的相位差,就可以计算出扭转角,进而计算出传动轴的扭矩值[13]。

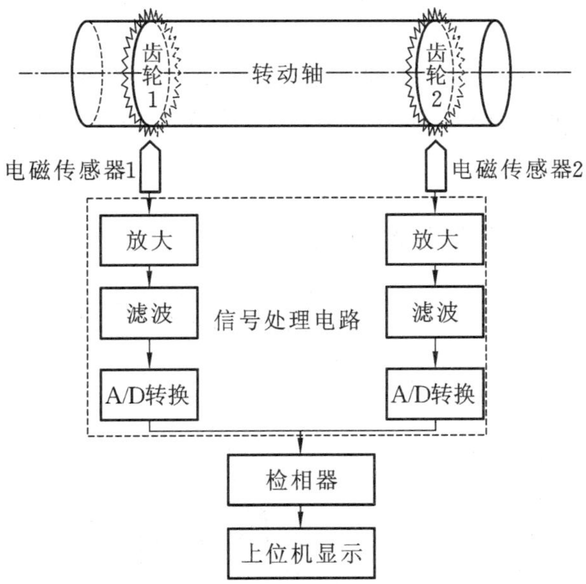

图 10-10　电磁式扭矩传感器测量示意图

在工业中,电磁扭矩传感器已经应用在传统汽车的助力转向、变速器与传动轴之间、船舶及飞机的发动机、试验台和电机等传动系统中需要进行扭矩测量和功率计算的场合[14]。21 世纪以来,随着科技进步和材料科学的发展,此类传感器已经突破了传统行业应用的局限,已经开始在机器人、生物医学中崭露头角。

按照我国工业系统中扭矩计量专业对扭矩量程的大小划分,扭矩可划分为 5 个量程[15]:

(1) 超大量程扭矩:50kN·m～2.5MN·m。

(2) 大量程扭矩:5～50kN·m。

(3) 中量程扭矩:10N·m～5kN·m。

(4) 小量程扭矩:5mN·m～10N·m。

(5) 微小量程扭矩:5μN·m～5mN·m。

10.4 轴转速测量原理

对轴转速的测量按其作用原理可分为光电元件法、电涡流元件法、霍尔元件法等,以下将介绍几种常用的转速测量方法。

10.4.1 光电元件法

光电测速传感器将被测的转速信号利用光电变换转变为与转速成正比的电脉冲信号,然后测得电脉冲信号的频率和周期,就可得到转速。

直射式光电测速传感器原理如图 10-11 所示,将圆盘均匀开出 z 条狭缝,并装在欲测转速的轴上,在圆盘的一边固定有激光源,在圆盘另一边固定安装有硅光电池。硅光电池具有半导体的特性,它具有大面积 PN 结,当 PN 结受光照射时激发出电子、空穴,硅光电池 P 区出现多余的空穴,N 区出现多余的电子,从而形成电动势。只要把电极从 PN 结两端引出,便可获得电流信号。

当圆盘随轴旋转时,光源透过狭缝硅光电池交替受光的照射,交替产生电动势,从而形成脉冲电流信号。脉冲电流的频率 f 取决于圆盘上狭缝数 z 和被测轴的转速 n,即:

$$f=\frac{nz}{60} \tag{10-3}$$

由于狭缝数 z 是已知的,测得电脉冲信号频率,就等于测到了转速。

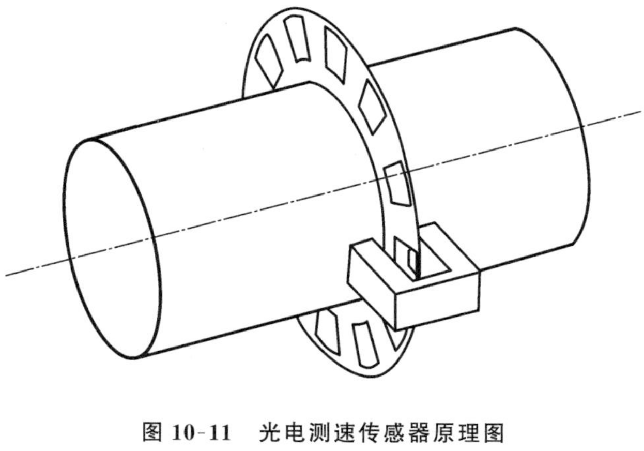

图 10-11 光电测速传感器原理图

10.4.2 电涡流元件法

电涡流传感器属于变磁阻式传感器的一种,其结构原理如图 10-12 所示,被测转轴安装有测量齿轮,其材质必须为金属导体材质。传感器由线圈、软铁芯和永久磁铁组成。将传感器安装至测量齿轮旁边，轴转动时便能检测出传感器与测量齿轮表面的间隙变化，于是传感器的输出也发生周期性变化，经放大、整形后，成为周期性的脉冲信号，然后可由频率计计数并指示频率值，通过计算可以得到转速。为了提高转速测量的分辨率，可以增加测量齿轮的齿数，转轴旋转一圈所产生的脉冲信号数与测量齿轮的齿数相同。

脉冲信号的频率 f 与轴的转速 n 和齿轮齿数 z 之间的关系为：

$$n=\frac{f}{z}\times 60 \tag{10-4}$$

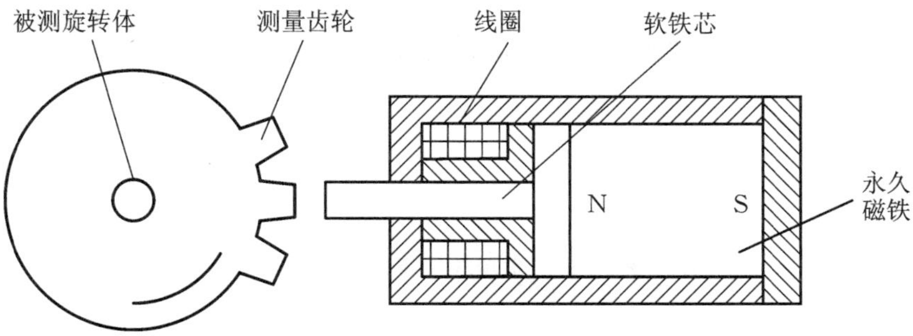

图 10-12　电涡流式转速传感器示意图

10.4.3　霍尔元件法

霍尔式转速传感器的主要工作原理是霍尔效应，其结构如图 10-13 所示。被测转轴安装有测量齿轮，其材质必须为金属导体材质，传感器主要由壳体、永磁铁、霍尔导体和导线组成。当转动的齿轮经过霍尔传感器的磁场时会引起霍尔导体的电势发生变化，通过对电势的测量，经过放大整形后，同样可以得到相应的周期性脉冲信号，然后可由频率计计数并指示频率值，通过计算可以得到转速。

脉冲信号的频率 f 与轴的转速 n 和齿轮齿数 z 之间的关系为：

$$n=\frac{f}{z}\times 60 \tag{10-5}$$

霍尔器件具有许多优点，它们结构牢固，体积小，质量小，寿命长，安装方便，功耗小，频率高，耐震动，不怕灰尘、油污、水汽及盐雾等的污染或腐蚀。霍尔开关器件无触点、无磨损、输出波形清晰、无抖动、无回跳、位置重复精度高。

10.5　轴功率测量

10.5.1　轴功率测量的意义

近年来，随着内河船舶航行的污染和能源消耗问题日益增多，国际海事组织（IMO）对内河船舶能效提出了更多的管理指标[16]，如现有船舶能效指数（EEXI 指数）、船舶能效设计指数（EEDI 指数）等。对内河船舶进行轴功率实时监测，可以掌握内河船舶发动机在不同工况下能量输出的实时状态，为内河船舶能效指标的计算、检验和验证等提供数据支持。因此，开展船舶轴功率监测技术的研究，掌握船舶发动机功率运行状况并根据发动机工况调整发动机功

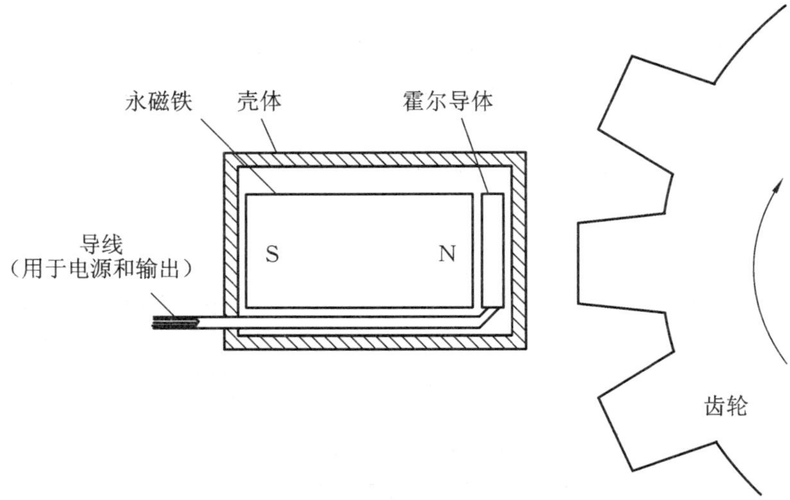

图 10-13　霍尔式转速传感器结构

率，对于内河船舶满足绿色化标准具有重要的意义。同时，船舶轴功率参数是船厂验收新造船舶时最主要的性能参数之一。开展船舶轴功率实时监测，通过监测数据判断船舶发动机是否发生故障及故障的严重程度，并提前对故障进行预警，以便及时采取措施，避免或减少事故的发生，对于保障船舶航行安全、可靠运行具有重要意义。船舶轴功率也是评价船舶船-机-桨三者间配合效率的关键参数。参考轴功率数据，针对实际需求改进船-机-桨三者间的合理匹配，可使船舶在实际运行过程中达到设计的理想工况点[17]，并保持最佳能量转换效率。

10.5.2　轴功率的测量原理

随着现代科学技术的发展，动力机械和系统向高速轻量、节能、自动化、智能化和可靠性方向发展。其节能指标取决于功耗的大小。对于叶轮机械来说，功率是其重要性能参数之一，用试验的方法获取性能曲线时，需准确测量功率。在评价制冷机的性能系数（COP 值）和压缩机的比功率时也都必须准确测量其轴功率。有效功率是内燃机最重要的性能参数之一。在内燃机试验中大都测量有效功率。热力发电厂中汽轮机及锅炉设备的各种辅机（风机、泵）的耗能指标也十分重要。对于制冷机、风机、泵和压缩机，要测量其输入功率，即原动机传给动力机械的轴功率；而对于汽轮机、水轮机、内燃机，则要测量其输出的轴功率。

船舶轴功率是船舶运行状态监测及能效管理中相当重要的一环，能反映出船舶发动机实时运行工况，对可能出现的故障做出及时预警。同时观察轴功率数据可以有效帮助更换合适的航行能效方案，使船舶能效管理工作在最优状态[18]。通过轴功率计算公式（10-6）可知，转轴轴功率主要与转轴扭矩和转速两个参数有关，因此关于轴功率的研究大多建立在对转轴扭矩和转速测量的基础上。

$$P=\frac{T\times 2\pi n}{60\times 10^3}=\frac{T\times n}{9550} \tag{10-6}$$

式中　P——轴功率；

T——转轴的输出扭矩；

n——转轴转速。

10.6　扭 振 测 量

10.6.1　扭振产生的原因

扭振主要指的是所有拥有惯性和弹性的物体，因为受到外力作用而出现振动的现象。对于船舶来说，同样存在轴系扭振的现象，船舶柴油机轴系振动形式主要包含横向振动、纵向振动、扭转振动三种。而上述三种振动中，扭转振动产生的危害最大，扭转振动简称为扭振，船舶轴系扭振的产生在很大程度上与其主机有关，当船舶的柴油机发生间歇性燃烧与喷油、输出的扭矩不均匀时便会产生扭振；齿轮箱的咬合冲击和误差激励会导致齿轮系统产生误差，出现扭振。船舶在不断推进过程中会因为轴系上的部件安装不正确而存在对中偏差或者材料不均匀等，这些均会引起船舶轴系在行驶过程中出现质量不均匀的情况。除此之外，在工作状态下，螺旋桨还会受到环境因素的影响，从而产生不均匀激励轴系。在柴油轴系出现扭振时，通常情况下不会给船舶带来振动的不适感，这也是轴系扭振容易被忽视的主要原因，若该扭振无法得到重视，稍有不慎便可能引发重大安全事故。另外，当发动机处于主临界速度运转时，自由端的传动齿轮箱常常会发出较大的噪声，此时检查齿轮便可以发现有剥落或者腐蚀等情况，严重时还可能出现断齿事故。

10.6.2　扭振测量的意义

旋转机械是机械设备的一个重要分支，在工业生产中有着最为广泛的应用，在国民经济各个领域中发挥着越来越重要的作用。然而，旋转机械在运行过程中经常会由于各种内部或外部因素的影响出现故障，导致设备预定功能降低甚至失效，这种情况下可能造成严重的事故，甚至导致人身伤害和巨大的经济损失，产生严重的社会影响。根据对旋转机械故障进行的统计和分析，机械振动是引起旋转机械设备故障的主要原因[19]，异常振动也是设备故障的直接表现形式，直接反映设备安全运行状况。因此，振动是旋转机械运行过程中的重要状态参量，获取振动信号是实现旋转机械状态监控，从而保障其安全、可靠以及高效运行的重要手段。

随着国民经济和社会发展，以现代轧机、汽轮机、风机、舰船柴油机、核主泵等为典型代表的旋转机械出现了高速、重载、大型化、大功率等发展趋势，在这样的背景下旋转机械轴系结构也越来越复杂，出现网机耦合，诱发轴系扭振，并造成扭转疲劳，降低部件的使用寿命，影响产品质量的可能性也大大增加。此外剧烈的振动还会造成部件的瞬时破坏，为保证设备不停机或少停机，就需要增大备件储备、增加停机检修的次数、增加维护人员等，这些都属于设备维护的投入，会产生额外的成本，从而带来经济损失。多年来，国内外与转子轴系扭振有关的安全事故屡见报道。美国 Mohave 电站由 GE 公司制造的 790MW 机组发电机与励磁机之间的轴段，在 1970 年和 1971 年先后两次发生主轴断裂事故。1984 年 3 月，我国神头电厂苏制 200MW 机组发生联轴节多根螺栓反复断裂的事故，在事故原因调查过程中，通过对该机组的扭振实测，发现其第四阶固有频率为 51.25Hz，与 50Hz 的工作频率非常接近，联轴节螺栓断裂正是设备发生工频扭振的结果。随着钢铁行业的飞速发展，科研生产人员希望通过优化机械结构，降低制造成本；但又提高旋转机械设备的扭矩和功率，以期提高生产能力，这导致扭振问题日益突出，轧机行业扭振造成的破坏也屡见不鲜。这些事故造成了巨大的经济损失，说明旋转机械扭转振动问题日趋严重，成为旋转机械运行中必须解决的问题[20]。

10.6.3 扭振测量原理

目前，工业上常采用转角位移、转角速度和转角加速度三个振动参量来进行旋转机械扭振测量和分析，即扭振转角随时间变化的时域波形、转角变化速度的时域波形和转角变化加速度的时域波形。对于平稳运转的旋转机械，其转轴的角位移 $\theta(t)$、时间 t 和回转角频率 ω 存在如下关系：

$$\theta(t)=\omega t \tag{10-7}$$

对于正常工作的旋转机械轴系，其工作过程一般可用图 10-14(a)描述，分别为升速、稳定工作和降速三个阶段。但当受到外部干扰或载荷变化，导致其存在扭转振动时，就会引起角位移在上述三个阶段任意时刻上下波动，如图 10-14(b)所示。其表达式又可表示为：

$$\theta(t)=\omega t+A_i\sin(\omega_i t+\varphi_i) \tag{10-8}$$

式中 ω_i，A_i 和 φ_i——不同扭振简谐振动分量的角频率、幅值和相位。

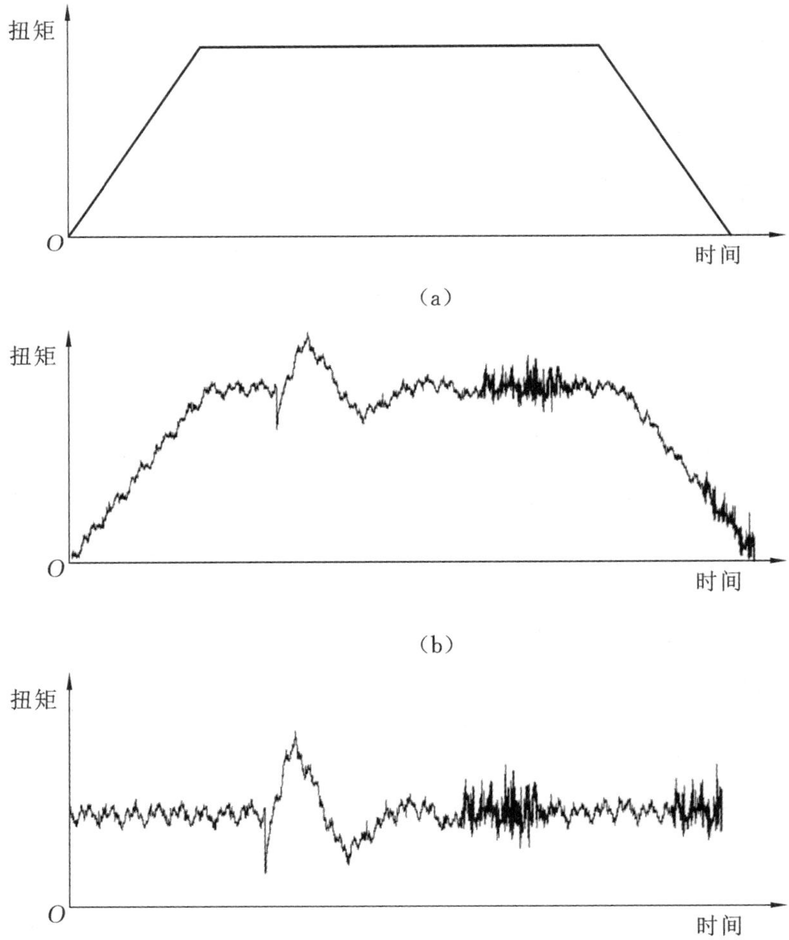

图 10-14 旋转扭振信号分离示意图

(a)理想工作过程；(b)实际工作过程；(c)扭振信号

旋转机械扭振测量就是要得到这些分量，这些谐振分量的组合就是波动量，如图 10-14(c)所示。对采集到的波动量进行特征提取研究，进而获得旋转机械轴系的共振转速，通过信号分析、计算和处理得到旋转机械的应力、应变、扭矩、转角等参量，从而达到旋转机械扭振测试或监测。特别在选择旋转机械工况监测的扭振传感器时，不仅需要考虑旋转机械工况，还需掌握测量位置的振动情况，这是扭振传感器设计和结构参数选择的依据。

转轴旋转一周产生 Z 个脉冲信号。设每个脉冲信号的周期为 T_i，则转轴旋转一周内的平均角速度为：

$$\bar{\omega}=\frac{360}{\sum_{i=1}^{Z} T_i} \tag{10-9}$$

由每个脉冲信号所对应的轴等分角度以及脉冲信号时间，可求得轴对应各脉冲的瞬时角速度 ω_i 为：

$$\omega_i=\frac{360}{ZT_i} \tag{10-10}$$

可计算出由于扭振引起的轴转速波动 $\Delta\omega_i$ 为：

$$\Delta\omega_i=\omega_i-\bar{\omega} \tag{10-11}$$

将该转速波动信号按照时间积分即得到轴在转动过程中对应于每个等分单元角度的扭振振幅 θ_i（即扭振角）：

$$\theta_i=\int_{\sum T_{i-1}}^{\sum T_i}\Delta\omega_i\,\mathrm{d}t=\Delta\omega_i\times T_i \tag{10-12}$$

联立上述公式，即可得扭振角与信号齿轮齿数 Z 以及每个脉冲周期 T_i 之间的关系，其中 Z 跟码盘的光栅数相关，为固定值，此处令 $Z=120$，可得：

$$\theta_i=\left(\frac{360}{120T_i}-\frac{360}{\sum_{i=1}^{120} T_i}\right)\times T_i=10-\frac{360T_i}{\sum_{i=1}^{120} T_i} \tag{10-13}$$

10.7　轴功率仪及其应用

10.7.1　TorqueTrak 10K 应变式扭矩仪

TorqueTrak 10K 是 Binsfeld Engineering 公司旗下的一款应变式遥测扭矩仪，将扭矩敏感应变计、电池以及信号发送装置安装在测量轴上，如图 10-15 所示。该装置可以测量出几乎所有传动轴的扭矩数据，还能够使用红外遥控器调节变送器增益、激活远程分流校准或将变送器切换至待机电源模式。多行 LCD 接收器显示屏和键盘使系统调整变得简单明了。耐用型变送器的低功耗可延长电池寿命，而复杂的电子线路设计可确保精确可靠的扭矩数据输出。

10.7.2　扭转角式轴功率仪

PIN 光电非接触轴功率监测装置包括硬件和软件两部分。硬件由以下几个部分构成：光电码盘、码盘安装定位装置、PIN 光电传感器和主控装置；软件由主控板下位机主控程序和上

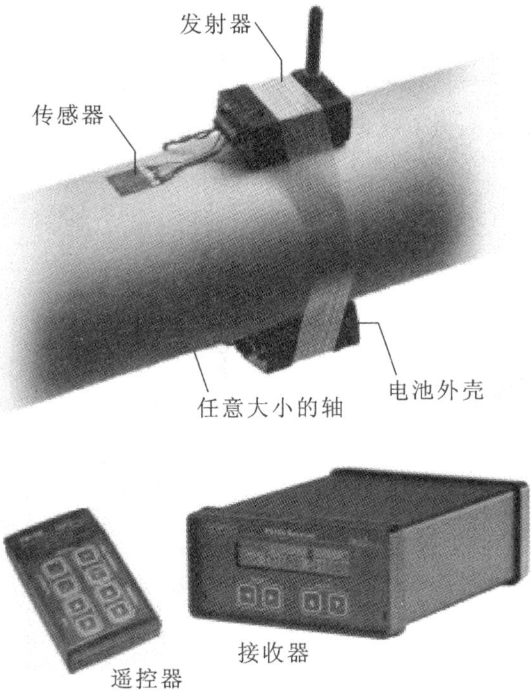

图 10-15 TorqueTrak 10K 产品示意图

位机采集软件两部分构成。PIN 光电非接触轴功率监测装置实船安装图如图 10-16 所示。

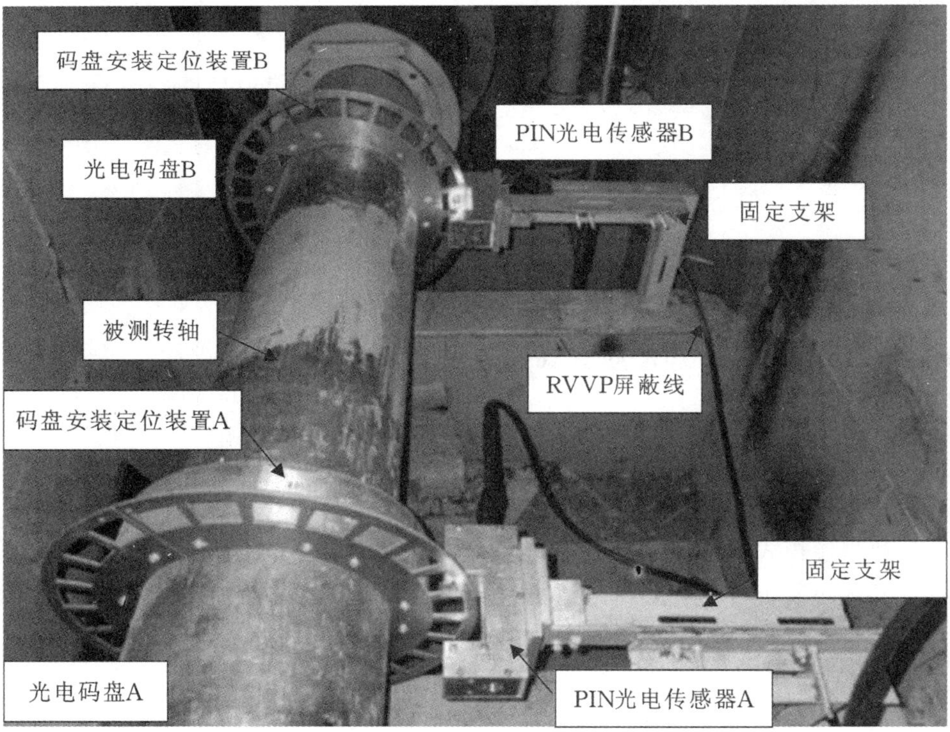

图 10-16 PIN 光电非接触轴功率监测装置实船安装图

在被测转轴一定距离处安装两光电码盘，光电码盘上有光栅，光栅包括遮光齿和通光孔。通过码盘安装定位装置固定和校准光电码盘。光电码盘置于 PIN 光电传感器 U 形槽中间位置。PIN 光电传感器包括激光发射模块和激光接收模块。激光发射模块持续发射激光束，通过光电码盘遮光齿遮挡激光，激光接收模块会随着遮光齿遮挡的时间产生相应长度的光电脉冲信号。主控装置通过采集到的光电脉冲信号的相位差可以计算转轴实时扭矩，通过两光电脉冲信号的信号周期计算转轴实时转速，通过转轴扭矩和转速计算转轴轴功率。主控板下位机主控程序直接作用于主控装置，对两 PIN 光电传感器的光电脉冲信号进行采集、量化和处理。上位机采集软件可以对转轴数据进行直观的数据显示，进行长期数据存储和分析。

本设备主要是基于 PIN 光电传感器在线分析系统，设计各个工作模块并集成一体化，通过传感器接收到两路脉冲信号，并将两路脉冲信号合并成一路脉冲信号，再利用 STM32F429 芯片进行采集和分析，最终可计算出转轴的转速、扭矩和功率。

该产品的主要功能指标如下：

(1) 精度：4%。

(2) 扭矩测试范围：0～30000N・m。

(3) 转速测量范围：0～700r/min。

(4) 供电电源：24VDC/5A。

PIN 光电非接触轴功率监测装置整体结构框图如图 10-17 所示。

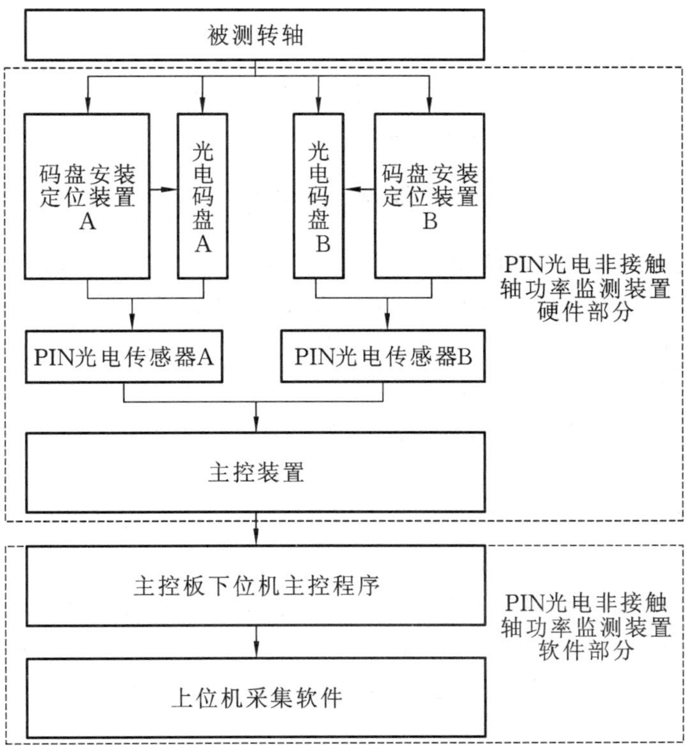

图 10-17　PIN 光电非接触轴功率监测装置整体结构框图

课后习题

一、判断题

1. 静态扭矩测量和动态扭矩测量是一样的。 (　　)

2. 应变片式扭矩测量需要采用全桥的连接方式。 (　　)

3. 光电式扭矩测量是通过扭转角的变化进行测量的。 (　　)

4. 主流转速测量是通过传感器获取脉冲信号,然后根据脉冲信号进行计算得到的。 (　　)

二、简答题

1. 静态扭矩测量和动态扭矩测量有哪些区别?

2. 预置式扭力扳手的结构组成是什么?

3. 旋转轴扭矩动态测量方法有哪些?

4. 按照我国工业系统中对扭矩量程的大小划分,扭矩量程可分为哪几大类?

5. 光电式扭矩的测量原理是什么?

6. 旋转轴转速的测量方法有哪些?

7. 霍尔元件转速的测量原理是什么?

8. 如果一个发动机的转速为 4000r/min,扭矩为 300N · m,那么该发动机的轴功率为多少?

9. 轴系振动形式主要包含哪几种?

10. 光电式扭矩测量相比应变片式扭矩测量优势在哪里?

11. 应变片式扭矩测量相比光电式扭矩测量优势在哪里?

参考文献

[1] 孙钦密.预置式扭矩扳手示值调校[J].上海计量测试,2014,41(6):57-58.

[2] 欧阳琳男.预置式扭力扳子检定中的调校分析[J].铁道技术监督,2015,43(7):18-20.

[3] 刘成.指针式扭矩扳手在施工中的应用[J].港口工程,1997(3):46-48.

[4] ZH ZH W,LIU J H,GONG H,et al. Invention of smart tightening tool for directly controlling the preload of bolted joints[J]. Smart Materials and Structures,2023,32(2):027001

[5] 李立新,廖明夫,余索远,等.涡轴发动机测扭装置发展现状及趋势[J].航空动力学报,2023:1-10.

[6] 范亚南,牛廉政,张奇,等.基于单轴扭矩传感器的信号提取设计与试验[J].机床与液压,2021,49(13):35-40.

[7] 雷浩,袁强,金晓,等.船舶主推进装置轴功率测试方法研究与分析[J].造船技术,2016,332(4):19-23.

[8] 练伟,袁强,闫枫,等.船舶轴功率动态测试研究[J].中国水运(下半月),2014,14(1):99-100.

[9] 杨琨,覃秋,邹毛,等.基于相位差的光电非接触在线轴功率测量误差[J].华中科技大学学报(自然科学版),2017,45(5):89-93.

[10] WANG SH J, WU Y F, HOU L, et al. Predictive modeling for soft measurement of loader driveshaft torque based on large-scale distributed data[J]. Measurement, 2023, 210:112566

[11] YANG K, WANG H, LIU X Y. Research on PIN Photoelectric Non-contact Torque Measurement Device Based on Phase Difference[C]. 2021 6th International Conference on Transportation Information and Safety(ICTIS), 2021.

[12] ZHAO H. Present situation and development review of torque measurement[J]. Applied Mechanics and Materials, 2013, 422(9):141-145.

[13] 李志鹏,王博男,孟旭,等.电磁式扭矩传感器原理、研究现状及发展趋势[J].仪器仪表学报,2021,42(1):1-14.

[14] 赵向飞,刘军,钟正虎.动态扭矩传感器在机械传动中的应用研究[J].电工电气,2018(11):33-36.

[15] 徐进.超大量程扭矩测量装置的选择[C].第十三届全国电气自动化与电控系统学术年会.2007:313-316.

[16] 张矢宇,杨宇昊,汪敏,等.长江绿色船舶评价指标体系研究[J].水运管理,2021,43(7):24-27.

[17] 孙林,陈辉,管聪.内河多工况船机桨匹配优化设计[J].中国舰船研究,2022,17(1):187-195.

[18] YONG C, YU W M. Study of Portable Shaft Power Measurement System [J]. Applied Mechanics & Materials, 2014, 490-491:1522-1525.

[19] 杨建刚.旋转机械振动分析与工程应用[M].北京:中国电力出版社,2007:1-3.

[20] 鲍文,王西田,于达仁,等.汽轮发电机组轴系扭振研究综述[J].汽轮机技术,1998,40(4):193-203+221.

第 11 章　振动和噪声测量

11.1　本章知识点

本章名词的含义汇总见表 11-1。

表 11-1　名词及含义汇总

名词		含义	名词	含义
振动	位移	$s=f(t)$	位移传感器	电阻式、电感式、差动变压器式、感应同步、磁尺、光栅尺和激光等位移计
	速度	$v=\mathrm{d}s/\mathrm{d}t$	速度传感器	磁电式
	加速度	$a=\mathrm{d}v/\mathrm{d}t=\mathrm{d}^2s/\mathrm{d}^2t$	加速度传感器	惯性式、应变片式、差动变压器式、压电式
噪声	声压	$p_{\mathrm{rms}}^2=\dfrac{1}{T}\int_0^T p^2\,\mathrm{d}t$	声级计	权重网络(滤波器)、放大器
			麦克风	电容器式、晶体式、电动力式(动圈式或带式)、炭精式
	声压级	$\mathrm{d}B=10\lg\dfrac{p_1^2}{p_0^2}$	麦克风阵列	平面阵列、球面阵列、扫描阵列

11.2　位移、速度、加速度

11.2.1　位移

位移测量按被测量分为有线位移测量和角位移测量;按测量参数分为静态位移测量和动态位移测量。位移测量同时又是其他动态参数(如力、速度、加速度)测量的基础[1]。位移 s 的具体表达形式如下:

$$s=f(t) \tag{11-1}$$

11.2.2　速度

运动速度是衡量物体运动状况的一项重要指标,也是描述物体振动的主要参数。物体的运动速度分为线速度和角速度，或分为瞬时速度和平均速度。速度 v 的具体表达形式如下：

$$v = \mathrm{d}s/\mathrm{d}t \tag{11-2}$$

对于不同的测试对象、不同的测量精度，所采用的速度传感器类型及测试原理也不一样。瞬时速度的测量要求测出速度的时间历程，平均速度的测量要求测定平均时间内指定对象移动的距离。因此，测量者在选用速度传感器时，须对这些传感器的工作原理、性能和特点有所了解，以便获得准确的测量结果[2]。

11.2.3　加速度

线加速度是指物体质心沿其运动轨迹方向的加速度，是描述物体在空间运动本质的一个基本量。加速度 a 的具体表达形式为：

$$a = \frac{\mathrm{d}v}{\mathrm{d}t} = \frac{\mathrm{d}^2 s}{\mathrm{d}^2 t} \tag{11-3}$$

因此，可通过测量加速度来测量物体的运动状态。通过测量加速度可判断机械系统所承受的加速度负荷的大小，以便正确设计其机械强度和按照设计指标正确控制其运动加速度以免机件损坏。线加速度的单位是 $\mathrm{m/s^2}$，而习惯上常以重力加速度作为计量单位。常用惯性测量法测量加速度，即把惯性测量装置安装在运动体上进行测量。

11.3　振动测量原理

11.3.1　振动位移测量

平移位移传感器是测量物体在两点之间直线运动的仪器。除了用作测量物体运动的主要传感器外，平移位移传感器还广泛用作辅助传感器测量系统中的组件，其中一些其他物理量，例如压力、力、加速度或温度，被主测量传感器转换为平移运动。存在许多不同类型的平移位移传感器，这些传感器及其相对优点和特性将在本章的以下部分进行讨论。

11.3.2　振动速度测量

常用的速度传感器有磁电式速度传感器。对于运动速度的测量，有时需要测瞬时速度，有时需要测平均速度。

磁电式速度传感器适于测量往复运动的瞬时速度。对单程运动或行程较长的运动可用永磁感应测速传感器。永磁感应测速传感器的结构原理图 11-1 所示。速度线圈是在两根平行的铁芯上均匀密绕的一层漆包线。位移线圈嵌在铁芯等间距（节距）的窄凹槽内，注意相邻两个凹槽内绕组的绕向相反，永久磁铁在两平行铁芯之间。测量时，被测物体与永久磁铁用非铁芯物质连接。永久磁铁在铁芯中形成磁路如图 11-1 中虚线所示，磁感应强度为 B。当被测物体带动永久磁铁沿线圈做轴向运动时，速度线圈切割永久磁铁的磁力线，产生磁感应电动势。当速度线圈匝数和磁感应强度恒定时，速度线圈感应电动势与运动速度成比例，其关系可用下式表示[3]：

$$E = -BLvN \tag{11-4}$$

式中　E——磁感应强度；

L——每匝线圈平均长度；

N——线圈的匝数；

v——运动速度。

对于已经设计好的结构，传感器的 L、N、B 都是常数，因此，可将 E 值换算为被测量物体的 v 值。这种传感器具有使用方便，灵敏度高，输出阻抗低，不易受干扰等特点。

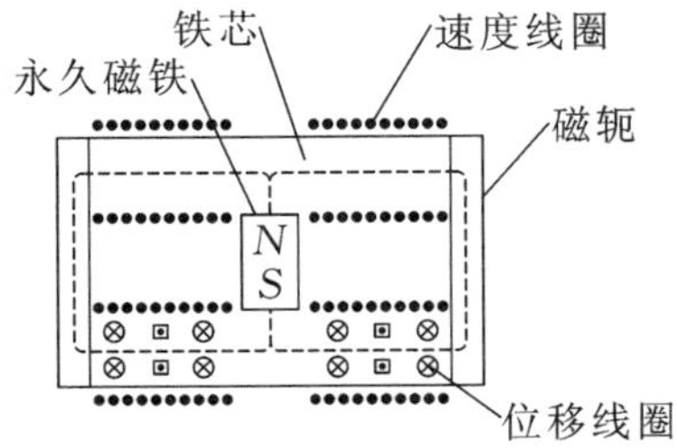

图 11-1 永磁感应测速传感器的原理图

11.3.3 振动加速度测量

可用于测量加速度的设备是加速度计。加速度计有多种类型和范围可供选择，旨在满足特定的测量要求。它们具有介于零和高值之间的频率响应，并且具有可以轻松集成以提供位移和速度测量的输出形式，可以通过改变仪器中的阻尼水平来改善加速度计的频率响应。然而，这种调整必须谨慎进行，因为只有以降低测量灵敏度为代价才能提高频率响应。加速度计除了用于通用运动测量之外，还广泛用于测量机械冲击和振动。

加速度计结构如图 11-2 所示。加速度计牢固地固定在正在加速的物体上。物体的任何加速度都会在质量 M 上产生一个力 F_a，$F_a = M\ddot{x}$。

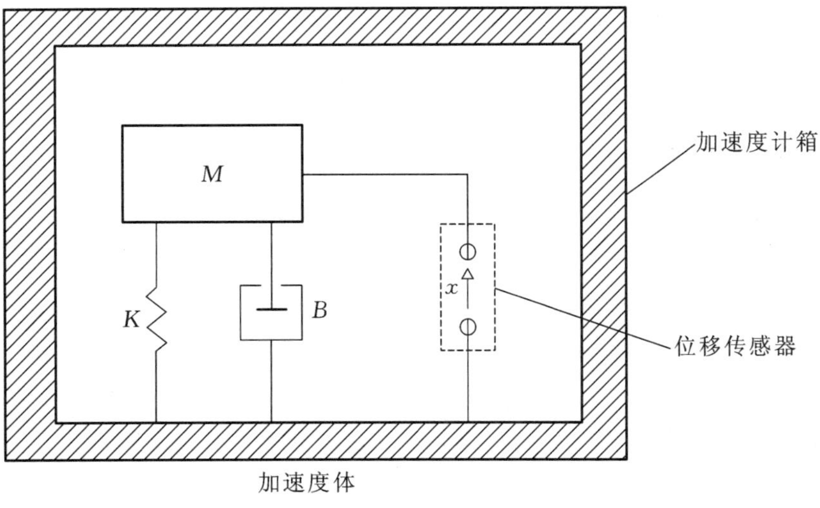

图 11-2 加速度计的结构

该力与弹簧常数为 K 的弹簧的约束作用 F_s 相反，最终结果是质量从其起始位置移动距离 x，使得 $F_a = Kx$。

在稳定状态下，当内部质量以与加速度计相同的速率加速时，$F_a = F_s$，因此：

$$Kx = M\ddot{x}\ ,\ \ddot{x} = (Kx)/M \tag{11-5}$$

这是二阶系统的运动方程，在没有阻尼的情况下，加速度计的输出将包含非衰减振荡。因此，仪器中包含一个阻尼器，它产生的阻尼力 F_d 与质量的速度 M ，由 $F_d = B\dot{x}$ 给出。可将之前的运动方程修改为以下形式[4]：

$$Kx + B\dot{x} = M\ddot{x} \tag{11-6}$$

11.4　振动传感器

11.4.1　位移测量传感器

根据传感器的变化原理，常用的位移测量传感器有电阻式电位器、线性可变差动变压器、可变电容传感器，以及感应同步、磁尺、光栅尺和激光等位移计以及点动千分表等。下面简要介绍前三种。

11.4.1.1　电阻式电位器

电阻式电位器可能是应用最广的位移测量装置。它由一个带有活动触点的电阻元件组成，如图 11-3 所示。在电阻元件 A、B 两端加电压 V_s，在滑动元件的接触点 C 与电阻元件 A 端测得输出电压 V_O，存在如下关系：

$$\frac{V_O}{V_s} = \frac{L_{AC}}{L_{AB}} \tag{11-7}$$

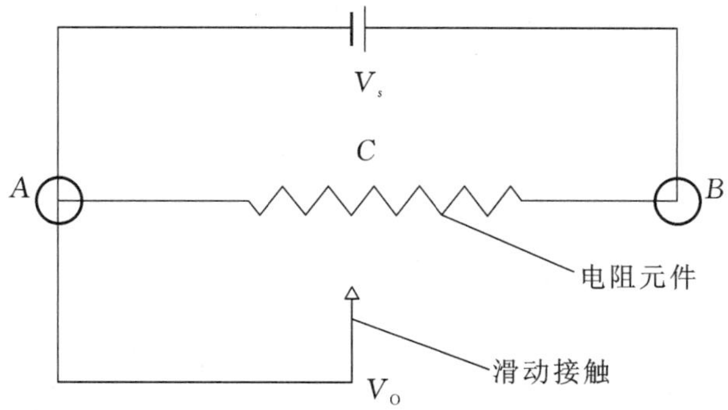

图 11-3　电阻式电位器示意图

运动的物体连接着电位器的滑动元件，物体的平移运动会导致滑块沿电阻元件进行等量级的运动，并导致输出电压 V_O 发生相应变化。

电位器可能出现的操作问题都发生在滑动元件和电阻轨道之间的接触点上。最常见的问题是滑块下方的灰尘，它会增大电阻，从而给出错误的输出电压读数，最坏的情况是导致输出完全丢失。滑块的高速运动会导致触点弹起，从而产生间歇性输出。滑块和轨道之间的摩擦力在一些测量系统中也可能是一个问题，在这些系统中，运动的物体仅由与这些摩擦力大小相似的小力移动。

电位器的预期寿命通常以滑块来回的次数表示，即滑块沿轨道前后移动的次数。绕线型电位器、碳膜型电位器、塑料膜型电位器的寿命分别为 100 万次、500 万次、3000 万次。因此，就预期寿命和测量分辨率而言,碳膜和塑料薄膜两种类型显然更胜一筹,尽管绕线型电位器在较低的温度系数方面确实具有优势,但这意味着绕线型电位器在不同环境温度条件下的特性变化要小得多。

平移运动电阻电位器的典型误差值为满量程读数的±1%。制造商生产的电位器覆盖了很大的测量范围。在此跨度的底部,可以使用范围为±2mm 的仪器,而范围为±1m 的仪器则用于顶部。

测量电位器滑块输出电压的仪器电阻会影响输出读数的值。随着滑块沿电位器轨道移动,被测电阻与测量仪器电阻之比发生变化,因此测得的位移和电压输出之间的线性关系也会失真。当电位器电阻相对于测量仪器的电阻较小时,这种影响会最小化,这是通过使用非常高阻抗的测量仪器和使电位器电阻尽可能小来实现的。但是,这种方法与实现高测量灵敏度不兼容,因为高测量灵敏度需要高电位器电阻,所以这两个因素之间的折中是必要的。由于额定功率的限制,通过保持低电位器电阻和增加激励电压来获得高测量灵敏度的替代策略在实际中是不可能的,因为这将电位器中允许的功率损耗限制在其散热能力范围内。

在电位器选型过程中,需要同时考虑额定功率和测量线性因素,从一系列可用的仪器中选择最佳电位器。

11.4.1.2 线性可变差动变压器

线性可变差动变压器,通常简称为 LVDT,由一个初级绕组和两个以串联反相连接的次级绕组组成的变压器组成,如图 11-4 所示。要测量平移位移的物体附着在变压器的中央铁芯上,所有运动都传递到铁芯。

对于由 $V_s = V_p \sin(\omega t)$ 给出的激励电压 V_s,在次级绕组 V_a 和 V_b 中感应的电动势由下式给出[5]:

$$V_a = K_a \sin(\omega t - \phi); V_b = K_b \sin(\omega t - \phi) \tag{11-8}$$

其中,参数 K_a 和 K_b 取决于相应的次级和初级绕组之间的耦合量,即取决于铁芯的位置。铁芯位于中心位置时,$K_a = K_b$,则有 $V_a = V_b = K \sin(\omega t - \phi)$。

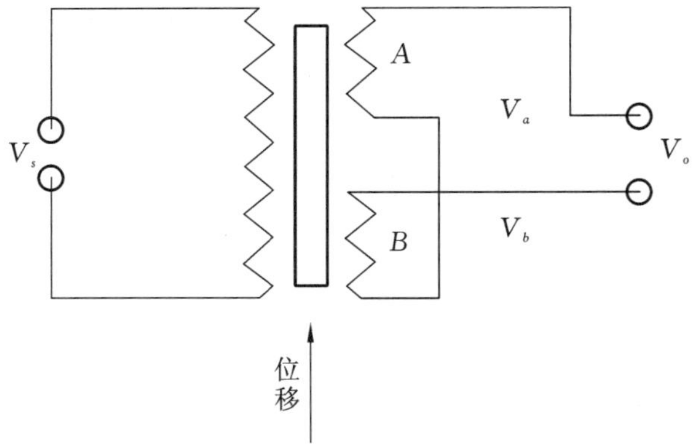

图 11-4 线性可变差动变压器示意图

由于次级绕组的串联反向连接模式,$V_O = V_a - V_b$,因此铁芯处于中心位置时,$V_O = 0$。现在假设铁芯向上(即朝向绕组 A)的位移为 x。如果 $K_a = K_1$ 且 $K_b = K_2$,则有 $V_O = (K_1 - K_2) \sin(\omega t - \phi)$。

或者，如果磁芯从零位置向下（即朝向绕组 B）移动距离 x，则 K_a 和 K_b 的值将为 $K_a=K_2$ 和 $K_b=K_1$，我们将有：

$$V_O=(K_2-K_1)\sin(\omega t-\phi)=(K_1-K_2)\sin[\omega t+(\pi-\phi)] \tag{11-9}$$

因此，对于磁芯远离中心（零）位置的等量级位移 $+x$ 和 $-x$，输出电压 V_O 的大小在两种情况下都相同。关于磁芯运动方向的唯一信息包含在输出电压的相位中，这两种情况相差 180°。因此，如果需要测量零位两侧的磁芯位置，则需要测量相位以及输出电压的大小。输出电压的幅值与磁芯位置之间的关系在磁芯在零位置任一侧的合理移动范围内近似呈线性关系，使用比例常数 C 表示为 $V_O=Cx$。

LVDT 唯一可移动的部分是中央铁芯。由于铁芯仅在绕组之间的气隙中移动，因此在运行期间没有摩擦或磨损，并有 200 年的预期寿命，因此该仪器是一种非常受欢迎的测量线性位移的仪器。其测量精度典型值为满量程读数的 ±0.5%，测量分辨率几乎是无限的，测量范围为 ±100μm～±100mm。通过将绕组封闭在非金属屏障内，可使仪器适用于腐蚀性环境，从而保持铁芯和绕组之间的磁通路径不受干扰，为此通常使用环氧树脂来封装线圈。这种方法的另一优势是使得仪器对机械冲击和振动不敏感。

影响 LVDT 精度的一些问题是激励电压和杂散电容中存在谐波，当磁芯处于零位时，这两者都会导致低幅值的非零输出。在实践中也不可能产生两个相同的次级绕组，并且次级绕组之间始终存在着小的不对称，增加了非零输出。其幅度始终小于满量程输出的 1%，并且在许多测量情况下影响不大。必要时，可以通过对仪器施加已知位移来测量这些影响。

总之，LVDT 具有无限长的机械寿命、抗超程损坏能力、快速动态响应、绝对输出等特点，可适用于大多数场景，在选型过程中，应根据实际测量需求的精度、误差、工作环境、测量量程、安装方式来最终确认。

11.4.1.3　可变电容传感器

可变电容传感器的原理以各种方式用于位移测量传感器，其最常见形式如图 11-5 所示。第一种形式如图 11-5(a)所示，由两块平行的平面金属板组成，其中一块是固定的，另一块是可移动的。将要测量的位移施加到可移动板上，电容随其移动而变化，使用空气作为板之间的电介质。第二种形式如图 11-5(b)所示，有两个平坦的、平行的金属板，它们之间有一块固体介电材料。要测量的位移通过移动介电片引起电容变化[6]。

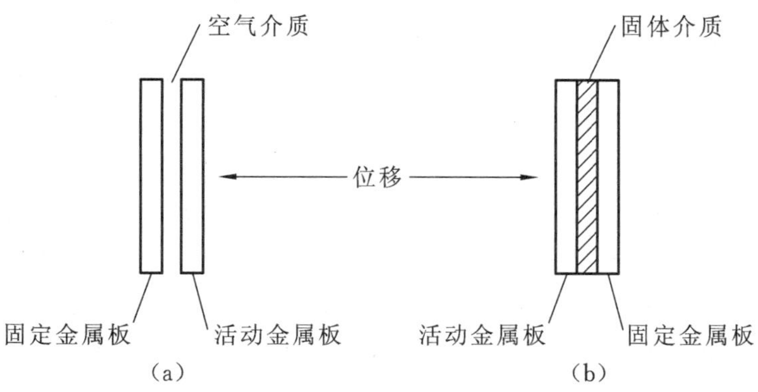

图 11-5　可变电容传感器示意图

这些仪器的误差可能低至 ±0.01%，测量分辨率为 1μm。可以从制造商的量程中选择单个设备,这些量程可测量小至 10^{-11}m,大至 1m 的位移。事实上,此类仪器仅由两个简单的导电板组成,这意味着可以制造出能够耐受各种环境危害(例如极端温度、辐射和腐蚀性大气)的设备。由于没有接触运动部件,运行中没有摩擦或磨损,预期寿命为 200 年。

可变电容传感器的主要问题是它们的高阻抗,这使得它们非常容易受到噪声的影响,这也意味着必须非常仔细地选择连接电缆的长度和位置。此外,须使用阻抗非常高的仪器来测量电容值。由于这些困难,这些设备的使用往往仅限于高精度和高分辨率的少数应用场合。

11.4.2 速度型测量传感器

平移速度无法直接测量,因此必须通过本节列出的方式间接计算。

11.4.2.1 位移测量的微分

11.4.1 节中描述的任何平移位移传感器获得的位置测量值的微分均可用于产生平移速度信号,但是微分过程总是会放大测量系统中的噪声。因此,如果必须使用这种方法,应选择低噪声仪器,如直流激励的碳膜电位计或激光干涉仪。对于电位计,为了避免电源中的谐波引起问题,必须避免交流激励。

11.4.2.2 加速度计输出的集成

如果加速度计已包含在系统中,则可以对其输出进行积分以产生速度信号。在积分过程中,测量噪声会衰减而不是放大,因此就测量精度而言,这是一种可接受的技术。

11.4.2.3 速度测量系统的校准

由于是间接测量得到的平移速度,因此使用的校准程序取决于测量系统。如果根据位移或加速度测量值计算速度测量值,则系统校准的溯源性要求正确校准所使用的相关位移或加速度传感器。另外,其他测量技术是将平移速度转换为旋转速度,在这种情况下,系统校准取决于所使用的旋转速度传感器的校准。

11.4.3 加速度型测量传感器

11.4.3.1 惯性式加速度计

目前测量加速度的传感器基本上都是基于图 11-6 所示的由质量块 m、弹簧 k 和阻尼器 c 组成的二阶惯性测量系统。传感器的壳体固接在待测物体上,随物体一起运动,壳体内有一质量块 m,通过一根刚度为 k 的弹簧连接到壳体上,当质量块相对壳体运动时,受到黏滞阻力的作用,阻力的大小与壳体间的相对速度成正比,比例系数 c 称为阻尼系数,用一个阻尼器来表示。由于质量块不与传感器基座固定连接,因而在惯性作用下与基座之间将产生相对位移。质量块承受加速度并产生与加速度成比例的惯性力,从而使弹簧产生与质量块相对位移相等的伸缩变形,弹簧变形又产生与变形量成比例的反作用力。当惯性力与弹簧反作用力相平衡时,质量块相对于基座的位移与加速度成正比,故可通过该位移或惯性力来测量加速度。

要建立惯性式加速度计的数学模型,可构建如图 11-6 所示的两个坐标系,以坐标 x 表示传感器基座的位置,以坐标 y 表示质量块相对于传感器基座的位置,以静止状态下的位置为坐标原点。假设壳体和质量块都沿着标注方向运动,对质量 m 取隔离体,受力状态如图 11-6(b)所示。质量体的绝对运动应等于其牵连运动和相对运动之和。由牛顿运动规律,有[7]:

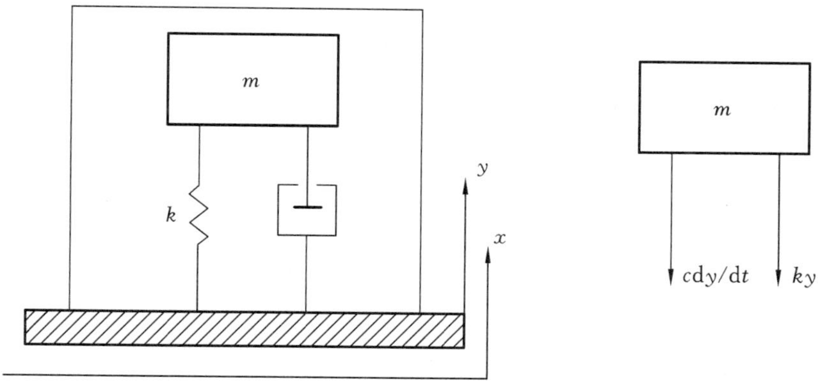

(a)　　　　　　　　　　(b)

图 11-6　二阶惯性系统的物理模型

$$m\left(\frac{\mathrm{d}^2x}{\mathrm{d}t^2}+\frac{\mathrm{d}^2y}{\mathrm{d}t^2}\right)=-c\,\frac{\mathrm{d}y}{\mathrm{d}t}-ky \tag{11-10}$$

经整理后得：

$$m\,\frac{\mathrm{d}^2y}{\mathrm{d}t^2}+c\,\frac{\mathrm{d}y}{\mathrm{d}t}+ky=-m\,\frac{\mathrm{d}^2x}{\mathrm{d}t^2} \tag{11-11}$$

该式描述了质量块对壳体的相对运动的微分方程。显然，它是二阶线性测量系统，如果引入系统的运动特性参数，则上式可写成：

$$\frac{\mathrm{d}^2y}{\mathrm{d}t^2}+2\varepsilon\omega_n\,\frac{\mathrm{d}y}{\mathrm{d}t}+\omega_n^2y=\frac{\mathrm{d}^2x}{\mathrm{d}t^2} \tag{11-12}$$

式中　ω_n——二阶系统的固有角频率；

　　　ε——系统的阻尼比。

以待测物体的加速度 $\mathrm{d}^2x/\mathrm{d}t^2$ 为激励，记 $\alpha=\mathrm{d}^2x/\mathrm{d}t^2$，以质量块的相对位移 y 为响应，对上式取拉氏变换，则有：

$$s^2Y_{(s)}+2\varepsilon\omega_nsY_{(s)}+\omega_nY_{(s)}=-A\ (s) \tag{11-13}$$

传递函数 $H(s)$ 为：

$$H(s)=\frac{Y_{(s)}}{A_{(s)}}=-\frac{1}{s^2+2\varepsilon\omega_ns+\omega_n} \tag{11-14}$$

频率响应函数 $H_{(jw)}$ 为：

$$H_{(s)}=-\frac{1}{(j\omega)^2+2\varepsilon\omega_nj\omega+\omega_n^2}=-\frac{1}{\omega_n^2}\frac{1}{[1-(\omega/\omega_n)^2]^2+j\,2\varepsilon\omega/\omega_n} \tag{11-15}$$

幅频特性为：

$$A_{(\omega)}=\frac{1}{\omega_n^2}\frac{1}{[1-(\omega/\omega_n)^2]^2+(2\varepsilon\omega/\omega_n)^2} \tag{11-16}$$

相频特性为：

$$\varphi_{(\omega)}=-\arctan\frac{2\varepsilon\omega/\omega_n}{1-(\omega/\omega_n)^2} \tag{11-17}$$

从上式可知，只有当 $\omega/\omega_n\ll1$ 时，才有 $A_{(\omega)}\approx1/\omega_n$。这是用惯性式传感器测量加速度的理论基础，即惯性式加速度计必须工作在低于其固有频率的频域内。因此，为使惯性式加速度计有尽可能宽的工作频域，它的固有频率应尽可能高，也就是弹簧的刚度 k 应尽可能大，质量 m 应尽可能小。

11.4.3.2 差动变压器式加速度传感器

作为加速度传感器，差动变压器式加速度传感器的结构如图 11-7 所示。差动变压器的外壳、线圈等与弹簧片组成的组件固定在被测件上。被测件以加速度 a 运动时，铁芯的惯性力作用在弹簧片上而产生弯曲变形，即铁芯相对于线圈有位移，因此差动变压器有输出，其输出与铁芯位移成正比[8]。

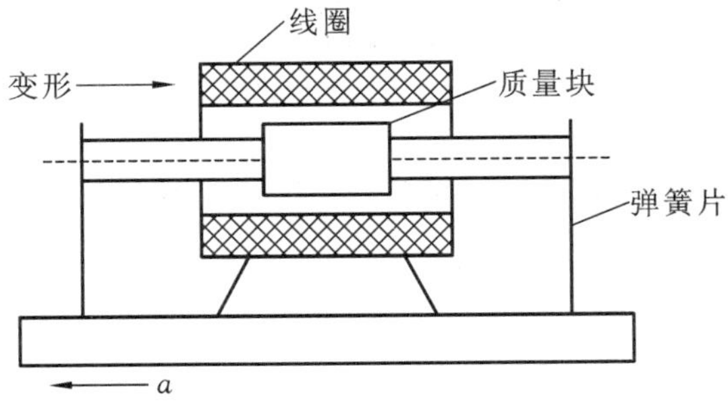

图 11-7 差动变压器式加速度传感器

同交流电桥一样，差动变压器也是一个调制器，其输出为调幅输出，因而其测量电路或系统的组成也类似于应变仪的电路，其测量方式如图 11-8 所示。

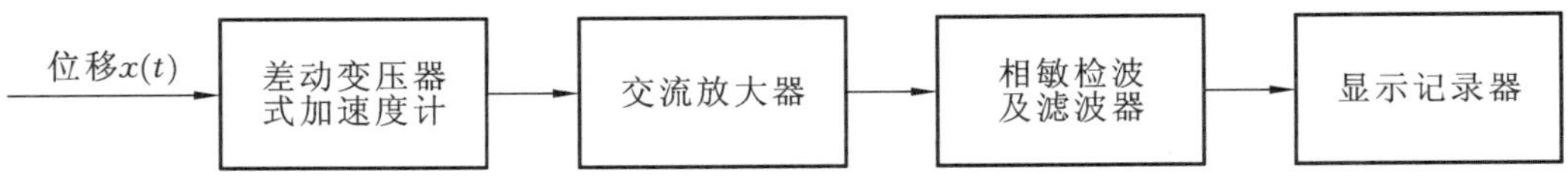

图 11-8 测量系统框图

11.4.3.3 压电式加速度传感器

压电式加速度传感器如图 11-9 所示，当构件以加速度 a 运动时，质量块 m 就以惯性力作用在压电晶片上。晶片由于压电效应在其两端面产生电荷 q，其量值与加速度成正比，即：

$$q = S_q a \tag{11-18}$$

其中，S_q 为传感器的电荷灵敏系数。

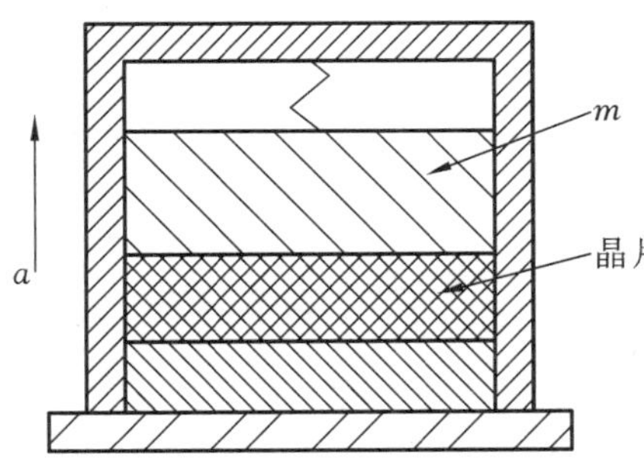

图 11-9 压电式加速度传感器

若压电晶片的电容为 C，则两端面的输出电压 e 为

$$e=\frac{q}{C}=S_v a \tag{11-19}$$

其中，S_v 为传感器的电压灵敏系数。

压电式加速度传感器的输出可接入电荷或电压放大器放大，然后再输入其他测量线路，最后由示波器记录。测量系统框图如图 11-10 所示。

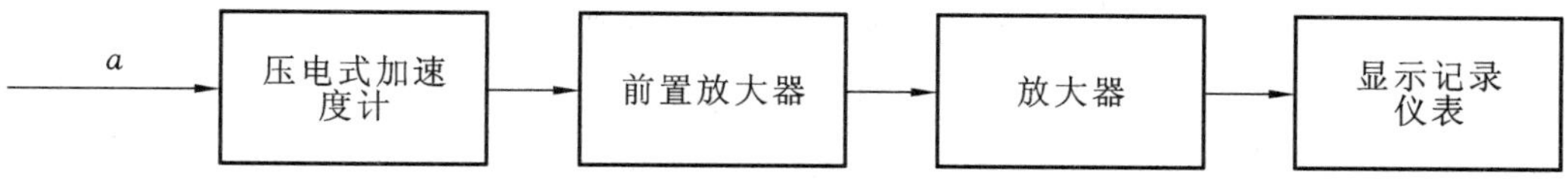

图 11-10　压电式加速度传感器测量系统框图

压电式加速度传感器，由于晶片两端面有电荷泄漏，具有低频性差的特点，故不适于测量恒定或缓变的加速度，但对快变的过程却很适用，故常用来测量振动加速度。

11.5　噪声测量原理

11.5.1　基本声学参数

11.5.1.1　声压

存在声波时，某一点上气压和平均气压的瞬时差被称为声压。测量的单位是 Pa，或 N/m^2，或 μN/m^2，有时也使用 μbar。

如前所述，声压是瞬时绝对压力和环境压力之差。我们定义均方声压为：

$$p_{\mathrm{rms}}^2=\frac{1}{T}\int_0^T p^2\,\mathrm{d}t \tag{11-20}$$

式中　p——某一点上的瞬时声压；

p_{rms}——均方根声压；

T——平均测量时间。

11.5.1.2　声压级

一个具有正常听觉的人能够无痛苦忍受的最大声压与他能够辨别的最轻声音的声压之比大约为 10000000∶1（图 11-11）。为覆盖该巨大的范围建议使用某种形式的对数刻度，而分贝能够提供这样一种刻度，因此，我们以此为基础来进行绝大多数场景的声音和噪声测量。分贝基本上是功率比的一种量度：

$$\mathrm{dB}=10\lg\frac{p_1^2}{p_0^2}=20\lg\left(\frac{p_1}{p_0}\right) \tag{11-21}$$

其中，p_0 为声压级的参考标准，$p_0=0.00002\ \mathrm{N/m^2}=20\mu\mathrm{N/m^2}$。

11.5.2　噪声测量

大多数用于测量声音的仪器都包含加权网络，这些加权网络对频率的响应近似于 Fletcher-Munson 曲线。换句话说，它们对频率的反应是 Fletcher-Munson 关系的倒数。对于大多数应用，A 加权曲线给出了令人满意的结果，相应的 SPL 读数以 dBA 为单位给出。B 加

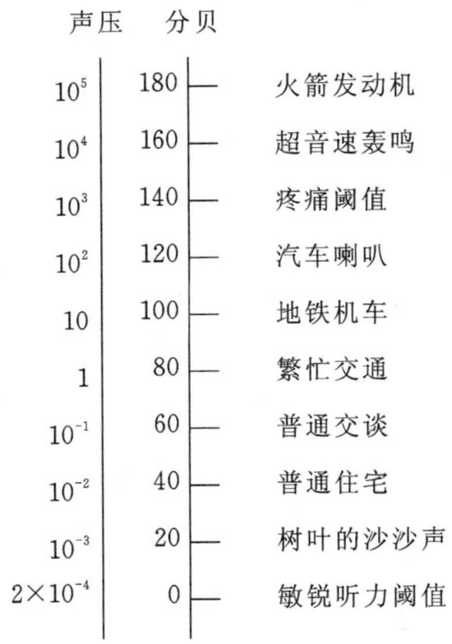

图 11-11　典型声压和声压源

权和 C 加权有时用于高声级，而特殊的 D 加权主要用于飞机噪声测量[9]。

dBA 值给出了噪声强度和不适水平的一般“感觉”，但对于分析工作，应使用未加权的结果。用于诊断工作的最简单类型的声级计是倍频程分析仪。该仪器可以为标准范围内的每个八度音阶提供平坦或 A 加权的 SPL 指示。为了更详细地研究噪声发射，能够在三分之一倍频程进行分析的仪器更为有效。例如，使用这样的仪器可以将一对特定的齿轮精确定位为噪声源。

对于发动机、变速器或车身的开发工作，离散傅里叶变换（DFT）或快速傅里叶变换（FFT）数字频谱分析仪可提供更详细的噪声排放分析。任何周期函数都可以分解为基频和一系列谐波。来自发动机或变速器的一般噪声不会以这种方式重复，因此，有必要在有限的时间间隔内记录噪声样本，并处理该数据，以给出 SPL 对频率的频谱，这些都可以用傅里叶变换算法来做到。

最简单的声级计由麦克风、放大器和某种类型的仪表组成。声级计根据英国和国际标准进行分级，最常用的用于精确测量的类型称为精密级。在实践中，基本的声级计将结合加权网络与内置倍频程滤波器或用于连接外部滤波器组的装置（图 11-12）[10]。

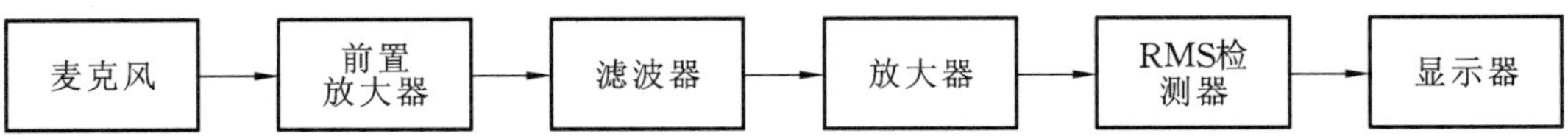

图 11-12　声级计示意图

仪表还将控制显示的时间常数（即仪表响应的“速度”），两个常见的时间常数是“快”和“慢”。更复杂的仪表包含 Leq 测量设备，这些仪表也可以像基本仪表一样作为带过滤器的手持式仪表。

输出以模拟（直流或交流）或数字形式提供。数字输出可以将仪表连接到计算机（便携式或基于办公室的）以进行更复杂的计算或产生更大的图形。

便携式声级计也可用于测量百分位数。它可以将结果保存在可以单独查询的存储器中，也可以连接到计算机以进行打印输出，还可以使用环境噪声分析仪来记录百分位数和 Leq 读数并进行打印输出。

当连接到专用硬件设备时，计算机可用于噪声分析。一台机器集成了窄带分析仪、倍频程和三分之一倍频程，具有环境噪声分析仪的所有功能。这些设备的成本远低于单独购买所有专用仪器的成本。

11.6　噪声传感器

测量有关声音的参数使用一种基本系统，该系统包括一个探测器传感器（麦克风）、中间调整装置（放大器和过滤系统）和读数装置（一块表、示波器或记录仪器）。大多数声音测量系统用来获取有关心理声学的信息。因此，有必要使仪器具有类似一般人耳的非线性特性。功能强大的滤波器网络可以为分离和识别组成复杂声音的各种频率成分或成分范围的分析器和装置提供基础。

11.6.1　声级计

基本的声级计是一种可以输入声压，并提供一个用来量度声压大小的读数的测量系统。声音可以是宽带的，可以具有随机频率分布，也可以包括离散的单音。当然，这些因素中的任何一个都将影响声级计的读数。

一般来说，声级计系统包括权重网络（滤波器），它可以粗略地将仪器响应与人的听觉响应相匹配。因此，读数包括了心理声学因素，并且依据人耳测量系统的能力给出一个评判声音大小的数值[11]。

图 11-13 给出了基本声级计的结构框图，图 11-14 给出了一种商用声级计。当与一个读数装置联合使用时，该系统通常被称为声级记录仪。

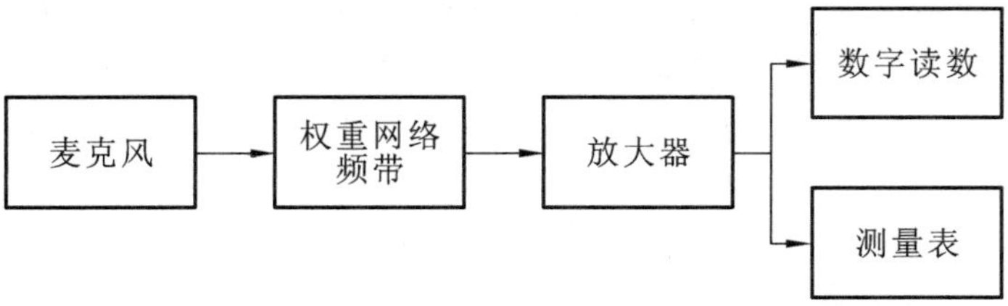

图 11-13　典型声级计或声级记录仪的框图

图 11-15 显示了声级计的标准加权特性。一般测量声音的仪器都设置有 A、B、C 三种计权网络。计权网络 A 模拟的是人耳对 40phom 的纯音响应，它对于中低频级（1000Hz 以下）有较大衰减。计权网络 B 模拟的是人耳对 70phom 的纯音响应，对低频级（500Hz 以下）有一定衰减。计权网络 C 模拟的是人耳对 100phom 的纯音响应，在整个可听频率范围内有几乎平直的响应。

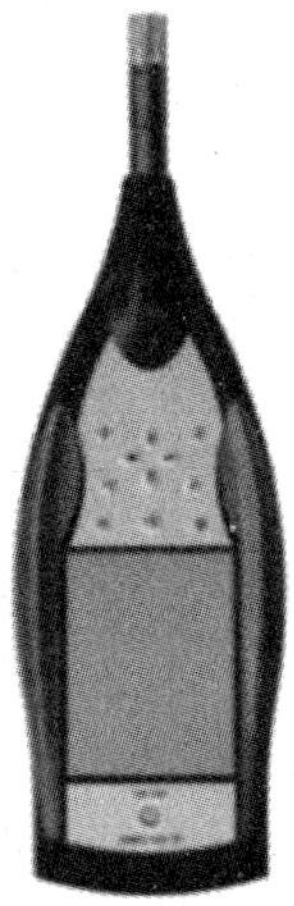

图 11-14　2250 型声级计(B &K 公司产品)

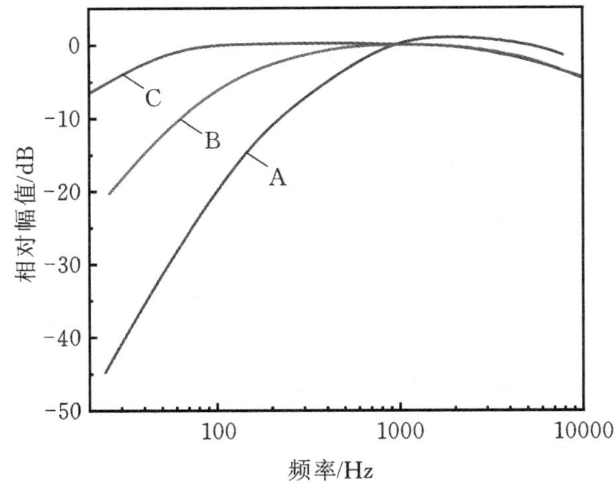

图 11-15　声级计的标准加权特性

11.6.2　麦克风传感器

大多数麦克风包括一个作为初级传感器的薄膜片，该膜片在它上面的空气的作用下运动。运用能够提供模拟电信号的某种形式的二次传感器，可将该膜片的机械运动转换为电信号输出。

普通麦克风可以根据二次传感器分类如下：

(1) 电容器式麦克风。

(2) 晶体式麦克风。

(3) 电动力式麦克风(动圈式或带式)。

(4) 炭精式麦克风。

电容器式麦克风可能是用于声音测量的最受欢迎的麦克风，被广泛地用作声音测量初级传感器。它配置一个膜片，该膜片组成一个空气介质电容器的一个极板(图 11-16)。由声压冲击导致的膜片运动产生一个输出电压：

$$E(t)=E_{\text{bias}}\frac{d'(t)}{d_0} \tag{11-22}$$

式中　$E(t)$——输出电压；

E_{bias}——极化电压；

d_0——极板间的原始间距；

$d'(t)$——由声压波动导致的极板间距变化。

驻极体传声器是电容式麦克风的一种特殊形式。尽管普通电容式麦克风需要一个外部极化电压，但驻极体传声器是自极化的。共膜片由一个塑料薄片组成，该薄片中的一面具有导电涂层，该涂层作为电容器的一个极板。

晶体式麦克风使用压电类元件，一般通过弯曲作用来激活。为了得到最高的灵敏度，将一个悬臂梁式元件机械地连接到膜片上。其他结构采用膜片与元件直接接触，或粘接(元件弯曲放置)，或直接支承(元件受压)。晶体麦克风广泛地应用于高精度的声音测量。

电动力式麦克风应用的是磁场中运动导体的原理。该磁场一般由一个永磁铁提供，从而将该传感器列为可变磁阻范畴。随着膜片移动，所感应的电压正比于线圈相对于磁场的速度，这样就提供了一个模拟电信号输出。电动力式麦克风有两种不同的结构：动圈式（图 11-17）和带式。后一种类型的感应部件由一个金属带形式的单一元件组成，该元件担当“线圈”和膜片的双重职责。

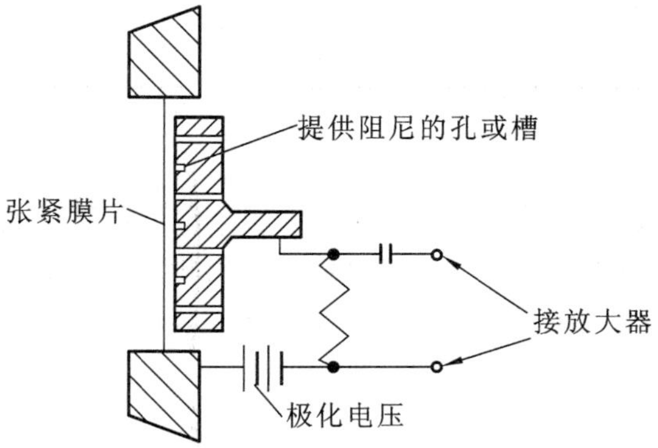

图 11-16　电容式麦克风结构示意图

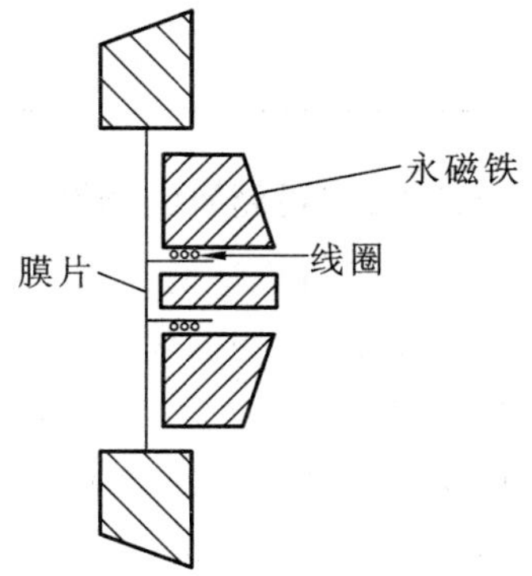

图 11-17　电动力式麦克风示意图

炭精式麦克风的二次传感器由一小盒炭粒组成，该炭粒的电阻随着膜片所感应到的声压而变化。其有限的高频和低频响应使之不能用于严格的声音检测，这里仅仅是为了列出所有种类的麦克风。炭精式麦克风有限的频率特性以及它的耐用性，使之能够理想地用作普通电话听筒的发射机。

麦克风选择因素：

一个用于测量的理想麦克风应该具有以下的特性：

(1) 在可听频率范围内具有平坦的频率响应。

(2) 无方向性。

(3) 在全部动态范围上具有可预知的、可重复的灵敏性。

(4) 在待测的最低声级上，输出信号是系统内部噪声级的数倍。

(5) 最小的尺寸和重量。

(6) 输出不受声压以外的其他任何环境条件的影响。

用于声音测量时，电容式麦克风无疑占据最高位置，晶体式麦克风紧随其后排名第二。在所有的测量中，麦克风传感器的存在不可避免地改变了被测信号。在该应用中，麦克风在尺寸上应该尽量小。尺寸，尤其是膜片直径应该对灵敏度和响应有很重要的影响。因此，麦克风仅在一定的尺寸范围可用，最终的选择必须平衡特定应用所提出的要求。表 11-2 概述了麦克风的特性[12]。

表 11-2　麦克风特性简述

麦克风类型	工作原理	相对阻抗	线性度	优点	缺点
电容器式	电容	非常高	极好	稳定；保持标定值；对振动有低灵敏性；范围广	对温度和压力变化敏感，较脆弱，需要高极化电压，需要靠近麦克风的阻抗耦合装置

续表11-2

麦克风类型	工作原理	相对阻抗	线性度	优点	缺点
晶体式	压电	高	好～极好	自发电；可以密封，相对耐用，相对便宜	需要阻抗匹配装置，对振动较敏感
电动力式	磁阻	低	好	自发电	尺寸大
炭精式	电阻	中等	差	非常耐用，便宜	极有限的频率范围

11.6.2.1 麦克风的选型

麦克风具有广泛的应用，例如声学测量、电信、广播、音乐录制、消费电子产品等。尤其是在较高频率下，因为波长和传声器尺寸趋向于相同的数量级，测量传感器会影响声场，这取决于声场的类型（压力场、自由场或扩散场）。选择麦克风时，首先要考虑测量要求，其次要了解各种因素对麦克风性能的影响[13]。

（1）声场环境因素

压力场麦克风：压力场中的声压在场内的任何位置都具有相同的幅度和相位。压力场存在于外壳或空腔中，与波长相比，它们的尺寸很小。典型的例子是用于测试耳机或校准麦克风的耦合器。压力场传声器的频率响应通常经过优化，使其振膜外表面的压力尽可能平坦。为此，隔膜应与它的耦合器壁一样坚硬。但是这实际上是不可能的，因此可以进行适当的更正。

自由场麦克风：自由场传声器类型对垂直于振膜的声波具有平坦的自由场频率响应特性。在远离反射表面或在具有大量自然声学阻尼的办公室内进行户外测量时，自由场麦克风是最佳选择。自由场传声器和常压传声器之间的基本区别主要在于前者的频率响应的设计补偿，使得它可以指向噪声源，并且由于在声场中引入传声器而导致的误差最小。麦克风主体对声场的影响可以通过对测量的声谱进行后处理来校正，但补偿也可以内置到麦克风本身。补偿是通过对振膜谐振引入大阻尼来实现的，从而产生频率响应特性，该特性在不受干扰的自由场中基本平坦。

扩散场麦克风：用于漫射场测量的专用传声器并不常见，原因是传声器本身产生的漫射场校正或压力变化非常小，以至于许多压力场传声器也具有良好的漫场特性。在具有硬反射表面的封闭区域中进行测量，可能会产生混响，为随机入射测量而修改的压力场传声器是最好的，这是因为压力场传声器的随机入射响应在整个频率范围内比自由场传声器更“平坦”或更恒定。

（2）麦克风的技术规格

频率响应：麦克风应具有宽频率范围和平坦的频率响应。由于麦克风通常具有较宽的工作频率范围，因此应考虑频率响应与其他要求（例如声场类型）的关系。

尺寸：麦克风的尺寸（直径）应根据感兴趣的最高频率范围和声压级（SPL）的动态范围进行选择，并且通常随着要测量的频率和 SPL 的提高而减小。较大的麦克风比较小的麦克风具有更高的灵敏度，这也是事实。

等效噪声分贝：这是产生对应于固有 A 加权噪声电压的输出电压所需的声压水平，可通过 3%非线性失真进行测量，并由麦克风和前置放大器组合的固有噪声决定。

动态范围：这是麦克风可以处理的从最低到最大 SPL 的范围。对于宽线性动态范围，需要低固有噪声和低失真。动态范围的下限由麦克风和前置放大器组合的固有噪声决定。这在办公环境中使用时需要注意，因为可能需要测量低至 10～12dBA 的水平。动态范围的上限由最大声压级决定，例如，在可能遇到高声压级(140～150dB)的排气系统的测量中。通常，动态范围的下限或上限取决于应用场景。

敏感性：是每单位输入压力波动(单位：Pa)对应的输出(单位：mV)之间的关系。压力灵敏度意味着对作用在麦克风上的实际压力的敏感性，而自由场灵敏度意味着对插入麦克风之前声场中存在的压力的敏感性，这两者在低频下相等。

开路灵敏度(So)：定义为压力场灵敏度，适用于不加载麦克风的理想化前置放大器。它是开路电压与压力的比值，以 250Hz 或 1000Hz 的频率确定，用于麦克风的校准和监控。

负载灵敏度(Sc)：当麦克风唱头连接到前置放大器时，其输入电压被前置放大器输入电容衰减。这种效应在很宽的频率范围内有效。

相位响应：在选择用于声强测量的传声器时，这一点值得关注。重要的不是绝对相位响应，而是一对麦克风之间的相对相位响应，因此相位响应特性必须紧密匹配。专门制造的传声器对具有匹配的相位响应，可用于声强测量。

极化类型：有两种不同类型的麦克风结构，一种采用称为极化电压的外部电压源，通过大电阻建立电荷，以极化背板和振膜之间的气隙(外部极化)，另一种将极化电荷存储在麦克风背板上的驻极体层中(预极化)。外部极化传声器是一般现场和实验室使用以及高温测量的理想选择。预极化麦克风适用于便携式声级计，需要其重量轻且不需要极化电压。这种麦克风在非常潮湿的环境中也能提供好的性能。

方向特性：方向特性是麦克风相对灵敏度随入射角的变化。这可以通过固定频率给出的极坐标图以图形方式表示。如果传声器用于自由场测量，则方向特性尤为重要。

换能器的稳定性：测量传声器的稳定性是一个非常理想的特性。这意味着在温度、湿度等的短期和长期波动中灵敏度和频率响应具有高度稳定性。

11.6.3　麦克风阵列

本节介绍麦克风阵列，主要根据不同的排列方法，以不同的问题和不同的数学方法介绍不同阵列类型的一般属性(如扫描阵列、平面阵列、球面阵列)。

(1) 扫描阵列

当测量复杂的辐射场或反向传播复杂的辐射模式时，一个简单的经验法则是：使用的麦克风越多，效果越好。当然，更多的麦克风意味着更多的录音通道，这可能会变得非常昂贵。一个简单的替代方案是扫描阵列。这里有一小组麦克风，可能只有四个或八个，被放置在所有需要的位置，分段记录现场。出于实际原因，阵列的总体配置取决于麦克风的基本安装。如果将它们安装在线性阵列中，则它们适合以规则的网格间距使用。如果将它们安装在半圆上，则该圆可以围绕中心点以等距角度超过 360°移动，以获得覆盖有麦克风录音的完整球体。这种方法只能用于静态信号，无论线阵记录在哪个位置，都需要依靠信号协同。通常，自动录音设置用一个马达使阵列四处移动，因此，可以一个接一个地部分记录不同位置的声场。

(2) 平面麦克风阵列

平面阵列使用了规则的麦克风网格，这个网格也可能有不同的配置：一种是线阵列，它通常与少量麦克风一起使用，例如四到八个；另一种是平面阵列，通常用于复杂辐射表面的重建，因为阵列具有相似的几何形状。

平面麦克风阵列实现了平面360°等效拾音，麦克风个数越多，空间划分越精细，语音增强和降噪效果越好，广泛用于智能音箱和交互机器人上。

(3) 球面麦克风阵列

真正实现全空间360°无损拾音，解决了平面阵列高俯仰角信号响应差的问题。

11.7 振动和噪声采集分析系统

本节旨在向读者介绍基于 LabVIEW 的振动和噪声采集分析系统，LabVIEW 是由 National Instruments 开发的软件包，是一个广泛的编程平台。它包括多种功能，从基本的代数运算符到可以集成复杂程序中的高级信号处理组件。

11.7.1 NI 采集分析系统

LabVIEW 提供了数据采集的功能工具和用户界面。LabVIEW 通过 DAQ 卡（也称为 I/O 卡）直接对传感器数据进行实时采样，并能够存储、处理和显示采集到的数据。在大多数情况下，一个或多个传感器将模拟读数传输到计算机的采集卡上。然后，这些模拟数据被采集卡转换为单独的数字值，传输给 LabVIEW，并在界面上显示。LabVIEW 具有丰富的数据分析功能，也可以将数据导出到电子表格以进行详细分析和图形显示。

11.7.1.1 声音和振动工具包

声音和振动工具包是 LabVIEW 虚拟仪器（VI）的集合，工具包提供了音频测试、声学测量和振动测量应用所需的函数和显示控件，可用于执行音频、声学或振动应用所需的典型测量。声音和振动工具包具有以下声音和振动测量功能：将信号缩放到工程单位（EU）；校准测量通道；应用加权滤波器；集成时域信号；执行电平测量；执行扫频正弦测量；执行单音测量；执行极限和模板测试；执行分数倍频程分析；执行频率分析；执行瞬态分析；执行失真分析；显示结果。可以使用声音和振动工具包对数字化或模拟数据执行测量。

11.7.1.2 振动水平测量系统

本节简要讨论与执行振动级测量相关的分析概念，以及如何使用位于振动级选板上的振动级 VI 执行振动级测量。

图 11-18 为振动水平测量与声音和振动测量过程的关系。

(1) 测量均方根（RMS）电平

振动测量的基本要求是测量加速度计返回的信号电平。加速度计信号的电平通常以均方根加速度（g_{rms}）表示。

图 11-19 为单次缓冲采集和 RMSVI 级。采样频率为 10kS/s。读取 VI 返回包含 1s 数据的缓冲区。

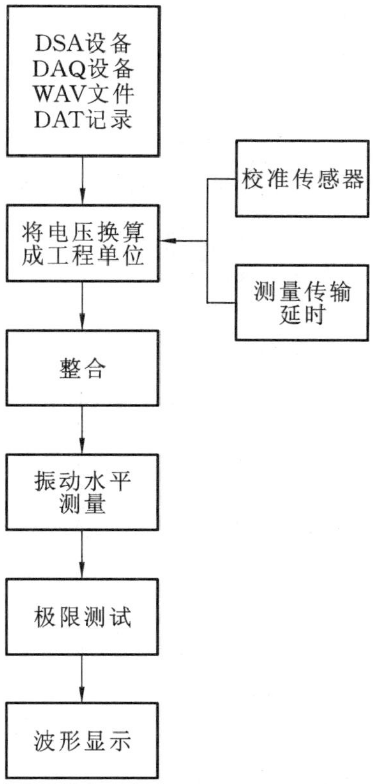

图 11-18　振动水平测量与声音和振动测量过程的关系

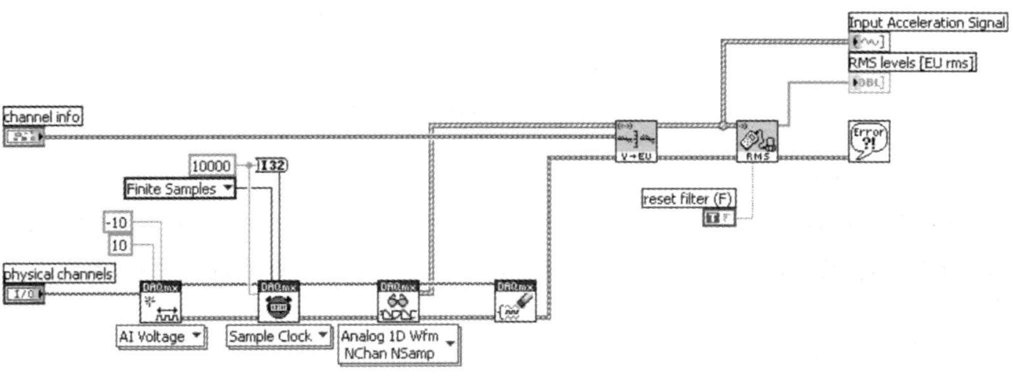

图 11-19　单次缓冲采集和 RMS VI 级

(2) 连续信号采集

可以将图 11-19 中的框图与 While 循环一起使用，以连续获取来自加速度计的信号并在图表中显示振动水平。图 11-20 中的框图说明了如何每 100ms 测量一次 RMS 值并将结果显示在条形图中。在此示例中，RMS 值是根据最后 100ms 的采集数据计算得出的。

(3) 执行运行 RMS 电平测量

SVT Running RMS Level VI 返回在最后 Ns 内计算的 RMS 值，这是积分时间。见图 11-21。图 11-21 中的框图说明了使用 SVT Running RMS Level VI 的应用程序，采样频率为

10kS/s，一次读取 1000 个样本。

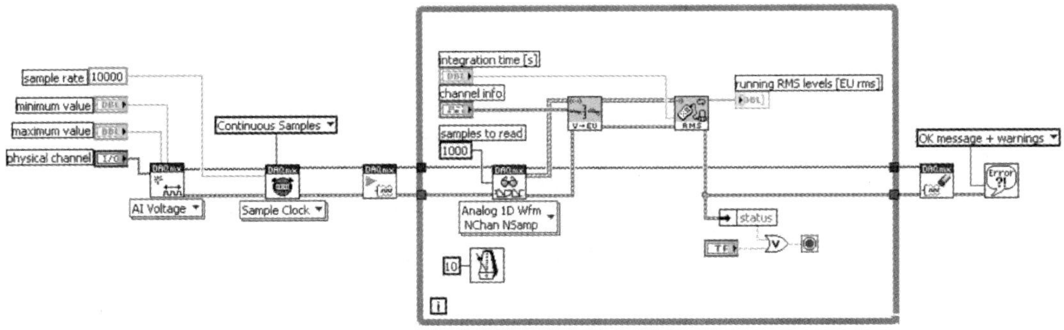

图 11-20 连续数据采集和 RMS VI 级

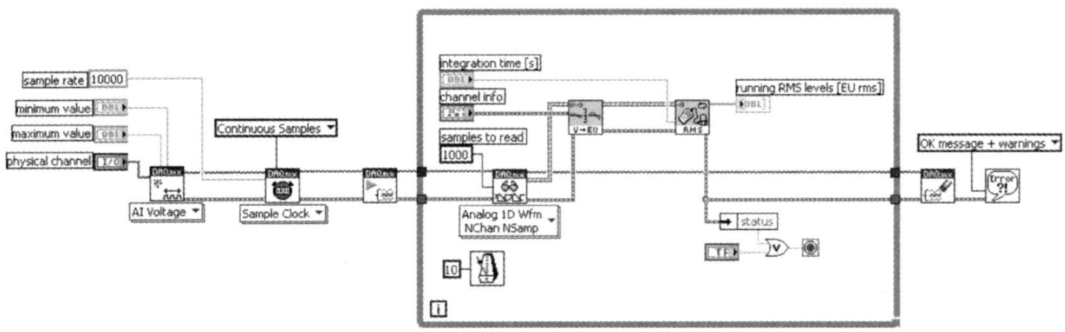

图 11-21 运行均方根 VI

(4) 计算峰值电平

使用 SVT Peak Level VI 计算信号的峰值电平。在峰值保持平均中，计算并返回所有先前值的最大测量电平值，直到新值超过当前最大值。新值成为新的最大值，并且是返回的值，直到新值超过它为止。

(5) 计算波峰因数

波峰因数是给定信号的峰值与 RMS 值之比，表示波形的形状。波峰因数由下式定义：

$$F_c = \frac{V_{pk}}{V_{rms}} \tag{11-23}$$

式中 F_c——波峰因数；

V_{pk}——信号的峰值；

V_{rms}——信号的 RMS 值。

图 11-22 中的框图说明了使用 SVT Crest Factor VI 的应用程序。除了波峰因数，SVT Crest Factor VI 还返回峰值和 RMS 电平。

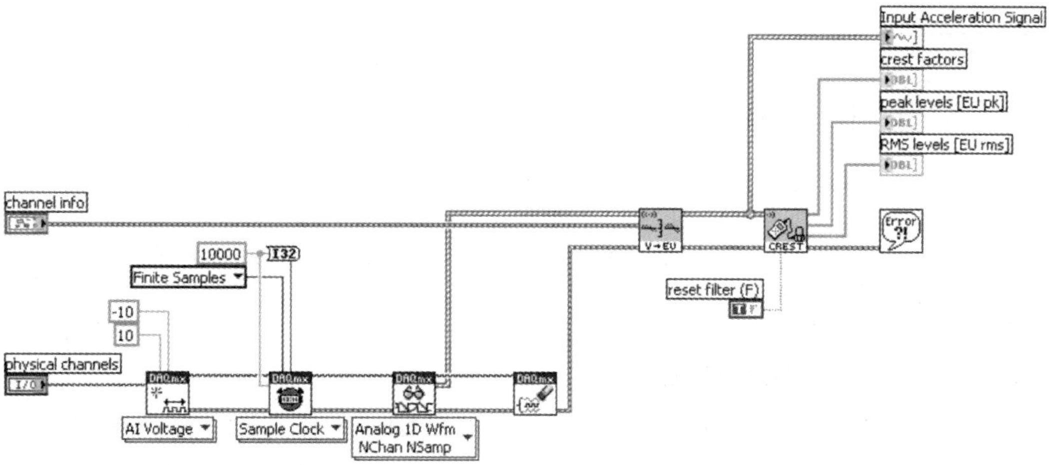

图 11-22　波峰因数 VI

11.7.2　B&K 采集分析系统

11.7.2.1　BK Connect 软件

BK Connect 是 HBK 公司的软件平台。该软件平台是一个完全集成的、以用户为中心的软件解决方案，用于多通道数据采集、数据处理、数据管理和报告生成。BK Connect 分析平台可按照不同用户的工作流程和任务灵活设置工作流程，并兼容主流声学与振动数据格式。通样软件及功能见表 11-3。

表 11-3　通用软件及功能

通用软件	功能
数据查看器	数据导入、元数据编辑、项目数据浏览和检索、拖曳式显示数据和生成报告
高级数据查看器	管理数据，对数据进行离线数学和统计运算
内部数据选项	导入.pti、.dat、.ati、.afu、.unv、.uff、.wav 格式至 Excel
外部格式接口选项	导入.atfx、.DATX、.hdf、.dat、.sie、.rpc、.sdf
有限元接口选项	分别导入 Nastran/Ansys/Abaqus 有限元模型
硬件设置	管理传感器和前端、进行传感器验证、实时域波形、FFT、CPB、总值、FFTvs.Time、转速及 CAN 信息等的实时监视
高级硬件设置	无限制模块数前端管理
虚拟硬件设置	用真实前端创建“虚拟前端”设置并配置传感器
数据记录仪	多种触发和延时控制记录、循环和多次记录、数据标签、数据库元数据定义、查看、回放和裁剪记录数据，编辑元数据和标签
数据处理	浏览并使用预定义处理链进行标准测量、标准处理，即时显示和存储数据、自动生成报告

续表11-3

通用软件	功能
高级频率分析选项	包络分析、幅值和相位解调、时域相关、IIR 滤波
阶次分析选项	使用固定带宽的 FFT 进行转速分析，阶次切片，根据转速轮廓合成转速脉冲并进行转速脉冲修正
声品质参数计算选项	计算响度、粗糙度、尖锐度、波动强度、纯音比、清晰度等声品质参数的稳态和随时间变化的单值及频谱结果

11.7.2.2 LAN-XI 模块和前端

LAN-XI 系列模块和前端作为 BK Connect 数据采集的硬件，配合相应软件单个模块即可组成小型采集系统，也可以将多个模块置于一个机箱或局域网内同步采集，具备 POE 以太网直接供电功能，只需一根网线即可同时实现数据传输和供电。支持 PTP 精确时间协议，只需采用符合要求的交换机即可实现亚微秒级的同步。除 3053 模块和 LAN-XI Light 之外，所有 LAN-XI 模块均采用 Dyn-X 技术，具有单一量程内 160dB 的动态范围。此外，所有的输入模块均支持 TEDS，可自动读入传感器的灵敏度等信息。综合 TEDS 与 Dyn-X 技术，大大节省了测量前的安装准备时间，使工程师集中精力于测量本身以及分析数据。

表 11-4 和表 11-5 分别为 LAN-XI 机箱和 LAN-XI 采集模块和电池模块。

表 11-4　LAN-XI 机箱

型号	支持模块数	供电方式	特点	应用
3660-A	1	电源、电池	无线传输	无线传输数据
3660-C-100	5	电源、电池	PTP、IDAe 或 GPS 同步	多通道、分布式测量
3660-D-100	11	电源、电池	PTP、IDAe 或 GPS 同步	多通道、分布式测量

表 11-5　LAN-XI 采集模块和电池模块

型号	输入通道数	输出通道数	分析频率范围	支持 Dyn-X	直接电压输入	IEPE/CCLD 输入	传声器前置放大器输入
3050	4/6	—	0～51.2kHz	√	√	√	√
3052	3	—	0～102.4kHz	√	√	√	√
3053	12	—	0～25.6kHz	×	√	√	×
3056	4	—	0～51.2kHz	√	√	√	√
3160	2/4	2	0～51.2kHz	√	√	√	√
3676	4	—	0～25.6kHz	×	√	√	×

课后习题

一、判断题

1. 为了能准确测到低频部分,惯性式位移传感器的固有频率设计得比较低。(　　)

2. 电压放大器是将压电加速度计的电荷变成电压后,再进行放大,并将压电加速度计的阻抗变成低输出阻抗,以便与主放大器连接。目前,通用的电压放大器的放大倍数甚小,主要起阻抗变换作用,故又称为阻抗变换器。(　　)

3. 惯性传感器的质量元件相对于传感器外壳的运动与被测物体相对于基准的运动规律一致,振幅比及相位差值由传感器的固有频率大小而定。(　　)

4. 声音是声波以纵波形式在空气介质中的传播。(　　)

5. 声强随着声源的距离的增大而减小,也就是说,在距声源的不同距离的两点上声强之比,等于这两个距离的倒数之比。(　　)

二、选择题

1. 惯性式加速度计的测振频率应(　　)其固有频率。

A.小于　　B.大于　　C.接近于　　D.不一定

2. 压电晶体传感器与电荷放大器连接后,放大器的输出正比于(　　)。

A.放大器的放大倍数　　B.放大器的反馈电阻

C.传感器的等效电阻　　D.传感器感生的电荷量

3. 下列关于磁电式速度传感器的表述中,(　　)是不正确的。

A.相对式传感器的弹簧力要大于线圈-顶杆的惯性力

B.绝对式传感器的弹簧要软一些,以便扩展被测频率的下限

C.惯性式传感器的动态特性与压电加速度计相同

D.这种传感器不需要外接电源

4. 超声波是频率超过(　　)的波动。

A.20Hz　　B.20kHz　　C.1000Hz　　D.其他频率

5. 声级计频率计权网络中,无论噪声强度多少,利用(　　)能较好地反映噪声对人的主观感觉和人耳听力损伤的影响。

A.A 声级　　B.B 声级　　C.C 声级　　D.任意声级

三、简答题

1. 如何校准压电加速度传感器?

2. 压电式传感器的放大电路有哪些?为什么多采用电荷放大器?

3. 什么是 A 声级?

4. 简述声级计的校准方法。

5. 列出评价噪声的主要的主观和客观技术参数。

参考文献

[1] HEALEY,MARTIN.Principles of Automatic Control[M].London:English Universities Press,1975.

[2] MORRIS A S.Measurement and Instrumentation Principles[J].Measurement Science and

Technology,2001,12(10):1743-1744.

[3] MORRIS A S,LANGARI R.Measurement and Instrumentation:Theory and Application [M].New York:Academic Press,2012.

[4] DAJANI H, KUNOV H, SESHAGIRI B. Real-time Method for the Measurement of Noise Exposure from Communication Headsets [J]. Applied Acoustics, 1996, 49 (3): 209-224.

[5] FIGLIOLA R S,BEASLEY D E.Theory and Design for Mechanical Measurements[M]. New York:John Wiley & Sons,2021.

[6] ELLIOTT S J, NELSON P A. The Active Control of Sound [J]. Electronics & Communication Engineering Journal,1990,2(4):127-136.

[7] SHABANA A A.Theory of Vibration[M].New York:Springer-Verlag,1991.

[8] CROCKER,MALCOLM J.Handbook of Noise and Vibration Control[M].New York: John Wiley & Sons,2007.

[9] MARTYR A J,PLINT M A.Engine Testing[J].Butterworth Heinemann,2012.

[10] DENNIS A.Plant Engineer's Reference Book[J].Plant Engineers Reference Book,2001, 12(1):vii.

[11] KIM H K.Filtering in the Time and Frequency Domains[J].Proceedings of the IEEE, 1978,66(3):360-360.

[12] 王伯雄.测试技术基础[M].北京:清华大学出版社,2012.

[13] BENESTY J,CHEN J,HUANG Y.Microphone Array Signal Processing[M].Berlin: Springer Berlin Heidelberg,2008.

第 12 章 气体成分分析

12.1 本章知识点

本章名词及含义汇总见表 12-1。

表 12-1 名词及含义汇总

名称	含义
气体分析	利用各种气体不同的物理、化学性质来测定混合气体组成的分析方法
气相色谱分析法	一种通过分离气体混合物从而确定样氧中气体成分和浓度以及杂质的技术
红外光谱	一种用于分析化学物质的技术，利用红外辐射与物质相互作用时发生的能级跃迁来获取信息
红外光谱仪分析法	利用红外光谱对物质分子进行的分析和鉴定的方法
烟气监测	对大气污染源排放的气态污染物、颗粒物进行浓度和排放总量监测

12.2 气体分析的原因和意义

12.2.1 气体分析的特点

气体分析是利用各种气体的物理、化学性质不同来测定混合气体组成的分析方法。在工业生产中为了正常安全生产，对各种工业气体都要进行分析，了解其组成。常用的气体分析方法有：化学分析法（吸收法、燃烧法等）、物理分析法（密度、热导率、折射率、热值等）和物理化学分析法（电导法、色谱法、红外光谱法等）。气体分析在工业生产、环境监测、科学研究等领域都具有重要的应用价值。了解气体的组成和性质有助于确保正常安全的生产环境，并为解决许多问题提供关键信息。

气体分析与固体、液体的分析不同，它有如下特点：

（1）流动性：由于气体不易称重且具有流动性，常用的分析方法是通过测量气体的体积来估算其含量。这可以通过容积法、流量计、气体收集法等实现。这种方法基于气体体积与其分子数之间的关系，适用于定量分析。

(2) 易损性:气体在取样、传输和分析过程中非常容易损失,因为它们可以通过细小的孔隙或不完全密封的设备逸出。这会导致样品不准确,从而影响结果的可靠性。因此,在气体分析中,样品的捕捉和处理必须特别小心。

(3) 压缩性:气体具有很高的压缩性,这意味着它们会根据温度和压力的变化而发生显著的体积变化[1]。温度和压力的变化可能导致气体的密度、浓度和体积发生变化,从而影响分析结果。这是进行精确的定量分析时需要考虑的因素。

(4) 气体组分复杂:虽然气体的种类有限,但由于气体的浓度千差万别,相同的气体组分由于浓度不同,其分离和定量方法可能会有很大的差异。这需要选择适当的分析方法,并考虑多种因素,如选择合适的分析仪器、校准曲线等。图 12-1 列出了几种常见的气体成分分析仪器。

工厂在生产过程中不仅需要有纯度的工业气体作为原料,还会在生产过程中产生多种纯度很高的衍生气体,这些气体往往会有一定的危害,因而要有各种高灵敏度、高准确度、高选择性的检测仪器进行实时监控,以防止工业气体原料泄漏或衍生气体超标,减少隐患。

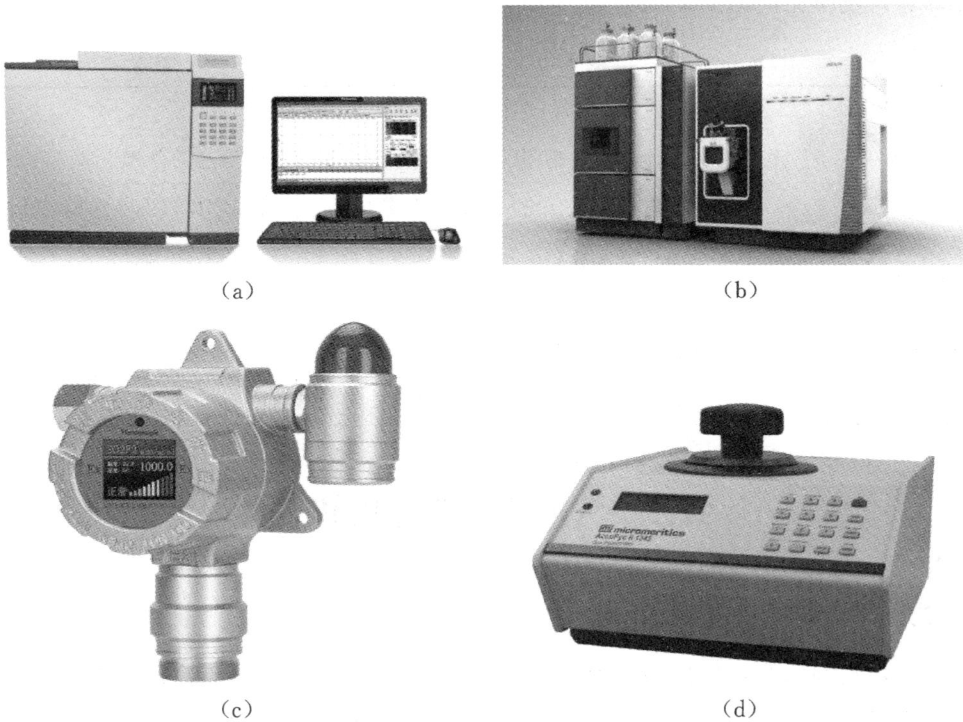

(a) (b) (c) (d)

图 12-1 几种常见的气体成分分析仪器

(a)气相色谱仪;(b)质谱仪;(c)气体浓度传感器;(d)气体密度测量仪

随着经济的飞速发展,相关行业对气体制造和应用技术的要求越来越高。为稳定工艺,确保气体产品质量,不仅需要对整个工艺过程的热力学参数,如温度、压力、流量等进行测量和控制,而且需要对工艺过程的每个关键部位进行成分量的测定与控制。在现阶段,对成分量的测定和控制已逐渐成为不可缺少的工作环节。因此,近十多年来,在气体制造及应用中,以气体成分分析仪器作为必要的配套设备已逐渐成为全面质量管理的一个重要发展趋势。

12.2.2　气体分析的意义

(1) 确保气体产品的质量

许多过程需要控制特定气体的含量，以确保产品的质量和安全性。气体分析可以帮助监测和调整工业过程中的气体组分，从而确保产品达到所需的规格。

(2) 保证生产工艺的顺利进行

在化学反应、燃烧和其他化工过程中，气体的组成变化可能会影响反应的速率、产物产量和选择性[2]。气体分析可以帮助监测反应过程中的气体组分变化，从而更好地理解反应机制并调整操作条件。同时，在生产过程中产生的废气和排放物可能含有有害物质。气体分析可以用来监测和控制排放物中的气体组分，以确保排放满足环保法规和标准。除此之外，在食品、制药、半导体等行业，气体的纯度和组成对产品质量至关重要。通过对原材料气体和生产环境中的气体进行分析，可以确保最终产品的合格性和稳定性。

(3) 安全控制

某些工业气体可能对人员和设备构成安全风险。气体分析可以帮助监测有害气体的存在，并在超过安全阈值时发出警报，从而保障工作场所的安全。例如，经过分析厂房空气，检查厂房通风及设备漏气情况，确定有无有害气体，并由有害气体的含量，判断是否危及人体健康及厂房安全，通过测定气体的含量，分析发生事故(着火，爆炸)的原因。由测定生产过程中泄漏的有害物质，确定是否超过允许极限，对产品的质量、污染的性质、程度进行判断。

(4) 能源生产与利用

在能源产业中，燃烧是主要的能源转换方式之一[3]。通过对燃料气体的成分进行分析，可以精确控制燃烧过程中的氧气和燃料比例，从而实现更完全的燃烧，提高能源利用效率，并减少有害排放物的生成。燃烧产生的废气中可能含有污染物，如氮氧化物、硫化物和颗粒物。气体分析可以帮助监测和控制这些排放物的含量，以满足环境法规和标准，减少空气和水污染。同时，在能源开采领域，如天然气和石油，气体分析可以用于确定地下储层中的气体组分，从而更好地了解资源储量和开采潜力。在能源转换过程中，如燃料电池和氢能技术，气体分析可以用来监测反应产物和中间产物的组分，以确保高效的能源转换和最小的损耗。通过对能源系统中气体流动和组分的分析，可以帮助检测能源损耗、泄漏和系统不稳定等问题，从而及早采取措施进行修复和优化。

12.3　气相色谱分析法

12.3.1　气相色谱分析法原理

气相色谱分析法(Gas chromatography，GC)是一种重要的分析技术，用于分离和定量分析混合气体或液态样品中的化合物。它基于不同化合物在固定相(柱填料)和流动相(惰性气体载流气体)作用下的分配行为，实现了样品中各种组分的分离和测量。在气相色谱(GC)分析过程中，运用惰性载气对样品气体进行循环，以从混合物中分离出气体组分，然后将其导入一个被称为色谱柱的流通式环形管道。不同的气体成分会因其与色谱柱材料的亲疏水性而被逐渐分离，因此，在不同的时刻，样品气体中会显现出不同的分子成分。因为每种气体都具有独特的分子属性,不同气体会在不同时刻通过色谱柱并流出,所以位于色谱柱出口的传感器能够捕捉到每种气体的特定保留时间。通过比较不同气体的保留时间,用户可以根据从色谱柱中洗脱的顺序对气体类型进行定性分析。在保持条件不变的情况下,某种气体在洗脱时总是具有相同的保留时间,因此,可以根据峰值面积推断出特定的气体类型。此外,当每种气体从色谱柱中洗脱时,还可以测量出每种气体浓度的相对体积。

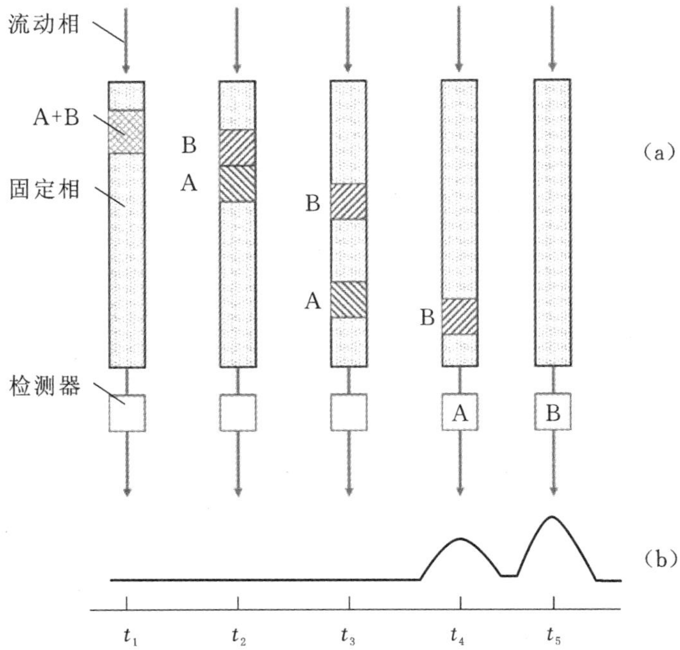

图 12-2　色谱仪测量过程原理示意图

12.3.2　气相色谱分析法的步骤

在实际工作中,当我们拿到一个样品,我们该怎样定性和定量,建立一套完整的分析方法是关键,下面介绍常规步骤:

(1) 样品的预处理

GC 能直接分析的样品通常是气体或液体,固体样品在分析前应当溶解在适当的溶剂中,而且还要保证样品中不含 GC 不能分析的组分(如无机盐)。这样,我们在接到一个未知样品时,就必须了解它的来源,从而估计样品可能含有的组分,以及样品的沸点范围。如果样品体系简单,试样组分可汽化则可直接分析。如果样品中有不能用 GC 直接分析的组分,或样品浓度太低,就必须进行必要的预处理,如采用吸附、解析、萃取、浓缩、稀释、提纯、衍生化等方法处理样品。

(2) 确定仪器配置

仪器配置就是用于分析样品所采用的进样装置、载气、色谱柱以及检测器。

一般应首先确定检测器类型。碳氢化合物常选择 FID 检测器;含电负性基团(F、Cl 等)较多且碳氢含量较少的物质宜选择 ECD 检测器;对检测灵敏度要求不高,或含有非碳氢化合物组分时,可选择 TCD 检测器;对于含硫、磷的样品可选择 FPD 检测器。

对于液体样品可选择隔膜垫进样方式，气体样品可采用六通阀或吸附热解析进样方式，一般色谱仅配置隔膜垫进样方式，所以气体样品可采用吸附-溶剂解析-隔膜垫进样的方式进行分析。

根据待测组分性质选择适合的色谱柱，一般遵循相似相容规律。分离非极性物质时选择非极性色谱柱，分离极性物质时选择极性色谱柱。色谱柱确定后，根据样本中待测组分的分配系数的差值情况，确定色谱柱工作温度，简单体系采用等温方式，分配系数相差较大的复杂体系采用程序升温方式进行分析。

常用的载气有氢气、氮气、氦气等[4]。氢气、氦气的分子量较小，常作为填充柱色谱的载气；氮气的分子量较大，常作为毛细管气相色谱的载气；气相色谱质谱用氦气作为载气。

在选择色谱柱的时候需要考虑以下一些因素：

应用类型：首先考虑待分析类型，例如药物分析、环境监测、食品安全、石油化工等。不同的应用需要不同类型的分离能力和分析速度。

样品性质：样品的性质直接影响色谱柱的选择。考虑样品的极性、分子量、挥发性等。不同的柱填料和固定相适合不同性质的样品。

固定相：固定相是色谱柱的核心组成部分，直接影响分离效果。根据样品性质选择合适的固定相，如聚硅氧烷、聚酯、聚醚等。

柱长度和直径：柱长度和直径影响分离效果和分析时间。长柱可提供更好的分离，但分析时间较长。直径通常为 0.18～0.53mm，选择柱直径需考虑分离效果和流速。

分离性能：查阅柱的分离性能指标，如理论塔板数、分离因子、峰宽等。较高的分离性能通常意味着更好的分离效果。

耐温性：柱的耐温性决定了柱是否适合高温分析。对于高温应用，需要选择具有足够耐温性的柱。色谱柱示意图如图 12-3 所示。不同固定相对应的分析组分如表 12-2 所示。

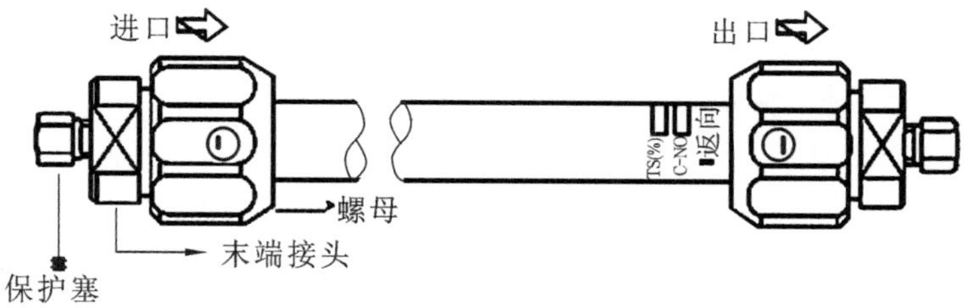

图 12-3　色谱柱示意图

表 12-2　不同固定相对应的分析组分

固定相组成	温度范围/℃	常规分析
100%二甲基聚硅氧烷	－60～325/350	胺类、烃类、杀虫剂、多氯联苯、苯酚类、含硫化合物、调味剂及香料
5%苯基，95%二甲基聚硅氧烷	－60～325/350	半挥发性化合物、生物碱、药物、脂肪酸甲酯、卤代化合物、杀虫剂、除草剂
35%苯基，65%二甲基聚硅氧烷	40～300/320	杀虫剂、芳氯物、滥用药物、药物分子

续表12-2

固定相组成	温度范围/℃	常规分析
50%苯基,50%二甲基聚硅氧烷	40～300/320	药品、乙二醇、农药、类固醇、除草剂、农药
6%氰丙基苯基,94%二甲基聚硅氧烷	−20～280/300	芳氯物、醇类、杀虫剂、挥发性有机化合物
14%氰丙基苯基,86%二甲基聚硅氧烷	−20～280/300	芳氯物、杀虫剂、除草剂、TMS 糖类
专有的聚硅氢烷固定相	−20～260	环境样品中挥发性化合物
交联聚乙二醇	40～260/280	醇、溶剂、矿物油、调味剂及香料
聚乙二醇	60～220	醇、游离有机酸、醚类、乙二醇、溶剂
交联聚乙二醇硝基对苯二酸改性的固定相	50～260	醇、醛、酮、有机酸、丙烯酸酯
5Å 分子筛沸石	−80～300	惰性气体、氩和氧(厚膜色谱柱在 35℃下分离)
Na_2SO_4 去活的氧化铝	−60～200	多烃、卤代烃中的 C1～C6 烃

(3) 确定初始操作条件

当样品准备好,且仪器配置确定之后,就可开始进行尝试性分离。这时要确定初始分离条件,主要包括进样量、进样口温度、检测器温度、色谱柱温度和载气流速。进样量要根据样品浓度、色谱柱容量和检测器灵敏度来确定。样品浓度不超过 10mg/mL 时填充柱的进样量通常为 1～5μL,而对于毛细管柱,若分流比为 50∶1,进样量一般不超过 2μL。进样口温度主要由样品的沸点范围决定,还要考虑色谱柱的使用温度。原则上讲,进样口温度高一些更有利,一般要接近样品中沸点最高的组分的沸点,但要低于易分解温度。

(4) 分离条件优化

分离条件优化的目的就是要在最短的分析时间内达到符合要求的分离结果。在改变柱温和载气流速也达不到基线分离的目的时,就应更换更长的色谱柱,甚至更换不同固定相的色谱柱,因为在 GC 中,合适的色谱柱是分离成功的关键。

除此之外,以下也是一些常见的气相色谱分离优化条件:

流动相选择:惰性气体通常用作流动相,但气体的选择和流速会影响分离效果。氦通常用于高分辨率分析,而氮可以在一些应用中提供足够的分离效果。

进样体积:进样体积决定了样品在柱中的引入量,过大的进样量可能导致柱过载。优化进样体积可以避免样品浓度过高,从而提高分离效果。

进样方式:自动进样器可以提供精确的进样量和重现性。进样方式可以是孔径进样、分割进样、蒸发进样等。选择适当的进样方式可以避免进样量的不均匀性。

温度控制:柱温度可以影响分析分离度和分析时间。优化柱温度可以改善分离效果和峰形。

检测器选择:不同类型的检测器对不同种类的化合物具有不同的灵敏度和选择性。可根据分析目标选择合适的检测器。

流速和线速率：气体流速和线速率(柱长度和气流速度的比值)影响分离效果。调整流速和线速率可以优化分离分辨率和分析时间。

分析程序：针对分析目标，确定合适的程序，如升温梯度或等温程序。这样可以提供更好的分离效果。

(5) 定性鉴定

定性鉴定就是确定色谱峰的归属。对于简单的样品，可通过标准物质对照来定性。就是在相同的色谱条件下，分别注射标准样品和实际样品，根据保留值即可确定色谱图上哪个峰是要分析的组分。定性时必须注意，在同一色谱柱上，不同化合物可能有相同的保留值，所以，对未知样品的定性仅仅用一个保留数据是不够的，双柱或多柱保留指数定性是 GC 中较为可靠的方法，因为不同的化合物在不同的色谱柱上具有相同保留值的概率要小得多。条件允许时可采用气相色谱质谱联机定性。定性鉴定首先要选择适当的柱和条件，根据样品的性质和分析目标，选择合适的气相色谱柱、固定相和流动相。这些选择将直接影响分离和检测的效果。然后将待分析的样品通过进样系统引入色谱仪。确保进样体积适中，避免过载或进样量不足。样品中的不同化合物会在色谱柱中根据其与固定相的亲疏水性质以不同速率分离。每种化合物都会在色谱图中形成一个峰。经过分离的化合物会进入检测器，检测器测量样品分子的浓度，并产生一个色谱图。色谱图中的峰表示不同化合物。如图 12-4 所示，观察色谱图中峰的形状、峰高度和峰面积，这些特征可以提供有关化合物的信息，如相对浓度、峰宽等。不同化合物在色谱柱中的通过时间被称为保留时间。对比样品的峰保留时间与已知标准品的保留时间，可以帮助进行化合物的初步鉴定。使用已知的标准品或者现有的谱库，对比样品的色谱图和峰保留时间，来确定化合物的可能成分。在一些特殊情况下，GC 可以与其他检测器如质谱检测器结合使用，从而提供更具体的化合物信息。质谱可以生成每个峰下化合物的质谱图谱，以更准确地鉴定化合物。

(6) 定量分析

首先要确定用什么定量方法来测定待测组分的含量。常用的色谱定量方法不外乎峰面积(峰高)百分比法、归一化法、内标法、外标法和标准加入法(又叫叠加法)。峰面积(峰高)百分比法最简单，但最不准确。只有样品由同系物组成，或者只是为了粗略地定量时才可选择该方法。相比而言，内标法的定量精度最高，因为它是用相对于标准物(叫内标物)的响应值来定量的，而内标物要分别加到标准样品和未知样品中，这样就可抵消由于操作条件(包括进样量)的波动带来的误差。至于标准加入法，是在未知样品中定量加入待测物的标准品，然后根据峰面积(或峰高)的增加量来进行定量计算。其样品制备过程与内标法类似，但计算原理则完全来自外标法。标准加入法定量精度介于内标法和外标法之间。

① 峰面积百分比法

气相色谱(GC)定量分析中，使用峰面积百分比法(或峰高百分比法)是一种常见的方法，用于确定样品中不同化合物的相对含量或百分比。这种方法基于峰的面积(或峰高度)，将每个化合物的峰面积与总峰面积之比作为定量的依据。该方法首先将待分析的样品通过进样系统引入气相色谱仪，确保进样体积适中。样品中的不同化合物会在色谱柱中分离，并在检测器处生成相应的色谱图。每个化合物形成一个或多个峰。使用色谱图分析软件或者手动测量，在每个化合物的峰下计算出峰的面积。峰的面积是峰高度和峰宽度的函数。将所有峰的面积

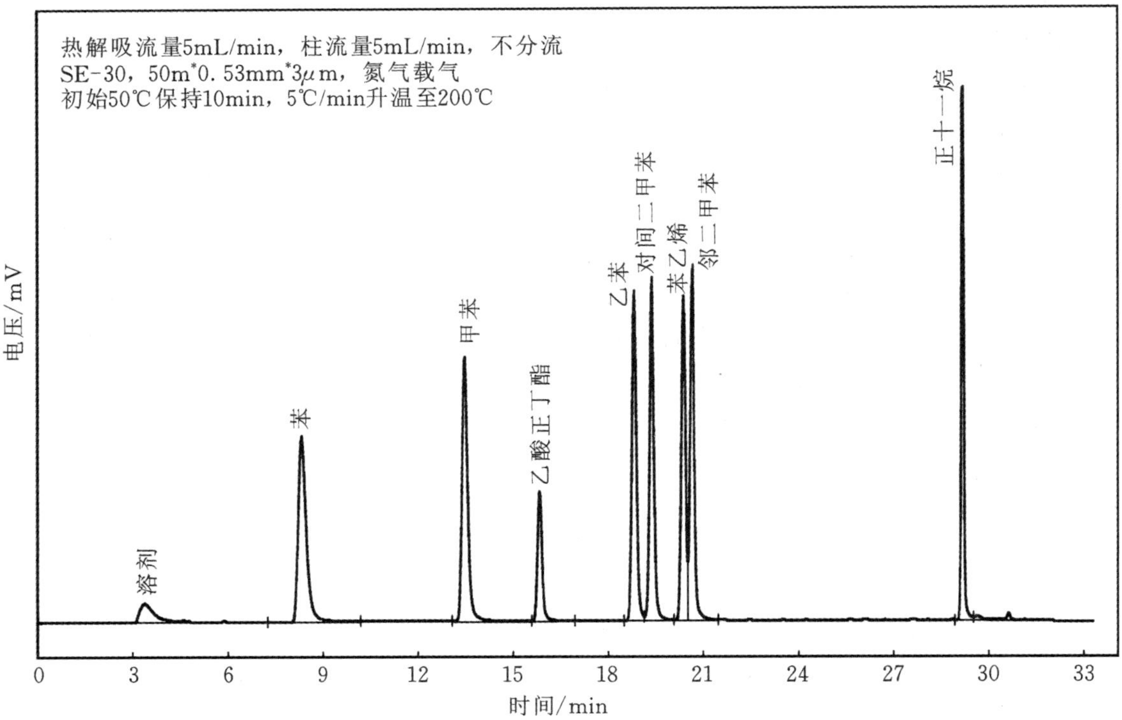

图 12-4　气相色谱测定环境样品中的苯系物

相加，得到总峰面积。对于每个化合物，将其峰面积除以总峰面积，然后乘以 100%，得到相对含量的百分比。为了获得准确的百分比结果，通常会使用已知浓度的标准样品进行校正和标定。通过分析标准样品，可以建立样品峰面积与浓度之间的线性关系，从而根据未知样品的峰面积确定其含量。需要注意的是，峰面积百分比法假设样品中各化合物的检测灵敏度相同，并且化合物之间的分离是完全的。在实际应用中，可能需要考虑峰形的变化、共点峰的干扰等因素，并根据具体情况进行校正和修正。此方法通常适用于相对定量分析，特别是在混合物中化合物相对浓度相差较大时。如果需要更精确的定量结果，可能需要考虑使用外标法（根据已知浓度的标准曲线进行定量）或内标法（引入已知浓度的内标化合物进行定量）。

② 内标法

气相色谱（GC）定量分析中的内标法是一种常用的方法，用于提高定量结果的准确性和精确性[5]。内标法通过引入已知浓度的内标化合物，来校正样品分析中的变化因素，如进样体积、检测器响应等，从而实现更准确的定量分析。首先选择一个已知浓度的化合物作为内标物。内标物应与待分析的目标化合物性质相似，但在分离上有明显不同，以避免干扰。准备含有已知浓度的溶液。内标物的浓度通常比待分析的目标化合物低，以避免影响分析结果。将内标物与待分析样品混合，确保内标物浓度适当。将混合后的样品通过进样系统引入气相色谱仪，进行分析。内标物和目标化合物会在色谱柱中分离。然后计算相对响应因子（RRF），相对响应因子是内标峰面积与目标化合物峰面积之比，可以反映不同化合物在检测器上的响应差异。同时计算相对含量，使用相对响应因子校正目标化合物的峰面积，得到校正后的目标化合物峰面积。利用已知浓度的内标物和校正后的目标化合物峰面积，计算目标化合物的浓度。浓度计算通常遵循以下公式：目标化合物浓度＝（校正后的目标峰面积/校正后的内标峰面积）

×内标浓度。内标法的优点在于可以校正进样体积变化、仪器响应波动等因素对定量结果的影响，提高定量结果的准确性。然而，在使用内标法时，需要确保内标物和目标化合物在分离和检测上没有相互干扰，并且内标物的浓度选择合适。常见的内标物有各种具有不同物理、化学性质的化合物，如气体、液体等。

（7）方法的验证

方法验证，就是要证明所开发方法的实用性和可靠性。实用性一般指所用仪器配置是否全部可作为商品购得，样品处理方法是否简单易操作，分析时间是否合理，分析成本是否可被同行接受等。可靠性则包括定量的线性范围、检测限、方法回收率、重复性、重现性和准确度等。

12.3.3　气相色谱仪的组成

气相色谱仪是一种用于分析气体和挥发性化合物的仪器，它通常由多个组件组成，以实现样品的分离和检测。其结构原理如图 12-5 所示。以下是气相色谱仪的主要组成部分：

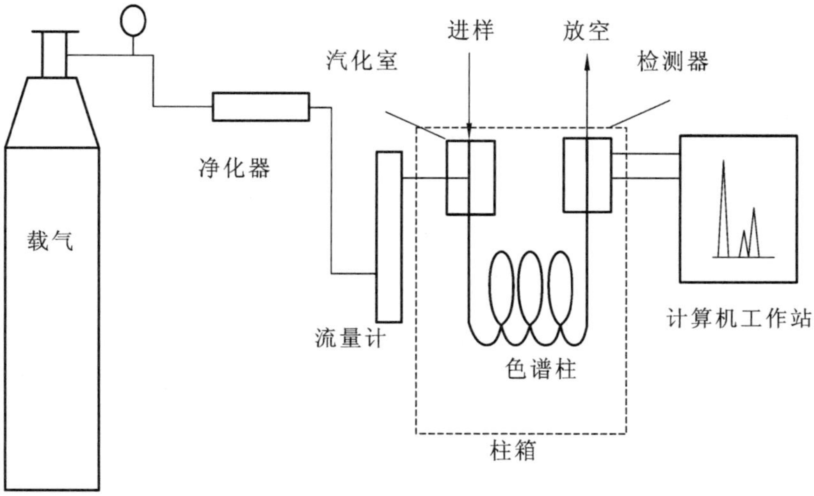

图 12-5　气相色谱仪结构原理图

（1）进样系统（sample introduction system）：进样系统用于将样品引入气相色谱仪，包括进样口、进样器和进样器温控系统，进样系统可以确保样品进入分析系统之前被蒸发成气体形式。

（2）色谱柱（column）：色谱柱是气相色谱的核心部分，用于分离样品中的化合物。色谱柱内部填充有固定相，根据样品分子与固定相的相互作用，化合物会以不同速率通过色谱柱，从而实现分离。

（3）柱温控系统（column oven）：色谱柱温控系统用于精确控制色谱柱的温度。不同的温度可以影响化合物的分离效果和分析时间。

（4）流动相系统（carrier gas system）：流动相系统负责将惰性气体（通常是氦、氮等）引入色谱柱，带动样品分子移动。它包括气体源、流量控制器和气体管道。

（5）检测器（detector）：检测器用于检测通过色谱柱的化合物，并将其转化为电信号。常见的检测器包括火焰离子化检测器（FID）、热导检测器（TCD）、电子捕获检测器（ECD）等。

(6) 数据系统(data system):数据系统用于采集、处理和分析从检测器获得的信号。它可以将信号转化为色谱图,并提供定量和定性分析的工具。

(7) 进样控制器(autosampler):进样控制器可以自动处理多个样品,提高分析的效率和准确性。

(8) 柱切换系统(column switching system):一些高级气相色谱仪可能包括柱切换系统,允许在不同柱间切换,从而扩展分析的能力。

(9) 控制系统(control system):控制系统用于管理仪器的各个组件,包括温度控制、流量控制、进样控制等。

(10) 计算机系统(computer system):计算机系统用于操作、监控和控制仪器,并进行数据处理和分析。综上所述,气相色谱仪由多个关键组件组成,每个组件都发挥着特定的功能,以实现样品的分离、检测和分析。不同的仪器配置和组件选择可以根据应用需求进行调整。

12.3.4 气相色谱分析方法的优点

气相色谱法具有高效能、高选择性、高灵敏度,分析速度快、样品用量少、定性重复性好、定量精度高、设备简单、易实现自动化、应用范围广等优点。

(1) 分离性能

一般填充柱都有几千块理论板,而毛细管理论板数量可达 $10^3 \sim 10^8$,因而可以分析沸点十分相近的组分和极为复杂的多组分混合物。如用毛细管分析汽油可同时得到一百多个组分的色谱图。

(2) 高选择性

固定相对性质极为相似的组分如同位素、烃类异构体有较强的分离能力。例如,硬脂酸甲脂和亚油酸甲脂、油酸甲脂三种混合物由于沸点相差非常小,仅饱和度不同,所以用其他技术进行分离是非常困难的,而若采用气相色谱法,只要选择适当的固定相,就能很好地实现分离。

(3) 灵敏度

与气相色谱仪配用的高灵敏检测器小检测量可达 $10^{-11} \sim 10^{-13}$ g 物质或更小,因此,在痕量分析中可以检测出超纯气体、高纯试剂、大气污染、农药残毒分析中可达 ppm～ppb 级甚至达到 ppt 级。例如,目前优良的电子捕获检测器,检测 y-666 的量可达 1×10^{-13} g。

(4) 分析速度快

一次分析一般可在几分钟到几十分钟内完成。特别是目前气相色谱仪可由微处理机控制并配有数据处理系统,实现完全自动操作与分析,速度就更快。

(5) 样品用量少

由于色谱法配有灵敏度极高的检测器可供选择,因此,需要的样品极少,一般 1μL 的液体样品即能完成全分析。

(6) 定性重复性好,定量精度离

当温度与流量稳定时,定性重复性可控制在 1%以内。保留时间可以到毫秒级(气速控制在恒温的情况下),而且这个保留时间不受样品中其他组分的影响。气相色谱法的定量精度取决于操作技术、检测器、数据处理方法和样品的浓度,但是只要仪器优良、操作得当、用记录仪记录色谱图,手工测算的相对标准偏差可控制在 1%～2%,采用色谱峰数据处理系统时可优于 1%,如:侧贴式液位开关。

(7) 简单性

气相色谱法所得到的定性定量数据通常是直观的、快速的，和能得到相同结果的其他分析仪器如质谱、红外分光等相比，操作简单、设备少、价格低且非常容易实现完全自动操作。

然而气相色谱法仅限于分析挥发性化合物，其范围从氦气/氢气到大约 1250Da 的分子量的气体。热不稳定的化合物将在热 GC 中降解，因此应使用冷进样技术和低温将其最小化。更多极性分析物可能会卡在 GC 中或丢失，因此，应关闭系统并保持良好状态，否则这些分析物会进行衍生化。

12.4　红外光谱仪分析法

12.4.1　红外光谱分析原理

12.4.1.1　红外光的定义

红外光是英国科学家赫歇尔于 1800 年在实验室中发现的[6]。如图 12-6 所示，它是波长比红光长的电磁波，具有明显的热效应，使人能感觉到而看不见。科学家发现，一定波长的光(可见光或不可见光)照射到某些金属等材料表面时，金属等材料会发射电子流，称为光电效应。

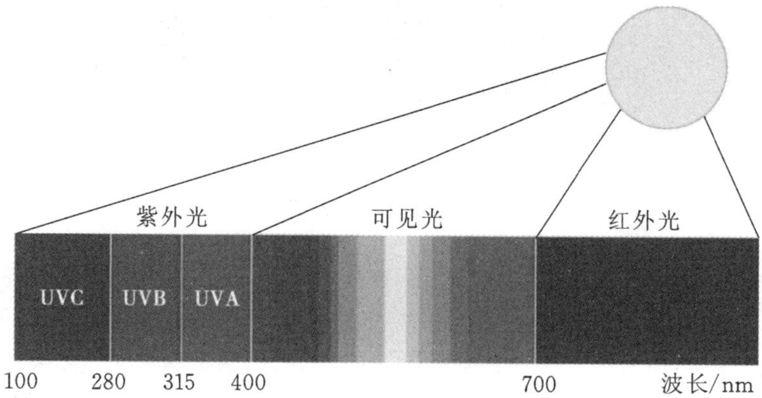

图 12-6　红外光

红外光是波长比可见光长的电磁波(光)，波长为 770nm～1mm，习惯上往往把红外区分为三个区域：近红外区(波长 780～2500nm)、中红外区(波长 2500～25000nm)、远红外区(波长 25～1000μm)。一般说来，红外光谱是由分子的倍频、合频产生的；中红外光谱属于分子的基频振动光谱；远红外光谱则属于分子的转动光谱和某些基团的振动光谱。

由于绝大多数有机物和无机物的基频吸收带都出现在中红外区[7]，因此中红外区是研究和应用最多的区域，积累的资料也最多，仪器技术最为成熟。通常所说的红外光谱即指中红外光谱。

12.4.1.2　红外光谱的定义

光谱分析是一种根据物质的光谱来鉴别物质及确定它的化学组成、结构或者相对含量的方法。按照分析原理，光谱技术主要分为吸收光谱、发射光谱和散射光谱三种。

按照被测位置的形态来分类，光谱技术主要有原子光谱和分子光谱两种。见图 12-7 和图 12-8。红外光谱属于分子光谱，有红外发射光谱和红外吸收光谱两种，常用的一般为红外吸收光谱。

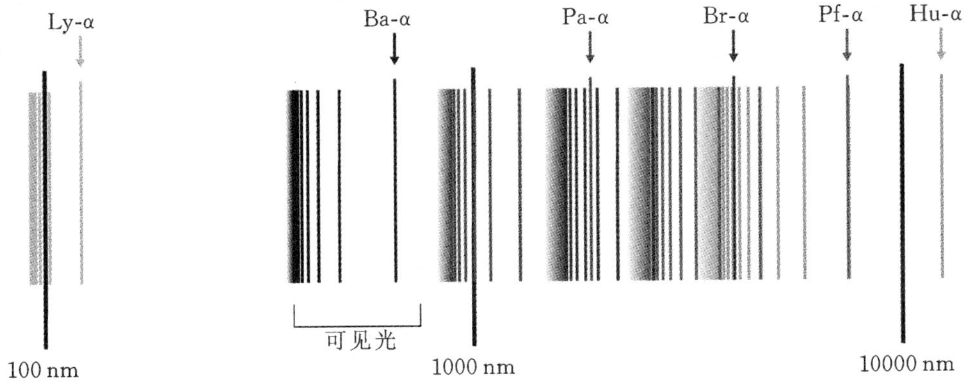

图 12-7　原子光谱

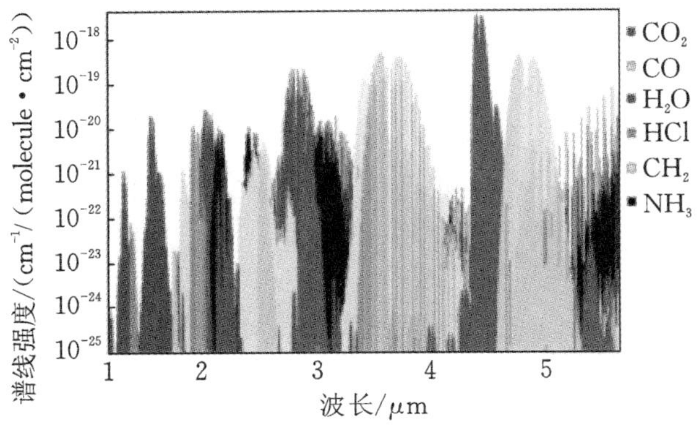

图 12-8　分子光谱

当一束具有连续波长的红外光通过物质，物质分子中某个基团的振动频率或转动频率和红外光的频率一样时，分子就吸收能量由原来的基态振(转)动能级跃迁到能量较高的振(转)动能级，分子吸收红外辐射后发生振动和转动能级的跃迁，该处波长的光就被物质吸收。

所以，红外光谱法实质上是一种根据分子内部原子间的相对振动和分子转动等信息来确定物质分子结构和鉴别化合物的分析方法。将分子吸收红外光的情况用仪器记录下来，就得到红外光谱图。

当外界电磁波照射分子时，若照射的电磁波的能量与分子的两能级差相等，该频率的电磁波就被该分子吸收，从而引起分子对应能级的跃迁，宏观表现为透射光强度变小。电磁波能量与分子两能级差相等为物质产生红外吸收光谱必须满足的条件之一，这决定了吸收峰出现的位置。

红外吸收光谱产生的第二个条件是红外光与分子之间有耦合作用，为了满足这个条件，分子振动时其偶极矩必须发生变化。这实际上保证了红外光的能量能传递给分子，这种能量的传递是通过分子振动偶极矩的变化来实现的。

红外光谱(Infrared Spectroscopy，IRS)的研究开始于 20 世纪初期，自 1940 年商品红外光谱仪问世以来，红外光谱在有机化学研究中得到广泛的应用。一些新技术(如发射光谱、光声光谱等)的出现，使红外光谱技术得到更加蓬勃的发展。

12.4.1.3　分子振动类型

在分子光谱学中，分子振动是分子中原子相对于平衡位置的运动。分子振动可以分为两种主要类型：拉伸振动和弯曲振动。这些振动模式与分子中的化学键和原子排列有关，通过光谱技术可以观察和分析这些振动类型。见图 12-9。

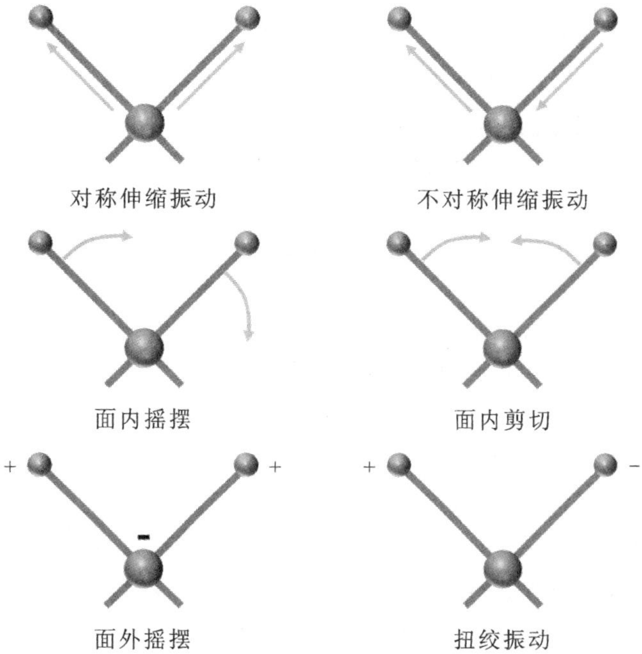

图 12-9　分子振动类型示意图

拉伸振动(stretching vibrations)：拉伸振动是分子中原子相对于平衡位置沿着分子轴线方向的振动。在分子中的化学键会以不同的频率振动，产生不同的拉伸振动模式。例如，C—H、O—H、C=O 等键都会在红外光谱中表现为特定的拉伸振动峰。

弯曲振动(bending vibrations)：弯曲振动是分子中原子相对于平衡位置在平面内的振动。这种振动通常涉及原子的角度变化。弯曲振动可以分为两种类型：内弯曲和外弯曲。内弯曲是指两个相邻原子的角度减小，而外弯曲是指两个相邻原子的角度增大。例如，H—C—H、H—O—H 等键会在红外光谱中表现为弯曲振动峰。

12.4.1.4　红外光谱表示方式

如图 12-10 所示，红外光谱图通常用波长(λ)或波数(σ)为横坐标，表示吸收峰的位置，用透光率($T\%$)或者吸光度(A)为纵坐标，表示吸收强度。

12.4.2　红外光谱仪常规分析方法

红外光谱的分析测定技术大体可以分为两大类：一类为透射光谱法，另一类为反射光谱法。

透射光谱法是一种用于分析物质的技术，它基于物质对透射光的吸收特性。在透射光谱法中，光线通过待分析的样品，被样品吸收或散射，然后透射到检测器上，从而测量样品对不同

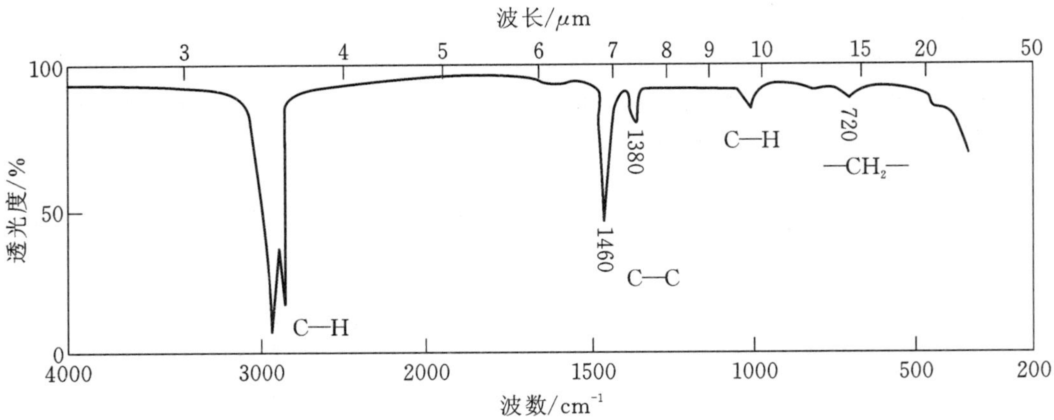

图 12-10　红外光谱示意图

波长的光的吸收情况。透射光谱法广泛应用于分析化学、材料科学、生物医学等领域。其原理就是把待测样品置于作用光与检测器之间，检测器所检测到的分析光是作用光通过样品与样品分子相互作用后的光，若样品是透明的真溶液，则分析光在样品中经过的路程一定，透射光的强度与样品组分浓度由比尔定律决定。

进行反射光谱分析时，检测器与光源置于待测样品的同一侧，检测器检测到的分析光是光源发出的作用光投射到物体后，以各种方式反射回来的光。物体对光的反射分为规则反射光（镜面反射）与漫反射光。规则反射光指在物体表面按进射角即反射角的反射定律发生的反射。漫反射是光投向漫反射体（颗粒或粉末）后，在物体表面或内部发生的方向不定的反射。反射和透射见图 12-11。

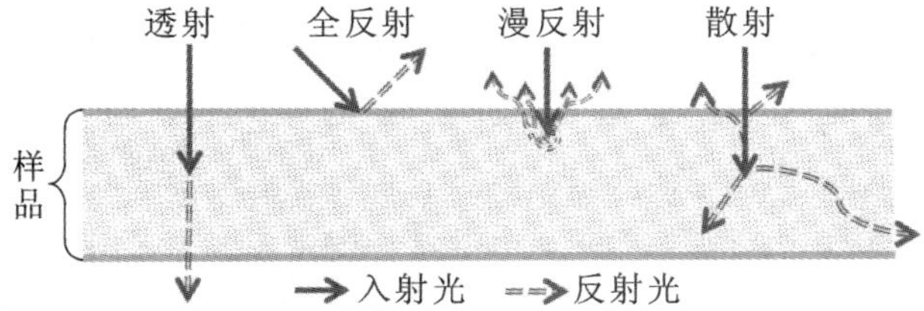

图 12-11　反射与透射

12.4.3　红外光谱分析应用

红外光谱分析主要用于定性分析和定量分析。

（1）定性分析

红外光谱定性分析利用模式识别与聚类的一些算法，主要用于鉴定。在模式识别运算时需要有一组用于计算机“学习”的样品集，通过运算，得出学习样品在数学空间的范围，对未知样品运算后，若也在此范围内，则该样品属于学习样品集类型，反之则不属于。聚类运算时无须学习样品集，它通过待分析样品的光谱特征，根据光谱近似程度进行分类。

（2）定量分析

红外光谱分析与其他吸收光谱按照比尔定律进行定量分析类似。进行常规光谱定量分析时，需要建立光谱参数与样品含量间的关系（标准曲线）。但对复杂样品进行红外光谱定量分析时，为了解决近红外谱区重叠与谱图测定不稳定的问题，必须充分应用全光谱的信息。这是由于在红外光谱中和各个谱区内都包含多种成分的信息（即谱峰重叠），而同一种组分的信息分布在红外光谱的多个谱区。不同组分固然在某一谱区可能重叠，但在全光谱范围内不可能完全相同，因此，为了区别不同组分，必须应用全光谱的信息，建立全谱区的光谱特征与待测量之间的关系——数学模型。

12.4.4　红外光谱分析的流程与步骤

红外光谱定量分析的流程分成两个大步骤：建立数学模型（分析方法、猜测方程）并检验、优化模型的稳定性；应用数学模型，利用未知样品的红外光谱，猜测未知样品中有关组分的含量或性质。红外光谱气体分析是一种基于红外辐射与物质之间的相互作用的分析技术。当分子吸收红外光时，分子内部的振动模式（拉伸、弯曲、扭转等）会发生变化，这导致红外光的特定波长被吸收。通过分析吸收光的波长，可以确定样品中存在的气体分子的种类和浓度。这种技术在环境监测、工业过程控制、医疗诊断和科学研究等领域有着广泛的应用。

红外光谱分析适合于大量样品的分析。进行红外光谱分析时，必须首先收集一批有代表性的、含量或性质（称为化学值）已知的标准样品，正确测定其红外光谱与化学值，校正红外光谱测定不稳定造成的图谱失真；然后，利用化学计量学算法，建立全谱区的光谱信息与含量或性质间的数学关系（称为数学模型，相当于标准曲线），并且通过严格的统计验证，选择最佳数学模型。对于未知样品，只要测定其光谱，就可由选定的数学模型计算其对应成分的含量或性质。

进行红外光谱气体分析的七个环节：

(1) 正确扫描校正气体样品集中各个样品规范的红外光谱。为了克服红外光谱测定的不稳定性的困难，必须严格控制包括制样、装样、测试条件、仪器参数等测量参数在内的测量条件；利用该校正校品集建立的数学模型，也只能适用于按这个测量条件所测量光谱的样品。在气体分析中，样品不需要被固定在固体载体上，而是直接通过气体室或气流传递。通常，气体样品会通过样品室，在红外光谱仪中进行光谱测量。

(2) 选择与建立校正样品集中的各个样品。为了克服红外光谱复杂的背景，校正样品集中的各个样品必须包括待测样品中的全部背景，利用该校正样品集建立的数学模型，就能够校正样品中各种复杂的背景，该数学模型也只能适用于包括这些背景的样品。可以按光谱特征或浓度来选择校正校品集。每种气体分子都具有独特的吸收光谱，这赋予了红外光谱气体分析方法很高的选择性和特异性。因此，可以同时分析多种气体，甚至在复杂矩阵中分析目标气体。

(3) 正确测定样品集中每个样品的各种待测成分或性质（称为化学值）。这些测量结果的精确度是红外光谱运用数学模型定量分析精确度的理论极限。

(4) 剔除异常值，建立校正校品集（标样集）。由上述(1)、(2)环节测定的校正样品集中各种样品的光谱与化学值，有可能由于某种随机的原因而有较严重的失真，这些样品的测定值称为异常值。这些失真的样品，若包含在校正校品集中，就会影响所建数学模型的可靠性，因此，在建立模型时应当剔除这些异常值。一般定量分析程序中都包括用统计方法指出某些异常值，可以根据情况决定是否将这些异常样品剔除。

(5) 对校正样品集中样品光谱的预处理与分析谱区的选定。光谱的预处理与谱区的选定，是克服红外光谱测定不稳定的有效环节。根据标样光谱的状况对光谱进行预处理，包括求导、数字滤波、傅里叶变换与小波变换滤波等，以降低系统背景与随机背景。红外光谱定量分析数学模型所包含的谱区(光谱的数据点)一般应根据样品的特点来选定；增加谱区的范围就可以增加对光谱信息采集的范围，即进步信息量；但由于每个光谱的数据点都包含了测量误差，因此数学模型所利用的数据点越多，则包含的测量误差也越大。为了减少红外光谱中某些信息量小、失真大的部分谱区，以避免这些谱区的测量误差影响数学模型的稳定性，需要选择建立数学模型所用的谱区。可以依据导数光谱或相关系数随频率变化的相关图，选择数学模型的频率范围。

(6) 选择算法，确定模型的参数，建立、检验与评价数字模型。常用的算法有逐步回归分析、偏最小二乘法、主成分回归分析等。这些算法的基本思想是应用红外光谱的全光谱的信息，以减小红外光谱的谱峰重叠与复杂背景的影响。如前所说，不同组分固然在某一谱区可能重叠，但在全光谱范围内不可能完全相同，因此，为了区别不同组分，必须应用全光谱的信息。

可用内部交叉证实法确定数学模型所用的最佳维数(即阶数)。内部交叉证实的方法是评价确定数学模型的一种有效方法。这种方法是依次、每次从校正样品集中提出一个或几个样品，然后用剩余的样品建立数学模型，并用数学模型猜测原来提出的一个或几个样品，作为对数学模型的检验。反复进行上述步骤，直至校正样品集中的每个样品都被猜测检测过一次为止。为了评价数学模型，将内部交叉证实时用数学模型猜测计算的校正集中各样品的化学值，与各样品的实际值作线性相关，计算相关系数和校正标准差，并用相关系数与校正标准差来评价数学模型的猜测效果。要求相关系数接近，校正标准差逼近校正集测定标样化学值的标准差。假如内部交叉证实的方法确定数学模型猜测的效果较好，则可以运用外部证实法进一步检验和评价数学模型；不然，须重复步骤(4)、(5)、(6)以优化数学模型。

(7) 用外部证实法检验和评价数学模型，可以用数学模型猜测、计算检验样品集中各样品的待测值，对实际值与猜测值作线性相关，并用相关系数和猜测标准差来表示猜测效果，要求相关系数接近，猜测标准差逼近于校正标准差。为了检验数学模型在时间、空间上的稳定性，需要用数学模型猜测不同时间和空间的检验样品集，检验猜测标准差是否都能得到稳定的结果。假如外部证实的方法确定数学模型猜测的效果好，则可以考虑在红外光谱分析中应用这些数学模型；不然须重复步骤(4)、(5)、(6)以优化数学模型。假如测定的样品在时间和空间条件上有一些新的变化，原有的数学模型已不适合此新条件，则需重新建立有代表性的校正样品集(可以在原有的样品集中增加一些新的样品类型，以使新的校正样品集能代表新类型的样品)，然后再按照步骤(1)～(7)对数学模型进行修正与维护。图 12-12、图 12-13 分别为傅里叶变换红外光谱仪实物及其工作原理图。

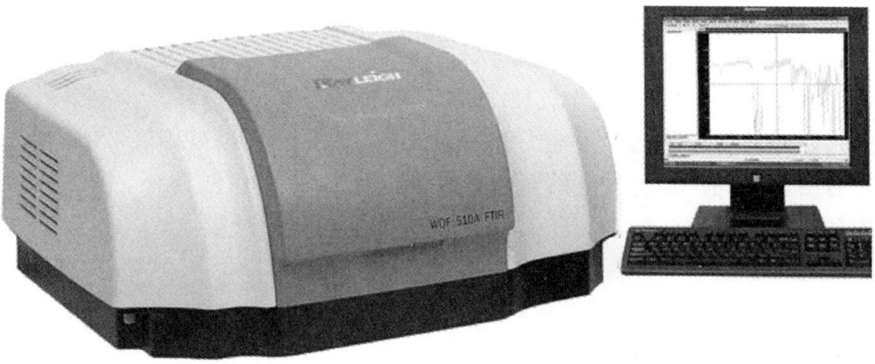

图 12-12　傅里叶变换红外光谱仪

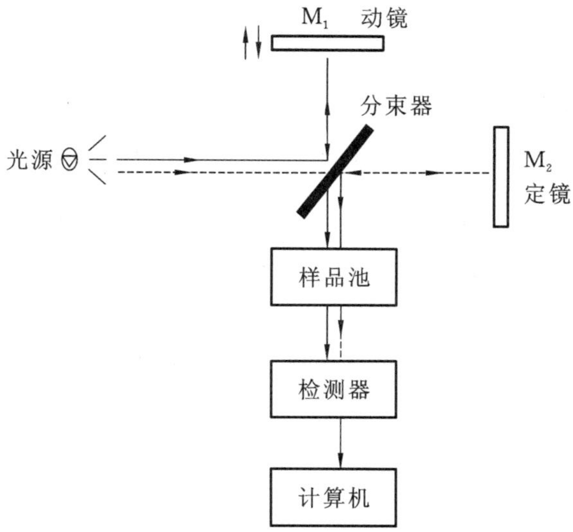

图 12-13　傅里叶变换红外光谱仪(FTIR)工作原理图

12.4.5　红外光谱分析的优点与不足

红外光谱分析技术的优点：

(1) 分析速度快

光谱的测量过程一般可在 1～2min 内完成，通过建立的定标模型可迅速测出样品的化学成分或性质。

(2) 分析效率高

通过一次光谱的测量和已建立的多个定标模型，可同时对样品的多种成分和性质进行测定。

(3) 非破坏性分析技术

近红外光谱测量过程中不损伤样品，从外观到内部都不会对样品产生影响，鉴于这一点，该技术在活体分析和医药临床领域正得到越来越多的应用。

(4) 分析成本低、无污染

在样品分析过程中不消耗样品本身，不使用任何化学试剂，分析成本大幅度降低，且不对环境造成任何污染，属于“绿色分析”技术。

(5) 样品一般无须预处理，操作方便

由于近红外光具有较强的穿透能力和散射效应，根据样品物态和透光能力的强弱可选用透射和漫反射测谱方式。通过相应的载样器件可以直接测量液体、固体、半固体和胶状类等不同物态的样品。

(6) 测试重现性好

由于光谱测量的稳定性，测试结果较少受人为因素的影响，与标准或参考方法相比，近红外光谱一般显示出更好的重现性。

(7) 便于实现在线分析

由于近红外光谱在光纤中良好的传输特性，通过光纤可以使仪器远离采样现场，很适合于生产过程恶劣、危险环境下的样品分析，实现在线分析和远程监控。

红外光谱分析技术的不足：

(1) 灵敏度相对较低

这主要是因为近红外光谱作为分子振动的非谐振吸收跃迁概率较低，一般近红外倍频和合频谱带强度是其基频吸收的十万分之一。所以对组分的分析而言，其含量一般应大于0.1%才适合采用近红外光谱分析技术。当然这个数值并不是理论限值，随着近红外分析技术的不断发展，相信它的最小检出限将会有所突破。

(2) 成本较高

近红外光谱分析技术属于一种间接分析技术，且前期投入较多。因为需要选取大量代表性样品进行化学分析，提供其组分或性质的已知数据来建立和维护模型，所以需要较多的化学分析知识、分析费用和时间。另外，近红外光谱分析结果的准确性与定标模型建立的质量和模型的合理使用有很大关系。

(3) 具有局限性

由于分析必须要依赖模型，所以近红外光谱分析技术不适合作为样品和所测项目经常变化的分散性样品检测的手段。

12.5 氧气测量方法

12.5.1 氧气测量的意义

为防止爆炸事故，需要控制氧气浓度在设定的阈值以下，以使气体中的可燃成分低于爆炸下限。否则，达到一定浓度的可燃气体在接触热源时会爆炸，对设备和人员的安全构成威胁。所以要实时监测这类环境下氧气浓度的变化。通常选择采用在线式氧气检测仪来实现24h在线检测分析，氧气浓度超标时会及时发出声光报警提示。

一些特殊的场合，比如3D打印机行业、玻璃热弯机行业、高温锅炉挂管道等行业需要充入氮气等惰性气体作为保护气，所以要严格控制氧气的含量。对于缺氧环境检测以及微量氧气的排查检测，可以选用合适的氧气检测仪来完成，从而有助于采取相应的预防措施，完善加工生产作业。

12.5.2 用于氧含量测定的方法

氧气浓度是许多应用领域中重要的参数，包括环境监测、工业过程控制、生物医学等。可根据不同的应用场景和要求采用不同的氧气测量方法。以下是一些常见的氧气测量方法：

气体传导法(gas conductivity method)：这种方法基于氧气与某些材料(例如氧化物或电解质)之间的电导率变化。氧气的浓度变化会影响材料的电导率，从而影响氧气浓度的测量。这种方法通常用于高温环境中，如燃烧过程中的氧气测量。

极谱法(polarographic method)：极谱法基于电极在电化学反应中的极化特性，通过测量电极的极化电流来测量氧气浓度。氧气在电极表面被还原，产生电流，电流与氧气浓度成正比。这种方法通常用于液体中氧气浓度的测量。

光学法(optical method)：光学法通过测量氧气对光的吸收或荧光特性来测量氧气浓度。氧气能够吸收特定波长的光，因此可以根据吸收光的强度变化来推断氧气浓度。荧光法利用氧气的猝灭效应来测量氧气浓度，样品在激光照射下发射荧光，氧气会猝灭荧光发射，荧光的减弱程度与氧气浓度成正比。

电化学法(electrochemical method)：电化学法使用特殊的氧气传感器，称为氧化还原电池或氧气电极。这些电极在氧气存在下会发生电化学反应，产生电流或电势变化。根据电流或电势的变化，可以测量氧气浓度。

红外法(infrared method)：红外法利用氧气分子对红外辐射的吸收特性，测量氧气浓度。这种方法通常使用红外光源和红外检测器，通过测量红外光的吸收量来推断氧气浓度。

化学比色法：气体中的氧与无色的一价铜氨离子定量反应，生成蓝色的二价铜氨离子。与二价铜氨溶液标准色阶比较，确定氧含量。

化学容量法：氧气与一价铜氨离子反应而导致的体积减少量，即为氧含量。

气相色谱法：利用各种物质在色谱柱内的保留时间来定性，利用响应值来定量，此方法也可用来测定气体中氧含量。

氧化锆浓差电池法：由氧化锆陶瓷材料制成传感器，在高温下，氧化锆具有氧离子传导特性，当氧化锆管壁两侧的氧分压不同时，产生电势 E，由此测定氧含量。用氧化锆氧分析仪除可以分析氧气产品的氧纯度外，还可分析高纯氢和高纯氮中的微量氧，只需要根据气体中微量氧的含量将分析仪调到相应的量程和挡位。除了氧化锆，荧光氧也是检测氧含量的一种。

这些方法中的每一种都有其特定的应用领域和优势。应根据实际应用需求选择适当的氧气测量方法，例如根据测量范围、精确度、响应时间和环境条件等来选择。

12.5.3 氧气分析仪

12.5.3.1 电化学氧气分析仪

电化学氧气分析仪(electrochemical oxygen analyzers)：这是一种常见的氧气分析仪，基于电化学传感技术。它包含一个氧化还原电池或电极，当氧气通过电极时，会引发电化学反应，产生电流或电势变化。这些变化与氧气浓度成正比，从而可以测量氧气浓度。电化学氧气分析仪及其结构见图 12-14。

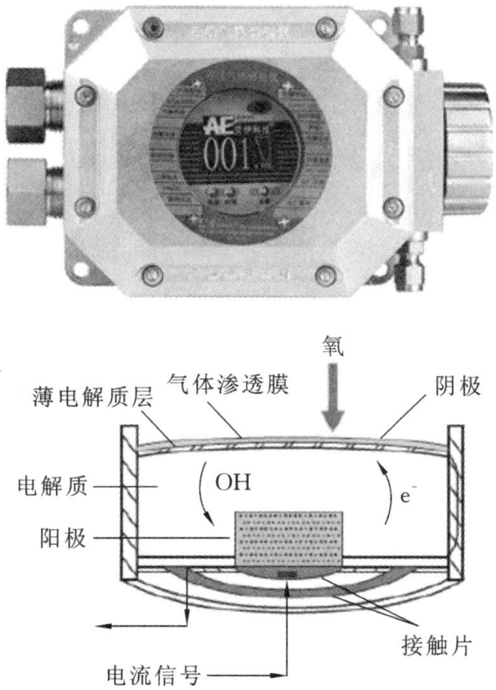

图 12-14　电化学氧分析仪及其结构

电化学氧气分析仪包含两个电极：一个是工作电极(或氧气电极)，另一个是参比电极。工作电极通常是氧化还原电极，由金属材料或其他氧化物构成的。参比电极提供稳定的电势作为参考。当氧气分子与工作电极表面相互作用时，它们可以发生还原反应。在氧气存在时，工作电极上的一些氧分子会被还原成氧离子，同时电子被释放。这个还原反应可以用以下方程表示：$2O_2+4e^-\rightarrow 4O^{2-}$。这个反应产生的电子会通过电路流动，产生电流或电势变化。释放的电子会通过电路流动，流向电极系统中的参比电极。这种电子流动引起了电势差或电流变化，这些变化与氧气浓度成正比。电化学氧气分析仪通过测量电势差或电流变化来确定氧气浓度。电化学氧气分析仪的测量基于法拉第定律，该定律描述了电化学反应中电流与反应物浓度之间的关系。为了将电流或电势变化与氧气浓度关联起来，需要进行仪器的校准。通常使用已知氧气浓度下的标准气体进行校准，建立电流与浓度之间的关系。然后，在实际测量中，测得的电流或电势变化可以通过校准曲线转化为相应的氧气浓度。电化学氧气分析仪通常具有精度高、响应迅速和可靠性高的特点，适用于许多应用领域，如工业过程控制、环境监测、生物医学等。

12.5.3.2　光学氧气分析仪

光学氧气分析仪(optical oxygen analyzers)，如图 12-15 所示，光学氧气分析仪利用氧气对特定波长的光的吸收特性，测量光线经过样品后的强度变化，推断氧气浓度。这种方法包括红外光谱法、荧光法等。

光学氧气分析仪使用特定波长的光源，通常是发出稳定光强的光源，如 LED(发光二极管)或激光器。这些光源会产生一束特定波长的光线，该波长是氧气能够吸收的波长之一。氧气会被引入样品室，并与传入的光线相互作用。氧气分子在特定的红外或紫外-可见波长范围

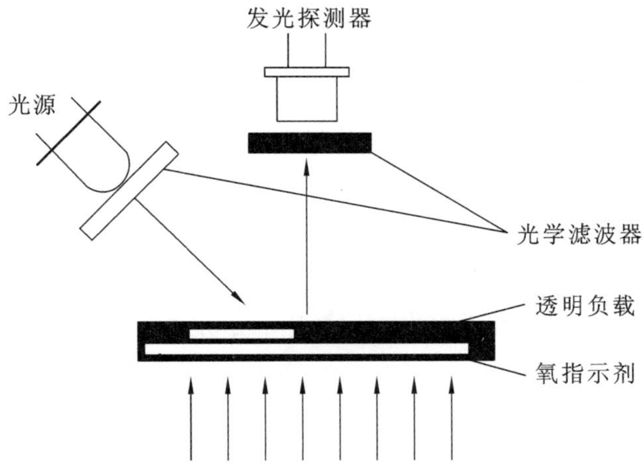

图 12-15　光学氧气分析仪工作原理图

内对光的吸收具有特殊性。当光通过含有氧气的样品时，氧气分子会吸收特定波长的光，导致光线的强度减弱。在样品室的另一侧放置有一个检测器，用于测量光通过样品后的强度变化。这个强度变化与氧气浓度成正比。光学氧气分析仪的测量基于贝尔-朗伯定律，该定律描述了样品中物质吸收光与物质浓度之间的关系。根据这个定律，光的吸收与样品中物质的浓度成正比。可以使用以下公式表示：

$$A=\varepsilon\times c\times l$$

式中　A——吸光度；

ε——摩尔吸光系数；

c——溶液中物质的浓度；

l——光程长度。

为了将吸光度与氧气浓度关联起来，需要进行仪器校准。使用已知氧气浓度下的标准气体进行校准，建立吸光度与浓度之间的关系。然后，在实际测量中，测得的吸光度可以通过校准曲线转化为相应的氧气浓度。

12.6　烟气监测方法

12.6.1　烟气监测的意义

工业发展带来经济发展的同时，也给环境带来极大的负担。环境污染，尤其是大气污染程度不断加深，严重影响了人们的正常生活和身体健康。固定污染源烟气的排放是大气污染气体的主要来源之一[8]。烟气监测是指对大气污染源排放的气态污染物、颗粒物进行浓度和排放总量监测。烟气中含有烟尘、二氧化碳、二氧化硫、氮氧化物以及少量一氧化碳，直接影响到大气的环境质量，二氧化碳、二氧化硫、氮氧化物等均为酸性气体，是酸雨形成的主要原因。对于燃煤电厂烟气污染物的排放控制，首先应做好污染源的环境监测工作，它是环境管理的基础和标尺。

12.6.2 烟气监测的方法

传统的烟气分析方法，即一般的气体成分分析方法，使用不同的溶液依次吸收气体样品中的不同成分：用40%的氢氧化钠吸收样品中的二氧化碳；用焦锑酸钾溶液吸收样品中的氧气。一般的气体成分分析只能对单个组分进行逐一检测和分析，没有多个输入和信号处理功能，分析耗时长，响应速度慢，效率低，难以实时分析生产条件。现在它逐渐被自动分析仪器所取代。

色谱分析法是通过一次进样利用色谱柱使烟气中的所有组分——氧气、氮气、一氧化碳、二氧化碳分离，通过检测器和记录器测定并记录整个分析过程，然后用面积归一化方法计算出各组分的含量[9]。色谱法分离效能高，样品用量少，可进行多组分分析，分析精度高，标定周期长。缺点是价格高，且对样品质量要求高，对操作员素质要求也很高。

红外分析方法简单可行。它的工作原理是根据一定的气体对不同波长的红外辐射具有选择性吸收的特点，这种吸收取决于被测气体的浓度。对于不同的分子化合物，每个分子只能吸收一定波长范围内的红外辐射能量，即每个分子化合物都有一个或几个特定的吸收频率，称为特征频率。CO和CO_2具有固定的特征频率，因此，烟气中CO和CO_2的含量易于检测。红外分析仪还有以下几个方面的优点：①良好的选择性。对于多组分的混合气体，不管背景气中的干扰组分浓度如何变化，它只对待测组分的浓度有反应；②分析范围广；③分析周期短、响应时间快；④可同时测量若干个组分。缺点是对分析对称结构无极性双原子分子及单原子分子气体不适用。

12.6.3 烟气监测的设备

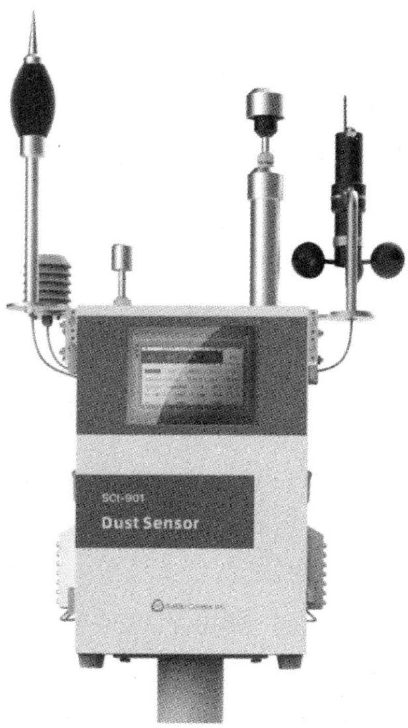

图 12-16 气体颗粒物监测仪

烟气监测的设备通常被设计用于实时或定期测量工业排放的烟气中的污染物浓度和组成。这些设备的类型和功能因应用需求而异。以下是一些常见的烟气监测设备。

(1) 空气质量监测仪(颗粒物＋气体)：用于测量烟气中的悬浮颗粒物，通常分为不同粒径范围，如可吸入颗粒物(PM10)和细颗粒物(PM2.5)，可以实时监测烟气中的颗粒物排放。图12-16为气体颗粒物监测仪。

(2) 烟度计：烟度计(smoke meter)是一种用于测量柴油发动机和燃煤锅炉等燃烧设备排放烟尘(颗粒物)浓度的仪器。见图12-17。它的工作原理基于光学散射或吸收原理，类似于颗粒物监测仪。烟度计主要用于评估燃烧设备的燃烧效率和环境影响，特别是在工业和汽车尾气排放监测领域[10]。烟度计的测量结果可以用于评估燃烧设备的燃烧效率和环境影响，以及符合环保法规的程度。在柴油车辆尾气排放监测中，烟度计的使用可以提供关于车辆燃烧质量和排放水平的信息。不同类型的烟度计在测量原理、精度和适用范围上可能有所不同，因此，烟度计的选择取决于具体的监测需求。

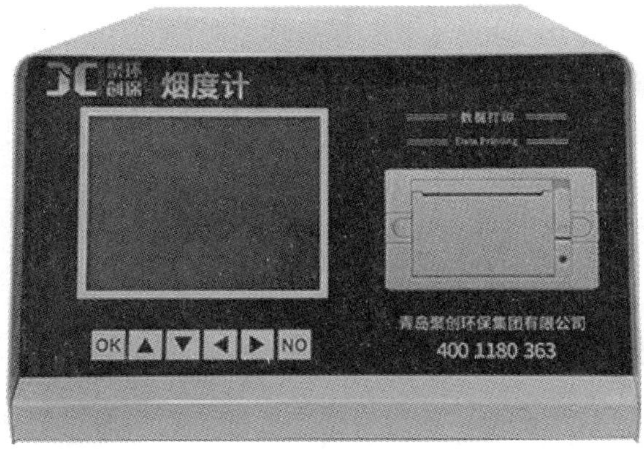

图 12-17　烟度计

12.7　气体成分分析的应用

气体成分分析是所有行业中不可缺少的技术。交通运输行业与碳排放、温室气体产生息息相关，交通运输是城市空气污染的主要来源之一。气体分析可以帮助监测和测量车辆排放的氮氧化物（NO_x）、挥发性有机化合物（VOCs）、颗粒物等污染物，以评估交通对空气质量的影响，制定相应的排放标准和控制策略，保护环境和公共健康。近年来，随着电动汽车、氢燃料电池车等新能源交通工具的发展，气体分析在评估新能源车辆排放、储能、燃料电池效率等方面起着重要作用，有助于优化新能源技术。气体分析在世界范围内加速发展，以实现碳中和为目标的氢气等下一代能源，以及从节约能源和资源、减少环境影响的角度，在监测工业过程和加强环境监管方面发挥着极为重要的作用。

12.7.1　气体成分分析应用领域

（1）环境监测：气体成分分析用于监测大气中的污染物，如二氧化硫（SO_2）、氮氧化物（NOx）、一氧化碳（CO）、挥发性有机化合物（VOCs）和颗粒物。这有助于评估空气质量，了解污染源，制定环境政策和法规。

（2）工业过程控制：在制造业中，气体成分分析用于监测生产过程中气体的组成和浓度，以确保产品质量、生产效率和安全性。例如，在化工、钢铁、石油等行业，气体分析有助于优化生产流程和排放控制。

（3）能源产业：在能源生产和利用中，气体成分分析用于监测燃烧过程中产生的气体组成，以评估能源的质量、燃烧效率和环境影响。同时也有助于天然气和石油领域中的资源勘探和开采。

（4）环境研究：气体成分分析用于科学研究，了解大气、海洋和地球的化学成分和变化。这有助于理解气候变化、大气化学、生态系统功能等。

（5）食品和饮料行业：气体成分分析在食品和饮料生产中用于监测、控制和调整气体组分，以确保产品的质量和保质期。例如，在酿酒和食品包装中的应用。

(6) 医疗诊断：气体成分分析在医疗领域中用于诊断和监测疾病。例如，呼出气体的气体组成可以提供关于患者健康状况的信息，如呼吸道感染和代谢疾病。

(7) 安全监测：在一些工业环境、实验室和危险场所，气体成分分析用于监测有毒气体、可燃气体和氧气浓度，以确保工作人员的安全。

(8) 环保和法规遵守：气体成分分析用于监测工业排放，以确保符合环境法规和排放标准。

(9) 火灾检测：气体成分分析在火灾检测系统中用于监测可燃气体和烟雾，及早发现火灾风险。

12.7.2 气体成分分析应用难点

气体分析工作过程就是在实现一系列的化工过程。若想通过气体分析得到准确数据，就必须了解这一系列化工过程中各阶段的情况及变化，认真研究并掌握其中的规律，只有这样才能达到准确测定的目的。需要严格控制各种影响测定条件的因素，从而得到工艺及管理人员所需要的准确数据。气体成分分析的难点在于：

(1) 应用过程中控制影响因素和排除干扰因素困难较大

在仪器应用的过程中，影响因素种类较多且变化较复杂，要想有效地控制这些影响因素并排除干扰测定的因素则困难比较大。例如，对于微量氧的测定，不但要严格控制系统材质和严格密封，而且系统的洁净等诸多因素也必须逐一解决好，否则，不会得到准确的测定结果。

而对于气体中微量水含量的测定，除了考虑以上提到的各种影响因素外，还必须考虑到氧气中的水在管道内的吸附平衡问题，而这一问题的妥善处理必须依靠反复试验，了解其变化情况和规律，掌握其中的操作技术，才能得到准确无误的结果。当然，使用气相色谱仪测定高纯气体中 ppm～ppb 级杂质成分含量要考虑和控制的影响因素就更加复杂了。

(2) 微量气体成分分析的影响因素更复杂

气体成分在管道及设备中流动时发生的微观变化是复杂的、多变的。在常量气体成分分析时可以忽略诸多影响因素，在微量气体成分分析时不仅不能忽略，反而必须认真对待，此时，这些因素已经成为影响微量气体成分分析结果的主要矛盾，必须逐一排除和解决才能使微量气体分析仪器工作顺利完成。这些影响因素主要包括：取样管路内气体多次的反复混合；管壁与气体成分的物理化学作用；管路材质；管路连接方式；管路洁净程度。

仪器和方法验证是获得准确数据的关键之一。仪器作为一种计量检测工具，在正常运行情况下，给出的数据绝大多数都是相对量值，测定数据是否准确及准确的程度(精度)，仪器本身是无法提供的，也是无法证实的。必须依靠外围技术完成，这就是分析数据的验证工作。仪器和方法验证主要包括：

(1) 仪器线性关系的验证。首先，为确保仪器的正常运行，分析仪器作为计量仪器的一种，必须每年经过计量部门按照国家制定的规程进行检测，方能许可使用。同时，每年还需要用系列标准气体检查仪器在整个线性范围内的线性关系是否保持正常的状态，否则盲目相信分析仪器(即使是进口仪器)的完好程度肯定会获取错误的数据，从而导致生产管理及质量管理上的失误。

(2) 误差分析。在分析仪器的应用过程中，对于每一次测定的数据，必须做出误差分析，以确定数据分析的真实性、可靠性和可信程度。

一个合格的分析工作者是不会也不应该随随便便地把每次分析测定的结果上报或公布的。一般是在得出测定结果后，经过误差分析，在确定分析数据的误差总和小于规定的允许误差时，才将这一个(或一组)数据视为正确测定结果上报或公布。否则，不准确的数据会给生产管理者带来严重的不良后果。

(3) 定量分析常用的仪器校正。气体分析仪作为一种定量分析仪器，在做定量分析前必须使用标准气进行校正(或标定)。标准气一般是从国家计量部门或合法工厂购买的，在特殊情况下，也可以自行配置(但要具有配置标准气的资格和能力以及相关的设备)。标准气保质期为一年，在使用标准气校正分析仪器时，还必须深入了解正常手续和使用规律。如果购买和使用不合乎要求的标准气，会导致分析数据的极大偏差。如果对标准气的使用要求不甚了解，也会得不到准确数据结果，给生产带来麻烦。

课后习题

一、判断题

1. 红外光谱的分析测定技术大体可以分为两大类：一类为透射光谱法，另一类为漫射光谱法。（　　）

2. 红外光谱分析灵敏度相对较低主要是因为近红外光谱作为分子振动的非谐振吸收跃迁概率较低。（　　）

二、选择题

1. 气体分析的意义与以下哪点无关？（　　）

A.确保气体产品的价格

B.保证生产工艺的顺利进行

C.安全控制

D.能源生产与利用

2. 以下哪种属于分子振动类型？（　　）

A.弯曲振动　　B.噪声振动　　C.确定性振动　　D.随机振动

3. 以下哪种方法无法测定氧含量？（　　）

A.红外光谱　　B.气体传导法　　C.气体比色　　D.颗粒计数

三、简答题

1. 与固体和液体相比，气体分析最大的特点是什么？

2. 简单阐述气相色谱方法的原理。

3. 简述分子振动的类型。

4. 光谱分析时，绝大多数有机物和无机物的基频吸收带都出现在哪个区？

5. 烟度计工作原理是什么？

参考文献

[1] 欧传奇，刘德有，周领.气垫式调压室内气体温度变化预测分析[J].人民黄河，2022，44(2)：6-10.

[2] 郭恒涛，王学涛，邢利利，等.生物质水蒸气催化重整制氢研究进展[J].生物质化学工程，

2023,57(4):60-70.

[3] 陈逸文,赵晋斌,李军舟,等.电力低碳转型背景下氢储能的挑战与展望[J].发电技术,2023,43(3):296-304.

[4] 明孙.气相色谱法简介及异常问题处理[J].工程技术研究,2021,3(2):112-113+116.

[5] 王韶颖,吕波,沈飞,等.同位素内标-超高效液相色谱-串联质谱法检测花生及其制品中黄曲霉毒素 B1 及其生物可给性研究[J].食品安全质量检测学报,2021,12(22):8643-8650.

[6] 张琳,刘亿文,曹义,等.由功放块 LM386 构成的红外耳机电路的设计[J].电子世界,2014(12):149-149.

[7] 石晓妮,田静,贾铮,等.基于中红外光谱技术的甘氨酸铁螯合物判别研究[J].食品安全质量检测学报,2020,11(9):2733-2738.

[8] 孙友文,刘文清,谢品华,等.差分吸收光谱技术在工业污染源烟气排放监测中的应用[J].物理学报,2013,62(1):010701.

[9] 何德捷,李彦生,张月生.气相色谱法测定烟道气组成[J].大连铁道学院学报,2004,25(2):88-90.

[10] 郝吉明,段雷,易红宏.燃烧源可吸入颗粒物的物理化学特征[M].北京:科学出版社,2008:6-11.

全书课后习题答案